Y SUS NACIONALIDADES

S0-BZR-092

Madrid
ESPAÑA
ISLAS BALEARES
Ceuta
Melilla
ISLAS CANARIAS
Malabo
GUINEA ECUATORIAL

Países:	Nacionalidades:
Argentina	argentino/a
Bolivia	boliviano/a
Chile	chileno/a
Colombia	colombiano/a
Costa Rica	costarricense
Cuba	cubano/a
Ecuador	ecuatoriano/a
El Salvador	salvadoreño/a
España	español/a
Guatemala	guatemalteco/a
Guinea Ecuatorial	guineano/a
Honduras	hondureño/a
México	mexicano/a
Nicaragua	nicaragüense
Panamá	panameño/a
Paraguay	paraguayo/a
Perú	peruano/a
Puerto Rico	puertorriqueño/a
República Dominicana	dominicano/a
Uruguay	uruguayo/a
Venezuela	venezolano/a
Estados Unidos	estadounidense

For a complete listing of the nationalities of the world, see the inside back cover of your text book.

FOR INSTRUCTORS

WileyPLUS is built around the activities you perform in your class each day. With *WileyPLUS* you can:

Prepare & Present

Create outstanding class presentations using a wealth of resources such as PowerPoint™ slides, image galleries, videos, and more. You can even add materials you have created yourself.

Create Assignments

Use the provided question banks, or add your own questions to create assignments based upon text material, class lectures, or additional audio/video content provided in *WileyPLUS*.

Assess your Students' Comprehension

Keep track of your students' progress and analyze individual and overall class results.

Now Available with WebCT and Blackboard!

"It has been a great help, and I believe it has helped me to achieve a better grade."

Michael Morris,
Columbia Basin College

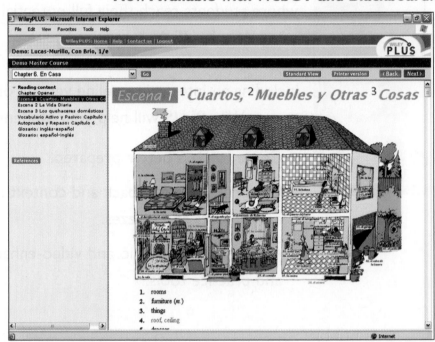

FOR STUDENTS

You have the potential to make a difference!

WileyPLUS is a powerful online system packed with features to help you turn your potential to performance.

With WileyPLUS you get:

• A complete online version of your text, plus other study resources including audio and video-enhanced files to help you understand the material.

• Context-sensitive help including visual flashcards, pronunciation guides, and more.

• Tools to help you assess your own comprehension of the concepts under study—including an online gradebook to track your own progress.

• Reinforce and master vocabulary and grammar skills.

Learn more about *WileyPLUS*: www.wileyplus.com/experience

76% of students surveyed said *WileyPLUS* made them better prepared for tests.*

* Based upon over 5000 responses to a survey of students using *WileyPLUS*.

¡Con brío!

BICENTENNIAL
1807
WILEY
2007
BICENTENNIAL

THE WILEY BICENTENNIAL—KNOWLEDGE FOR GENERATIONS

*E*ach generation has its unique needs and aspirations. When Charles Wiley first opened his small printing shop in lower Manhattan in 1807, it was a generation of boundless potential searching for an identity. And we were there, helping to define a new American literary tradition. Over half a century later, in the midst of the Second Industrial Revolution, it was a generation focused on building the future. Once again, we were there, supplying the critical scientific, technical, and engineering knowledge that helped frame the world. Throughout the 20th Century, and into the new millennium, nations began to reach out beyond their own borders and a new international community was born. Wiley was there, expanding its operations around the world to enable a global exchange of ideas, opinions, and know-how.

For 200 years, Wiley has been an integral part of each generation's journey, enabling the flow of information and understanding necessary to meet their needs and fulfill their aspirations. Today, bold new technologies are changing the way we live and learn. Wiley will be there, providing you the must-have knowledge you need to imagine new worlds, new possibilities, and new opportunities.

Generations come and go, but you can always count on Wiley to provide you the knowledge you need, when and where you need it!

WILLIAM J. PESCE
PRESIDENT AND CHIEF EXECUTIVE OFFICER

PETER BOOTH WILEY
CHAIRMAN OF THE BOARD

¡Con brío!

María Concepción Lucas Murillo
Black Hawk College

Laila M. Dawson

BICENTENNIAL
1807
WILEY
2007
BICENTENNIAL

John Wiley & Sons, Inc.

PUBLISHER	Jay O'Callaghan
DIRECTOR, MODERN LANGUAGES	Magali Iglesias
DEVELOPMENTAL EDITOR	Elena Herrero
EXECUTIVE MARKETING MANAGER	Jeffrey Rucker
SENIOR PRODUCTION EDITOR	William A. Murray
EDITORIAL PROGRAM ASSISTANT	Jennifer Mendoza
PHOTO EDITOR	Elle Wagner
COVER DESIGN	Howard Grossman
COVER PHOTO	J. A. Kraulis/Masterfile
MEDIA EDITOR	Sasha Giacoppo
BICENTENNIAL LOGO DESIGN	Richard J. Pacifico

This book was set in ITC Legacy Serif Book by Pre-Press PMG and printed and bound by Quebecor World.

To order books or for customer service please call 1-800-CALL WILEY (225-5945).

Library of Congress Cataloging-in-Publication Data
Lucas Murillo, María Concepción.
   Con brio/María Concepción Lucas Murillo, Laila M. Dawson.—1st ed. p. cm.
ISBN 978-0-471-26417-0 (cloth/cd-rom)
1. Spanish language—Vocabulary. 2. Spanish language—Textbooks for foreign speakers—English. I. Dawson, Laila M. II. Title.
PC4445.L83 2007
468.2'421—dc22

                                                                2007019248

AIE ISBN: 978-0-471-76360-4

10 9 8 7 6 5 4

Dedication

I was born with the sounds of Castilian in my ears. Other sounds soon followed. At an early age my family moved from Salamanca, Spain, to Galicia, where gallego began to compete, and then on to the Basque country, where I came into contact with this ancient language. But these sounds were only the start of my life's linguistic journey.

My major at the University of Deusto in Bilbao led me to additional studies in Germany, where once again a new language filled my world. My Master's degree in German gave me the opportunity to work as an interpreter at the European Union in Brussels, Belgium. There, surrounded by Walloon and Flemish speakers, I interpreted from German and French into my native Spanish. Later, fate brought me to the United States, where once again, I found myself linguistically challenged teaching Spanish and learning English while obtaining a second Master's degree, this time in Spanish, from the University of Iowa. Italian followed next, with studies in Italy and the opportunity to teach this language so dear to me. Out of this broad linguistic background, studying and teaching the Spanish language have become my professional passion.

This book, *¡Con brío!*, is the result not only of my life and professional experiences, but also those of my co-author Laila. We created it for today's evolving classroom, where I have been active for the past 20 years at Black Hawk College. It mirrors the spirit and diversity of our culture and our students today.

Dedico este libro con todo mi cariño a Dale, mi marido, y a mis hijos Alexandra, Elena y Pablo, por su constante apoyo e infinita paciencia.
María Concepción Lucas Murillo

Interacting with students in and outside the classroom, sharing my love for Hispanic countries and their cultures, and opening doors to new adventures and opportunities define my life-long passion for teaching.

I was born in Buenos Aires, Argentina, and attended bilingual schools there and in Mexico City. This foundation eventually led me to graduate studies at the University of Wisconsin and a teaching career, first at Virginia Union University, and then at the University of Richmond, where, as director of the Intensive Spanish-Language Program, I was able to help promote a communicative and truly student-centered approach to language learning. I was also able to share my love for travel with students by leading study-abroad programs in Spain, Venezuela, Ecuador, and Costa Rica. My most meaningful experiences as a teacher included coordinating and leading a unique service-learning program in Honduras and developing a course at the University of Richmond that combined a traditional academic component with service to the local Hispanic community.

As a complement to classroom teaching, sharing cultures abroad, and promoting service to the community, I began authoring Spanish textbooks in 1981. It quickly became clear that writing was my second calling, with the classroom and my students undoubtedly my primary source of inspiration and my testing ground.

These life experiences and more have helped shape *¡Con brío!*, a book that I proudly dedicate to my beloved grandchildren, Joel and Maya.
Laila Dawson

Acknowledgments

The *¡Con brío!* authors wish to express a very sincere and heartfelt thanks to the many individuals who were instrumental in making this first-edition project possible.

First, we gratefully acknowledge the indispensable contributions of past and present members of the Wiley team: Jessica García, María García, and Anne Smith for their work in the important and challenging early stages of the project; Helene Greenwood for her whole-hearted commitment to *¡Con brío!* and her role in guiding us through significant periods of its refinement; Elena Herrero, our editor and friend, for her on-going devotion and hands-on contributions to all aspects of the project, including her participation in the script-writing and on-site filming of the DVD; Jennifer Mendoza, for her extensive work in lining up reviewers and focus group participants; Magali Iglesias for the expertise she brings to the project in its pivotal later stages and her role in carrying it into the future; and Jay O'Callahan for his attentive ear and constant encouragement and support.

We also want to thank Emily Streutker, Marketing Manager for Modern Languages, and Jeffrey Rucker, Executive Marketing Manager, for their enthusiasm, creativity, and brilliant work in developing an advertising program that will convey the *¡Con brío!* message to colleges and universities across the nation.

We are grateful to Elle Wagner, Wiley Photo Editor, for her excellent work in selecting magnificent photographs for *¡Con brío!;* to Sasha Giacoppo, Media Editor, who is responsible for the text's highly innovative and technologically relevant media ancillaries; to Doug Miles from New York Audio for his diligent work in supervising the *¡Con brío!* recordings; and to Bill Murray, Production Editor, for coordinating all of the technical aspects of production.

We express our sincere gratitude to Gordon Laws of PrePress PMG for his skillful and author-sensitive management of the project, and to the colleagues that followed him: Melissa Mattson, Project Manager, and Katy Bastille, Associate Project Manager, who worked with us so diligently through the various and challenging stages of production.

The authors convey a very special thank you to Janet Gokay, who was a key writer for, and instrumental in the development of the first draft. The creative and unique touch she brought to many of the activities was greatly appreciated. For her timely assistance with the later chapters of the book, we thank Susan Jones Leeming.

We greatly appreciate the outstanding contributions of Donna Shelton, who wrote numerous controlled activities for the text, and was responsible for creating both the test bank and the PowerPoint slides. We thank Kimberley Sallee for her fine work in creating the *¡Lectura en acción!* sections, with their authentic reading selections, practical reading strategies, and accompanying comprehension activities. We also thank Hilary Grant for developing the excellent activities for the *¡Video en acción!* sections, and for her work in writing the scripts for the video. And, we extend our sincere gratitude to Juan Calduch for his creative work in developing the characters and the story line for the *¡Con brío!* cartoons.

We acknowledge and applaud the work of our splendid artists: Dusan Petricic, who so cleverly captured the spirit of *¡Con brío!* in his extraordinary illustrations of the opener scenes; Peter Grau, for his detailed and lively rendition of the cartoon characters and situations; and Todd Umbarger and Steve McDonald for making our in-chapter activities come alive through their illustrations.

Special gratitude is extended to professor Dorothy Beck, chairperson of the Department of Humanities, Languages and Journalism at Black Hawk College, for her steady support and enthusiasm. From Black Hawk College we also thank president Keith Miller, Dean Victoria Fitzgerald and professor Joan Eastland for their timely support, and Julie Hanger for agreeing to teach with the pilot draft of *¡Con brío!*

For their generous assistance in answering questions and providing information, we acknowledge and thank Teresa Dukes, Teresa Kaed, Gladys Navarro, Luz Helena Upegui, Lilia Parma, and Carlos Schwalb. Others that assisted include: Belén Gómez Martínez and Guillermo Simón-Altuna. Al Dawson, our in-house editor who answered countless questions and assisted in multiple other capacities, deserves a very special thank you.

We are indebted to Kim Potowski, Megan Echevarría, and Jenifer Burchett-Picker for their insightful and helpful page-by-page reviews of the manuscript, to Lawrence Lipson for his superb English-language edits, and to Pilar Acevedo for her Spanish-language insights and editorial contributions.

For their critically important observations and comments, we wish to thank the following reviewers from across the nation:

Jack Shreve, *Allegany College of Maryland;* Jeff Evatt, *Austin Community College;* Dianna Allen, *Austin Community College;* Leo Benardo, *Baruch College;* Amarillis Hidalgo de Jesús, *Bloomsburg University;* Nell Tiller, *Blue Ridge Community College;* Silvia Pulido, *Brevard Community College;* Jorge "Coqui" Koochoi, *Central Piedmont Community College;* Linda Flynn, *Copiah-Lincoln Community College;* Diana Cochran, *Covenant College;* Diana Spinar, *Dakota Wesleyan University;* Chris Travis, *Elmhurst College;* Gema Hernández, *Florida Community College-Jacksonville;* Pam Gill, *Gaston College;* Victor Palomino, *Heartland Community College;* Ed Wong, *Jefferson Community College;* Sintia Molina, *St. Francis College;* Jen Parrack, *University of Central Arkansas;* Deborah Baldini, *University of Missouri-St. Louis;* Clinia Saffi, *University of Miami;* Debra Andrist, *University of St. Thomas;* Alan Bell, *University of Maryland-Baltimore County;* Lisa Calvin, *Indiana State University;* Nancy Smith, *Allegheny College;* Fernando Rubio, *University of Utah;* Deborah Berho, *George Fox University;* Cristobal Trillo, *Joliet Junior College;* Phyllis E. VanBuren, *St. Cloud State University;* Gustavo Obeso, *Western Kentucky University;* Esperanza Roman-Mendoza, *George Mason University;* Angela Cresswell, *University of South Florida;* Maria A. Quintana, *Texas Southern University.*

✓ Autoprueba online

Go to *WileyPLUS* for activities and online version of the text.

✓ Autoprueba online

Go to *WileyPLUS* for activities and online version of the text.

✓ Autoprueba online

WILEY PLUS   Go to *WileyPLUS* for activities and online version of the text.

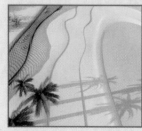

WILEY PLUS Go to *WileyPLUS* for activities and online version of the text.

Con Brío Preface

The Spanish-speaking world is right outside your students' door. It's part of their communities, their workplaces, and their daily lives. It's rich, colorful, and full of life.

You simply can't be passive when you encounter a world so vibrant, so diverse, and so fascinating. You must approach with an equal amount of passion. You need gusto and flair. You need *¡Con brío!*

As your students begin to explore new Spanish-speaking cultures, they'll bring their own personal experiences and aspirations to your class. Students today come from all walks of life. They are old and young. They may be returning to school, or just starting out. They have different perspectives, and are on different career paths. But whatever they bring to your course, one thing is sure: they will have the opportunity to experience the energy and spirit of the Spanish-speaking world all around them.

With *¡Con brío!*, students will be able to make the most of their learning experience—whatever their background or personal goals. They'll gain the confidence and skills they need to communicate with Spanish speakers in their future jobs and everyday lives. They'll become culturally proficient, and be able to put their new-found skills to immediate use. And ultimately, they'll discover what makes learning Spanish so exciting and important.

READY FOR IMMEDIATE USE

Sooner or later, every one of your students will need to rely on what they've learned in your class—and that can't be said of every class they will take. This introductory Spanish program takes a highly practical approach that focuses on getting students ready to use what they've learned right away—in and out the classroom. Through each chapter's unique visual escenas, situational activities, and real-life examples, students build real-world Spanish-language skills that they can use with Spanish-speakers on the job, at home, and in the community.

MADE FOR TODAY'S STUDENTS' BUSY LIVES

Today's students and instructors are busier than ever before. That's why *¡Con brío!* presents content in a more manageable format. In its 12 chapters, *¡Con brío!* covers core Introductory Spanish grammar points and key, high-frequency vocabulary within the context of chapter themes and scenes.

CULTURALLY RICH

¡Con brío! celebrates the rich diversity of the Spanish-speaking world. It helps students become culturally proficient, so they can be at ease when interacting with Hispanics. Throughout, *¡Con brío!* highlights useful and high-interest cultural information. Students learn about the ever-increasing presence of Latino culture in the United States and the strong connection between the U.S. and Hispanic countries.

HERE'S HOW *¡CON BRÍO!* WORKS:

1. Follows current ACTFL standards

¡Con brío! embeds ACTFL's "Four Skills" (Listening, Speaking, Reading, and Writing) throughout the text, and identifies these skills with special icons. The Four Skills place primary emphasis on the purpose of communication and the context in which it happens, rather than on any one skill in isolation. ACTFL also identifies "Five C's": Communication, Culture, Connections, Comparisons, and Communities. These Five C's are an important aspect of *¡Con brío!'s* pedagogical approach.

2. Grounds learning in everyday themes and scenes

Every chapter is organized around a theme that reflects either everyday life, work, or community situations. Thus, the majority of the vocabulary, the activities, the cartoons, the culture, and the reading selections are tightly woven around each chapter's theme.

Following the first introductory chapter, Chapters 2-12 are each divided into three *escenas* or modules that portray different facets of the chapter theme. Each *escena* begins with a vivid art piece that depicts places and events important in the lives of Spanish-speaking people in the United States and abroad, and relevant to the lives of the students. These culturally rich situational visuals thoroughly enhance language learning.

3. Equips students with vocabulary they will really use

More than 85% of the vocabulary is presented through the *escenas*. The remainder appears in easily identifiable charts which accompany activities that require use of those particular words or expressions. Special effort has been made to select words that are standard to all Hispanic countries, with lexical variations presented in annotations to the instructor for presentation to the class as needed.

- **Active and passive words**—The vocabulary in *¡Con brío!* includes both active and passive words. The latter are shaded in gray and are provided for recognition only, unless you decide to assign them to your students as active, new vocabulary. The shaded words appear in the chapter's activities and allow students to become familiar with their meaning in context.

- **¡A escuchar!**—Each *escena* is followed by multiple activities that practice the vocabulary, and concludes with a listening selection which is closely linked to the scene and reflects everyday situations. The selections, available on the CD packaged with the book, help students develop listening comprehension skills as they hear new vocabulary and structures in a natural context. A simple comprehension-check activity in the textbook accompanies each selection on CD.

4. Presents grammar in a meaningful way

In *¡Con brío!*, grammar helps students navigate through everyday experiences in their new language. *¡Con brío!* covers the basic grammar needed for communication at the first-year level. Concise and clear charts, with relevant examples in both languages, allow students to easily grasp grammatical concepts and structures.

- **¡Manos a la obra!** charts present major grammatical points, while a thumb tack icon identifies smaller points.

- **Tiras cómicas**—One major grammar point per scene is followed by a comic strip that incorporates the grammar of that scene in natural conversations, allowing students to see the grammar in a communicative light. A cast of characters and an on-going story line maintain student interest throughout. The cartoons are also available in *WileyPLUS*, with accompanying comprehension and grammar-related activities.

- **¡Oye!**—Every *¡Manos a la obra!* structure is followed by an *¡Oye!* interactive listening activity. This instructor-directed input exercise allows students to hear the structure in a context and to give simple responses in the follow-up comprehension section. The instructor's script is provided in the margin next to each *¡Oye!* activity.

5. Builds skills through a variety of engaging activities

Students progressively build their communication skills through various types of activities. Each *¡En acción!* section begins with one or two controlled or tightly structured practice activities which are designed to "ground" the student and build self-confidence, followed by carefully sequenced semi-controlled activities, and concluding with more open-ended, guided communication. Students thus move from comprehension to production and from simpler, contextualized activities to more involved, real-life applications. Throughout the text, the authors have striven to make the activities engaging, purposeful, and unique.

¡Con brío! includes instructor-led activities as well as a significant number to be done in pairs or in small groups. Both types may be adapted according to the instructor's preferences. The variety of activities includes: listening, input, controlled output, interview format, task-based, information-gap, role-play, Total Physical Response (TPR), games, mini reading with personalized follow-up, mini writing, and cultural comparisons. Activities are tied to the chapter's scenes and themes, and many are culturally rich. Additional practice activities are available on the Book Companion Web Site.

6. Gets students thinking about culture

¡Con brío! presents culture in a way that evolves from and enhances the chapter's themes.

- **Tu mundo cultural**—An attractive two-page spread at the end of each *escena* or module presents an array of carefully selected cultural topics closely related to the chapter's themes. These cultural spreads provide insights into representative aspects and ways of life of the various cultures of the Hispanic world. Special emphasis is given to the traditions originating in Spanish-speaking countries that can also be found in Hispanic communities in the United States. This dual-level approach engages students in thinking both about their own workplaces, communities, and neighborhoods and beyond their national boundaries.

- Each cultural presentation is followed by three activities: *¿Qué aprendiste?* guides the students in identifying the key points in the reading. The *Actividad cultural* provides a hands-on-task for applying the cultural insights learned. The *Contraste cultural* stimulates students to look at aspects of their own culture through different eyes by comparing them to what they have learned about aspects of the Hispanic world.

- **¿Sabes que...?**—These brief culture capsules highlight interesting information relevant to the scenes and activities of the chapter.

- **Tu mundo en vivo**—This special feature includes two components: *¡Video en acción!*, with comprehension activities that accompany the Video (with additional activities found on the Book Companion Web Site and also in *WileyPLUS*), and *¡Lectura en acción!* The latter presents a reading strategy and an accompanying authentic reading selection, along with pre-reading, while-reading, and post-reading activities, all of which are designed to help students successfully apply the strategy and gain confidence reading in the target language.

7. Reinforces learning through synthesis and review

- **¡Exprésate!**—A chapter-wrap-up section found on the Book Companion Web Site and in the Instructor's Resource Manual offers students the opportunity to converse (*¡A conversar!*) and write (*¡A escribir!*) about theme-based topics using the vocabulary and structures learned in the chapter.

- **Vocabulario activo y pasivo**—A scene-by-scene listing of all of the active and passive vocabulary introduced in the chapter is presented to facilitate review.

- **Autoprueba y repaso**—This self-testing feature appearing at the end of each chapter reviews the vocabulary and structures presented in the chapter. The Answer Key that appears in an *Apéndice 2* in the book gives students instant feedback. Additional *Autopruebas* for each scene are available on the Book Companion Web Site and in *WileyPLUS*.

Visual Walkthrough

Escenas

Each chapter is organized around three *Escenas*, or modules, which portray various facets of the chapter theme. Each *Escena* begins with an illustration that presents the vocabulary of the scene. The scenes are color coded: *Escena 1* is orange, *Escena 2* is blue, and *Escena 3* is green.

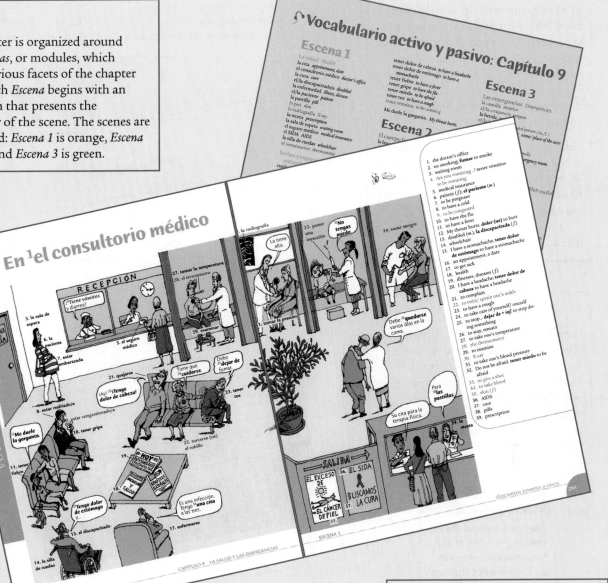

Vocabulario

The vocabulary is thus taught through situational visuals and includes active or high-frequency words and passive words. The latter are shaded in gray and provided for recognition only. A cumulative list of words is presented at the end of each chapter. These are included for oral practice in the audio CD.

¡A escuchar!

At the end of each vocabulary section, a listening selection, closely linked to the scene, provides practice that reflects everyday situations. These selections help students develop listening comprehension skills as they hear new vocabulary and structures in a natural context.

¡Manos a la obra!

Grammar and structures are presented in the *¡Manos a la obra!* charts, scaffolding the knowledge that students need to navigate their new language. *¡Manos a la obra!* charts present the basic grammar needed for successful communication at the first year level.

Tiras cómicas

Each *Escena* presents a comic strip illustrating an on-going story line with characters and situations that student can relate to. The comic strip follows a specific grammar point and provides practice for that structure within an authentic dialog.

¡A escuchar! Dos ancianos en el parque

Paso 1. Listen to the dialogue between don Tomás and doña Remedios. They are sitting on a bench in the park watching the young people passing by.

Paso 2. Listen again, then indicate if the statements are true or false.

1. Don Tomás y doña Remedios no son jóvenes. ☐ Cierto ☐ Falso
2. Los jóvenes están enamorados. ☐ Cierto ☐ Falso
3. Doña Remedios está casada. ☐ Cierto ☐ Falso
4. Don Tomás es divertido y joven de espíritu. ☐ Cierto ☐ Falso

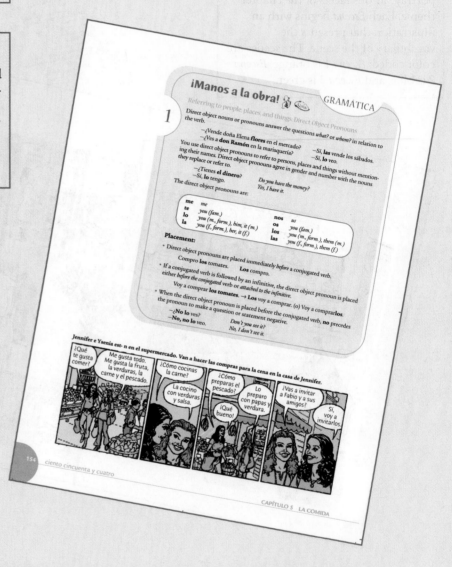

¿Sabes que...?

Located throughout each chapter, with topics that reflect the theme of the chapter, *¿Sabes que...?* provides brief tidbits of interesting information related to Spanish culture within the USA and in Spanish-speaking countries.

¡En acción!

The first activity in each grammar-related *¡En acción!* section is *¡Oye!,* an interactive listening activity where students hear the structure in a context and give simple responses in the instructor-directed follow up. Each *¡Oye!* is then followed by a series of varied activities for building communication skills.

¡En acción!

¡Oye! Raimundo habla de sus planes

Raimundo has some plans that are feasible, and others that are crazy. As you hear each one, react by saying «¡**Es un buen plan!**» or «¡**Está loco!**»

4-24 El clima

Paso 1. Imagine that you and your classmates live in Chicago, near Lake Michigan, and have the week off. Before planning your activities, you decide to check out the weather on *Yahoo! en espaÒol* Divide into five groups, with each deciding what the group is going to do on a particular day. Fill in the chart with the weather forecast and *five* appropriate activities.

Día	Pronóstico	Actividades
1. Hoy (viernes)	*Buen tiempo. Temperatura máxima, 85 grados.*	*Vamos a...*
2. sábado		
3. domingo		
4. lunes		
5. martes		

Paso 2. One spokesperson from each group now shares the forecast and plans for the day with the class.

WILEY PLUS ✎ Tu mundo cultural

La etiqueta en los negocios

Nunca se sabe. Quizás en un futuro próximo, tengas que ir de viaje de negocios a un país hispano, y si eso ocurre, ¿estás preparado/a? Lee lo que sigue. Tal vez un día te pueda ser muy útil[1].

Hacer negocios en un país extranjero es siempre un reto[2] porque requiere conocer un idioma[3], una cultura y un sistema legal diferente. Para tener éxito[4] en las relaciones comerciales con los países hispanos, conviene conocer la etiqueta o protocolo que siguen en los negocios. Es cuestión de estar preparado.

Las relaciones personales son la base del éxito en los negocios con los hispanos. Lo primero que hay que hacer es crear una relación personal y amistosa y luego, vienen los negocios.

En los negocios, como en el resto de la vida hispana, la proximidad física es algo normal, tanto en los saludos como durante la conversación y negociación.

El almuerzo es para los hispanos una ocasión para entablar[5] relaciones personales y conocerse, y no necesariamente para hacer negocios. En ocasiones, el almuerzo puede durar de 1:30 a 3:00 de la tarde o incluso más.

[1]useful, [2]challenge, [3]language, **[4]tener...** to be successful, [5]to initiate

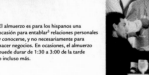

Tu mundo cultural

Appearing in each *Escena,* this section presents a cultural topic related to the theme of the chapter. These carefully selected topics provide insights into the everyday life of various cultures of the Hispanic world. Special emphasis is given to traditions originating in Spanish-speaking countries that can also be found in Hispanic communities in the United States.

Tu mundo en vivo

This special feature includes two components: *¡Video en acción!*, with activities for the two text-specific and culturally based video segments that accompany each chapter, and *¡Lectura en acción!*, with authentic readings from newspapers, magazines, and Web sites from Spanish-speaking countries. Students gain confidence in reading comprehension following practical Reading Strategies.

Autoprueba y repaso

This section at the end of the chapter provides the opportunity for students to self-test their proficiency in the vocabulary and structures studied in the chapter. Instant feedback is provided in the Answer Key found in *Apéndice 2*.

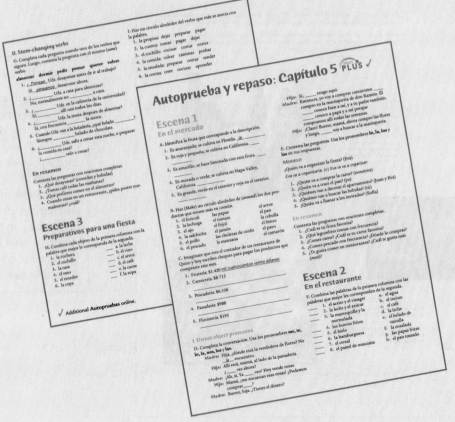

The Complete Program

To receive an examination or desk copy of any of these program components, please contact your local Wiley sales representative at www.wiley.com/college/rep or call our Sales Office at 1.800.237.2665.

INSTRUCTOR SUPPLEMENTS

Student Textbook
Packaged with Textbook Audio CDs
978-0-471-26417-0
The CDs (978-0-470-22632-2) include recordings of the textbook's *La pronunciación* component, the *¡A escuchar!* listening activities, and the end-of-chapter vocabulary.

Annotated Instructor's Edition
Packaged with Textbook Audio CDs
978-0-471-76360-4
The Annotated Instructor's Edition contains side notes with suggestions for teaching, meaningful structural exercises, suggestions for varying or expanding communicative activities, scripts for the *¡Oye!* listening activities, and answers to point-specific exercises. These annotations are especially helpful for first-time instructors.

Activities Manual
978-0-471-27252-6
The Activities Manual contains two components:
1. A Workbook (also sold separately, 978-0-470-19426-3) links reading and writing, builds vocabulary, practices grammar, and helps students develop personal expression and composition skills. Some activities are self correcting, with an Answer Key available at the end of the Activities Manual, and others are more open-ended, involving creative expression. The *Toque final* section includes a guided composition and a comprehension check for the three *Tu mundo cultural* selections of the chapter.
2. A Laboratory Manual (also sold separately, 978-0-471-27250-2) for the Laboratory Audio Program [available on CDs (978-0-471-79801-9) or digitally in *WileyPLUS*] includes a variety of contextualized listening comprehension activities.

Quia® Electronic Activities Manual with Gradebook
Quia offers an electronic version of the Activities Manual with its Workbook and Laboratory Manual. This electronic version allows instructors to assign work to students that will be automatically graded as well as work that can be manually graded by the professor. Quia also contains a grade book that allows instructors to view class statistics in a variety of ways and that provides students with individual feedback. Quia activities can be accessed from any computer with an Internet connection.

Laboratory Audio Program
The Laboratory Audio Program is coordinated with the Laboratory Manual found in the Activities Manual (or sold separately). It also includes recordings of the textbook's *La pronunciación* component, the *¡A escuchar!* listening activities, and the end-of-chapter vocabulary. The Laboratory Audio Program is available on CD and in *WileyPLUS* for both students and instructors. The script is included in the Instructor's Resource Manual.

¡Con brío! Video
978-0-471-79803-3
The *¡Con brío!* Video consists of two text-specific and culturally based segments per chapter, which follow the interview or documentary formats. Throughout the segments, students will watch real-life interactions between native speakers of Spanish in the U.S. and abroad, in professional and social settings, in order to explore cultural topics presented in the textbook.

The Video is complimentary for instructors and can be purchased by students. It is also available in *WileyPLUS* and in DVD format.

Book Companion Web Site for Students

www.wiley.com/college/lucasmurillo
The Web site for students contains complimentary self-tests, internet activities, Panoramas culturales, video activities, and flashcards.

Book Companion Web Site for Instructors with Testing Program and PowerPoint® Slides

www.wiley.com/college/lucasmurillo
The Web site for instructors features an online IRM, including a Word version of the testing program, digital test audio files, and answer key. It also includes PowerPoint presentations for all sections of the chapters, the digital Laboratory Audio files, *¡Exprésate!*, the end-of-chapter wrap-up focusing on conversation and writing, suggested guidelines for using the video, and the Answer Key for the Laboratory Manual.

WileyPLUS

www.wileyplus.com
¡Con brío! is available with *WileyPLUS*, a powerful online tool that provides instructors and students with an integrated suite of teaching and learning resources in one easy-to-use Web site. *WileyPLUS* is organized around the activities you and your students perform in class.

For Instructors

Prepare & Present: Create class presentations using a wealth of Wiley-provided resources—such as an online version of the textbook, PowerPoint slides, animations, overviews, and visuals from the Wiley Image Gallery—making your preparation time more efficient. You may easily adapt, customize, and add to this content to meet the needs of your course.

Create Assignments: Automate the assigning and grading of homework or quizzes by using Wiley-provided question banks, or by writing your own. Student results will be automatically graded and recorded in your gradebook. *WileyPLUS* can link the pre-lecture quizzes and test bank questions to the relevant section of the online text.

Track Student Progress: Keep track of your students' progress via an instructor's gradebook, which allows you to analyze individual and overall class results to determine students' progress and level of understanding.

Administer Your Course: *WileyPLUS* can easily be integrated with another course management system, gradebook, or other resources you are using in your class, providing you with the flexibility to build your course, your way.

For Students

WileyPLUS provides immediate feedback on student assignments and a wealth of support materials. This powerful study tool will help your students develop their conceptual understanding of the class material and increase their ability to answer questions.

A "Ready, Study, and Practice" area links directly to text content, allowing students to review the text while they study and answer. Resources include videos, audio files, concept animations and tutorials, visual learning interactive exercises, and links to Web sites that offer opportunities for further exploration.

An "Assignment" area keeps all the work you want your students to complete in one location, making it easy for them to stay "on task." Students will have access to a variety of interactive self-assessment tools, as well as other resources for building their confidence and understanding. In addition, all of the pre-lecture quizzes contain a link to the relevant section of the multimedia book, providing students with context-sensitive help that allows them to conquer problem-solving obstacles as they arise.

A Personal Gradebook for each student will allow students to view their results from past assignments at any time.

Please view our online demo at www.wileyplus.com/experience. Here you will find additional information about the features and benefits of *WileyPLUS,* how to request a "test drive" of *WileyPLUS* for *¡Con brío!*, and how to adopt it for class use.

Instructor's Resource Manual
Includes the scripts for all of the components of the Laboratory Audio Program for *¡Con brío!* (*La pronunciación*, Laboratory Manual, *¡A escuchar!*, end-of-chapter-vocabulary); *¡Exprésate!*, the end-of-chapter wrap up; the testing program available in Word format; and the Answer Key for the Laboratory Manual.

STUDENT SUPPLEMENTS

Student Textbook
Packaged with Textbook Audio CDs
978-0-471-26417-0
The CDs (978-0-470-22632-2) include recordings of the textbook's *La pronunciación* component, the *¡A escuchar!* listening activities, and the end-of-chapter vocabulary.

Activities Manual
978-0-471-27252-6
The Activities Manual contains two components:
1. A Workbook (also sold separately, 978-0-470-19426-3) links reading and writing, builds vocabulary, practices grammar, and helps students develop personal expression and composition skills. Some activities are self correcting, with an Answer Key available at the end of the Activities Manual, and others are more open-ended, involving creative expression. The *Toque final* section includes a guided composition and a comprehension check for the three *Tu mundo cultural* selections of the chapter.
2. A Laboratory Manual (also sold separately, 978-0-471-27250-2) for the Laboratory Audio Program [available on CDs (978-0-471-79801-9) or digitally in *WileyPLUS*] includes a variety of contextualized listening comprehension activities.

Laboratory Audio Program
The Laboratory Audio Program is coordinated with the Laboratory Manual found in the Activities Manual (or sold separately). It also includes recordings of the textbook's *La pronunciación* component, the *¡A escuchar!* listening activities, and the end-of-chapter vocabulary. The Laboratory Audio Program is available on CD and also in *WileyPLUS* for both students and instructors. The script is included in the Instructor's Resource Manual.

Book Companion Web Site for Students
www.wiley.com/college/lucasmurillo
The Web site for students contains complimentary self-tests, internet activities, Panoramas culturales, video activities, and flashcards.

ICONS IN YOUR TEXTBOOK

Resources		**Activities**	
	WileyPLUS		Individual
	Autoprueba		Pairs
	Quia		Group
	Video		Instructor-led
	Activities Manual	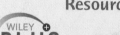	Listening

INSTRUCCIONES

PREGUNTAS Y EXPRESIONES ÚTILES

PARA LA CLASE

PARA EL ESTUDIANTE

LA PRONUNCIACIÓN

Learning to pronounce Spanish correctly is the first step in an exciting adventure with the Spanish language and Hispanic cultures. The information presented in this section will help you absorb the basic rules of pronunciation. Its content is recorded on the student CD that accompanies this textbook, and is also found in the Laboratory Program. Remember that you will only achieve correct pronunciation with regular practice from the very first day. *¡Con brío!* also offers you pronunciation guidance and practice throughout the Laboratory Manual.

1. VOWELS

Unlike English vowels, each Spanish vowel has only one basic sound. Spanish vowels are short and clipped, never long and drawn out. Listen to and repeat each vowel sound and the corresponding examples.

Vowel	Sound	Examples
a	like the **a** in *spa*	banana, Amanda, Panamá
e	like the **e** in *Betty*	bebé, pelele, tema
i	like the **ee** in *tree* or the **ea** in *tea*	mi, sí, isla
o	like the **o** in *more*	oso, ocho, Rosa
u	like the **u** in *blue* or the **oo** in *too*	uno, único, Úrsula

A. Práctica.

Read each of the following words, concentrating on the vowel sounds. The vowel in bold is the one to stress. Begin after you hear **¡Adelante!**[1] After you read each word, listen for confirmation.

alma	mamá	acampar	cama
Elena	entera	tema	meta
analista	misa	típica	ermita
no	dos	color	once
último	punto	Cuba	musa

---

[1]Go ahead! Begin!

2. DIPHTHONGS

In Spanish there are two types of vowels: strong (**a, e, o**) and weak (**i, u**). A diphthong is either a combination of two weak vowels or a combination of a weak vowel and a strong vowel. The consonant **y,** when it occurs at the end of a word, is pronounced like the vowel **i** and also forms a diphthong. Diphthongs constitute one unit of sound, and are thus pronounced as a single syllable. Listen to and repeat the following sounds and words.

Diphthongs	Examples	Diphthongs	Examples
ai/ ay	aire, ¡ay!	iu	triunfo, veintiuno
au	aula, auténtico	oi/ oy	oigo, soy
ei/ ey	seis, rey	ua	Guatemala, agua
eu	Europa, feudo	ue	luego, bueno
ia	piano, diario	ui/ uy	Luisa, muy
ie	siete, fiesta	uo	cuota, inocuo
io	idioma, Dios		

B. Práctica.

Read each of the following words, concentrating on the diphthong in bold. Begin after you hear **¡Adelante!** After you read each word, listen for confirmation.

estudiante   veinte   asiento   idioma   viuda   Eduardo   escuela   dúo

buitre   carey   baile   Bombay   auto   doy   euro   oiga   cuy

3. STRESS AND WRITTEN ACCENT

Listen to each of the following rules, then listen to and repeat each word, stressing the syllable in bold.

a. Words that end in a vowel, **n,** or **s** are stressed on the next-to-the-last syllable.
   a-ma-ri-llo   al-ma   gus-to   ma-pas   cla-ses   do-lo-res

b. Words that do not end in a vowel, **n** or **s** are stressed on the last syllable.
   pro-fe-sor   co-lor   doc-tor   u-ni-ver-si-dad   re-loj   es-pe-cial

c. Words that do not follow these rules carry a written accent to indicate where the stress falls.
   ca-fé   te-lé-fo-no   pá-gi-na   mu-sul-mán   di-fí-cil   fi-lo-so-fía

Sometimes a written accent signals a different meaning in words with the same spelling. Examples: **tú** *you,* **tu** *your;* **él** *he,* **el** *the;* **sí** *yes,* **si** *if*

C. Práctica.

Pronounce the following words, stressing the correct syllable. Begin after you hear **¡Adelante!** After you pronounce each word, listen for confirmation.

1. lu-nes
2. op-ti-mis-ta
3. có-mi-co
4. es-tu-dian
5. ac-tor
6. ca-li-dad
7. con-fir-mar
8. ge-ne-ral
9. brí-o
10. te-lé-fo-no
11. gra-tis
12. es-ta-dou-ni-den-se

4. THE ALPHABET AND PRONUNCIATION

As you have seen, the pronunciation of Spanish vowels is different from the pronunciation of their English counterparts. This is also true for certain Spanish consonants. In addition, pronunciation can vary in different regions of the Hispanic world.

Below, you will find the Spanish alphabet* with guidelines for pronouncing each letter. Note that every letter is pronounced except for **h**, which is always silent. Listen to and repeat the name of each letter (second column) and each example word (fourth column).

Letter	Name	Pronunciation	Examples
a	a	Like the **a** in *spa*.	ama, mapa
b	be	Like English **b**, but stronger at the beginning of a word or sentence and after **m**.	banco, nombre,
		Softer in other positions (between vowels).	fbul a, cabo
c	ce	Like English **c** in *cat*.	casa, coma
		Like **s** before **e** or **i**.	cero, cita
		In some regions of Spain, like **th** in *thirst*.	cero, cita
		Ch is pronounced like **ch** in *chief*.	ocho, chévere
d	de	Like English **d**, but stronger at the beginning of a word or sentence and after **n** or **l**.	dama, disco banda, saldo
		Softer in other positions (between vowels; at the end of words)—like **th** in *though*.	todo, cada, Madrid
e	e	Like the **e** in *Betty*.	estéreo, mesero
f	efe	The same as in English.	feliz, Filipinas
g	ge	Like the **g** in *go*.	gasolina, golfo
		Like the **h** in *help* (before **e**) or in *hit* (before **i**).	general, Gibraltar
		In the combination **gue** and **gui**, the **u** is silent and the **g** is pronounced like the **g** in *game*.	guerra, guitarra
		When the **u** carries a dieresis (**ü**), **gü** is pronounced like the **gu** in *language*.	bilingüe, pingüino
h	hache	Always silent.	hola, hotel
i	i	Like the **ee** in *tree* or the **ea** in *tea*.	insecto, isla
j	jota	Like the **h** in *help*.	jefe, julio
k	ka	The same as in English. (Used only in words of foreign origin.)	kilómetro, karate

*In the past, three two-letter combinations—**ch** (che), **ll** (elle), **rr** (erre)—were part of the Spanish alphabet.

Letter	Name	Pronunciation	Examples
l	ele	The same as in English.	lunes, loco
		Double l (ll) is most often pronounced like the **y** in *yes*.	llama, calle,
m	eme	Same as in English.	mandarina, mano
n	ene	Same as in English.	nada, nunca
ñ	eñe	Like **ni** in *onion*.	mañana, niño
o	o	Like the **o** in *more*.	oro, doctor
p	pe	Same as in English.	paso, piso,
q	cu	Same as in English. (It occurs only in the combinations **que** and **qui**, where the **u** is silent.)	pequeño, arquitecto
r	ere, erre	Single **r** at the beginning of a word and double **r** (**rr**) in the middle of a word are trilled.	reloj, rojo perro, carro
		Otherwise, as **tt** and **dd** in *bitter* and *ladder*.	puro, caro
s	ese	Same as in English.	salsa, seis
t	te	Same as in English.	teléfono, tímido
u	u	Like the **u** in *true* or the **oo** in *too*.	único, usar
v	ve chica, uve*	Spanish **b** and **v** are pronounced the same.	
		Like English **b**, but stronger at the beginning of a word or sentence and after **n**.	vista, vosotros enviar
		Softer in other positions (between vowels).	ceviche, aventura
w	ve doble, uve doble*	Like Spanish **u**. (Used only in words of foreign origin.)	whisky, walkman
x	equis	Between vowels, like **ks** in *thanks*.	examen, boxeo
		Before a consonant or at the beginning of a word, like **s** or **ks**.	excelente, extraño xenofobia, xilófono
		(In words like **Texas** and **México**, pronounced like **j**.)	
y	i griega	Stronger than **y** in *yesterday*.	yo, yuca
		At the end of a word, pronounced like **i**.	muy, soy
z	zeta	Like **s**.	zapato, jerez
		In some regions of Spain, like **th** in *thanks*.	zapato, jerez

*In Spain

D. Práctica.

Read each of the following words, paying special attention to the consonants. Don't forget to stress each word on the right syllable. Begin after you hear ¡**Adelante!** After you read each word, listen for confirmation.

casa	cero	costa	cinco	silencio
dedo	Dinamarca	nido	soldado	
gato	gente	gitano	guerra	guitarra	bilingüe
hotel	historia	Jalisco	Juan	
luna	llama	calle	llamar	
año	maña	niñera	dueño	
queso	quince	chiquito		
Ramón	risa	caro	carro	pero
violeta	bróculi	vestido	bicicleta	
zapato	Sandra	zumo	secreto	celestial

E. Práctica.

Practice the alphabet by reading and spelling each of the following words. Read the word, spell it, then listen for confirmation. If the word has an accent, say the name of the letter, and then say **con acento.** Begin after you hear ¡**Adelante!**

1. hora   2. lápiz   3. carro

4. ocho   5. amarillo   6. bueno

7. fugitivo   8. veinte   9. mañana

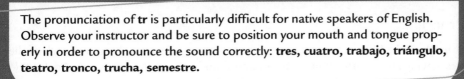

The pronunciation of **tr** is particularly difficult for native speakers of English. Observe your instructor and be sure to position your mouth and tongue properly in order to pronounce the sound correctly: **tres, cuatro, trabajo, triángulo, teatro, tronco, trucha, semestre.**

Correct pronunciation is the key to avoiding misunderstandings.

Examples: **pero** *but* / **perro** *dog*
campaña *campaign* / **campana** *bell*

5. LINKING WORDS

Linking is a very important element of Spanish pronunciation.

a. A vowel sound at the end of a word is always linked to the vowel sound at the beginning of the next word. If the vowels are the same, they are pronounced as one long vowel. In linking, **y** acts like a vowel. Listen to and repeat each of the following sentences, paying special attention to the linked vowels.

No entiendo eso.

Va a hablar de ese estudiante.

Voy a almorzar.

b. A consonant sound at the end of a word is always linked to the vowel sound at the beginning of the next word. Listen to and repeat each of the following sentences, paying special attention to the linking of consonants and vowels.

Hablan español.

Están en un restaurante.

Nos encanta escribir y leer.

c. Two identical consonants, one at the end of a word and the other at the beginning of a word, sound like a single but longer consonant. Listen to and repeat each of the following sentences, paying special attention to the linking of consonants.

El borrador rojo no me gusta.

Es su restaurante favorito.

No trabajan nada.

F. Práctica.

First mark all the links between words in the following sentences. Then read each of the sentences, paying special attention to the linking sounds. Begin after you hear **¡Adelante!** After you read each sentence, listen for confirmation.

1. ¿Cómo está usted?

2. Hoy es el ocho de enero.

3. Mi color favorito es el amarillo.

4. Es el día de su aniversario.

5. No hay examen en la clase de español.

6. ¿Qué hora es?

¡Con brío!

Capítulo 1

Primeros pasos*

WILEY PLUS

Additional activities and **Autopruebas** for each **Escena** available online.

Paso I
- Greetings, introductions, and saying good-bye

Paso II
- Asking and answering questions about where you are from

Paso III
- Describing yourself and others using cognates

Paso IV
- Counting to 59

Paso V
- Telling time

Paso VI
- Indicating days of the week and dates

TU MUNDO CULTURAL
Breve historia del español

TU MUNDO EN VIVO

✓ AUTOPRUEBA

*Primeros pasos *First steps*

Note: Before you begin this chapter, practice pronunciation in the preceding section using the CD titled *La pronunciación* or the link www.wiley.com/college/lucasmurillo.

Paso I

Greetings, introductions, and saying good-bye

Informal greetings and introductions

Note: Classroom directions in Spanish immediately precede the *La pronunciación* section of your book.

1. Hi! How are you (doing)? 2. Fine, thanks, and you? 3. My name is Hugo. What is your name? 4. Rosa. 5. Good morning, Lupe. How are you? 6. Very well, and you? 7. Okay. / So, so. (**Mal**. Not so well. Bad.) 8. Antonio, let me introduce you to Magdalena García. 9. Nice to meet you. 10. I'm delighted to meet you. (Said by a female. If said by a male → **Encantado**.)

¡En acción!

¡Oye![1] El primer[2] día de clase

It is your first day on campus and you hear Spanish-speaking students meeting and greeting each other. On the basis of what you hear, determine whether the following people just met or already know each other.

1. Hugo and Rosa:
   ☐ just met   ☐ already know each other

2. Antonio and Lupe:
   ☐ just met   ☐ already know each other

3. Antonio and Magdalena:
   ☐ just met   ☐ already know each other

In written Spanish, questions are preceded by an inverted question mark (¿), and exclamations are preceded by an inverted exclamation point (¡): **¡Hola! ¿Cómo estás?**

1-1 ¡Hola!

You want to get to know your classmates. Walk around the classroom and say «**Hola**» to at least *six* of them, and ask their names. Follow the model.

MODELO

E (Estudiante) 1:	*¡Hola! ¿Cómo te llamas?*
E2:	*Me llamo María, ¿y tú?*
E1:	*Me llamo Juan. Mucho gusto.*
E2:	*Encantada.*

Juan

María

1-2 Presentaciones[3]

Some of your classmates want to meet your partner. Walk around the classroom in pairs and introduce your partner to at least *four* other classmates, following the model. Then switch roles.

MODELO

E1: *Hola,... ¿Qué tal? (o) ¿Cómo estás?*

E2: *Muy bien. ¿Y tú?*

E1: *Bien, gracias. Te presento a...*

E2: *Mucho gusto.*

E3: *Encantado/a.* (Shake hands.)

---

[1]Listen up!, [2]first, [3]Introductions

1. Professor Ruiz, let me introduce my friend David Smith to you. 2. I'm delighted to meet you. 3. Nice to meet you, David. 4. Good morning, ma'am. How are you? 5. Very well, thanks, and you? 6. Fine, thanks. My name is Kei Suzuki. What is your name? 7. Carmen López. Pleased to meet you! 8. I'm delighted to meet you! 9. Good afternoon, Monica. How are you? 10. Very well. And you, professor? 11. Fine, thanks. 12. Good night, friends. 13. Good-bye! 14. See you later! 15. Bye! 16. See you tomorrow!

In Spanish, there are formal and informal ways of addressing people. As a general rule for greetings, you use a formal greeting when speaking to someone you would address by his/her last name, and an informal greeting when you are on a first-name basis. Compare the following formal and informal greetings:

Formal

¿Cómo está usted?

¿Cómo se llama usted?

Le presento a...

Informal

¿Cómo estás?

¿Cómo te llamas?

Te presento a...

PERSONAS Y TÍTULOS

masculino	femenino
(el) amigo	(la) amiga
(el) profesor	(la) profesora
(el) señor (Sr.)	(la) señora (Sra.)
	(la) señorita (Srta.)

¡Oye! Escenas

You will hear statements, each of which describes one of the scenes on page 4. Indicate which scene is being described by raising one, two, three, or four fingers, according to the number of the scene.

1-3 ¿Qué respondes?

Your instructor arrives on the first day of class. Match each of his/her greetings or inquiries with the corresponding response, completing the statements appropriately.

Tu profesor/a	Tú (*yourself*)
1. Buenos días, señor / señora / señorita.	a. Me llamo...
2. ¿Cómo está usted?	b. Mucho gusto.
3. ¿Cómo se llama usted?	c. Buenos días, profesor/a...
4. Le presento a...	d. Adiós.
5. Hasta luego.	e. Muy bien/ regular, gracias. ¿Y usted?

1-4 En una reunión

Paso 1. You have just entered a business meeting that has not yet begun. You do not know the person sitting next to you. Speak with him/her following the outline in the chart.

Person 1:	Person 2:
· Greet the person (use **Sr., Sra., Srta.**) according to the time of day.	· Respond to the greeting.
· Introduce yourself giving your name, and ask the other person's name.	· Give your name.
· Shake the person's hand, and say that you are pleased to meet him/her.	· Shake the person's hand, and say that you are pleased to meet him/her.
· Say good-bye.	· Say good-bye.

Paso 2. Later you want to introduce your colleague to *four* of your business associates. On an individual basis, greet them and make your introductions. The people introduced shake hands and say that they are pleased to meet each other.

In Latin America, women generally greet each other with a light kiss on the cheek, and in Spain, with a kiss on each cheek. Men and women greet each other with kisses too.

Men greet other men with either a hug or a handshake. In formal job or business situations the handshake is the norm for both men and women.

Paso II

Asking and answering questions about where you are from

¿De dónde eres, Rosa?

Soy de Nuevo México, ¿y tú?

De Chicago.

HUGO

ROSA

¿De dónde es usted, señora?

LA SRTA. SUZUKI

De Japón.

Soy de Venezuela. ¿Y usted?

LA SRA. LÓPEZ

GRAMÁTICA

¡Manos a la obra!

1

Saying where you are from: *Ser* (to be) + *de* + place of origin

The following chart presents subject pronouns and the verb **ser,** which has a number of uses in Spanish. In this section you will use it to say where people are from.

Subject pronouns		Ser *to be*	
yo	*I*	soy	*I am*
tú	*you, singular informal*	eres	*you are*
usted (Ud.)	*you, singular formal*	es	*you are*
él	*he*	es	*he/it is*
ella	*she*	es	*she/it is*
nosotros/as	*we*	somos	*we are*
vosotros/as	*you, plural informal*	sois	*you are*
ustedes (Uds.)	*you, plural*	son	*you are*
ellos	*they, masculine*	son	*they are*
ellas	*they, feminine*	son	*they are*

- Spanish uses two different words to express *you, singular*. Although usage varies from region to region, **tú** is generally used when the relationship is informal (first-name basis); **usted** is used when the relationship is more distant (last-name basis). When in doubt, use **usted.**

- **Vosotros/as** is used in Spain. In Spanish America, **ustedes** is used in both formal and informal situations.

- Because Spanish verb forms almost always indicate the subject of a sentence, subject pronouns are usually omitted.

     Soy de Nueva York.   *I am from New York.*

- Subject pronouns *are* used, however, to clarify or contrast.

     Yo soy de México y **ella** es de Costa Rica.

- When a pair or group includes both males and females, the masculine forms are used: **nosotros, vosotros, ellos.**

¡En acción!

¡Oye! ¿De dónde son?

You will hear where your instructor and various people that he/she knows are from. Listen carefully. Then answer the questions, naming the place of origin of each person mentioned.

1-5 ¿Quién?[1]

In Spanish, using the correct form of address is important. How would you address or refer to the following people? Use **tú, usted, él, ella, nosotros/as, ustedes, ellos, ellas.**

You are talking to:	You are talking about:
la profesora de biología → *usted*	la Sra. López y la Srta. Suzuki → *ellas*
dos profesores	el profesor Blanco
David, un amigo	Diego y David
dos amigos	Magdalena
un adolescente	Rosa y tú (*yourself*)
el presidente de la asociación de estudiantes	tú (*yourself*)

1-6 De orígenes diferentes

College and university students often come from cities all over the world. Tell where the following students are from.

MODELO

Pedro / Buenos Aires → *Pedro es de Buenos Aires.*

1. Yuko y Sayaka / Osaka
2. Nosotros / París
3. Yo / Chicago
4. Roger / Londres
5. Ella / Los Ángeles
6. Tú / Madrid
7. Mis amigos Sergei y Anton / Moscú
8. Mi compañera de clase / San Juan

1-7 ¿De dónde eres?

Paso 1. It is always interesting to find out the origin of your classmates. In groups of *five*, stand in a circle and tell each other where you are from. Listen carefully. Then take turns stating the origin of every person in the group. Use subject pronouns.

MODELO

Yo soy de...

Tú eres de...

Él/Ella es de...

[1]Who/Whom

Paso 2. Ask approximately *ten* students (**tú**) and your instructor (**Ud.**) where they are from. Write down the information. Your goal is to try to find classmates that are from the same places. Be prepared to report to the class.

MODELO

E1: *Con permiso. / Perdón. ¿De dónde eres?*

E2: *Soy de...*

E1: *Gracias.*

E2: *De nada.*

¿Cuál es tu nacionalidad?

Soy mexicana.

Soy cubano.

Soy costarricence.

Soy español.

When you meet Hispanics in the United States, or travel to a Spanish-speaking country, you will frequently be asked **¿De dónde eres?** or **¿De dónde es usted?** If you are from the U.S., your response should be **Soy de Estados Unidos.** or **Soy estadounidense.**

Turn to the map of the Hispanic world on the inside front cover of your textbook. Familiarize yourself with the names of the countries and their corresponding nationalities. Many nationalities have two forms: those ending in **-o** refer to a male, and those ending in **-a,** to a female.

Also find the nationalities that end in **-e** and note that they have only one form, used for both males and females. What is the nationality of a male from Costa Rica? and a female?

Are the nationalities capitalized in Spanish?

_____

Variation: What is the nationality of a male from Spain? and a female? Nationalities that end in a consonant add **-a** to indicate a female. For example: **español → española; francés → francesa; inglés → inglesa; japonés → japonesa.** Notice that the accent is dropped in the feminine form.

_____

For a complete listing of the countries and nationalities of the world, see the inside back cover of your textbook.

1-8 Entrevista intercultural

For your intercultural communications class, you and your classmate have been assigned to interview people from several Spanish-speaking countries. One of you asks if there is someone on campus from the assigned country, and the other finds a person of that nationality on the Hispanic Student Association roster. Take turns.

MODELO

1. Argentina

E1: *¿Hay una persona de Argentina?*

E2: *Sí, Juan Silvestrini es **argentino.***

Curso de Comunicación Intercultural	Asociación de Estudiantes Hispanos
Proyecto nº 1: Entrevista	**Lista de alumnos hispanos:**
1. Argentina	Alba, José (República Dominicana)
2. Bolivia	Castro, Lucía (Perú)
3. Chile	Domínguez, César (Chile)
4. Costa Rica	Estévez, Nuria (Honduras)
5. Ecuador	Fernández, Alberto (Uruguay)
6. España	González, Luis (Puerto Rico)
7. Guatemala	Jiménez, Alejandro (España)
8. Honduras	Montiel, Rafael (Guatemala)
9. República Dominicana	Palacios, Susana (Bolivia)
10. Perú	Silvestrini, Juan (Argentina)
11. Puerto Rico	Trojaola, Cecilia (Costa Rica)
12. Uruguay	Balenciaga, Gladys (Ecuador)

¿SABES QUE...?

It is estimated that 68,000 (2005) Latin American students are enrolled in U.S. colleges or universities. That includes approximately 13,000 from Mexico, 7,500 from Colombia, 3,600 from Peru, and 3,300 from Argentina and Chile, respectively. The most popular fields of study are Business and Management. Conversely, the number of U.S. students recognizing the importance of study abroad is also on the rise, with a growing number enrolling at universities in Spanish-speaking countries. For example (2005): 20,080 students studied in Spain, 9,293 in Mexico, 4,510 in Costa Rica, 2,148 in Cuba, 2,135 in Chile, 1,678 in Ecuador, and 1,315 in Argentina.

Paso III

Describing yourself and others using cognates

GRAMÁTICA

2

¡Manos a la obra!

Using cognates to describe people: Adjectives, an introduction

A number of words in Spanish and English are cognates—words that are identical or similar in both languages and that have the same meaning. Below is a list of adjectives commonly used with the verb **ser** to describe people. All these adjectives are cognates.

Soy modesta y un poco introvertida, pero muy romántica.

Most adjectives have a masculine form (ending in **-o**), used when describing a masculine noun, and a feminine form (ending in **-a**), used when describing a feminine noun.

* Adjectives that change **-o** to **-a** when describing a female:

ambicioso/a	atlético/a	cómico/a	creativo/a
dinámico/a	extrovertido/a	generoso/a	impulsivo/a
introvertido/a	modesto/a	organizado/a	práctico/a
religioso/a	romántico/a	serio/a	tranquilo/a

El señor Blanco es ambicio**so**.   La profesora Ruiz es creati**va**.

* Adjectives that end in **-e, -ista,** or most consonants do not change in form when describing a female:

arrogante	eficiente	egoísta	flexible
independiente	inteligente	irresponsable	materialista
optimista	paciente	pesimista	puntual
rebelde	responsable	sentimental	tolerante

Luis es **eficiente**.   Mónica también (*also*) es **eficiente**.

To describe more than one person, adjectives are made plural by adding **-s** to those that end in a vowel and **-es** to those that end in a consonant:

optimista → optimista**s**   Luis y Mónica son **optimistas**.

puntual → puntual**es**   David y Diego son **puntuales**.

¡En acción!

¡Oye! Los famosos

How much do you know about the following famous people? You will hear statements describing them. Say whether the description is true **(cierto)** or false **(falso).**

1-9 Los estudiantes hispanos

Paso 1. You have completed the interviews assigned in your intercultural communications class (Act. 1-8), and you have gotten together with your partner to review the results. Look over your notes (given below) and summarize what the students said about themselves. Take turns.

MODELO

E1: *¿Cómo es Rafael?*[1]

E2: *Es optimista y responsable. No es cómico.*

Rafael	optimista	✓
	cómico	✗
	responsable	✓
Lucía	romántica	✓
	generosa	✓
	ambiciosa	✗
Susana	seria	✗
	práctica	✓
	responsable	✓
Nuria	eficiente	✗
	seria	✓
	creativa	✓
César	religioso	✓
	modesto	✓
	impulsivo	✗
Gladys	atlética	✓
	dinámica	✓
	modesta	✗
Alejandro	cómico	✓
	paciente	✗
	extrovertido	✓

[1]**¿Cómo...** What is Rafael like?

Paso 2. You made some other observations about the students you interviewed that were not in your notes.

MODELO

Lucía / organizado → *Lucía es organizada.*

1. Susana y Nuria / independiente
2. Alejandro / impulsivo
3. César y Gladys / práctico
4. Lucía / creativo
5. Rafael / tolerante
6. Nuria y Gladys / muy religioso

PALABRAS FRECUENTES

un poco	*a little*
muy	*very*
pero	*but*
también	*also*
tampoco	*not either*
y	*and*
o	*or*

Y becomes **e** before words beginning with an **i** or **hi:**
   Luisa es generosa **e** inteligente.

O becomes **u** before words beginning with **o** or **ho:**
   ¿Es deshonesto **u** honesto?

- To answer a yes/no question affirmatively, **sí** (*yes*) is used before the statement: ***Sí, soy práctico.***

- To answer a yes/no question negatively, **no** is used before the statement and also before the verb: ***No, no* soy práctico.**

- To make a statement negative, **no** is used before the verb: **Carlos *no* es muy religioso.**

1-10 ¿Cómo son? ¿Cómo somos?

Paso 1. What are some of the personality traits of the students in your Spanish class? To find out, walk around the classroom and ask at least *six* of your classmates yes/no questions.

MODELO

E1:	*Pablo, ¿eres optimista?*	**o:**	E1:	*Susana, ¿eres puntual?*
E2:	*Sí, soy optimista. ¿Y tú?*		E1:	*No, no soy puntual. ¿Y tú?*
E1:	*Yo también soy optimista.*		E1:	*Yo tampoco.*

Paso 2. Report one of your classmates' personality traits to the class: *Pablo es optimista.* Also indicate *one* or *two* traits you and a classmate have in common: *Susana y yo no somos puntuales, pero sí somos muy responsables.*

1-11 Mi personalidad

Paso 1. The tutor for your study group wants to get to know each of you and asks you to write a description of yourself. Write *four* sentences using cognates from the chart on page 11. and words like **y, un poco, muy, también,** and **tampoco** as applicable.

Paso 2. The tutor wants the study group to get along well and encourages members to get to know each other and discover what they have in common. In groups of four, read your descriptions to each other, noting similarities and/or differences: *Yo soy romántico/a y Mónica también es romántica. Yo soy un poco serio/a, pero Pedro es muy cómico.*

¿SABES QUE...?[1]

A number of Spanish words are used in English. Examples include *rodeo, lasso, gusto, fiesta, salsa, taco, arena, burro, armadillo, llama, amigo, guerrilla, adios, loco,* and many more.

[1]Do you know that...?

Paso IV

Counting to 59

LOS NÚMEROS DEL 0 AL 59

¡BINGO!					
0 cero	1 uno	2 dos	3 tres	4 cuatro	5 cinco
6 seis	7 siete	8 ocho	9 nueve	10 diez	11 once
12 doce	13 trece	14 catorce	15 quince	16 dieciséis	17 diecisiete
18 dieciocho	19 diecinueve	20 veinte	21 veintiuno	22 veintidós	23 veintitrés
24 veinticuatro	25 veinticinco	26 veintiséis	27 veintisiete	28 veintiocho	29 veintinueve
30 treinta	31 treinta y uno	40 cuarenta	41 cuarenta y uno	50 cincuenta	59 cincuenta y nueve

- The numbers from 16 to 29 are usually written as one word. Those from 31 on are written as three words. What numbers carry accent marks?

- **Uno** shortens to **un** before a masculine noun and becomes **una** before a feminine noun: **un** amigo, **una** amiga.

- Likewise, **veintiuno** shortens to **veintiún** before a masculine noun and becomes **veintiuna** before a feminine noun: **veintiún** profesores, **veintiuna** profesoras. The same changes take place with **treinta y uno, cuarenta y uno,** and so on.

¡En acción!

¡Oye! ¡Bingo!

On a sheet of paper, make a Bingo board with five squares across and five down. Fill it *only* with the following 25 numbers: 0–20, 30, 40, 50, 59. Be sure to place the numbers in random order.

Listen as your instructor calls out numbers and circle those that appear on your board. Call out *Bingo!* if you complete a horizontal, vertical, or diagonal row. Then call out your marked row of numbers to the class for confirmation.

2			0	
	1			

1-12 Las matemáticas

Paso 1. You are tutoring a Spanish-speaking first grader who needs to review his/her addition and subtraction facts. When you call out the numbers to be added or subtracted, your pupil gives the answers. After five items, switch roles.

MODELO

Tú: 4 + 2 =   →   *Cuatro más dos son...*

Alumno/a: *seis*

1. 6 + 3 =
2. 7 + 8 =
3. 10 + 4 =
4. 18 + 6 =
5. (your choice)

6. 17 – 5 =
7. 13 – 2 =
8. 45 – 15 =
9. 59 – 49 =
10. (your choice)

> **Palabras útiles**
> más +
> menos –
> son/es =

Paso 2. Now you want to make sure your pupil knows how to spell numbers. Say the following numbers, and he/she writes them out. After four items, switch roles. Then check each other's answers.

MODELO

Tú: *29*

Alumno/a: (writes) *veintinueve*

1. 16
2. 22
3. 15
4. 17

5. 23
6. 10
7. 33
8. 56

¹La clase

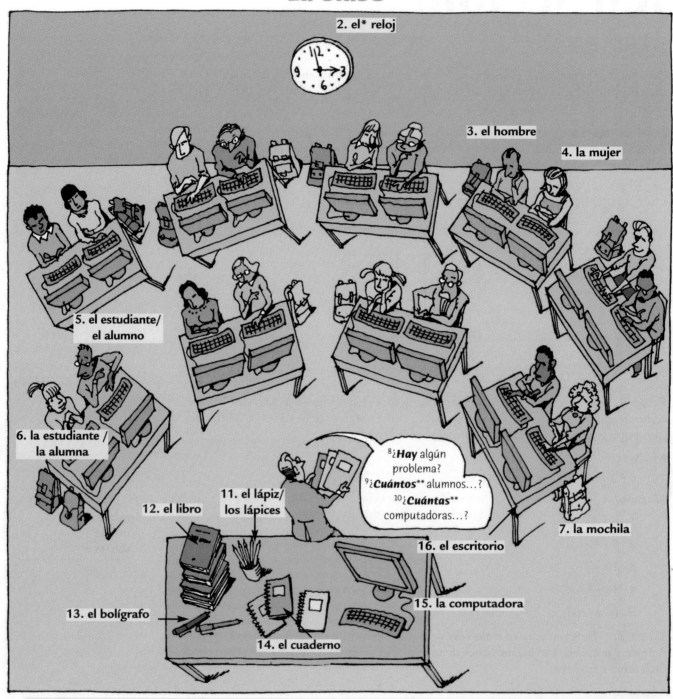

1. class 2. clock, watch 3. man 4. woman 5. student (*m.*) 6. student (*f.*) 7. backpack 8. Is there...? **Hay** There is/ There are; **¿Hay...?**
Is there/Are there? 9. How many (*m.pl.*)? 10. How many (*f.pl.*)? 11. pencil/s 12. book 13. pen 14. notebook 15. computer 16. desk

---

*The definite articles **el** and **la** (*the*) are included to indicate whether the noun is masculine or feminine.

¿Cuántos...? is used with masculine nouns (generally designated by the definite article **el** or **los**). **¿Cuántas...?** is used with feminine
nouns (generally designated by **la** or **las**).

> To make nouns plural:
>
> - add **-s** if the word ends in **a, e, i, o,** or **u:** estudiante → estudiant**es**
>
> - add **-es** if it ends in any other letter: muje**r** → mujer**es**

1-13 ¿Cuántos hay?

How observant are you? Study the classroom scene on page 16 and then take turns asking and answering the following questions.

MODELO

E1: *¿Cuántos libros hay en el escritorio del profesor?*

E2: *Hay cuatro.*

E1: *¡Sí, hay cuatro!* (In cases where the answer is incorrect, say *No, no hay...*)

1. ¿Cuántos estudiantes hay en la clase?
2. ¿Cuántos hombres hay? ¿y mujeres?
3. ¿Cuántas computadoras hay? ¿y cuántos relojes?
4. ¿Cuántos profesores hay en la clase?
5. ¿Cuántos lápices hay en el escritorio del profesor? ¿y cuántos bolígrafos?
6. ¿Cuántos cuadernos hay en el escritorio?
7. ¿Cuántas mochilas hay en la clase?

1-14 Vamos a contar[1]

In groups of four, determine how many of the following items are visible in your class. If there are none, write **cero.** The first team to complete the chart is the winner. One member of the winning team reads the numbers in each category to the class, and the class determines whether they are correct.

estudiantes	
mujeres	
hombres	
computadoras	
televisores	
mapas	
mochilas	
relojes de clase	
iPods	
cuadernos	
diccionarios	
celulares	
lápices	
suéteres	

[1]**Vamos...** Let's count

Paso V

Telling time

¿Qué hora es?[1]

Es la una.

Son las siete.

Son las ocho y diez.

Son las ocho y cuarto. / Son las ocho y quince

Son las ocho y media. / Son las ocho y treinta.

Son las nueve **menos** veinte.

Son las nueve **menos** diez.

Both **Es** and **Son** mean *It's...* when telling time.

Es la una.   *It's one o'clock.*   **Son** las dos.   *It's two o'clock.*

¿QUÉ HORA ES?

de la mañana	*in the morning*	menos	*less (literally), to*
de la tarde	*in the afternoon*	menos cuarto	*quarter to*
de la noche	*in the evening*	Es mediodía.	*It's noon.*
y cuarto	*fifteen past or quarter after*	Es medianoche.	*It's midnight.*
y media	*half past... or ...thirty*	en punto	*on the dot, sharp*

In most Spanish-speaking countries, **de la tarde** is used as long as there is daylight.

[1]¿**Qué...** What time is it?

¡En acción!

¡Oye! ¿Qué hora es?

When you hear someone telling the time in Spanish, how good are you at understanding it? Draw six clock faces on a sheet of paper while a volunteer does the same on the board. When you hear a clock time, draw the time on your clock. Your instructor will indicate whether it is correct. Continue until all the clocks have hands indicating the stated times.

1-15 ¡Practica las horas!

You are a volunteer in a classroom where the children are learning numbers and to tell time. Help the kids learn by correcting what they say. After four items, switch roles.

MODELO

2:30   Son las tres y media.

Niño/a[1]:   Son las tres y media.

Voluntario/a: No, son las dos y media.

1. 1:15   Es la una y cinco.
2. 8:40   Son las ocho menos veinte.
3. 12:20 Son las dos y veinte.
4. 3:50   Son las cuatro y diez.
5. 11:05 Son las once y quince.
6. 10:35 Son las diez y veinticinco.
7. 9:20   Son las nueve menos veinte.
8. 2:10   Son las diez y dos.

1-16 ¿Qué hora es?

Your Spanish-speaking great-grandmother is 110 years old and cannot see very well. When she wants to know the time, you oblige by providing it. After *five* items, switch roles.

MODELO

Bisabuela: ¿Qué hora es? (pointing to one of the clocks)

Tú: Es la… / Son las… de la mañana / tarde / noche.

[1]child

1-17 Husos horarios[1]

Paso 1. The student organization at your school in New Orleans is setting up a video conference with similar organizations in other cities around the world. You and a friend have offered to find a time that will work for everyone. As you mention each city, your friend gives the time there, according to the time zone chart below. Take turns playing each role.

MODELO

E1: *Cuando[2] son las ocho y cuarto de la mañana aquí, ¿qué hora es en Nueva York?*

E2: *Son las nueve y cuarto de la mañana.*

E1: *¿Y en Buenos Aires?*

E2: *Son las once y cuarto de la mañana.*

E1: *¿Y en Barcelona?*

E2: *Son las tres y cuarto de la tarde.*

Nueva Orleans	Nueva York	Buenos Aires	Barcelona	
8:15	9:15	11:15	15:15	Times shown follow the 24-hour clock. To convert to the 12-hour clock, subtract 12 from times beginning with 13:00.
10:15	11:15	13:15	17:15	
11:30	12:30	14:30	18:30	
13:45	14:45	16:45	20:45	
15:30	16:30	18:30	22:30	

Paso 2. Choose a time for the video conference: *La conferencia es a las[3]... de Nueva Orleans; a las... de Nueva York; a las... de Buenos Aires; y a las... de Barcelona.*

Paso VI

Indicating days of the week and dates

LOS DÍAS DE LA SEMANA

lunes*	martes	miércoles	jueves	viernes	sábado	domingo
Monday	*Tueday*	*Wednesday*	*Thursday*	*Friday*	*Saturday*	*Sunday*

[1]**Husos...** Time zones, [2]When, [3]**a...** at

*Note that the Spanish calendar starts with Monday and ends with Sunday, and that the days of the week are not capitalized.

- The days of the week are masculine: **el lunes, el martes,** and so on.
- **El lunes** means *on Monday,* **el martes** means *on Tuesday,* and so on.

    La fiesta es **el sábado.**   *The party is on Saturday.*

- **Los lunes** means *on Mondays, every Monday,* **los martes** means *on Tuesdays, every Tuesday,* and so on.

    Los viernes vamos al gimnasio.   *On Fridays/Every Friday we go to the gym.*

¡En acción!

¡Oye! Los días de la semana

Your instructor is absent-minded and sometimes gets confused about what day it is, when events take place, and so on. Indicate whether the statements he/she makes are true or false by saying «**¡Sí!**» or «**¡No!**» If they are false, correct them.

1-18 Programación en televisión

Paso 1.   You and your friend are checking out the TV programs of the week. Ask each other questions to find out what days of the week certain programs are featured.

MODELO

E1: *¿Qué días hay partidos?*

E2: *El martes hay partido de golf, el miércoles...*

1. partidos
2. noticias
3. películas
4. documentales
5. programas especiales

> **Palabras útiles**
> la película *movie*
> el partido de béisbol
>   *baseball game*
> las noticias *news*

	lunes 4	martes 5	miércoles 6	jueves 7	viernes 8	sábado 9	domingo 10
CANAL 15 7:00	Noticias de Asia	Documental: *Turismo en Costa Rica*	Noticias de Europa	Noticias de Latino-américa	Documental: *La diabetes y la obesidad*	Especial: *Concierto de guitarra*	Partido de tenis
CANAL 37 8:30	Documental: *Animales en extinción*	Noticias internacio-nales	Partido de béisbol	Especial: *Casas de los famosos*	Película: *Shrek II*	Película: *Frida* S. Hajek	Película: *Harry Potter y la Orden del Fénix*
CANAL 46 11:00	Película: *V de Vendetta* N. Portman	Partido de golf	Película: *Dr. No* S. Connery	Película: *Spanglish* A. Sandler	Documental: *Exploración del espacio*	Película: *Pearl Harbor* K. Beckinsale	Documental: *Historia del chocolate*

Paso 2. Individually, review all the programs, films, and other offerings and circle the ones you want to see. Then share the information with your classmate, indicating on which day each is featured.

MODELO

E1: ¿Qué quieres ver[1] en la televisión?

E2: El lunes, quiero ver el documental **Animales en extinción.** El martes,... ¿Y tú?

LOS MESES DEL AÑO

enero	febrero	marzo	abril	mayo	junio
julio	agosto	septiembre	octubre	noviembre	diciembre

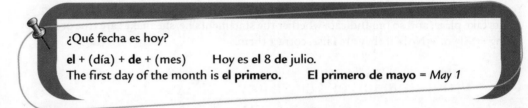

¿Qué fecha es hoy?

el + (día) + **de** + (mes)   Hoy es **el** 8 de julio.

The first day of the month is **el primero.**   **El primero de mayo** = *May 1*

LA FECHA

¿Qué fecha es hoy?	*What is today's date?*
¿Cuándo es...?	*When is...?*
Hoy es...	*Today is...*
mi/tu cumpleaños	*my/your birthday*
la Navidad	*Christmas*
el Año Nuevo	*New Year's*

¡Oye! Fechas importantes

You will hear important dates, each one followed by a question that asks you to select the word or phrase that you associate with it.

1-19 Los cumpleaños de la familia

Abuela Carmen from Cuba has written down the birthdays of her grandchildren in Spanish style, with the day of the month first. Use her list (page 23) to answer your cousin's questions. After *four* items, switch roles.

[1]to see

Manuela, 22/10

E1: ¿Cuándo es el cumpleaños de Manuela?

E2: Es el 22 de octubre.

1. Manuela, 22/10
2. Javier, 13/5
3. Clara, 29/1
4. Socorro, 1/6

5. Felipe, 17/12
6. Julia, 25/3
7. Ricardo, 8/9
8. Adelina, 15/2

ENERO

LUNES MONDAY	MARTES TUESDAY	MIÉRCOLES WEDNESDAY	JUEVES THURSDAY	VIERNES FRIDAY	SÁBADO SATURDAY	DOMINGO SUNDAY
○ LUNA LLENA FULL MOON 1st-31st - DIA 1-31	◔ C. MENGUANTE LAST QUARTER 9th - DIA 9	● LUNA NUEVA NEW MOON 17th - DIA 17	◑ C. CRECIENTE FIRST QUARTER 24th - DIA 24	**1** AÑO NUEVO NEW YEAR'S DAY	**2** SAN BASILIO M.	**3** S. ANTERO PAPA
4 SAN PRISCO	**5** S. TELESFORO	**6** LOS REYES MAGOS EPIPHANY	**7** SAN RAIMUNDO	**8** SAN APOLINAR	**9** SAN MARCELINO	**10** SAN GONZALO
11 S. HIGINIO PAPA	**12** S. ARCADIO	**13** S. HILARIO	**14** SAN FELIX	**15** S. MAURO ABAD	**16** SAN MARCELO	**17** SAN ANTONIO ABAD
18 STA. PRISCA	**19** SAN MARIO	**20** SAN FABIAN	**21** SAN FRUCTUOSO	**22** SAN VICENTE	**23** SAN ALBERTO	**24** SAN FRANCISCO DE S.
25 STA. ELVIRA	**26** S. TIMOTEO	**27** STA. ANGELA	**28** STO. TOMAS DE A.	**29** SAN VALERIO	**30** STA. MARTINA	**31** S. JUAN BOSCO

¿Cuándo celebra Ángela el día de su santo? El 27 de enero, ¿verdad? ¿Y Elvira? ¿Alberto? ¿Martina? ¿Tomás?

1-20 ¿Cuál es tu signo del zodíaco?

Walk around the classroom asking as many students as possible the dates of their birthdays. Then identify their zodiac sign (see chart below) and jot down the information: name and sign. You have five minutes. The person who finds the most students with different zodiac signs wins! Report your findings to the class for confirmation.

MODELO

E1: ¿Cuándo es tu cumpleaños?

E2: El 24 de julio.

E1: ¿Eres Leo?

E2: ¡Sí!

Aries	♈	20 de marzo – 19 de abril	Libra	♎	23 de septiembre – 22 de octubre
Tauro	♉	20 de abril – 20 de mayo	Escorpión	♏	23 de octubre – 22 de noviembre
Géminis	♊	21 de mayo – 20 de junio	Sagitario	♐	23 de noviembre – 20 de diciembre
Cáncer	♋	21 de junio – 22 de julio	Capricornio	♑	21 de diciembre – 19 de enero
Leo	♌	23 de julio – 22 de agosto	Acuario	♒	20 de enero – 18 de febrero
Virgo	♍	23 de agosto – 22 de septiembre	Piscis	♓	19 de febrero – 19 de marzo

1-21 Averigua¹ la fecha

Your friend (E1) has a list of some important events for the month of May on his/her date-book (shown sideways). Let's see if you can find out the exact date of each one. Play this game by asking first what day of the week the event takes place, and then the date. After four items, change roles.

Palabras útiles

antes *before*
después *later*

MODELO

E1: La inauguración del museo.

E2: ¿Es el viernes?

E1: No, después.

E2: ¿Es el domingo?

E1: Sí.

E2: ¿Es el veintiséis?

E1: No, antes.

E2: ¿Es el doce?

E1: ¡Sí! La inauguración del museo es el 12 de mayo.

Agenda para mayo

la inauguración del museo: 12
el fin del año académico: 16
la cita con el doctor Gómez: 20
el cumpleaños de la tía Rita: 1
el concierto de jazz: 17
el picnic con la familia: 25
la reunión con amigos: 14
la fiesta de Cristóbal: 31
la celebración del 5 de mayo: 5

MAYO

LUNES	MARTES	MIÉRCOLES	JUEVES	VIERNES	SÁBADO	DOMINGO
		1	2	3	4	5
6	7	8	9	10	11	12 inauguración del museo
13	14	15	16	17	18	19
20	21	22	23	24	25	26
27	28	29	30	31		

A *Cinco de Mayo* parade in St. Paul, Minnesota. *Cinco de Mayo* celebrations are becoming more and more popular in the U.S. On that day, Mexican culture is celebrated with parades, floats, music, dancing, and typical Mexican food. This date commemorates the victory of the Mexicans over the French at Puebla.

¹Find out

Tu mundo cultural

Breve historia del español

Año 218* a.C.¹: el latín llega² a Hispania

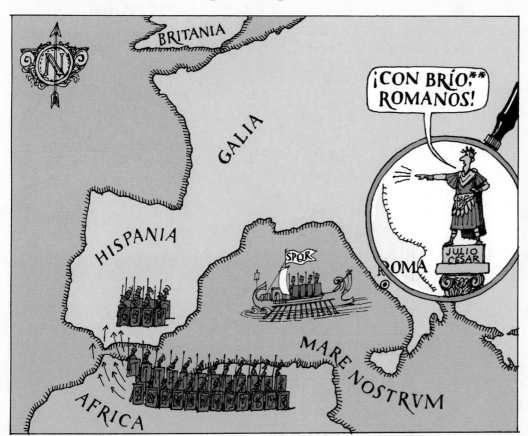

Los romanos conquistan la Península Ibérica (218–204 a.C.) y la llaman **Hispania.** El latín, la lengua³ de los soldados y comerciantes⁴ romanos, se introduce en la península y se convierte en la lengua oficial del nuevo territorio romano. Con el paso de los siglos⁵, el latín se transforma en lo que hoy llamamos castellano o español.

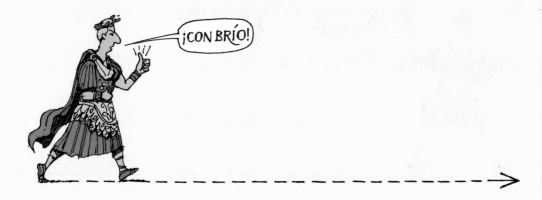

¹B.C., ²arrives, ³language, ⁴merchants, ⁵centuries

---

*218 **doscientos dieciocho**, **CON BRÍO** *With determination and courage*

¿SABES QUE...?

Spanish, like French, Italian, Portuguese, and Romanian, comes from Latin. These are called Romance languages because of their Roman origin. The Latin word **Hispania** evolved into the Spanish word **España** (*Spain*).

¿SABES QUE...?

The title of this text, *¡Con brío!*, comes from a Spanish expression that has an interesting origin. The word **brío** relates to the Celtic word *brig* which denotes strength. To do something with brío refers to the energy and determination with which one moves, works or does anything that requires effort. Other possible meanings include: with spirit, enthusiasm, grace, vigor, and courage.

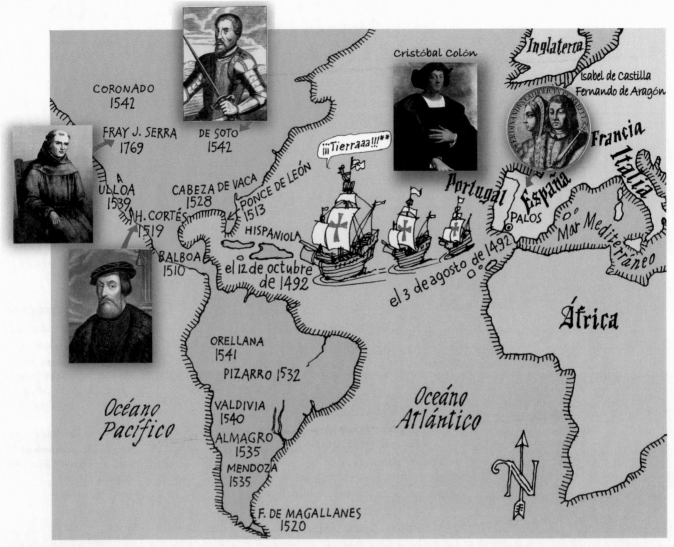

El 12 de octubre de 1492, Cristóbal Colón llega a América. Con la exploración, conquista y cristianización del continente americano, el español se convierte en la lengua oficial de gran parte del Nuevo Mundo[2].

¿SABES QUE...?

The year 1492 was a turning point for both Spain and the Americas. Spain became unified politically and religiously under Ferdinand and Isabel. As a result, Muslims and Jews refusing to convert to Christianity were expelled from the country. Also, in 1492 Spain broadly expanded its territories by conquering the native civilizations of the Americas, with profound consequences for both. For the natives of the New World it marked the beginning of the destruction of their civilization.

[1]language, [2]**Nuevo...** New World

*1492 **mil cuatrocientos noventa y dos,** **¡Tierra!** *Land!*

Año 1492–presente: el español continúa su expansión

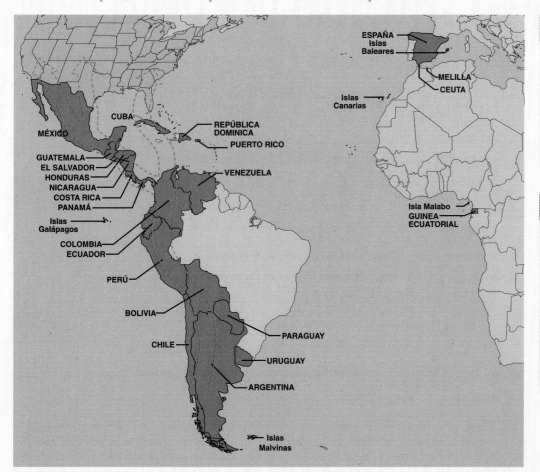

¿SABES QUE...?

The term **castellano** (*Castilian*) refers to the Spanish spoken in **Castilla** (*Castile*) in central Spain. Many Spanish-speakers use it as a synonym for **español**.

¿SABES QUE...?

The term Hispanic designates a cultural identity, not a race. Spanish-speaking countries, as you will learn in *Capítulo 9*, are racially diverse, including indigenous peoples of the Americas, Africans, Caucasians, and mixtures of the three.

En el siglo XIX, incluso[1] después de la independencia, la mayoría de los países[2] que anteriormente forman parte de España conservan el español como lengua oficial. Actualmente hay 21 países en donde el español es la lengua oficial: España, 19 países en América y Guinea Ecuatorial, una antigua colonia española situada en África. El español es también la lengua de más de 40 millones de personas residentes en EE.UU.[3], adonde por razones políticas o económicas, continúan llegando inmigrantes procedentes de países hispanohablantes[4] (véanse las flechas[5] en el mapa).

¿Qué aprendiste?[6]

Mark the correct option for each question.

1. ¿De qué lengua se deriva el castellano o español?
   ☐ del italiano   ☐ del latín   ☐ del inglés

2. ¿En qué año llega el español a América?
   ☐ en el año 218 a.C.   ☐ en 1776   ☐ en 1492

3. En este momento, ¿en cuántos países es el español la lengua oficial?
   ☐ en 21   ☐ en 19   ☐ en 10

4. En EE.UU., ¿aproximadamente cuántas personas son hispanohablantes?
   ☐ 5 millones   ☐ 13 millones   ☐ 41 millones

---

[1]even, [2]countries, [3]United States, [4]Spanish-speaking, [5]arrows, [6]¿**Qué...** What did you learn?

*As written on the T-shirt: **¡Viva lo latino!** *Long live everything Hispanic!*

Tu mundo en vivo

¡Video en acción!

1.1 La influencia española en las Américas

1. **Antes de ver el video**

   a. In what year did Christopher Columbus arrive in America?

   b. What Spanish conquistadores are you familiar with?

   c. Can you name any products that were brought to the Americas from Europe? And products from the Americas that were introduced into Europe?

2. **Mientras ves el video** Marca **C** (Cierto) o **F** (Falso).

   a. _____ En 1492 los Reyes de España son Fernando e Isadora.

   b. _____ La Hispaniola es la primera colonia que funda Colón en América.

   c. _____ Francisco Pizarro es un conquistador.

   d. _____ El café llega a América procedente de Europa.

   e. _____ En 1898 España pierde[1] sus último territorio en América.

3. **Comenta con la clase**

   What influences did Spain have over the Americas? Talk about the political, economic, religious and cultural impact of the Spanish presence in the Americas. Use the images below, the information from the video, and any other knowledge you have.

[1]loses

¡Lectura en acción!

Anuncios de actividades para niños[1]

The following advertisements from a Mexican newspaper publicize summer and weekend activites for children.

Paso 1.   Without trying to understand these ads yet, simply look at the individual words and circle all the ones you know or are pretty certain of what they mean.

Paso 2.   Now focusing primarily on the words you have circled, answer the following questions in Spanish, when possible, or in English, if necessary.

← ANUNCIO 1

1. When is this event?

2. How much does it cost to participate?

3. Who can participate?

4. Where is this event held?

Reading Strategy

Skimming a text for cognates and other familiar words or information

When approaching your first readings in Spanish, it is important to focus on what you do know in order to not become overwhelmed by all the unfamiliar words. One way to overcome this is to highlight all the words that are familiar to you and use those words to decipher meaning from the context they help create.

ANUNCIO 2 →

1. When are these classes? What days? What times? What dates?

2. How much do they cost (in Mexican pesos)?

3. Who can participate?

4. Where are the classes?

Paso 3.   Using all of the words you understand from each ad, as well as the images in each one, answer these questions, in English.

1. What do you think *ajedrez* is? How did you guess?

2. Can you figure out what *artes plásticas* are? What are some examples? What information helped you to make your guess?

[1]children

Reading Strategy

Using images to understand content

Frequently the images in a reading will offer clues to the text. What do the ones used here tell you?

Vocabulario activo y pasivo: Capítulo 1

Saludos *Greetings*
Hola. *Hello. Hi.*
Buenos días. *Good morning.*
Buenas tardes. *Good afternoon.*
Buenas noches. *Good evening. Good night.*

Despedidas *Good-byes*
Adiós. *Good-bye.*
Chao. *Bye.*
Hasta luego. *See you later.*
Hasta mañana. *See you tomorrow.*

Presentaciones *Introductions*
¿Cómo te llamas? *What is your name?*
    (informal)
¿Cómo se llama usted? *What is your name?*
    (formal)
Me llamo... *My name is...*
Le presento a... *Let me introduce you to...*
    (formal)
Te presento a... *Let me introduce you to...*
    (informal)
Encantado/a. *I'm delighted to meet you.*
Mucho gusto. *Pleased to meet you.*

Preguntas y respuestas
Questions and answers
¿Cómo estás? *How are you? (informal)*
¿Cómo está usted? *How are you? (formal)*
¿De dónde eres? *Where are you from?*
    (informal)
¿De dónde es usted? *Where are you from?*
    (formal)
¿Qué tal? *How are you (doing)? (informal)*
¿Y tú? ¿Y usted? *And you? (informal/*
    formal)
Bien./ Muy bien, gracias. *Fine. Very well,*
    thanks.
Regular. *Okay. So, so.*
Mal. *Not so well. Bad.*

Otras palabras y expresiones
Other words and expressions
Con permiso. *Excuse me (to ask permission to*
    pass by someone or to leave).
Perdón. *Pardon me/ Excuse me (to get some-*
    one's attention or to seek forgiveness).
Gracias. *Thanks.*
De nada. *You're welcome.*
(el) señor (Sr.) *Mr., Sir*
(la) señora (Sra.) *Mrs., Ma'am*
(la) señorita (Srta.) *Miss*
el profesor/ la profesora *professor (m./f.)*
el amigo/ la amiga *friend (m./f.)*
el hombre *man*
la mujer *woman*
un poco *a little*

muy *very*
pero *but*
también *also*
tampoco *not either*
y *and*
o *or*

Los números del 0 al 50
Numbers 0 to 50
cero *zero*
uno *one*
dos *two*
tres *three*
cuatro *four*
cinco *five*
seis *six*
siete *seven*
ocho *eight*
nueve *nine*
diez *ten*
once *eleven*
doce *twelve*
trece *thirteen*
catorce *fourteen*
quince *fifteen*
dieciséis *sixteen*
diecisiete *seventeen*
dieciocho *eighteen*
diecinueve *nineteen*
veinte *twenty*
veintiuno... *twenty-one...*
treinta *thirty*
treinta y uno... *thirty-one...*
cuarenta *forty*
cincuenta *fifty*
¿cuántos?/ ¿cuántas? *How many? (m./f.)*

La clase *Class*
la alumna/ la estudiante *student (f.)*
el alumno/ el estudiante *student (m.)*
el bolígrafo *pen*
la computadora *computer*
el cuaderno *notebook*
el escritorio *desk*
el lápiz *pencil*
el libro *book*
la mochila *backpack*
el reloj *clock, watch*

Los días *Days*
el lunes *Monday*
el martes *Tuesday*
el miércoles *Wednesday*
el jueves *Thursday*
el viernes *Friday*
el sábado *Saturday*
el domingo *Sunday*

Los meses *Months*
enero *January*
febrero *February*
marzo *March*
abril *April*
mayo *May*
junio *June*
julio *July*
agosto *August*
septiembre *September*
octubre *October*
noviembre *November*
diciembre *December*

Las fechas *Dates*
¿Qué fecha es hoy? *What is today's date?*
¿Cuándo es? *When is...?*
Hoy es... *Today is...*
mi/ tu cumpleaños *my/ your birthday*
la Navidad *Christmas*
el Año Nuevo *New Year's*

¿Qué hora es? *What time is it?*
y cuarto *quarter past*
y media *half past*
menos *less*
menos cuarto *quarter to*
en punto *on the dot, sharp*
de la mañana *in the morning*
de la tarde *in the afternoon*
de la noche *in the evening*
Es mediodía *It's noon*
Es medianoche *It's midnight*

Verbos y expresiones verbales
Verbs and verbal expressions
hay *there is, there are*
ser *to be*
querer *to want, wish, love*
¿Quieres...? *Do you want...?*
Quiero... *I want...*

Paso I: Greetings, introductions, and saying good-bye

A. Complete the conversations.

1. **Rosa:** ¡Hola! ¿_Como te_ llamas?

   Susana: Susana, ¿y _tú_?

   Rosa: _Me llamo_ Rosa.

2. **Sergio:** ¡_Hola_, Tomás! ¿Cómo _estás_?

   Tomás: Bien, _y tú_. Sergio, te _presento_ a mi amigo Manuel.

   Sergio: _mucho gusto_

3. **Linda:** Anita, ¿_Qué_ tal?

   Anita: _Bien_, gracias, ¿_y tú_?

   Linda: Muy bien. Voy (*I'm going*) a la clase de arte.

   Anita: ¡_Hasta luego_! (*Hasta mañana*)

4. **la Sra. Gómez:** _Buenas_ tardes. ¿_Como_ se _llama_ Ud.?

   la profesora: Carmen Ruiz, ¿_y usted_?

   la Sra. Gómez: María Gómez. Profesora, _le presento_ a mi amiga Aurora.

   la profesora: _Mucho Gusto_

   Aurora: _Encantada_

Paso II: Asking and answering questions about where you are from

B. Complete the sentences or questions with the correct forms of the verb **ser**.

1. Yo _soy_ de Costa Rica y mi amigo Juan _es_ de Honduras.
2. Ana y yo _somos_ de San José, pero Juan y Ramón _son_ de Tegucigalpa.
3. ¿De dónde _eres_ tú?

Paso III: Describing yourself and others using cognates

C. Say what the following people are like, changing the adjective as needed.

Modelo

Él es atlético. (ella)

Ella es atlética.

1. Él es modesto. (ella) _modesta_
2. Ella es inteligente. (él)
3. Él es responsable. (Uds.) _son responsables_
4. Él es muy organizado. (ellas)
5. Ella es puntual. (ellos)

✓ Additional **Autopruebas** online.

D. Answer the following questions in complete sentences.

1. ¿Eres extrovertido/a?
2. ¿Eres sentimental?
3. Tus (*Your*) amigos y tú, ¿son independientes?

Paso IV: Counting to 59

E. Spell out your answers to these problems.

1. 4 + 3 = _siete_
2. 6 + 3 = _nueve_
3. 5 + 6 = _once_
4. 20 + 10 = _trienta_
5. 20 – 5 = _quince_
6. 16 – 2 = _catorce_
7. 17 + 8 = _veinte y cinco_
8. 40 + 15 = _cincuenta y cinco_

F. How many people or items are there in the following places?

1. ¿Cuántos estudiantes hay en la clase de español?
2. ¿Cuántos libros hay en tu mochila? *Hay...*
3. ¿Cuántos lápices y bolígrafos hay en tu escritorio?

Paso V: Telling time

G. Tell what time it is.

Modelo

9:30 PM *Son las nueve y media de la noche.*

1. 8:15 AM (give two ways)
2. 9:40 AM
3. 1:30 PM (give two ways)
4. 3:25 PM
5. 12:00 AM (give two ways)

Paso VI: Indicating days of the week and dates

H. Fill in the missing day/s of the week.

1. En la universidad hay clases los martes y _____ .
2. También hay clases los lunes, _____ y _____ .
3. ¿Hay clases _____ _____ y domingos?

I. Indicate the dates. (In Spanish, when dates are given in numbers, the day precedes the month.)

Modelo

2/1

Es el dos de enero.

1. 12/2
2. 1/4
3. 4/7
4. 23/11

En resumen

Answer the questions in complete sentences.

1. ¿Cómo te llamas?
2. ¿Cómo estás?
3. ¿De dónde eres?
4. ¿Qué hora es?
5. ¿Qué día es hoy?
6. ¿Qué fecha es hoy?

Answers to the *Autoprueba y repaso* are found in **Apéndice 2**.

¡Próximamente![1]

Historietas[2] ¡Con brío!

Meet the main characters of the *¡Con brío!* comic strips! They will accompany you throughout the text, beginning in Chapter 2 (see p. 41).

¡Hola! ¿Qué tal? Me llamo Jennifer. Soy de Puerto Rico. Estudio derecho[3].

Jennifer

Me llamo Fabio. Soy policía y estudiante. Soy estadounidense.

Fabio

¡Hola! Me llamo Ysenia. Soy de Ecuador. Soy estudiante de la universidad y amiga de Jennifer y de Mabel.

Ysenia

¿Qué tal? Me llamo Ernesto. Soy cubano. Me gusta[4] el béisbol. Soy amigo de Fabio y de Mario. Estudio ingeniería.

Ernesto

¿Cómo están? Me llamo Mabel. Soy dominicana. Soy enfermera[5] y también[6] estudio en la universidad.

Mabel

¡Hola! ¿Qué tal? Soy Mario y soy de Chile. Me gustan las computadoras. Soy amigo de Fabio y de Ernesto.

Mario

Nosotros somos los padres de Jennifer. Somos puertorriqueños.

Los señores Rivera

Me llamo Yolanda. Mi mamá es Jennifer.

Yolanda

Yo soy Olivia y mi papá es Fabio.

Olivia

[1]Coming up!, [2]Comic strips, [3]law, [4]Me... I like, [5]nurse, [6]also

2 La universidad y el trabajo

WILEY PLUS

Additional activities and **Autopruebas** for each **Escena** available online.

El campus universitario

1. UNIVERSIDAD CON BRÍO

HOSPITAL San Lucas

22. FACULTAD DE MEDICINA

23. FACULTAD DE FILOSOFÍA Y LETRAS

20. FACULTAD DE CIENCIAS

21. BIBLIOTECA

19. FACULTAD DE ADMINISTRACIÓN DE EMPRESAS

24. ESTATUA

2. AVENIDA Pablo Neruda

25. Plaza de la Universi...

CERVANTES

AVENIDA Miguel de Cervantes

16. GIMNASIO

17. TEATRO

18. GUARDERÍA INFANTIL

METRO UNIVERSIDAD

CINE LOS ÁNGELES
TODO SOBRE MI MADRE
P. Almodóvar

15. AUTOBÚS

DE OCTUBRE

AVENIDA Pablo Neruda

1. university
2. avenue
3. Law School*
4. building
5. street
6. stadium
7. Registrar's Office
8. student center
9. cafeteria
10. bookstore
11. parking
12. bicycles
13. cars
14. dormitory, residence hall
15. bus
16. gym
17. theater
18. daycare center
19. Business School
20. School of Sciences
21. library
22. Medical School
23. School of Arts
24. statue
25. square, plaza

*La Facultad is a school or a college within a university. The word for *faculty* is el profesorado.

A note to the student: Vocabulary shown in gray (see English) is passive, unless your instructor indicates otherwise. You are responsible only for recognizing the meaning of the words.

Since these appear throughout the chapter, however, you may be surprised at how quickly you find yourself using them on a more active basis.

¡En acción!

2-1 En tu universidad

Indicate whether these statements apply to your campus by saying «**Cierto**» or «**Falso**».

MODELO

Profesor/a: *Hay un teatro.*

Tú: *Cierto.*   **o:**   *Falso. No hay un teatro.*

1. Hay una cafetería.
2. Hay una guardería infantil.
3. Hay una Facultad de Derecho.
4. Hay una biblioteca.
5. Hay una Facultad de Medicina.
6. Hay un centro estudiantil.
7. Hay un gimnasio.
8. Hay un estadio de deportes.
9. Hay una librería-papelería.
10. Hay residencias estudiantiles.
11. Hay una Facultad de Administración de Empresas.
12. Hay una estatua.

2-2 El campus universitario

A friend is visiting you at the *Universidad Con Brío*. While touring the campus, he/she asks you about the school. One of you plays the role of the friend, and the other responds according to what he/she sees in the scene on pages 34–35. Take turns. Partial answers are provided for items 1 and 2.

1. ¿Qué facultades hay en la Universidad Con Brío? *La Facultad de...*
2. ¿En qué avenida hay un autobús? *En la avenida... ¿y una biblioteca? ¿y un centro estudiantil?*
3. ¿Cuántos carros hay en el estacionamiento? ¿y cuántas bicicletas?
4. ¿Cómo se llama la cafetería? ¿y la librería-papelería? ¿y la residencia estudiantil?
5. ¿En qué calle hay un estadio de deportes?
6. ¿Cuántos estudiantes hay en la plaza de la universidad? ¿Cómo se llama la persona famosa representada en la estatua?
7. ¿Hay estudiantes en el gimnasio? ¿Cuántos?
8. ¿Qué hora es en el reloj de la avenida Pablo Neruda? ¿Qué fecha es?

¿SABES QUE...?

Note that October 12 in the opener scene is an important date in Spanish-speaking countries. They do not celebrate Columbus day, but rather **el día de la Raza** or **el día de la Hispanidad**, commemorating the new racial and cultural identity that began on that day.

¿SABES QUE...?

Pedro Almodóvar (see movie in opener scene) is a well-known Spanish movie director. *Todo sobre mi madre* received an Oscar for the best foreign film (1999).

¿SABES QUE...?

The streets in Spanish-speaking countries are often named after famous people (see opener scene). **Miguel de Cervantes** from Spain (1547–1616) is the author of the masterpiece *Don Quijote de la Mancha*. **Frida Kahlo** from Mexico (1910–1954) is a famous painter. She was married to the muralist Diego Rivera. **Pablo Neruda** from Chile (1904–1973) is a poet and winner of a Nobel prize in literature.

Asignaturas y especialidades *Subjects and majors*

Estudio...

alemán *German*
árabe
chino
español
francés
inglés
italiano
japonés
portugués
ruso

Yo estudio...

arte
ciencias políticas
filosofía
geografía
historia
literatura
música
oratoria *speech*
religión
sociología

Y yo estudio...

álgebra
biología
cálculo
contabilidad *accounting*
economía
estadística *statistics*
física
geometría
informática *computer science*
matemáticas
(p)sicología
química
salud *health*

Y tú, ¿qué estudias?

¿SABES QUE...?

The word **álgebra**, along with more than 5,000 others, comes from Arabic. The Moors (Muslims of mixed Arab and Berber origin, from northern Africa) invaded Spain in the eighth century and occupied most of the peninsula for nearly 800 years (711–1492). Many of the words borrowed from Arabic begin with **al**.

Otras especialidades:

arquitectura
derecho *law*
enfermería *nursing*
hotelería *hotel management*
ingeniería *engineering*

medicina
negocios *business*
terapia del lenguaje *speech therapy*
terapia física
trabajo social *social work*

> To talk about a certain class or book, use **de** + *noun*: **la clase de contabilidad** *accounting class*; **el diccionario de español** *Spanish dictionary*.

To ask *(At) what time* a class or event takes place, use **¿A qué hora...?** In your answer, use **a la una/a las dos**...

¿A qué hora es la clase de biología? Es **a las 11:00** de la mañana.

2-3 Mi horario y tu horario

Paso 1. First, list your classes on a sheet of paper, without indicating the day/s or time/s, and give the list to your partner. Your partner does the same. Then ask your partner when each of his/her classes takes place (day/s and time/s) and in what building. Jot down the information. Take turns.

MODELO

E1: *¿Qué días es tu clase de inglés?*

E2: *Los martes y jueves.*

E1: *¿A qué hora?*

E2: *A las 6:30 de la tarde.*

E1: *¿En qué edificio?*

E2: *En Washington Hall.*

¿SABES QUE...?

In Spanish-speaking countries, there is no equivalent of the American two-year community college. Therefore, when referring to it, call it *college* or **universidad**.

El horario de mi compañero/a de clase

	lunes	martes	miércoles	jueves	viernes
CLASE		inglés		inglés	
HORA		6:30 de la tarde		6:30 de la tarde	
EDIFICIO		Washington Hall		Washington Hall	

Paso 2. Exchange schedules to confirm their accuracy. Be prepared to share some of the information with the class.

¡A escuchar![1] ¡Bienvenidos!

Paso 1. You have just arrived at the *Universidad Con Brío*. Listen to the walking tour given to new students. Look at the university scene on pages 34–35 while you listen.

Paso 2. Now that you are familiar with this university, write the names of *four* places mentioned in the tour.

1. _____   3. _____

2. _____   4. _____

Palabras útiles

aquí *here*

allí *there*

[1]¡A... Let's listen!

¡Manos a la obra!¹

1

The gender of nouns

Nouns are the names of people, animals, things, and ideas. All nouns in Spanish have *gender:* they are either masculine or feminine.

- Nouns referring to males and most nouns that end in **-o** are masculine:

    el hombre   el profesor   el lib**ro**   el teat**ro**

- Nouns referring to females and most nouns that end in **-a, -ión,** or **-dad/-tad** are feminine:

    la mujer   la profesor**a**   la plaz**a**   la avenid**a**
    la lec**ción**   la vis**ión**   la activi**dad**   la facul**tad**

- The gender of some nouns is impossible to determine from their endings. For example, words ending in **-e** can be either masculine or feminine:

    el cin**e**   el caf**é**   la clas**e**   la call**e**

You will have to memorize the gender of these nouns.

Forming the plurals of nouns

Add **-s** to nouns ending in a vowel: Add **-es** to nouns ending in a consonant:

    carro → carro**s**   universida**d** → universida**des**
    calle → calle**s**   hospita**l** → hospita**les**

Definite and indefinite articles

- Both the **definite article** (*the*—specific) and the **indefinite article** (*a, some*—nonspecific) agree in gender and number with the noun they modify.

- A mixed masculine/ feminine group calls for the masculine plural article:

    el profesor y **la** profesora → **los** profesores

DEFINITE ARTICLES

	singular	*plural*
masculine	**el** libro	**los** libros
feminine	**la** mochila	**las** mochilas

INDEFINITE ARTICLES

	singular	*plural*
masculine	**un** carro	**unos** carros
feminine	**una** avenida	**unas** avenidas

Some exceptions are **el mapa, el día, la mano** (*hand*). Cognates ending in **-ma** are masculine: **el problema, el programa.**

¹Let's get down to work!

¡En acción!

 ¡Oye! Las paradas[1] del autobús nº 5

You have just arrived on campus and are taking a guided bus tour. Listen to the guide tell you about the various stops. Then answer the questions (**sí** or **no**) to see how well you have learned the bus route.

2-4 En la Universidad Con Brío

What is on campus? Complete each statement with the appropriate definite or indefinite article. Then observe the scene on pages 34–35 to determine whether each statment is true or false. If it is false, correct it.

MODELO

C	F	¿el, la, los o las?
☐	☑	<u>El</u> estacionamiento está en <u>la</u> avenida Miguel de Cervantes.

Falso. Está en la avenida Frida Kahlo.

C	F	
☐	☐	**1.** ____ bicicletas y ____ carros están en ____ estadio.
☐	☐	**2.** ____ autobús está en ____ avenida Pablo Neruda.
☐	☐	**3.** En ____ reloj de la avenida, es ____ una y media de la tarde.
☐	☐	**4.** ____ estudiantes estudian en ____ gimnasio.

C	F	¿un, una, unos o unas?
☐	☐	**5.** Hay ____ teatro y ____ cine en el campus de la universidad.
☐	☐	**6.** Hay ____ guardería infantil y ____ parada de metro en la avenida Miguel de Cervantes.
☐	☐	**7.** ____ estudiantes entran al estadio.
☐	☐	**8.** ____ bicicletas están en el estacionamiento y otras, en la calle.

2-5 ¡Exacto!

Your classmate has trouble remembering the names of places on campus. Help him/her out by supplying the information, selecting from the places provided. Use the definite article (**el, la, los, las**) in your responses. Take turns. When your partner is right, say **¡Exacto!**

1. Es donde los estudiantes levantan pesas y montan en bicicleta . *c*.	a.	____ librería
2. Es donde estudian muchos estudiantes.	b.	____ cafetería
3. Es donde dan películas (*movies*).	c.	<u>el</u> gimnasio
4. Son edificios donde se estudia medicina, ciencias,...	d.	____ biblioteca
5. Es donde hay partidos de fútbol.	e.	____ cine
6. Allí sirven sándwiches muy buenos.	f.	____ estadio
7. Son lugares (*places*) para carros y bicicletas.	g.	____ facultades
8. Es donde venden libros.	h.	____ estacionamientos

[1]stops

2-6 El inventario de la librería

You and a classmate have been hired to update the inventory of the Librería-Papelería Cervantes.
One person reads the inventory from May 15 and the other states the current inventory.

MODELO

E1: *Un lápiz.*

E2: *Ocho lápices.*

Inventario del 15 de mayo	
1	lápiz
1	calculadora
1	cuaderno
1	mochila
1	libro de español
1	mapa
1	reloj

Inventario actual
8
25
36
43
57
12
15

GRAMÁTICA

¡Manos a la obra!

Saying where you are: The verb *estar* (to be) + location

As you may have noticed, Spanish has two verbs that mean *to be:* **ser** and **estar.** You
have already used both in conversation:

—¿De dónde **es** Ana? —**Es** de California. (*origin*)

—¿Qué **es**? —**Es** un lápiz. (*identification*)

—¿Qué hora **es**? —**Es** la una. (*time*)

—¿Qué fecha **es**? —**Es** el tres de julio. (*date*)

Soy responsable y organizado. (*description*)

¿Cómo **está** usted? (*how one is doing/ feeling*)

Now you are going to use **estar** to talk about the location of people, places and things.

Los estudiantes **están** en la biblioteca.

La biblioteca **está** en la avenida Miguel de Cervantes.

estar + en + lugar *(place)*	
(yo)* **estoy**	*I am*
(tú) **estás**	*you are*
(usted/ Ud., él, ella) **está**	*you are, he, she, it is*
(nosotros/as) **estamos**	*we are*
(vosotros/as) **estáis**	*you are*
(ustedes/ Uds., ellos/as) **están**	*you are, they are*

*The subject pronouns, unless used to clarify or contrast, are usually omitted.

Es el primer día de universidad. Jennifer habla[1] con Fabio, otro estudiante.

[1]speaks

¡En acción!

 ¡Oye! El horario de Mariana

Mariana leads a very structured life. Listen carefully as she tells you where she is on Tuesdays at certain times. Then answer the questions, selecting the correct option.

2-7 ¿Dónde están?

Determine where each of the following people or things are. Use the appropriate form of **estar** to combine each subject in the first column with the corresponding information in the second.

> estoy   estás   está   estamos   están

1. El profesor de francés, muy dedicado a la investigación,...	a. en la cafetería Oaxaca.
2. Yo, un aficionado al fútbol,...	b. en la Facultad de Medicina.
3. Nosotras, las secretarias,...	c. en el gimnasio.
4. Tú, un estudiante de anatomía,...	d. en la guardería infantil.
5. Las bicicletas y los carros...	e. en el estacionamiento.
6. Uds., unas personas muy atléticas,...	f. en la secretaría de la universidad.
7. La profesora con el café y el sándwich...	g. en la biblioteca.
8. A las 8 de la mañana, la mamá y su bebé...	h. en el estadio de deportes.

2-8 Mi horario[1]

Paso 1. You and your classmate want to get together to study. First, fill in the **¿Dónde estoy?** column to indicate where you usually are on the days and at the times indicated. Then ask questions to find out where your classmate is on those days and at those times. Write the information in the fourth column. Take turns.

MODELO

E1: *Normalmente, ¿dónde estás los lunes a las nueve de la mañana?*

E2: *Estoy en el trabajo. ¿Y tú?*

> **Palabras útiles**
> en el trabajo *at work*
> en casa *at home*
> estar libre/s *to be free (available)*

Días	Horas	¿Dónde estoy?	¿Dónde está él/ella?
los lunes	9:00 AM	Estoy...	Está...
los martes	11:00 AM		
los miércoles	12:00 (mediodía)		
los jueves	1:00 PM		
los viernes	4:00 PM		
los sábados	11:00 PM		
los domingos	9:00 PM		

 Paso 2. Now tell the class when you are both free to study together: *Los jueves a la una de la tarde... y yo* **estamos** *libres para estudiar.*

[1]schedule

de + el → del	La Facultad de Medicina está al lado **del** hospital.
de + la (no change)	El estacionamiento está enfrente **de la** cafetería Oaxaca.

2-9 ¿Dónde está...?

Paso 1. You are trying to locate certain places on campus. First, study the map on pages 34–35 to determine where certain places are. Select the appropriate response.

1. La Facultad de Medicina está *entre/ enfrente de* la biblioteca y el hospital.

2. El gimnasio está *detrás del/ delante del* cine Los Ángeles.

3. El estadio está *lejos del/ cerca del* campus.

4. La librería-papelería Cervantes está *al lado de/ detrás de* la cafetería Oaxaca.

5. La estatua de Cervantes está *enfrente de/ en* la plaza.

Paso 2. Now you are driving around campus and cannot find certain places. You call a friend on your cell phone, and he/she helps you locate them, according to the map on pages 34–35. Take turns playing the two roles, using the sites below.

MODELO

la Facultad de Medicina

E1: *¿Dónde está la Facultad de Medicina?*

E2: *Está detrás de la Facultad de Filosofía y Letras y al lado del hospital.*

E1: *Aquí está. Gracias.*

1. la Facultad de Ciencias	**3.** el estacionamiento	**5.** el hospital San Lucas
2. la biblioteca	**4.** la calle Colón	**6.** el cine Los Ángeles

2-10 Sesión de orientación

Imagine that you are a college mentor and that a new student needs information. Play the two roles, following the outline below.

- Greet each other and exchange names.

- The new student asks where certain buildings are located—the bookstore, the cafeteria, the library, and so on. The mentor replies, naming their location.

- The new student asks if certain places or services can be found on campus—a stadium, a movie theater, a day care, a subway, a bus, and so on. *¿Hay...?* The mentor replies.

- The new student thanks the mentor, and they say good-bye.

[1]location

Tu mundo cultural

Dos universidades hispanas

Ciudad de México, México   Salamanca, España

¿Quieres estudiar español en una universidad hispana? Mira la información de dos universidades con larga tradición y muy frecuentadas por estudiantes de todo el mundo.

La Universidad Nacional Autónoma de México (UNAM), fundada en 1553, y la Universidad de Salamanca, fundada en 1218, ofrecen cursos de español para extranjeros[1] durante todo el año.

La Universidad Nacional Autónoma de México (UNAM)

Cursos intensivos y superintensivos de español:
nivel elemental, intermedio y avanzado (2, 3, 4 y 10 semanas)

Cursos de cultura:
Arte: salsa y danza tradicional, teatro mexicano, arte popular mexicano y prehispánico
Historia: Historia general de México e Historia de la independencia a la revolución
Literatura: Literatura mexicana, Narrativa de la revolución

Actividades culturales:
conciertos, fiestas y especialidades típicas mexicanas, y visitas guiadas a sitios arqueológicos o históricos de la Ciudad de México

Residencia:
habitaciones (dobles o individuales)
en casas[2] de familias mexicanas
o en departamentos[3]

Excursiones:
Puebla, Taxco, Cuernavaca y las pirámides del Sol y la Luna en San Juan de Teotihuacán

Página web:
www.unam.mx

[1]foreigners, [2]homes, [3]apartments

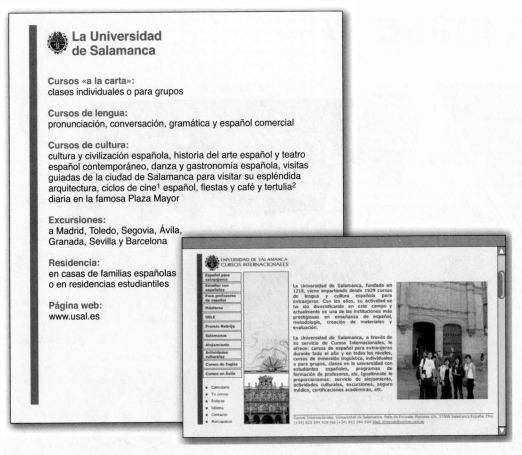

La Universidad de Salamanca

Cursos «a la carta»:
clases individuales o para grupos

Cursos de lengua:
pronunciación, conversación, gramática y español comercial

Cursos de cultura:
cultura y civilización española, historia del arte español y teatro español contemporáneo, danza y gastronomía española, visitas guiadas de la ciudad de Salamanca para visitar su espléndida arquitectura, ciclos de cine[1] español, fiestas y café y tertulia[2] diaria en la famosa Plaza Mayor

Excursiones:
a Madrid, Toledo, Segovia, Ávila, Granada, Sevilla y Barcelona

Residencia:
en casas de familias españolas o en residencias estudiantiles

Página web:
www.usal.es

¿Qué aprendiste?

1. ¿Dónde están situadas dos universidades hispanas de larga tradición?

2. ¿Son de fundación reciente?

3. ¿Qué ofrecen al estudiante extranjero?

Actividad cultural

Complete the form to indicate which of the two universities you would like to attend and your preferences as to month/s, courses, activities, and so on. Then compare the information with your classmate's.

Universidad:_____	Está en: _____	Fundada en: _____
Mes/es:		
Cursos:		
Actividades:		
Excursiones:		
Residencia en:		

Contraste cultural

In English, compare your college or university with **la UNAM** and **la Universidad de Salamanca.** Talk about the courses, lodging, activities, and excursions offered to foreign students at your school.

[1]**ciclos...** film series, [2]gathering

En clase

VOCABULARIO

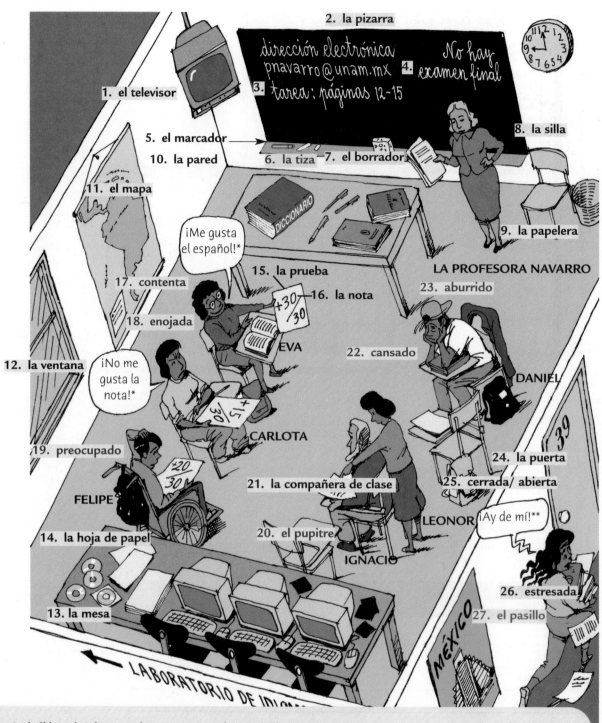

1. el televisor
2. la pizarra
3. tarea: páginas 12–15
4. No hay examen final
5. el marcador
6. la tiza
7. el borrador
8. la silla
9. la papelera
10. la pared
11. el mapa
12. la ventana
13. la mesa
14. la hoja de papel
15. la prueba
16. la nota
17. contenta
18. enojada
19. preocupado
20. el pupitre
21. la compañera de clase
22. cansado
23. aburrido
24. la puerta
25. cerrada/ abierta
26. estresada
27. el pasillo

dirección electrónica pnavarro@unam.mx

DICCIONARIO

¡Me gusta el español!*

¡No me gusta la nota!*

¡Ay de mí!**

LA PROFESORA NAVARRO

EVA

DANIEL

CARLOTA

FELIPE

IGNACIO

LEONOR

MÉXICO

LABORATORIO DE IDIOM...

1. television 2. chalkboard 3. homework 4. exam 5. marker 6. chalk 7. eraser 8. chair 9. wastebasket 10. wall 11. map
12. window 13. table 14. sheet of paper 15. quiz, test 16. grade 17. happy (*f.*) 18. angry (*f.*) 19. worried (*m.*) 20. desk (student's)
21. classmate (*f.*) **compañero** (*m.*) 22. tired (*m.*) 23. bored (*m.*) 24. door 25. closed/ open 26. stressed (*f.*) 27. hallway

@ arroba, *¡Me gusta/ No me gusta...! *I like/I do not like . . . !*   ** ¡Ay de mí! *Oh, my!*

¡En acción!

2-11 ¿Qué hay en nuestro salón de clase[1]?

First, read each statement and indicate whether it applies to your classroom by marking **Sí** or **No**. Then answer your instructor's questions.

MODELO

un televisor enfrente de la clase

Profesor/a: *¿Hay un televisor enfrente de la clase?*

Tú: *Sí, hay un televisor enfrente de la clase.* **o:** *No, no hay un televisor enfrente de la clase.*

Sí No

- ☐ ☐ **1.** una pizarra detrás del escritorio de tu profesor/a
- ☐ ☐ **2.** un mapa en la pared
- ☐ ☐ **3.** una puerta cerca de la papelera
- ☐ ☐ **4.** una mesa con computadoras
- ☐ ☐ **5.** un reloj al lado de la pizarra
- ☐ ☐ **6.** unos lápices en los pupitres
- ☐ ☐ **7.** unas mochilas al lado de los estudiantes
- ☐ ☐ **8.** unos libros y unas hojas de papel en el escritorio de tu profesor/a

2-12 En la clase de español

Describe what the classroom on page 46 is like and what is happening there. Work with your partner to answer the questions.

1. ¿Qué número hay en la puerta del salón de clase? ¿Está cerrada o abierta?

2. ¿Qué hay en el escritorio de la profesora Navarro? ¿y qué información hay en la pizarra?

3. ¿Cuántas mochilas hay en el salón de clase? ¿y cuántos pupitres?

4. ¿Qué otras cosas (*things*) hay en el salón de clase?

5. ¿Es buena o mala la nota de la prueba de Eva? ¿Está contenta o enojada? ¿Qué dice (*says*)?

6. ¿Cómo está Carlota? ¿Es buena o mala la nota de su examen? ¿Qué dice?

7. ¿Cómo está Felipe? ¿y Daniel?

8. ¿Es Leonor buena o mala compañera de clase?

9. ¿Cómo está la estudiante que llega (*arrives*) tarde por el pasillo? ¿Qué dice?

10. ¿Hay un laboratorio de idiomas (*language lab*) cerca del salón de clase?

[1]**salón de clase** classroom (also **el aula, la clase**)

LOS COLORES

Colors, like the cognates you encountered in Capítulo 1—**romántico, cómica, inteligente**—function as adjectives.

* Those ending in **-o** change **-o** to **-a** to modify feminine nouns.

  un libr**o** negr**o**   una sill**a** roj**a**

* Those ending in **-e** or a consonant do not change to reflect gender.

  la mochila verd**e**   el suéter verd**e**

* All have plural forms, except **beige** and **color café**.

  unos lápices amarill**os**   unos bolígrafos azul**es**   unos cuadernos **color café**

 2-13 Libros.com

You and your partner are packing orders at Libros.com's warehouse. As one reads the items from the chart, the other indicates which they are according to the company's color-coded system.

Compañía Libros.com

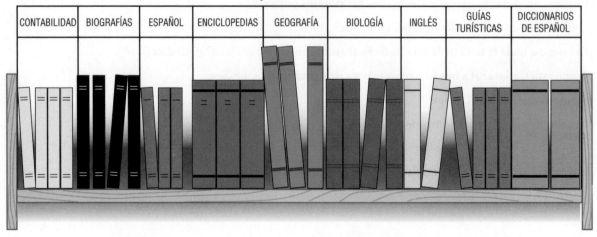

| CONTABILIDAD | BIOGRAFÍAS | ESPAÑOL | ENCICLOPEDIAS | GEOGRAFÍA | BIOLOGÍA | INGLÉS | GUÍAS TURÍSTICAS | DICCIONARIOS DE ESPAÑOL |

MODELO

11 libros de inglés

E1: *Necesito 11 libros de inglés.*

E2: *Son los (libros) amarillos.*

PEDIDOS[1] DE HOY

11 libros de inglés . . . .

43 diccionarios de español . . . .

30 libros de contabilidad . . . .

50 enciclopedias . . . .

15 libros de biología . . . .

19 guías turísticas . . . .

38 libros de geografía . . . .

10 biografías . . . .

Ser + de

You have already used **ser + de** to indicate origin: **Soy de California**. You can also use **ser + de** to indicate possession.

Es el libro **de** Ana. **Son** los libros **de** Carlos.

To ask who owns something, use **¿De quién es...? ¿De quiénes son...?** *Whose is/are...?*

¿De quién es el cuaderno rojo? **Es de** Mónica. (o) **Es del** profesor.

¿De quiénes son los libros? **Son de** los estudiantes.

2-14 ¿De quiénes son?

Find the following items in the classroom scene on page 46 and identify the owners.

1. La mochila amarilla _es de Leonor_.
2. El diccionario beige _____.
3. El suéter rojo _____.
4. El lápiz y los bolígrafos que están en la mesa _____.
5. La prueba con la nota + 15/30 _____.
6. El suéter azul _____.
7. La gorra de béisbol anaranjada y la chaqueta color café _____.
8. Las mochilas que están en el salón de clase _____.

[1]Orders

2-15 En el laboratorio

Some students have left their belongings behind in the computer lab. The lab director wants to know to whom these items belong, identifying each by its color. The director's assistant, who remembers where the students sat, responds. Play the two roles, with the director looking at drawing A, and the assistant, drawing B.

MODELO

Director: *¿De quién es el diccionario gris?*

Asistenta: *Es de la señora Gómez.*

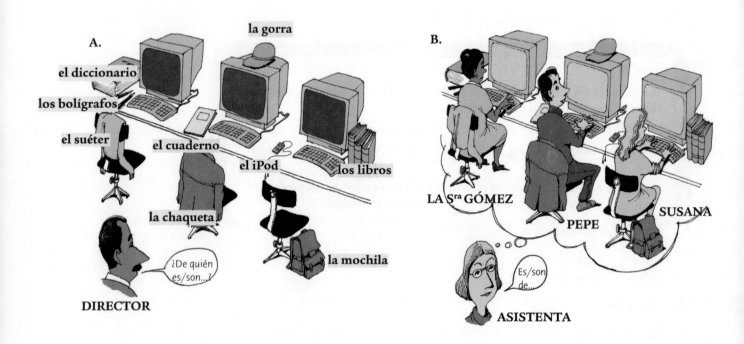

A.
la gorra
el diccionario
los bolígrafos
el suéter
el cuaderno
el iPod
los libros
la chaqueta
la mochila
¿De quién es/son...?
DIRECTOR

B.
LA Sra GÓMEZ
PEPE
SUSANA
Es/son de...
ASISTENTA

¡A escuchar! ¡Ofertas!

Palabras útiles
camiseta *T-shirt*

Paso 1. Listen to this radio ad for a sale at the university bookstore.

Paso 2. List five items on sale at the bookstore.

Ofertas en la librería-papelería Cervantes:

1. _____

2. _____

3. _____

4. _____

5. _____

¡Manos a la obra!

Describing people's current conditions: *Estar + condition*

3

You have used **estar** to indicate location (**Están en el gimnasio.**) and to ask or state how someone is feeling/doing (**¿Cómo estás? ¡Muy bien, gracias!**). Now you are going to use **estar** with certain adjectives to express a broader range of feelings or conditions.

- Remember, adjectives that end in **-o** change **-o** to **-a** to modify a feminine noun:

  Él está nervios**o**.   Ella está nervios**a**.

- All adjectives have plural forms:

  Ellos están cansado**s**. Ellas están aburrida**s**.

¿CÓMO ESTÁS?

The following adjectives are used with **estar** to express mental, emotional, or physical conditions—how a person is feeling /doing at a given time. Which words do you recognize?

 contento/a   enojado/a   preocupado/a

triste   estresado/a   enfermo/a

 aburrido/a   nervioso/a   ocupado/a

 cansado/a

Es el primer día de clase. Jennifer saluda a sus amigas Mabel e Ysenia.

[1]¡**qué...** what a surprise!, [2]**mi...** my daughter

¡En acción!

¡Oye! ¿Cómo están Uds.?

Listen to the following university-related situations and imagine yourself in each circumstance. Then answer the follow-up questions to state how you feel.

2-16 ¡Hoy no hay clase!

When you call your friends to tell them classes have been canceled, you find out they are not all happy. Select an item from the list to describe how your friends feel.

cansado   contento   enfermo   estresado   nervioso   ocupado   precupado   triste

MODELO

Hoy es su primer día en el trabajo. / Mariela
Mariela está nerviosa.

1. Mañana hay una prueba en su clase de matemáticas. / Isabel y Teresa
2. Tiene vómitos y diarrea. / Fernando
3. Hoy es su cumpleaños. / Natalia
4. Tiene dos bebés y muchas responsabilidades. / Elena
5. Trabajan (*They work*) en el hospital en el turno de noche. / Alberto y Patricia
6. Hay muchos conflictos en su familia. / Alejandro
7. Esta noche hay una fiesta en su apartamento para cuarenta invitados. / Tina y Sandra

2-17 ¿Cómo están ellos?

Tell your partner how one of the people in the illustrations is feeling, but do not give the person's name. Your partner guesses who it is. Take turns.

MODELO

E1: *Está muy contenta.*
E2: *Es Doña Lolita.*
E1: *¡Sí!* **o:** *No, inténtalo otra vez[1]*

1. Doña Lolita

2. Paco

[1]**inténtalo...** try again

3. Linda

4. el señor Wang

5. la señora Romero

6. la señorita Kei

7. Carolina

2-18 ¿Sí o no?

Paso 1. Take turns describing how you think at least *four* people in your class are feeling. Your partner will agree or disagree with your assessment.

MODELO

E1: *Alicia está contenta.*

E2: *Creo que sí.* **o:** *Creo que no. No está contenta.*

Paso 2. With your partner, ask each of the people you spoke about whether they are happy, sad, and so on, according to your assessment. Then share the information with the class.

> **Palabras útiles**
> Creo que sí. *I think so.*
> Creo que no. *I do not think so.*
> ¡Por supuesto! *Of course!*

¿Cómo están los estudiantes el día de su graduación?

Tu mundo cultural

La influencia hispana en EE.UU.

CANADA

WASHINGTON 7.49%

MONTANA 2.00%

NORTH DAKOTA 1.21%

MINNESOTA 2.91%

VERMONT 0.90%

MAINE 0.73%

NEW HAMPSHIRE 1.66%

OREGON 8.05%

IDAHO 7.86%

WYOMING 6.41%

SOUTH DAKOTA 1.44%

WISCONSIN 3.60%

MICHIGAN 3.26%

NEW YORK 15.11%

MASSACHUSETTS 6.75%

RHODE ISLAND 8.66%

NEVADA 19.72%

UTAH 9.03%

COLORADO 17.10%

NEBRASKA 5.52%

IOWA 2.82%

ILLINOIS 12.32%

INDIANA 3.53%

OHIO 1.91%

PENNSYLVANIA 3.21%

CONNECTICUT 9.41%

NEW JERSEY 13.28%

DELAWARE 4.76%

Sacramento

San Francisco

CALIFORNIA 32.28%

Santa Bárbara
Santa Mónica

Los Ángeles

Las Vegas

MESA VERDE

San Bernardino

San Diego

ARIZONA 25.25%

Los Álamos

Albuquerque

Santa Fe

NEW MEXICO 42.08%

Amarillo

KANSAS 7.00%

MISSOURI 2.12%

KENTUCKY 1.48%

WEST VIRGINIA 0.68%

VIRGINIA 4.66%

MARYLAND 4.30%

WASHINGTON, D.C. 7.86%

NORTH CAROLINA 4.71%

OKLAHOMA 5.20%

ARKANSAS 3.25%

TENNESSEE 2.18%

SOUTH CAROLINA 2.37%

GEORGIA 5.32%

El Paso

MEXICO

TEXAS 31.97%

San Antonio

MISSISSIPPI 1.39%

ALABAMA 1.70%

LOUISIANA 2.41%

San Agustín

FLORIDA 16.79%

Boca Ratón

ALASKA 4.12%

HAWAII 7.24%

Estados (States) con nombres de origen español
Ciudades (Cities) con nombres de origen español
Lugares (Places) geográficos con nombres de origen español

SIERRA NEVADA · LA SAL · SANGRE DE CRISTO

En EE.UU. la oferta de canales de televisión en español se está multiplicando. De todos los canales, Univisión figura con frecuencia en el puesto número uno, con un promedio[4] de 1,2 millones de telespectadores, unos 50.000 más que el canal *Fox*.

- En EE.UU. (Estados Unidos), como resultado de la exploración española, y por ser gran parte del país antiguo[1] territorio mexicano, muchos lugares[2] tienen nombres españoles. (Véase el mapa.)

- En el siglo XX mucha de la inmigración procede de México, Puerto Rico y Cuba. En años más recientes llegan[3] inmigrantes de América Central, República Dominicana, Colombia, Ecuador, Perú y Venezuela.

- Se calcula que hay más de 40 millones de hispanos en EE.UU. Actualmente, la influencia hispana continúa en aumento y es evidente en diversos aspectos de la cultura estadounidense.

¿SABES QUE...?

The United States is the fifth-largest "Spanish-speaking country" in the world, after Mexico, Spain, Colombia, and Argentina.

[1]former, [2]places, [3]arrive, [4]average

Hispanos famosos que forman parte de la vida estadounidense

1. Richard Rodríguez, escritor[1], editor y autor de numerosos ensayos[2], artículos y libros. Premios[3] recibidos, entre otros: el prestigioso *George Foster Peabody Award* por *News Hour Essays on American Life* (1997), la medalla Frankel del *National Endowment for the Humanities*.

2. Antonio Villaraigosa, elegido alcalde[4] de Los Ángeles el 1 de julio de 2005, es de origen mexicano y el primer alcalde hispano de esa ciudad desde el año 1872.

3. La puertorriqueña Mari Carmen Ramírez es, según la revista *Time*, una de las 25 personas hispanas más influyentes de EE.UU. Es la primera directora del *International Center for the Arts of the Americas*, en Houston. Allí se coleccionan y exhiben obras de los artistas de la vanguardia latinoamericana.

4. Antonio Banderas, actor español protagonista en numerosas películas[5] españolas y estadounidenses como: *Mujeres al borde de un ataque de nervios, Filadelfia, Desperado* y *La leyenda del Zorro*. Es también director.

5. Shakira, cantante[6] colombiana. Ha obtenido un premio *Grammy* y dos *Grammys* latinos.

6. Sammy Sosa, famoso jugador de béisbol de origen dominicano. Gran contribuidor a causas humanitarias en América Latina y particularmente en República Dominicana.

¿Qué aprendiste?

1. ¿Qué estados (*states*), ciudades (*cities*) y otros puntos geográficos hay en EE.UU. con nombres españoles? ¿Por qué hay nombres españoles?

2. ¿Cuáles son siete de los estados con mayor porcentaje (%) de hispanos? ¿Cuál es el porcentaje de hispanos en tu (*your*) estado?

3. ¿Cuántos hispanos hay en EE.UU. aproximadamente?

En EE.UU. se venden numerosas publicaciones en español.

Actividad cultural

In groups of five, list as many items as you can in each category. You have five minutes.

- Restaurantes hispanos de su ciudad y la comida (*food*) hispana que sirven
- Cantantes, actores y actrices, artistas, políticos y deportistas (*athletes*) hispanos
- Compañeros, profesores y empleados hispanos de su universidad. ¿De dónde son?

Contraste cultural

In groups of five, talk in English about: **(a)** your Hispanic acquaintances and/or family members and the countries they come from; **(b)** the Hispanic influence in your college or community.

[1]writer, [2]essays, [3]prizes, [4]mayor, [5]films, [6]singer

Las profesiones y ¹el trabajo

1

2

3
¡No me gustan las inyecciones!

4

2. **el dependiente/** la dependienta

3. el cajero/**la cajera**
4. **el mesero**/la mesera

5. el médico/**la médica**
6. **el enfermero/** la enfermera

POLICÍA

7. **el policía**/la mujer policía

5
TELEX

6
¡Hoy hay ¹¹**mucho** trabajo!

7
Me gusta esta clase.
Tarea: págs. 10-30.
¡Hay mucha tarea!

8
Estoy ¹⁵**en casa**.

8. el hombre de negocios/ **la mujer de negocios**
9. el secretario/**la secretaria**
10. **el recepcionista/** la recepcionista

12. el programador/ **la programadora**
13. **el contador/** la contadora

14. **el maestro**/la maestra

16. **el ama (f.) de casa**

9
Hay muchos problemas.

10
SERVICIOS SOCIALES
¡Buenos días!

11
Hoy hay muchas emergencias.

12

17. **el abogado**/la abogada

18. el trabajador social/**la trabajadora social**

19. **el bombero/la bombera**

20. **el soldado/la mujer soldado**

1. work, job 2. salesclerk 3. cashier 4. server 5. doctor 6. nurse 7. police officer 8. business executive 9. secretary 10. receptionist 11. much, a lot (**mucho/a**); many (**muchos/as**) 12. programmer 13. accountant 14. teacher 15. at home 16. homemaker 17. lawyer 18. social worker 19. firefighter 20. soldier

¡En acción!

2-19 ¿Dónde están?

Where would one usually find the following people when they are working? Draw a line from the profession to the appropriate location according to the scene on page 56.

1. abogado		a. escuela
2. policía		b. hospital
3. programadora		c. librería-papelería
4. mesero		d. avenida
5. médica		e. tribunal
6. bombera		f. compañía
7. dependiente		g. cafetería
8. mujer de negocios		h. oficina
9. maestro		i. estación de bomberos

When simply identifying someone's profession, the indefinite article is omitted:
Es abogado.

If the profession is modified, however, the indefinite article is included:
Es un abogado famoso.

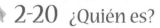 2-20 ¿Quién es?

Can you identify each profession or occupation? Observe the scenes on page 56 and work with your partner to answer the questions. Several have multiple answers.

1. ¿Quiénes trabajan (*work*) en la oficina? ¿Qué dice el contador?

2. ¿Quiénes trabajan en el hospital? ¿Qué dice el paciente?

3. ¿Está contento el maestro con sus alumnos? ¿Qué dice? ¿Hay mucha tarea?

4. ¿Quién defiende a los «inocentes»? ¿Qué dice el abogado?

5. ¿Quiénes defienden la nación?

6. ¿Quién trabaja en el restaurante? ¿y en la librería?

7. ¿Qué personas trabajan en situaciones de emergencia? ¿Qué dice la bombera?

8. ¿Quién trabaja en servicios sociales?

9. ¿Qué persona trabaja predominantemente en casa?

2-21 Me gustaría ser[1]…

Which professions would you like to have, and which would you not like to have? Take turns naming *three* of each. Then share your information with the class to determine which professions are the most popular.

MODELO

E1: *Me gustaría ser bombero.*

o: *No me gustaría ser bombero.*

E2: *Me gustaría ser…*

 ¡A escuchar! ¡Ofertas de trabajo!

Paso 1. Listen to the job opportunities offered in the radio ad by the Martínez employment agency.

Paso 2: List *five* job opportunities mentioned in the ad.

1. _____

2. _____

3. _____

4. _____

5. _____

GRAMÁTICA

¡Manos a la obra!

4

Talking about going places: *Ir* (to go) + *a* + destination

To ask where someone is going, say **¿Adónde vas (tú)?** (informal) or **¿Adónde va (Ud.)?** (formal).

Voy a la oficina.	*I am going to the office.*	
Vamos al teatro.	*We are going to the theatre.*	

(yo)	**voy**	*I go/am going*
(tú)	**vas**	*you go/are going*
(usted, él, ella)	**va**	*you go/are going; he, she, it goes/is going*
(nosotros/as)	**vamos**	*we go/are going*
(vosotros/as)	**vais**	*you go/are going*
(ustedes, ellos, ellas)	**van**	*you go/are going; they go/are going*

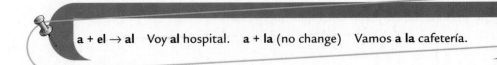

a + el → al   Voy **al** hospital.   **a + la** (no change)   Vamos **a la** cafetería.

[1]**Me…** I would like to be

¡En acción!

¡Oye! ¿Adónde?

It is 8:30 AM and everyone is going off to work. Listen to discover where they are going according to their professions. Then answer the questions by selecting the appropriate option.

2-22 ¿Adónde van…?

Where do students go on or off campus to do certain things? Select the correct verb form and then fill in the blank to indicate the appropriate destination. *Hint*: Review the campus vocabulary on pages 34–35.

MODELO

Para ver partidos de fútbol, Carlos *va/ vas* _____.

Para ver partidos de fútbol, Carlos va al estadio de deportes.

1. Para hacer ejercicio y levantar pesas nosotros *van/ vamos* _____.
2. Para conversar con amigos y otros estudiantes Matilde y Alicia *van/ vas* _____.
3. Para comer un sándwich la profesora Juárez *voy/ va* _____.
4. Para recibir atención médica los estudiantes *van/ vamos* _____.
5. Para estacionar el carro o la bicicleta Pablo *va/ vas* _____.
6. Para ver *Hamlet* los señores Benítez *van/ voy* _____.
7. Para estudiar y consultar libros mis amigos y yo *voy/ vamos* _____.
8. Para comprar libros, cuadernos, lápices y bolígrafos tú *va/ vas* _____.

¿Adónde van los estudiantes después de clase?

EXPRESIONES DE TIEMPO[1]

ahora	*now*
más tarde	*later*
después de clase	*after class*
hoy	*today*
mañana	*tomorrow*
esta mañana	*this morning*
esta tarde	*this afternoon*
esta noche	*tonight*
este fin de semana	*this weekend*
por la mañana/ tarde/ noche	*in the morning/ afternoon, at night*

2-23 Sondeo[2]

Paso 1. Where do you and your classmates go during the time periods mentioned? First, fill in the **Yo** column to indicate where *you* usually go. Then, ask *two* classmates each of the following questions. Jot down the person's name and where he/she is going.

¿Adónde vas...	Yo:	E1:	E2:
1. ...después de clase?	*Voy al trabajo.*	*Ana va al gimnasio.*	*Pablo va a casa.*
2. ...hoy por la tarde?			
3. ...esta noche?			
4. ...mañana por la mañana?			
5. ...el viernes por la noche?			
6. ...este fin de semana?			

Paso 2. Your instructor wants to know where your classmates go during the time periods in the chart. Answer his/her questions.

2-24 Mi semana

Martín, a student from Mexico, asks in an e-mail what your weekly schedule is like. Respond by writing *six* sentences. Include where you or you and your friends go during specific time periods. Then read your e-mail to a classmate or to the class.

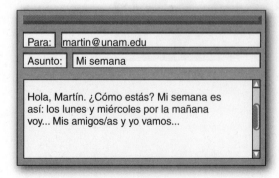

Para: martin@unam.edu

Asunto: Mi semana

Hola, Martín. ¿Cómo estás? Mi semana es así: los lunes y miércoles por la mañana voy... Mis amigos/as y yo vamos...

[1]time, [2]Survey

¡Manos a la obra!

5

Asking questions: Interrogative words

You have been using interrogative words (*Who? What? When?*) since *Capítulo 1.*

¿Cómo estás?   **¿De dónde** eres?   **¿Dónde** estás?   **¿Cuántos** alumnos están aquí?

Here is a more complete list:

¿Cómo?	*How?*	**¿Cómo** estás?
¿Cuál/ Cuáles?*	*Which (one/s)?*	**¿Cuáles** son tus maestros favoritos?
¿Cuándo?	*When?*	**¿Cuándo** vas a casa?
¿Cuánto/ Cuánta?	*How much?*	**¿Cuánto** trabajo hay?
¿Cuántos/ Cuántas?	*How many?*	**¿Cuántos** abogados hay en el tribunal?
¿Dónde?	*Where?*	**¿Dónde** está la escuela?
¿Adónde?	*(To) where?*	**¿Adónde** vamos?
¿De dónde?	*From where?*	**¿De dónde** es la mesera?
¿Qué?*	*What?*	**¿Qué** es?
¿Por qué?	*Why?*	**¿Por qué** no está en el trabajo?
¿Quién/ Quiénes?	*Who?*	**¿Quién** es ella?
¿De quién/ quiénes?	*Whose?*	**¿De quién** es?

*To ask for a choice, use **cuál/ cuáles** + *verb* or **qué** + *noun*.

¿Cuál es tu suéter favorito? *Which is your favorite sweater?*
¿Qué días vas al gimnasio? *What/ Which days do you go to the gym?*

A few interrogative words, when not used in a question, change meaning and lose their accent.

que *that, which, who*   La mujer policía **que** está en el estacionamiento es muy eficiente.
cuando *when(ever)*   **Cuando** no hay clase, estoy en casa.
porque *because*   La recepcionista no está hoy en la oficina **porque** está enferma.
  ¿Por qué estás triste? **Porque** es lunes y hay mucho trabajo.

Al mediodía, Mabel, Ysenia y Jennifer van a la cafetería.

¡En acción!

 ¡Oye! Unas vacaciones

Your instructor is planning to take a trip. Listen to the description of the trip. Then answer the questions by choosing the correct option.

2-25 ¿Quién lo pregunta?

Observe the scenes on page 56 to determine who might ask each question.

MODELO
¿**Qué** desean, café o té? → *el mesero*

1. ¿**Cómo** están Uds. hoy?
2. ¿**Cuántos** cuadernos necesita?
3. ¿**Adónde** vamos ahora?
4. ¿**Cuándo** vas al supermercado?
5. ¿**Quién** es el inocente?
6. ¿**Por qué** hay tanto tráfico hoy?
7. ¿**Cuál** es el total?
8. ¿**Quiénes** están en el salón de conferencias?

2-26 Jeopardy!

As on the popular quiz show, you are given answers to questions. Look at the answers and complete the questions with the appropriate interrogatives.

1. Soy de Guatemala. ¿ _De dónde_ eres tú?
2. Son las ocho y media. ¿_____ hora es?
3. Es la profesora de árabe. ¿_____ es?
4. Está aburrido. ¿_____ está?
5. Veintidós. ¿_____ estudiantes hay en tu clase de arte?
6. A la una y cuarto. ¿_____ hora es la prueba?
7. Mi clase favorita es la clase de historia. ¿_____ es tu clase favorita?
8. Voy a la clase de inglés. ¿_____ vas?

2-27 Una entrevista[1]

Paso 1. Interview your partner using the questions in the first column. He/She responds following the cues in the second column. In the third column, write down what your partner said. Then switch roles.

Preguntas	Respuestas	Información escrita[2]
1. ¿Cómo te llamas?	Me llamo…	Se llama…
2. ¿De dónde eres?	Soy de…	Es de…
3. ¿Dónde está tu familia?	Está en…	Está en…
4. ¿Cuándo es tu cumpleaños?	Es el…	Es el…
5. ¿Qué días vas al trabajo?	Voy los…	Va los…
6. ¿Cuál es tu profesor/a favorito/a?	Mi…	Su…
7. ¿Cuántos estudiantes hay en la clase?	Hay…	Hay…

Paso 2. Using the information in the third column, report what you learned to another classmate and/or to the class.

2-28 Mi clase favorita

Paso 1. You want to know about your partner's favorite class. Ask him/her which class it is, when it takes place, where it takes place, who the professor is, and how many students are in it. Take notes, following the chart below. Then switch roles.

Clase	Día/hora	Edificio	Profesor/a	N° de estudiantes
¿Cuál es tu clase favorita?	¿Cuándo...?	¿Dónde...?	¿Quién...?	¿Cuántos...?

Paso 2. Read the information to your partner for accuracy. Be prepared to report to the class.

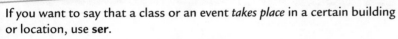

If you want to say that a class or an event *takes place* in a certain building or location, use **ser**.

La clase **es** en el edificio Colón. The class *takes place* in the Colón building.

---

[1]interview, [2]written

Tu mundo cultural

El español en el mundo laboral

El enorme crecimiento[1] de la población hispana en EE.UU. es evidente, con un aumento del 58%* entre los años 1990* y 2000* y un 17% entre los años 2001 y 2005. Una de cada diez personas en EE.UU. es hispana.

En EE.UU. hay más de un millón y medio de compañías con propietarios hispanos que emplean a un millón trescientas mil personas y generan ingresos de unos 190 mil millones[2] de dólares. Una tercera parte[3] de esas[4] compañías son administradas por mujeres.

Los expertos de mercado[5] y muchas compañías como American Airlines, Office Max, Kmart o BankAmerica confirman que la forma de atraer al consumidor hispano es comunicarse en su lengua y estar familiarizado con su cultura. En consecuencia, el conocimiento del español y de las culturas hispanas es ya una necesidad económica en EE.UU.

Sabemos por qué vuelas **AmericanAirlines** AA.com

Muchas compañías estadounidenses como American Airlines anuncian sus servicios y productos en español para atraer al consumidor hispanohablante.

¿SABES QUE...?

On September 9, 2005, the Dallas Independent School District (DISD) voted 5–4 to require that some school administrators be fluent in Spanish.

¿SABES QUE...?

Have you noticed the increasing number of U.S. businesses, companies, and institutions that are advertising and offering services in Spanish? A few examples: When calling American Airlines, one has the option of speaking in Spanish; Target stores offer their surveys in Spanish and in English; school districts send registration forms in both languages. Can you think of more examples?

La demanda de médicos y enfermeras bilingües que hablan inglés y español es cada día mayor.

[1]growth, [2]**mil...** billion, [3]**una...** a third, [4]those, [5]marketing

*% **por ciento**; 1990 **mil novecientos noventa**; 2000 **dos mil**

En los tribunales de EE.UU., el uso del español es con frecuencia necesario.

<table>
<tr><td>

SE NECESITA EXPERTO EN MARKETING
- Persona bilingüe con inglés y español
- Familiaridad con el mercado hispano
- Salario muy atractivo

Llame al tlfno. 378-216843 o envíe su currículo a P.O. Box 432

Compañía multinacional, Chicago, Illinois

</td><td>

¡URGENTE! RECEPCIONISTA Y SECRETARIA
- Trabajo en oficina de abogados
- Contacto con clientela hispana
- Experiencia con computadoras
- Buen salario y seguro médico

Enviar currículo a la
Oficina principal en Nueva York P.O. Box 467893

</td><td>

COOPERATIVA FAMILIAR
- Necesitamos asistente social
- Imprescindible: español e inglés
- Horario flexible

Se requiere recomendación
Enviar currículo a Fax: 3-41-87-24
Alamosa, CO.

</td></tr>
</table>

 ¿Qué aprendiste?

1. ¿Qué sector de la población de EE.UU. está experimentando un crecimiento considerable? Explica.

2. Según los expertos de mercado y muchas compañías de EE.UU., ¿cuál es la forma de atraer al cliente hispano?

 Actividad cultural

A. Imagine you and your partner are fluent in both English and Spanish. As students, you are considering career opportunities for the future. List in Spanish the professions in which you are most likely to use your bilingual skills. For inspiration, see the photo captions and ads above, and the list of professions on page 56.

B. Now you are actually looking for employment. Study the three job ads and select the one that appeals to you most, mentioning the reasons. For example: **Salario atractivo**.

 Contraste cultural

Imagine that your job requires frequent contact both with Hispanic employees and with clients who speak little English and who are unfamiliar with U.S. culture. In English, make a list of measures necessary to communicate effectively with this important sector of the population. Work in groups of four.

Tu mundo en vivo
¡Video en acción!

2.1 Una visita a la UNAM

1. Antes de ver el video
   a. Why do you study Spanish?
   b. What do you think might be the best way to learn another language?

2. Mientras ves el video Marca **C** (Cierto) o **F** (Falso).
   a. _____ La UNAM está en la ciudad de Guadalajara.
   b. _____ En la biblioteca hay murales que describen la historia de la UNAM.
   c. _____ La UNAM tiene más de 269.000 estudiantes.
   d. _____ La UNAM no es la universidad más grande de América Latina.

3. Después de ver el video Marca **Sí** o **No**.
   a. El narrador habla[1] con estudiantes que son de:

   _____ Australia   _____ Corea

   _____ Rusia   _____ Japón

   _____ África   _____ Vietnam

   _____ Haití   _____ Venezuela

   b. La mayoría de los estudiantes estudian:

   _____ la historia y cultura de México _____ español

   c. A los estudiantes les gusta la UNAM porque:

   _____ Hay clases para aprender[2] la historia y cultura de México

   _____ Los maestros están motivados.

   _____ Hay oportunidades para aprender y practicar español.

   _____ Hay clases con pocos estudiantes.

2.2 Ser bilingüe

1. Antes de ver el video
   a. Do you know a student that speaks Spanish very well?
   b. In what jobs or professions in the U.S.A. do you think knowing Spanish might be useful?

2. Mientras ves el video
   a. *La ley[3]* es un programa ☐ de radio ☐ de televisión
   b. Jaima ☐ es bilingüe ☐ no es bilingüe
   c. La mayoría de las personas que hablan en el programa son
      ☐ de Minnesota ☐ de otros países[4]
   d. En el programa, hablan con frecuencia de ☐ la inmigración ☐ las fiestas
   e. Según Jaima, es importante también tomar clases de ☐ contabilidad ☐ cultura

3. Comenta con la clase
   Do you agree that learning about the culture of a country is as important as learning its language? Defend your opinion.

[1]speaks, [2]learn, [3]law, [4]countries

¡Lectura en acción!

Orientación para la universidad

The following passage from the University of Michigan's **Portal en español** website describes for Latino students and their families the new student orientation activities available on the Ann Arbor campus.

Paso 1. Thinking about the title and introduction for this reading, and your own experiences attending new-student orientations in the past, check off each box in column 1 below that includes the types or information that you would expect to be included.

1 2

☐ ☐ information about the campus and its services

☐ ☐ a campus tour

☐ ☐ meet and talk to current students

1 2

☐ ☐ placement exams

☐ ☐ registration assistance

☐ ☐ general academic advising

> **Reading Strategy**
>
> **Utilizing your background knowledge**
>
> Before reading an unfamiliar text, it can be helpful to think about what you already know about the main topic, and to anticipate some of the information that will be included.

Paso 2. Now, read the program description from the website. Don't worry about understanding every single word. Instead, focus on what you do understand, identifying the types of information you anticipated would be included in the passage. As you identify some of the activities and information from **Paso 1,** put a check in the box in column 2 above.

Paso 3. Now, read the passage a second time and answer the questions below.

1. ¿Cuántos programas de orientación ofrece la Universidad de Michigan? ¿Cómo se llaman?
2. Imagina que decides estudiar en la Universidad de Michigan el próximo año. A qué programa de orientación vas a ir? ¿Por qué?
3. ¿Qué programa es para estudiantes recién graduados de la escuela secundaria[1]? ¿Cuál no es para estudiantes? ¿Es obligatorio o no?

[1]high school

Vocabulario activo y pasivo: Capítulo 2

Escena 1

En la calle *In the street*
el autobús *bus*
la bicicleta *bicycle*
el carro *car*
el estacionamiento *parking*
la avenida *avenue*
la estatua *statue*
la plaza *square, plaza*

Los edificios *Buildings*
la biblioteca *library*
la cafetería *cafeteria*
el centro estudiantil *student center*
el edificio *building*
el estadio de deportes *stadium*
la Facultad de Administración de
    Empresas *Business School*
la Facultad de Ciencias *School of Sciences*
la Facultad de Derecho *Law School*
la Facultad de Filosofía y Letras
    School of Arts
la Facultad de Medicina *School of Medicine*
la librería *bookstore*
la guardería infantil *day care center*
el gimnasio *gym*
la residencia estudiantil *dormitory,*
    residence hall
la Secretaría *Registrar's Office*
el teatro *theater*
la universidad *university*

Preposiciones *Prepositions*
al lado de *beside*
allí *there*
aquí *here*
cerca de *near*
delante de *in front of*
detrás de *behind*
en *in, at, on*
enfrente de *opposite, facing*
entre *between*
lejos de *far from*

Verbo *Verb*
estar *to be*

Asignaturas y especialidades
    Subjects and majors
See page 37 for a listing of subjects and
majors (passive vocabulary).

Escena 2

En clase *In class*
el borrador *eraser*
el compañero la compañera de
    clase *classmate*
el examen (final) *(final) exam*
la hoja de papel *sheet of paper*
el marcador *marker*
el mapa *map*
la mesa *table*
la nota *grade*
la papelera *wastebasket*
la pared *wall*
el pasillo *hallway*
la pizarra *chalkboard*
la prueba *quiz, test*
la puerta *door*
el pupitre *desk (student)*
la silla *chair*
la tarea *homework*
el televisor *television*
la tiza *chalk*
la ventana *window*

Los colores *Colors*
amarillo/a *yellow*
anaranjado/a *orange*
azul *blue*
blanco/a *white*
color beige *beige*
color café *brown*
gris *gray*
morado/a *purple*
negro/a *black*
rojo/a *red*
rosado/a *pink*
verde *green*

Condiciones *Conditions*
abierto/a *open*
aburrido/a *bored*
cansado/a *tired*
cerrado/a *closed*
contento/a *happy*
enfermo/a *sick*
enojado/a *angry*
estresado/a *stressed*
nervioso/a *nervous*
ocupado/a *busy*
preocupado/a *worried*
triste *sad*

Escena 3

El trabajo *Work, job*
el abogado/ la abogada *lawyer*
el ama (f.) de casa *homemaker*
el bombero/ la bombera *firefighter*
el cajero/ la cajera *cashier*
el contador/ la contadora *accountant*
el dependiente/ la dependienta *salesclerk*
el enfermero/ la enfermera *nurse*
el hombre/ la mujer de negocios
    business executive
el maestro/ la maestra *teacher*
el médico/ la médica *doctor*
el mesero/ la mesera *server*
el policía/ la mujer policía *police officer*
el programador/ la programadora
    programmer
el/la recepcionista *receptionist*
el secretario/ la secretaria *secretary*
el soldado/ la mujer soldado *soldier*
el trabajador social/ la trabajadora social
    social worker
en casa *at home*
en la escuela *at school*

¿Cuándo? *When?*
ahora *now*
más tarde *later*
después de clase *after class*
hoy *today*
mañana *tomorrow*
esta mañana *this morning*
esta tarde *this afternoon*
esta noche *tonight*
este fin de semana *this weekend*
por la mañana/ tarde/ noche *in the*
    morning/ afternoon/ at night

Adjetivos *Adjectives*
mucho/a/os/as *much, many, a lot*

Palabras interrogativas
Interrogative words
¿Adónde? *(To) where?*
¿Cómo? *How?*
¿Cuál? ¿Cuáles? *Which (one/s)?*
¿Cuándo? *When?*
¿Cuánto/a? *How much?*
¿Cuántos/as? *How many?*
¿De dónde? *From where?*
¿De quién? ¿De quiénes? *Whose?*
¿Dónde? *Where?*
¿Por qué? *Why?*
¿Qué? *What?*
¿Quién? ¿Quiénes? *Who?*

Verbos *Verbs*
ir *to go*
ir a *to go to*

Escena 1
El campus universitario

A. Circle the *two* items that are most closely related.

1. la estatua · la plaza · la secretaría
2. la biblioteca · el carro · el estacionamiento
3. el teatro · la calle · la avenida
4. el autobús · la guardería infantil · el carro
5. la Facultad de Ciencias · la Facultad de Filosofía y Letras · la Facultad de Medicina
6. el estadio · el gimnasio · la librería

B. Circle the two subjects that are most closely related.

1. alemán · francés · geometría
2. física · cálculo · química
3. contabilidad · salud · matemáticas
4. arte · ciencias políticas · música
5. ingeniería · sociología · psicología

I. Nouns and definite and indefinite articles

C. Complete the first sentence by adding the definite article **el, la, los,** or **las**. In the second sentence, make the article and the noun plural.

1. _La_ computadora está en el laboratorio.
   Las computadoras están en el laboratorio.
2. ____ profesor está en la biblioteca.
   ____ _____ están en la biblioteca.
3. ____ carro está en el estacionamiento.
   ____ _____ están en el estacionamiento.
4. ____ autobús está en la calle Colón.
   ____ _____ están en la calle Colón.
5. ____ estatua está en el centro de la plaza.
   ____ _____ están en el centro de la plaza.
6. ____ Facultad de Medicina está en la avenida Miguel de Cervantes. ____ _____ de Ciencias y de Filosofía y Letras están en la avenida Pablo Neruda.

D. Complete the sentences using the indefinite article **un, una, unos,** or **unas**.

1. En el estacionamiento hay ____ autobús, ____ carros y ____ bicicletas.
2. En la clase de español hay ____ reloj, ____ escritorio grande, ____ mapa, ____ pupitres y ____ computadoras.
3. En el escritorio de la profesora hay ____ calculadora, ____ bolígrafo, ____ cuadernos y ____ libros.

II. The verb estar (to be) + location

E. Write sentences to indicate where each of the following people is at the designated time.

MODELO

7:00 AM / Andrea / en el hospital

A las siete de la mañana, Andrea está en el hospital.

1. 10:00 AM / yo / en la universidad
2. 12:30 PM / mis amigos y yo / en la cafetería
3. 1:15 PM / el profesor Rojas / en la oficina
4. 4:00 PM / Paco y Pepe / en el gimnasio
5. 9:00 PM / tú / en casa (*at home*)

En resumen

Answer the questions in complete sentences.

1. ¿Hay un gimnasio en tu universidad? ¿y un teatro? ¿y una guardería infantil?
2. ¿Hay un estacionamiento cerca de tu clase de español?
3. ¿Dónde está el centro estudiantil en tu universidad? ¿y la biblioteca?
4. ¿Dónde está el estacionamiento de la biblioteca, delante, detrás o al lado del edificio?

Escena 2
En clase

F. Circle the two items that are most closely related.

1. la pizarra · el televisor · el borrador
2. la mesa · la ventana · la silla
3. la hoja de papel · el escritorio · la papelera
4. la pared · el lápiz · la hoja de papel
5. el examen · la prueba · el mapa
6. la prueba · la silla · la nota
7. el marcador · la ventana · la puerta

G. Complete the second sentence using the color mentioned in the first. Make it agree with the noun where necessary.

1. La computadora es gris. Las mesas también son
   grises.
2. El marcador es azul. Los bolígrafos también son
   _____.
3. Los lápices de los estudiantes son amarillos. El lápiz de la profesora también es _____.
4. El suéter de Tina es rojo. La mochila de Tina también es _____.
5. El cuaderno de Tomás es verde. Su (*His*) gorra de béisbol es _____ también.

III. *Estar* + condition

H. Complete the sentences to indicate how the following people are feeling, given the circumstances. Use **estar** + the appropriate adjective. In some instances, more than one answer is possible.

1. ¡Mañana hay tres exámenes finales! (yo) _____estoy_____
   __estresado__

2. ¡No hay clases mañana! Los estudiantes no están tristes. ¡_____ _____!

3. Pancho tiene (*has*) vómitos y diarrea. _____ muy _____.

4. La clase de cálculo es ¡de cuatro horas!, y no es muy interesante. Es evidente que los estudiantes _____ _____.

5. Hay mucha tarea y otras (*other*) obligaciones. (Nosotros) _____ muy_____.

6. Después de tres horas en el gimnasio, Elena _____ _____.

En resumen

Answer the questions in complete sentences.
1. ¿Cuántas ventanas hay en tu clase de español?
2. ¿Hay un televisor en la clase? ¿Hay un mapa? ¿Qué otras cosas (*things*) hay allí?
3. Por lo general, ¿cómo están los estudiantes universitarios los lunes por la mañana? ¿Y los viernes por la tarde?
4. ¿Estás siempre (*always*) muy ocupado/a?
5. ¿Estás estresado/a con frecuencia?

Escena 3
Las profesiones y el trabajo

I. Circle the *two* professions or occupations that are most closely related.

1. la secretaria	la cajera	el mesero
2. el enfermero	la médica	el maestro
3. la dependienta	la secretaria	el recepcionista
4. el policía	el programador	el bombero
5. la mujer de negocios	el contador	el soldado
6. la trabajadora social	la abogada	el ama de casa

IV. *Ir* (to go) + *a* + destination

J. Indicate where the following people are going and when. Use the appropriate form of the verb **ir** + **a la** or **al (a + el).**

MODELO

ahora / María / centro estudiantil

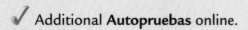 Additional **Autopruebas** online.

Ahora, María va al centro estudiantil.

1. después de clase / (yo) / cafetería Oaxaca
2. más tarde / Uds. / biblioteca
3. esta tarde / Ana / laboratorio
4. a la una y cuarto / Esteban y Daniel / oficina de la profesora Ruiz
5. esta noche / (nosotros) / teatro
6. mañana / (tú) / gimnasio

V. Interrogative words

K. Each time your friend makes a statement, you ask a follow-up question using appropriate interrogative words.

1. No hay clase hoy.
   ¿__Por__ __qué__ no hay clase hoy?

2. No soy de los Estados Unidos.
   ¿___ _____ eres?

3. Mi cumpleaños no es el quince de febrero.
   ¿_____ es tu cumpleaños?

4. No voy al centro estudiantil ahora.
   ¿_____ vas?

5. La clase de psicología no es mi clase favorita.
   ¿_____ es tu clase favorita?

6. No hay quince estudiantes en mi clase de español.
   ¿_____ hay?

7. El señor Martínez no es el profesor de psicología.
   ¿_____ es el profesor de psicología?

8. No es mi mochila.
   ¿_____ _____ es?

9. No son las ocho y media.
   ¿_____ hora es?

En resumen

Answer the questions in complete sentences.
1. ¿Eres mesero/a? ¿y dependiente/a o cajero/a?
2. ¿Hay médicos o enfermeros en tu universidad?
3. ¿Qué día/s vas a la clase de español?
4. ¿Adónde vas (normalmente) después de la clase de español?
5. ¿A qué hora vas a casa?
6. ¿Dónde está tu familia ahora?
7. ¿Cuántas personas hay en tu familia?

Answers to the *Autoprueba y repaso* are found in **Apéndice 2**.

3

La familia y
los amigos

Additional activities and **Autopruebas**
for each **Escena** available online.

Escena 1
La familia

- Indicating possession: Possessive adjectives
- Talking about the present: The present indicative of regular -**ar** verbs

TU MUNDO CULTURAL
La familia hispana

Escena 2
Los mejores amigos

- Describing people and things: **Ser** + descriptive adjectives

TU MUNDO CULTURAL
Diferencias culturales

Escena 3
Las relaciones humanas

- Describing people, places, and things: A summary of **ser** and **estar**

TU MUNDO CULTURAL
Momentos importantes de la vida

TU MUNDO EN VIVO

✓ AUTOPRUEBA

VOCABULARIO

La nueva familia de María Luisa

1. el padre (el papá)
2. la madre (la mamá)
3. la esposa
4. el esposo
5. la suegra
6. el suegro
7. la cuñada
8. el cuñado
9. la sobrina
10. el sobrino

CLAUDIO PAZ, 60

ROSA PAZ, 59

Mª LUISA ROLDÁN, 23

DAMIÁN ROLDÁN, 25

LOLA ROLDÁN, 62

JOSÉ Mª ROLDÁN, 70

TERESA ROLDÁN, 35

CLARA, 4

PEDRO ROLDÁN, 37

LINO, 2

... y 17 años más tarde... la

27. el tío
28. la tía
29. el primo
26. la niñera
30. la prima

TERESA, 52   PEDRO, 54

LINO, 19

NURIA, 60

CLARA, 21

1. father
2. mother
3. wife
4. husband
5. mother-in-law
6. father-in-law
7. sister-in-law
8. brother-in-law
9. niece
10. nephew
11. relatives
12. grandson
13. grandfather
14. parents
15. baby (*f.*); **el bebé** baby (*m.*)
16. grandmother
17. granddaughter
18. dog
19. (older) brother
20. (younger) brother
21. son
22. daughter
23. (younger) sister
24. (older) sister
25. cat
26. nanny
27. uncle
28. aunt
29. cousin (*m.*)
30. cousin (*f.*)

*¡**Sonrían!** *Smile!*

¡En acción!

3-1 Mi familia y mis parientes

Can you identify the members of your family and your relatives? Combine elements from each column to describe the ties.

MODELO

1f. Mi abuela es la madre de mi padre.

	es/son	
1. Mi abuela		a. la hija de mis padres
2. Mi tío		b. el esposo de mi hermana
3. Mis sobrinos		c. los padres de mi esposo/a
4. Mi hermana		d. el hermano de mi madre
5. Mi cuñado		e. los hijos de mi hermano/a
6. Mis nietos		f. la madre de mi padre
7. Mis primas		g. los hijos de mis hijos
8. Mis suegros		h. las hijas de mis tíos

The words **hijos, esposos, suegros, hermanos,** and so on, like the word **ellos,** represent both an all-male or a mixed-gender group.

3-2 La familia

Look at the wedding portrait and at the scene of the Roldán family seventeen years later (pages 72–73). Can you identify everyone? Take turns asking and answering the questions below.

La familia, el día del matrimonio

1. ¿Quién es la esposa de Damián? *Es...*

2. ¿Cómo se llaman los padres de Mª Luisa? ¿y los de Damián?

3. ¿Quiénes son los suegros de Mª Luisa? ¿y los de Damián?

4. ¿Quiénes son los cuñados de Mª Luisa?

5. ¿Quiénes son los sobrinos de Mª Luisa y Damián?

La familia, diecisiete años más tarde

6. ¿Quién es la madre de los cinco hijos? ¿y el padre?

7. ¿Cómo se llaman los hijos de Mª Luisa y Damián? ¿Quién es la bebé?

8. ¿Quién es el hermano menor de Ángel? ¿y quiénes son las hermanas mayores de Anita?

9. ¿Cómo se llaman los abuelos? ¿Quiénes son sus nietos?

10. ¿Quiénes son Pedro y Teresa? ¿y Clara y Lino?

11. ¿Cómo se llama el perro? ¿y el gato?

12. ¿Quién es Nuria? ¿y las personas que están en las fotos de la pared?

tener *to have*

To talk about your family—how many brothers or sisters, how many children, etc. you have—use the verb **tener.**

— ¿**Tienes** hermanos? —Sí, **tengo** tres hermanos y cuatro hermanas.

(yo)	**tengo**	(nosotros/as)	**tenemos**
(tú)	**tienes**	(vosotros/as)	**tenéis**
(Ud., él, ella)	**tiene**	(Uds., ellos/as)	**tienen**

Tener is also used to express ownership: **Tenemos un gato y dos perros.**

3-3 La familia de mi compañero/a

Paso 1.   Would you like to know about your classmate's family? Ask him/her questions according to the chart. Write the information in the second column. Take turns asking and responding.

MODELO

E1: ¿*Tienes* hermanos?

E2: *Sí,* ***tengo*** *dos hermanos y una hermana. ¿Y tú?*

¿Tienes...?	La familia de... *(classmate's name)*
hermanos medio hermanos/ hermanastros	*...**tiene** dos hermanos y una hermana.*
esposo/a suegros cuñados y sobrinos	
hijos/ hijastros nietos	
abuelos tíos primos	
gatos y/o perros	

Palabras útiles

padrastro *stepfather*
madrastra *stepmother*
medio/a hermano/a
  half-brother / half-sister
hermanastro/a *step-brother/ stepsister*
hijastro/a *stepson/ stepdaugher*

Paso 2.   Share interesting information about your partner's family with the class. Also mention one or two things that you have in common: *...y yo* ***tenemos*** *dos gatos.*

♪ ¡A escuchar! Un cantante de salsa y su familia

Paso 1. Listen to Alicia talk about her favorite salsa singer, Rubén Blades.

Paso 2. Listen again, then answer the questions by checking the correct box.

1. ¿De qué nacionalidad es Rubén Blades?
   - ☐ cubano
   - ☐ panameño

2. ¿Cuándo es su cumpleaños?
   - ☐ el 16 de julio
   - ☐ el 6 de junio

3. ¿Cuál es una de sus profesiones?
   - ☐ es médico
   - ☐ es cantante

4. ¿Qué profesión tiene el padre de Rubén Blades?
   - ☐ es policía
   - ☐ es profesor

5. ¿Quién es Emma?
   - ☐ su hermana
   - ☐ su abuela

6. ¿Quiénes son Luis y Roberto?
   - ☐ sus hermanos
   - ☐ sus amigos

7. ¿En qué universidad estudió?
   - ☐ en Harvard
   - ☐ en la UNAM

GRAMÁTICA

¡Manos a la obra!

1

Indicating possession: Possessive adjectives

To express possession, you have used **de** and **tener.**

Es el esposo **de** Lisa.	*It's Lisa's husband.*
Tenemos dos gatos.	*We have two cats.*

Now you will be introduced to the possessive adjectives (*my, your, his,* etc.) in Spanish:

mi, mis	*my*	**nuestro/a** **nuestros/as**	*our*
tu, tus	*your* (informal)	**vuestro/a** **vuestros/as**	*your* (informal, Spain)
su, sus	*his, her, its*	**su, sus**	*their, your* (formal)

- Possessive adjectives agree in number with the noun that follows them:

  mi hermana   **mis** hermanas

  tu primo   **tus** primos

- The **nosotros** and **vosotros** forms also agree in gender with the noun they modify:

  nuestro carro   **nuestra** familia

  nuestros carros   **nuestras** familias

- If the ownership referred to by **su** or **sus** is unclear from the context, you can clarify using **de** + *person's name* or **de** + *pronoun:*

  Es **su** padre. ➜ Es el padre **de Elena.** (o) Es el padre **de ella.**

¡En acción!

¡Oye! ¿De quién es?

Your instructor will "borrow" items from you and your classmates and then claim to own them. Respond by saying «**¡No, no es su ... !**» or «**¡No, no son sus ... !**» Then set the record straight by declaring to whom each item belongs.

3-4 ¿Qué dicen?[1]

People often run into situations in which they need to clarify or claim what belongs to them. First, complete the speech bubbles, putting yourself in the place of each character. Indicate to whom something belongs or to whom someone is related. The arrows point to the possessor/s. Your instructor will then ask you what each person is saying.

¿Qué dice Robertito?

¿Qué dice Nuria?

¿Qué dicen don Claudio y doña Rosa?

¿Qué dice Damián?

Palabras útiles

lápices de colores
colored pencils
pelota *ball*

¿Qué dice Guadalupe?

¿Qué dice Ángel?

[1]¿**Qué**...What are they saying?

3-5 Mis favoritos

Paso 1. Indicate your favorites by filling in the **yo** column. Then tell your partner your preferences and ask for his/hers. Use **mi/mis** or **tu/tus.** In the third column, write down what your classmate says. Take turns asking and responding.

MODELO

E1: *Mi color favorito es el azul. ¿Y **tu** color favorito?*

E2: *Es el rojo.*

E2: *Mis clases favoritas son la clase de... y la clase de... ¿Y **tus** clases favoritas?*

E1: *Son...*

	yo	mi compañero/a
1. color	*azul*	*rojo*
2. clases		
3. amigo/a o persona		
4. restaurantes *m*		
5. películas (*films*)		
6. programa (*m.*) de televisión		
7. carro		
8. aparatos electrónicos		

Paso 2. Tell a new partner *four* things about your previous partner's preferences, and about yours, including the preferences you have in common: *Mis/Sus restaurantes favoritos son... (o) Nuestros restaurantes favoritos son...*

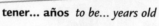

tener... años *to be... years old*

The verb **tener** (*to have*), used previously to express possession or family relationships, is also used to express age. English, in contrast, uses the verb *to be.*

—¿Cuántos años **tienes**? *How old are you?*
—**Tengo** veintiún años. *I'm 21.*

> **LOS NÚMEROS DEL 60 AL 100**
>
> To tell the age of those over 59, you will need to know the following numbers:
>
> | | |
> |---|---|
> | 60 | sesenta |
> | 70 | setenta |
> | 80 | ochenta |
> | 90 | noventa |
> | 100 | cien |
>
> Review the numbers 0–59 on page 14.

3-6 El/La mayor de mi familia

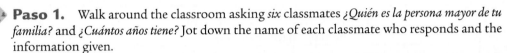

Paso 1. Walk around the classroom asking *six* classmates *¿Quién es la persona mayor de tu familia?* and *¿Cuántos años tiene?* Jot down the name of each classmate who responds and the information given.

Nombre de tu compañero/a	El/La mayor de su familia	Edad
1. Juan	su abuelo	96 años
2.		
3.		
4.		
5.		
6.		

Paso 2. Then share the information with the class: *¡El abuelo de Juan tiene noventa y seis años!* Finally, the class determines who has the oldest family member.

3-7 ¿Quién es?

Looking at the picture of the Roldán family seventeen years later (pages 72–73), **(a)** give the age of a particular member of the family without stating who the person is, and **(b)** name one family member closely related to him/her. **(c)** Can your partner identify the person? Take turns.

MODELO

E1: *Tiene cuarenta años. Su esposo se llama Damián.*

E2: *Es Mª Luisa, la madre.*

E1: *¡Correcto!*

o: *No, inténtalo otra vez.*

¡Manos a la obra  Quia

Talking about the present: The present indicative of regular **-ar** *verbs*

- In English, the infinitive form of a verb is two words: *to speak*. In Spanish, it is just one word: **hablar.**
- There are three infinitive forms in Spanish, each with a different ending: **-ar, -er,** and **-ir.**
- There are regular verbs and irregular verbs. So far, you have learned four irregular verbs: **ser, estar, ir,** and **tener.**
- The different tenses (such as present and past) of regular verbs follow a set pattern: the infinitive ending is dropped and new endings are added, according to the tense and the subject of the verb.

hablar *to speak* (a regular **-ar** verb)			
hablar	**habl-** + *endings*		
(yo)	habl**o**	(nosotros/as)	habl**amos**
(tú)	habl**as**	(vosotros/as)	habl**áis**
(Ud., él, ella)	habl**a**	(Uds., ellos/as)	habl**an**

In English, there are three ways to express the present tense: *I speak, I am speaking, I do speak.* Spanish uses the present tense for all three: **Hablo español.**

VERBOS EN -AR

cenar	*to have dinner*	llegar*	*to arrive*
comprar	*to buy*	regresar	*to return*
desayunar	*to have breakfast*	trabajar	*to work*
estudiar	*to study*	usar	*to use*
hablar	*to speak*		

* With the verb **llegar**, it is common to mention when someone arrives:

temprano *early*   **a tiempo** *on time*   **tarde** *late*

Jennifer y Fabio están en el centro estudiantil y hablan de sus familias.

Mira¹ Fabio, mi familia. Luis y Dolores, mis padres. Son de Puerto Rico. Mi hija Yolanda tiene cinco años. Nuestra familia está muy unida².

Yo soy hijo único. Estoy divorciado. Tengo una hija de 8 años que se llama Olivia. Soy americano de origen italiano.

¿Trabajas?

Sí, soy policía y también estudiante, ¿y tú?

Yo estudio derecho. Quiero ser abogada.

¡Qué interesante!

¹Look, ²close

¡En acción!

¡Oye! Ana y Andrés

You will hear about the daily routines of two students who are very different from each other. Then you will hear each statement again, in random order. Say whether the description fits Ana or Andrés.

3-8 Un día con la familia García

The kids arrive home from school, mom is at work, and dad is "holding down the fort." In pairs, read what each person says and, judging from the remarks, tell what the people are doing. Use the present tense of the verbs provided.

| cenar comprar desayunar estudiar hablar ir llegar regresar trabajar |

1. **Hijos:** «¡Hola, papá! ¡Estamos en casa! ¿Dónde está mamá?»

   Padre: «Está en la sala de emergencias, ¡y todavía[1] tiene catorce pacientes!»

   → Los hijos _____llegan_____ a casa de la escuela. Su madre _____ en el hospital.

2. **Hijos:** «Papá, vamos un momento a la papelería. Necesitamos lápices y bolígrafos.»

   Padre: «Bueno. ¿Tienen suficiente dinero ($)?»

   → Los hijos _____ a la papelería y allí, _____ lo que necesitan para la escuela.

3. **Hijos:** «Hola, papá. ¡Aquí estamos! Ya tenemos los lápices y bolígrafos. ¿Cuándo vamos a cenar?»

   Padre: «Muy pronto.»

   → Los hijos _____ a casa y tienen hambre[2].

4. **Hijo:** «¡Me gusta mucho este bistec!»

   Hija: «¡Y a mí me gusta la ensalada!»

   → Los hijos _____. Es evidente que les gusta la comida[3].

5. **Hija:** (¡Rin! ¡Rin! Contesta el teléfono.) «¡Hola, abuelo!... Esta noche no es posible. Tomás y yo tenemos mucha tarea.»

   Abuelo: «Sí, sí, la tarea es muy importante. Vamos el sábado.»

   → La hija _____ con su abuelo por teléfono. Esta noche ella y su hermano _____ porque tienen mucha tarea.

6. (Al día siguiente, a las 8:00 de la mañana)

   Madre: «Niños, ¿qué prefieren, cereal o croissants y fruta? Y tú, mi amor[4], ¿té o café?»

   Padre e hijos: «¡Croissants y fruta!»

   Padre: «Y un cafecito, por favor.»

   → La familia _____ croissants y fruta.

---

[1]still, [2]**tienen...** are hungry, [3]food, [4]love

3-9   ¡Bingo!

 Paso 1.   Walk around the classroom asking your classmates the questions on the Bingo board. In each square, jot down the name of the student who answers affirmatively. The first student to complete a horizontal, vertical, or diagonal line shouts **Bingo!** and informs the class of each answer: *1. Jason estudia en la biblioteca,...* Then play again!

MODELO

E1:   *¿Estudias en la biblioteca?*

E2:   *Sí, estudio en la biblioteca.* (E1 jots down the name of E2 in the box.)

 o: *No, no estudio en la biblioteca.* (E1 asks someone else.)

B I N G O

1. ¿Estudias en la biblioteca? _____	2. ¿Trabajas por la noche? _____	3. ¿Desayunas en la cafetería? _____
4. ¿Compras tus libros por Internet? _____	5. ¿Llegas a clase temprano? _____	6. ¿Usas las computadoras del laboratorio? _____
7. ¿Cenas en casa normalmente? _____	8. ¿Regresas a casa después de las nueve? _____	9. ¿Hablas con tus amigos por el celular? _____

 Paso 2.   Now share with the class two activities that you and a classmate have in common: *...y yo **desayunamos** en la cafetería, ...*

¿CON QUÉ FRECUENCIA?

(casi) siempre *(almost) always*
(casi) nunca *(almost) never*
a veces *sometimes*
una vez/ dos veces por semana
    once/ twice per week
con frecuencia *frequently*

todo el día *all day*
todos los días *every day*
todas las mañanas/ tardes/ noches
    every morning/ afternoon/ evening,
    night
los fines de semana   *on weekends*

3-10 ¿Con qué frecuencia?

 Paso 1.   Ask your partner how often he/she participates in each of the following activities. Your partner will respond using the expressions on page 82. Jot down his/her responses. Take turns asking and responding.

Preguntas	Frecuencia
¿Con qué frecuencia...	
1. ...estudias español?	*dos veces por semana*
2. ...desayunas en casa?	
3. ...llegas a clase tarde?	
4. ...cenas en un restaurante?	
5. ...compras comida rápida (*fast food*)?	
6. ...vas al gimnasio?	
7. ...hablas por teléfono con tus padres o con tus hijos?	
8. ...visitas a tus abuelos o a tus suegros?	

 Paso 2.   Your instructor wants to know how often some of the students participate in the above activities. Supply the information.

3-11 La rutina diaria

 Paso 1.   Write *five* sentences that describe what you and/or members of your family usually do. Include:

* where and when you have breakfast

* where you or members of your family work

* at what time you usually arrive at the university or at work

* at what time you usually return home in the evening

* where, when, and with whom you usually have dinner

> **Palabras útiles**
> normalmente *usually*
> con *with*

Paso 2.   You want to know about the daily routines of *four* of your classmates. In groups of five, ask them questions based on the items above. Each student responds according to what he/she has written. Take turns asking the questions.

MODELO

¿Dónde y cuándo desayunan Uds.? (Each student responds.)

Tu mundo cultural

La familia hispana

¿Qué sabes de la familia hispana y de sus costumbres?

Una familia (1989), óleo sobre lienzo, 241x195 cm, del pintor colombiano Fernando Botero. Museo Botero de Bogotá, Colombia.

Hijos por familia es México
· hace 30 años[5]: 7.3 hijos
· hace 10 años: 3.4 hijos
· actualmente: 2.4 hijos

La familia es una de las instituciones más sólidas de la sociedad hispana. En general, la vida[1] de los hispanos se centra en la familia.

Tradicionalmente, como se observa en el cuadro[2] de Botero, el padre tiene la autoridad, mientras que la madre se dedica a cuidar y a educar a los hijos. Pero, esto está cambiando[3] debido al número ascendente de mujeres universitarias y profesionales que cada día son más independientes.

También, como observamos en la primera fotografía de la página 85, las familias hispanas tradicionalmente son numerosas. Pero en años más recientes esto ha cambiado, tal como indican las estadísticas de México. En algunos casos reside más de una generación en la misma[4] casa, y por lo general, los hijos no se independizan hasta el día de su matrimonio.

[1]life, [2]painting, [3]changing, [4]same, [5]**hace...** thirty years ago

Una familia de Quito, Ecuador. La familia incluye a los parientes más inmediatos (madre, padre, hijos, hermanos) y también a los abuelos, tíos, primos, etc.

Familia hispana residente en EE.UU. Hoy día el núcleo familiar es, en general, más pequeño[1], con dos o tres hijos solamente[2].

¿Qué aprendiste?

1. ¿De dónde es Fernando Botero? ¿Cuántos miembros tiene la familia del cuadro? Según el cuadro, ¿en la familia tradicional hispana, quién tiene la autoridad?

2. En la primera fotografía, ¿cuántas personas hay en la familia? ¿De dónde son? ¿Dónde están?

3. ¿De dónde es la familia de la segunda fotografía? ¿Cuántos hijos tienen?

Actividad cultural

Jaime, a student from Mexico, will be spending one month with your family. Write an e-mail to tell him the name, relation, and age of each person in your family. Indicate professions where appropriate.

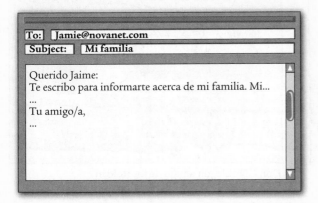

To: Jamie@novanet.com
Subject: Mi familia

Querido Jaime:
Te escribo para informarte acerca de mi familia. Mi...
...
Tu amigo/a,
...

Contraste cultural

In English, compare some characteristics of your family with those of the families described above, or with a Hispanic family you know. Talk about closeness of family members, how many generations live under the same roof, who makes what decisions, when children become independent, and to what degree family influences all aspects of life.

[1]**más...** smaller; [2]only

¹Los mejores amigos

COMPAÑÍA CON BRÍO S.A.*

2. rubio
3. fuerte
5. ayudar
4. desordenado

Álvaro Gutiérrez y su amigo Damián

10. necesitar
9. llamar
6. morena
Mi hija...
8. simpática
7. bonita/ guapa**
¡¡¡Mamááá!!!
Y mi hija...

Fátima Almanza y su amiga Mª Luisa

¡Ja, ja, ja!
16. amar
11. pelirroja
12. divertida
PUERTO RICO
13. joven
14. delgada
15. visitar

Dolores Toledo y su "amigo" Ángel

17. alta
18. baja
19. limpiar

Julia y Elena, las amigas de Guadalupe

20. cuidar
22. besar
21. llorar
23. abrazar
24. (muy) cariñosa

Nuria, la niñera, con Anita

¿Qué tal en la escuela, Carmen?...
25. calvo
26. viejo
¡Fenomenal!
29. pequeño
¡miau, miau!
27. charlar
CALISTO
28. grande
PACHÁ

Don Gonzalo, un amigo de los Roldán

VOCABULARIO

1. best friends 2. blonde 3. strong 4. disorganized, messy 5. to help 6. dark-haired/ dark-skinned 7. pretty/ good looking
8. nice, likeable 9. to call 10. to need 11. red-headed 12. funny, fun 13. young 14. thin, slender 15. to visit 16. to love 17. tall
18. short 19. to clean 20. to take care of 21. to cry 22. to kiss 23. to hug 24. (very) affectionate 25. bald 26. old 27. to chat
28. large, big 29. small

*S.A. (Sociedad Anónima) *Inc.* **Guapo/a is only used to refer to people.

¡En acción!

3-12 ¿Cómo son?[1]

Take a close look at the friends of the Roldán family (scenes, page 86). Then see if you can match their faces with the adjectives provided in the box. Take turns asking and responding.

baja
cariñosa
delgada
desordenado
grande
pequeño
simpática
viejo

MODELO

E1: *¿Cómo es Fátima?*   **E2:**   *Es simpática.*

Fátima   Calisto   Álvaro   Pachá

Dolores Toledo   Don Gonzalo   Nuria   Elena

3-13 Los mejores amigos

Find out more about the Roldán family and their best friends. Look at the scenes on page 86 and work with your partner to answer the questions.

1. ¿Quién es el mejor amigo y compañero de trabajo de Damián Roldán? ¿Cómo es Álvaro? ¿Ayuda Damián a su amigo?

2. ¿Con quién habla Fátima Almanza? ¿De quiénes hablan? ¿Cómo es Fátima? ¿Quién llama a su mamá? ¿Necesita a su mamá?

3. ¿Quién visita a Ángel? ¿Cómo es ella? ¿Ama Ángel a Dolores?

4. ¿Quiénes son Julia y Elena? ¿Cómo son? ¿A qué hora llegan a la casa de Guadalupe para estudiar? ¿Quién limpia la casa cuando llegan?

5. ¿Quién llora? ¿Quién cuida a Anita? ¿Besa y abraza a la bebé? ¿Cómo es Nuria?

6. ¿Con quién charla Carmen? ¿Cómo es don Gonzalo? ¿Es Pachá grande o pequeño? ¿y Calisto?

The personal a

Note the **a** that precedes the reference to a person in several of the questions in *Actividad 3-13*—for example, **¿Ayuda Damián a su amigo?** This is called the "personal **a**," and it is used when the object of a verb—the recipient of the action—is a person or a family pet. The personal **a** is not translated.

The following verbs, presented on page 86, normally have a person as their object: **ayudar, llamar, necesitar, visitar, amar, cuidar, besar,** and **abrazar.**

Note: The personal **a** is not used with the verb **tener. Tengo dos hermanos.**

[1]What are they like?

 **3-14** Mi vida personal

Read each statement and decide whether the personal **a** is necessary. Then decide whether, for you, the statement is true or not. Be prepared to report to the class.

Sí   No

☐   ☐   **1.** Siempre ayudo ___ mis amigos con su tarea.

☐   ☐   **2.** Visito ___ mi familia los fines de semana.

☐   ☐   **3.** Limpio ___ mi carro con frecuencia.

☐   ☐   **4.** Llamo ___ los otros estudiantes de mi clase por la noche.

☐   ☐   **5.** Tengo ___ profesores buenos.

☐   ☐   **6.** Abrazo ___ mis padres todos los días.

 3-15 Las personas objeto de nuestras vidas

In groups of three, observe the scenes on page 86, looking for people doing things for/to others. Write sentences to describe what is happening. Use each of the following verbs: **abrazar, amar, ayudar, besar, cuidar, llamar, necesitar, visitar**

MODELO

Nuria cuida a Anita. Carmen cuida a Pachá.

3-16 Preguntas personales

To share some aspects of your personal life, ask each other the following questions. Jot down the responses. Then change partners and share what you learned.

MODELO

E1: *¿A quién llamas por teléfono con frecuencia?*

E2: *Llamo a... ¿Y tú?*

> **Palabras útiles**
> novio/a *boyfriend/ girlfriend*
> prometido/a *fiancé/ fiancée*

¿A quién...?

- visitas los fines de semana
- amas con todo tu corazón ❤
- ayudas a veces
- besas y abrazas

♪ ¡A escuchar! El nuevo amigo de Manuela

> **Palabras útiles**
> cita *date*

Paso 1.   Listen to the dialogue between two friends.

Paso 2.   Listen again, then answer the questions by checking the correct box.

1. ¿Quién es Teresa?

☐ una compañera de clase de Manuela   ☐ la mejor amiga de Manuela

2. ¿De quién hablan?

☐ del amigo especial de Manuela   ☐ del amigo especial de Teresa

3. ¿Cómo es Raúl?

☐ es moreno y gordo   ☐ es moreno y alto

4. ¿Qué estudia?

☐ medicina   ☐ biología

5. ¿A qué hora tiene Manuela una cita con Raúl?

☐ a las siete   ☐ a las siete menos diez

> **¿SABES QUE...?**
>
> Human imitations of animal sounds vary from language to language. In Spanish, dogs say ¡**guau guau!**, cats say ¡**miau miau!**, birds say ¡**pío pío!**, and roosters say ¡**Quiquiriquí!**

¡Manos a la obra

GRAMÁTICA

3

Describing people and things: *Ser* + descriptive adjectives

You have used adjectives with **estar** to express the mental, emotional, or physical condition of a person: Ella **está nerviosa.** To describe the basic characteristics of someone or something, you use **ser** + *descriptive adjective:* Ella **es** muy **simpática.**

- Adjectives that end in **-o** change **-o** to **-a** when describing a feminine noun.

  Él es divertid**o**. Ella es divertid**a.**

- Adjectives ending in **-e, -ista,** or most consonants *do not change* in form when describing a feminine noun.

  Él es jove**n** y fuert**e**. Ella es jove**n** y fuert**e**. Él es ideal**ista**. Ella es ideal**ista.**

- When describing more than one person or thing, the plural form of the adjective is used. Adjectives ending in a vowel add **-s,** and adjectives ending in a consonant add **-es.**

  Ellas son simpática**s**. Son muy sentimental**es.**

- Most descriptive adjectives *follow* the nouns they modify—just the opposite of English:

  un suéter **verde** *a green sweater*   una chica **simpática** *a nice girl*

- Two types of adjectives precede the noun:

  Adjectives of quantity: **cinco** libros   **muchos** estudiantes
  Possessive adjectives: **mis** hermanos   **nuestra** escuela

---

ADJETIVOS Y SUS OPUESTOS

Here are some adjectives and their opposites, some of which you already know.

bonito/a	feo/a	*pretty*	*ugly*	joven	viejo/a	*young*	*old*
bueno/a	malo/a	*good*	*bad*	listo/a	tonto/a	*smart*	*silly, dumb*
delgado/a	gordo/a	*thin*	*fat*	nuevo/a	viejo/a	*new*	*old*
divertido/a	serio/a	*fun*	*serious*	rico/a	pobre	*rich*	*poor*
fácil	difícil	*easy*	*difficult*	simpático/a	antipático/a	*nice*	*unpleasant*
grande	pequeño/a	*large*	*small*	trabajador/a	perezoso/a	*hard-working*	*lazy*

Jennifer está en casa de sus padres. Ellos le preguntan acerca de la universidad.

¿Te gusta la universidad, hija?

Sí, y hay estudiantes de muchos lugares.

¿Cómo son los profesores?

Son serios y trabajadores, y tienen mucha experiencia.

¿Tienes nuevos amigos, mamá?

Sí, tengo uno. Se llama Fabio. Es guapo, moreno y atlético.

¡En acción!

¡Oye! Los opuestos

You will hear statements describing various people or their pets. In the follow-up questions, select the adjective that best describes each one.

> The adjectives **bueno/a** and **malo/a** may appear either before or after the noun. Before the noun, the masculine forms **bueno** and **malo** are shortened to *buen* and *mal*:
>
> un libro **bueno** (o) un **buen** libro *a good book*
> un estudiante **malo** (o) un **mal** estudiante *a bad student*
>
> When it appears before a singular noun, the adjective **grande** changes to **gran**, and its meaning changes from *large* to **great**.
>
> una mujer **grande** *a large woman*   una **gran** mujer *a great woman*
> un libro **grande** *a large book*   un **gran** libro *a great book*

3-17 Mis profesores

Paso 1.   At the *Universidad Con Brío,* several professors are exactly the opposite of one another. Based on the descriptions provided, tell what the others are like. Remember to make the adjectives agree with the nouns!

1. El profesor Fuentes es simpático. El profesor Olivares es *antipático*.

2. La profesora Ramos es divertida. La profesora Quiroga es _____.

3. Los profesores de historia son jóvenes. Los profesores de ciencias son _____.

4. El profesor Villareal es perezoso. El profesor Montero es _____.

5. La profesora López es muy ordenada y sus clases son difíciles. La profesora Juárez es _____ y sus clases son _____.

6. El profesor Martínez es pesimista y sus clases son malas. El profesor Pérez es _____ y sus clases son _____.

 Paso 2.   Now, what are *your* professors like? Share your impressions with your partner, but do not mention any names!: *La profesora de música es lista y extrovertida.*

3-18 ¿Cómo son?

You and your friend sometimes gossip about others. Describe the people in the illustrations using the following adjectives. Remember to make the adjectives agree with the nouns!

alto	calvo	desordenado	gordo	moreno	serio
antipático	cariñoso	divertido	grande	pequeño	simpático
atlético	contento	feo	inteligente	perezoso	trabajador
bajo	delgado	fuerte	joven	rubio	viejo

MODELO

Ellos son jóvenes y fuertes.

1.  2.  3.  4.

5.  6.  7.  8.

3-19 Mi mejor amigo/a

Paso 1. In groups of four, take turns describing your best friend. Take notes as others speak. Include the following:

- nombre de tu amigo/a
- origen: de dónde es
- edad: cuántos años tiene
- trabajo, profesión u ocupación
- descripción física
- descripción de su personalidad

Paso 2. Determine who in your group has the most interesting best friend. The student to the right of that person tells the class why the selection was made.

Tu mundo cultural

Diferencias culturales

¿Es fácil adaptarse a una cultura y a una lengua diferentes? Antes de responder, lee[1] la correspondencia entre dos amigas mexicanas: Marta y Josefina. Marta reside en EE.UU. con su esposo y tres hijos, y Josefina, en Monterrey, México.

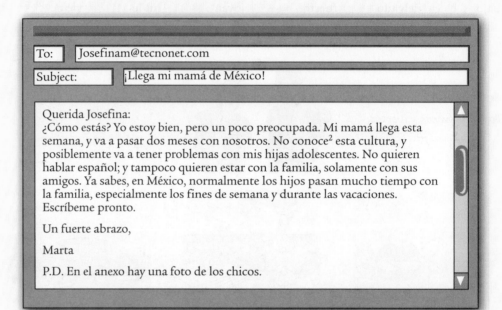

To: Josefinam@tecnonet.com

Subject: ¡Llega mi mamá de México!

Querida Josefina:
¿Cómo estás? Yo estoy bien, pero un poco preocupada. Mi mamá llega esta semana, y va a pasar dos meses con nosotros. No conoce[2] esta cultura, y posiblemente va a tener problemas con mis hijas adolescentes. No quieren hablar español; y tampoco quieren estar con la familia, solamente con sus amigos. Ya sabes, en México, normalmente los hijos pasan mucho tiempo con la familia, especialmente los fines de semana y durante las vacaciones. Escríbeme pronto.

Un fuerte abrazo,

Marta

P.D. En el anexo hay una foto de los chicos.

Anexo

Elena, 13 años; Pablo, 4 años; Alexandra, 14

[1]read, [2]**No...** She does not know

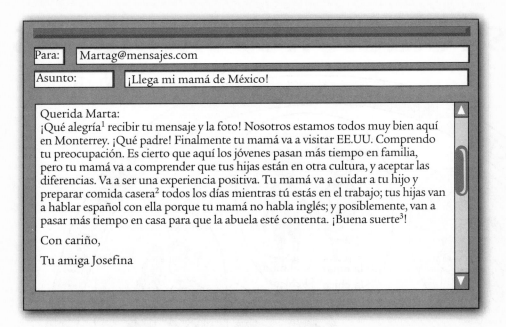

Para: Martag@mensajes.com

Asunto: ¡Llega mi mamá de México!

Querida Marta:

¡Qué alegría[1] recibir tu mensaje y la foto! Nosotros estamos todos muy bien aquí en Monterrey. ¡Qué padre! Finalmente tu mamá va a visitar EE.UU. Comprendo tu preocupación. Es cierto que aquí los jóvenes pasan más tiempo en familia, pero tu mamá va a comprender que tus hijas están en otra cultura, y aceptar las diferencias. Va a ser una experiencia positiva. Tu mamá va a cuidar a tu hijo y preparar comida casera[2] todos los días mientras tú estás en el trabajo; tus hijas van a hablar español con ella porque tu mamá no habla inglés; y posiblemente, van a pasar más tiempo en casa para que la abuela esté contenta. ¡Buena suerte[3]!

Con cariño,

Tu amiga Josefina

¿Qué aprendiste?

1. ¿De dónde son las dos amigas? ¿Dónde están ahora?

2. ¿Quién va a visitar a Marta pronto? ¿Por qué está preocupada?

3. Según (*according to*) Marta, ¿qué es diferente en México?

4. ¿Qué aspectos positivos menciona Josefina en relación con la visita de la madre de Marta a EE.UU.?

Actividad cultural

Look at the photo in the attachment that Marta sent to Josefina. Describe Marta's three children: physical characteristics, personality, and age. Also indicate how they appear to be **(estar).** Take turns.

Contraste cultural

Think of people that you know in your family or in your community who have immigrated from other countries. In English, talk about the aspects of U.S. life that a foreigner might find hard to adjust to, as well as which aspects that person might enjoy most.

[1]**Qué...** What a joy it was, [2]**comida...** homemade food, [3]**Buena...** Good luck!

Las relaciones humanas

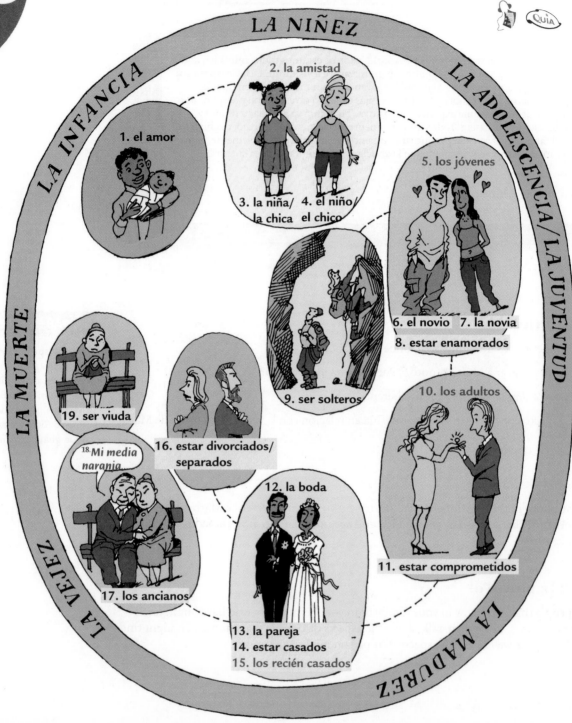

LA NIÑEZ

LA INFANCIA

LA ADOLESCENCIA/ LA JUVENTUD

LA MUERTE

LA VEJEZ

LA MADUREZ

1. el amor

2. la amistad

3. la niña/ la chica   4. el niño el chico

5. los jóvenes

6. el novio   7. la novia
8. estar enamorados

9. ser solteros

10. los adultos

19. ser viuda

16. estar divorciados/ separados

18. Mi media naranja.

12. la boda

11. estar comprometidos

17. los ancianos

13. la pareja
14. estar casados
15. los recién casados

1. love 2. friendship 3. child (*f.*), girl 4. child (*m.*), boy 5. young people 6. boyfriend 7. girlfriend 8. to be in love 9. to be single 10. adults 11. to be engaged 12. wedding 13. couple; **mi pareja** my significant other 14. to be married 15. newlyweds 16. to be divorced/ separated 17. elderly (*noun*) 18. my soul mate 19. to be a widow; **viudo** widower

¡En acción!

3-20 Estados civiles y emocionales

You are riding on the subway and overhear snatches of conversations about people's relation-ships with others. On the basis of what you hear, can you determine the marital or emotional status of each person? Use the adjectives provided. Sometimes more than one assumption is possible. Take turns reading the statements and responding.

> casado/a   comprometido/a   divorciado/a   enamorado/a
>
> separado/a   soltero/a   viudo/a

1. Rosa dice: «Mi esposo es profesor de química». Ella está __casada__.

2. La señora García dice: «Mi ex es gordo». Ella está _____.

3. Catalina dice: «Mi novio es perfecto». Ella está _____.

4. Jorge dice: «Mi boda va a ser el 22 de junio». Él está _____.

5. Héctor dice: «Mi esposa es enfermera». Él está _____.

6. Alonso dice: «Mi esposa murió[1]». Él es _____.

7. Ramona dice: «No tengo novio». Ella es _____.

8. Inés y Luz dicen: «Nuestros ex esposos están casados». Ellas están _____.

3-21 Las relaciones humanas

Comment on the various stages of life that you see in the scenes on page 94. Work with your partner to answer the questions.

1. En la escena que representa el amor, ¿quién ama al bebé?

2. En la escena que representa la amistad, ¿quiénes son los mejores amigos? ¿Cómo son?

3. ¿Quiénes están enamorados? ¿Cuántos años tienen los jóvenes, aproximadamente?

4. ¿Cómo están los dos adultos que están comprometidos?

5. ¿Qué celebran los recién casados? Describe a la pareja.

6. El hombre y la mujer que escalan las montañas, ¿probablemente están casados o son solteros?

7. Hay una pareja que no está muy contenta. ¿Están casados o divorciados?

8. ¿Están enamorados los ancianos que están en el parque? ¿Qué dice él?

9. Ahora la anciana es viuda. ¿Por qué está triste? (**murió** = *he/she died*)

10. ¿Qué palabras asocias con los términos "infancia", "niñez", "juventud" y "vejez"?

[1]died

3-22 La familia y los amigos

In groups of three, talk about the status of each other's friends and/or relatives. Also mention how they are doing.

> casado/a comprometido/a divorciado/a separado/a enamorado/a soltero/a viudo/a

MODELO

casado/a

E1: *¿Cuáles de tus parientes o amigos están casados?*

E2: *Mi hermano Gonzalo está casado y está muy enamorado de su esposa.*

E3: *Mi amiga Marisela está casada, pero su matrimonio no va bien.*

¡A escuchar! Dos ancianos en el parque

Paso 1. Listen to the dialogue between don Tomás and doña Remedios. They are sitting on a bench in the park watching the young people passing by.

Paso 2. Listen again, then indicate if the statements are true or false.

1. Don Tomás y doña Remedios no son jóvenes.   ☐ Cierto   ☐ Falso

2. Los jóvenes están enamorados.   ☐ Cierto   ☐ Falso

3. Doña Remedios está casada.   ☐ Cierto   ☐ Falso

4. Don Tomás es divertido y joven de espíritu.   ☐ Cierto   ☐ Falso

Gonzalo es un joven ecuatoriano que estudia en Estados Unidos. Es soltero, pero está comprometido con María, su novia. Son dos chicos muy responsables. En este momento habla con ella por el celular.

María es también una joven universitaria ecuatoriana. Está muy enamorada de Gonzalo y pronto van a casarse. La boda es en el mes de abril, y ahora planean los últimos detalles. Son una pareja encantadora[1].

[1]charming

¡Manos a la obra 🖐 ⓆⓊíA

4

Describing people, places, and things: A summary of *ser* and *estar*

You have used both **ser** and **estar** (*to be*) in a number of different situations. Here is a synopsis of their uses.

Ser is used to express:		Estar is used to express:	
1. **Who** or **what** the subject is (including nationality, political and religious affiliations, occupation)	Celia **es** estadounidense, conservadora y católica. **Es** directora de una compañía.	1. **Where** the subject is **located**	Hoy Linda **está** en Nueva York. Su casa **está** en Nueva Jersey.
2. **What** the subject is **like** (physical characteristics and basic personality traits)	Mi amigo Ángel **es** alto, delgado y muy simpático. Su motocicleta **es** nueva; **es** roja y negra.	2. **How** the subject is **feeling** or what **condition** the subject is in at a given time (physical, emotional, and mental states that may change)	Carla **está** enferma, triste y deprimida (*depressed*).
3. **Where** the subject is **from** (*ser* + *de*)	Víctor **es de** San Juan, Puerto Rico.	3. To come in *Capítulo 5*: the present progressive	
4. **Day, date,** and **time**	Hoy **es** martes, el 6 de mayo. **Es** el cumpleaños de Linda. **Son** las tres y media de la tarde.		
5. **Possession**	El suéter **es** de Gloria. **Es** mi cuaderno.		

Fabio llega al centro estudiantil. Allí, su amigo Mario le presenta a Ernesto.

Hola, ¿cómo estás?

Estoy un poco cansado. Trabajo por la noche y estudio por la mañana.

Te presento a Ernesto.

Hola, Ernesto. Soy de Nueva York. Y tú, ¿de dónde eres?

Soy cubano. Estudio ingeniería, ¿y tú?

Yo estudio Justicia Criminal.

¡En acción!

 ¡Oye! Víctor, un estudiante universitario

Listen to the description of Víctor. Then answer the questions, selecting the correct response.

3-23 Mensajes de amigos y familiares

Paso 1. Read the text messages that several people have left on Lucía's cell phone. Then organize the information according to the categories indicated in the chart below.

> **1.** Soy Amelia, tu prima extrovertida y un poco loca de Miami. Hoy estoy en casa porque estoy enferma. Llámame.

> **2.** Somos Paco y Pepe, ¿recuerdas? Los meseros morenos y guapos de tu café favorito de Boston. Ahora estamos muy contentos y de vacaciones en Nueva York. Llámanos.

> **3.** ¿Quién soy? Adán, tu novio, el hombre más inteligente y divertido de California. Estoy aquí, muy ocupado, en la biblioteca de San Diego. Tengo dos exámenes finales. Llámame.

> **4.** Hola, soy tu tía Julia, de Guadalajara. Estoy un poco nerviosa. Estoy en mi carro en el centro y hay mucho tráfico. Ya sabes que soy impaciente. ¿Estás bien? Llámame. Estoy preocupada por ti.

Personas que llaman	¿Quién es/ Quiénes son?	¿De dónde es/son?	¿Dónde está/n?	¿Cómo es/son?	¿Cómo está/n?
1. Amelia	Es su prima.	Es de…			
2. Paco y Pepe	Son…	Son de…			
3. Adán					
4. Julia					

Paso 2. According to the information you have gathered, tell your classmates what you found out about Lucía's friends and relatives.

3-24 Mi nuevo novio

Clara writes an e-mail to her friend Isabel. They both live in Miami. Complete Clara's e-mail, selecting the correct form of **ser** or **estar**.

To:	Isabel@fantasia.com
Subject:	Mi nuevo novio

¿Cómo *eres/ estás,* Isabel? Yo, excelente. Tengo un nuevo novio. Se llama Jorge González Matos. ¡*Es/ está* un hombre increíble! Tiene 29 años y *es/ está* médico. *Es/ Está* alto, moreno y guapísimo. *Es/ Está* dominicano, pero trabaja en un hospital aquí en Miami. Jorge tiene un hermano que se llama Federico. Ahora su hermano *es/ está* en Santo Domingo, pero llega a Miami dentro de unas semanas para trabajar en un banco. ☺ Federico *es/ está* un gran profesional, y *es/ está* también un hombre atractivo, generoso y muy divertido. Hay un pequeño inconveniente. *Es/ Está* divorciado, pero ¿no te gustan los hombres como él? Voy a presentarte a Federico muy pronto. Cariños, Clara

3-25 ¿Cómo es normalmente? ¿Cómo está hoy?

Paso 1. Today, at your workplace, some of your coworkers are not their usual selves, but rather the opposite. Three of you talk about the situation:

Employee 1 describes what the coworker is *usually* like (first column). **Employee 2** indicates a *change* in the person's disposition (choosing from the adjectives in the second column). **Employee 3** asks *why*. **Employee 1 or 2** provides an answer (third column). Be creative!

MODELO

E1: *Normalmente, Marta es muy enérgica, ¿verdad?*

E2: *Sí, pero hoy está un poco cansada.*

E3: *¿Por qué?*

E1 o E2: *Porque tiene mucho trabajo, tres clases y un hijo enfermo.*

Paso 2. Following the same pattern, tell each other something about yourselves:

Normalmente...	hoy...	porque...
1. Marta *es* muy enérgica.	aburrido/a cansado/a contento/a nervioso/a preocupado/a triste	
2. Enrique *es* muy tranquilo.		
3. Elena *es* optimista y no tiene preocupaciones.		
4. Ricardo *es* muy animado y curioso.		
5. Pepa *es* una persona muy alegre (*cheerful*).		
6. Raimundo *es* una persona triste.		

Normalmente, soy... , pero hoy estoy... porque...

3-26 Tu pariente/a favorito/a

Paso 1. Interview your partner to find out who his/her favorite relative is and what the relative is like. Ask the following questions and take notes. Then switch roles.

1. ¿Cómo se llama?
2. ¿Qué relación tienes con él/ella?
3. ¿De dónde es? (o) ¿Cuál es su nacionalidad*?
4. ¿Dónde está ahora?
5. ¿Cuál es su estado civil?
6. ¿Qué profesión u ocupación tiene?
7. ¿Cómo es?
8. ¿Cómo está?

Paso 2. Share what you learned with another classmate: *El/La pariente/a favorito/a de... se llama...*

---

* For a listing of the nationalities of the world, see the inside back cover of your textbook.

Tu mundo cultural

Momentos importantes de la vida

El matrimonio

Los novios[1] o recién casados bailan al ritmo de la música de los mariachis para celebrar el día de su matrimonio.

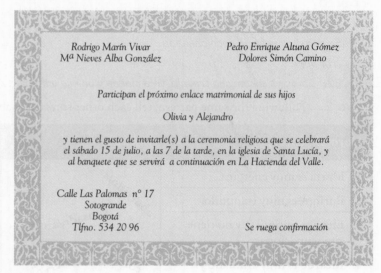

Rodrigo Marín Vivar   Pedro Enrique Altuna Gómez
Mª Nieves Alba González   Dolores Simón Camino

Participan el próximo enlace matrimonial de sus hijos

Olivia y Alejandro

y tienen el gusto de invitarle(s) a la ceremonia religiosa que se celebrará el sábado 15 de julio, a las 7 de la tarde, en la iglesia de Santa Lucía, y al banquete que se servirá a continuación en La Hacienda del Valle.

Calle Las Palomas nº 17
Sotogrande
Bogotá
Tlfno. 534 20 96   Se ruega confirmación

Una invitación de matrimonio.

El nacimiento[2] y el bautizo

El bautizo de un niño en una iglesia católica. La madrina[3] tiene al niño mientras el padrino y los padres observan atentamente.

Pablo Santamaría Ruiz y Carolina Vega Prados
tienen la alegría de comunicarle
el nacimiento de su hijo

Nicolás

en Nueva York, el jueves, 9 de agosto de 2007

Una participación de nacimiento[4], costumbre que los hispanos residentes en EE.UU. están adoptando para comunicar a sus familiares y amigos el feliz evento.

[1]bride and groom, [2]birth, [3]godmother, [4]**participación...** birth announcement

La fiesta de quinceañera

Un padre y su hija en México, el día de la fiesta. Se llama quinceañera a la fiesta de los quince años, un ritual que celebran las jóvenes hispanoamericanas para decir adiós a la niñez. Se celebra con una misa[1], una recepción y un baile[2]. Las jóvenes hispanas que residen en EE.UU. también la celebran. En muchas tiendas[3] estadounidenses hay trajes[4] de quinceañera.

DE NIÑA A MUJER.
UN AÑO MUY IMPORTANTE
EN TU VIDA

FELICES

15

¡ ES TU QUINCEAÑERA !

Una tarjeta[5] de quinceañera.

¿Qué aprendiste?

1. ¿Cómo se llaman los novios de la invitación? ¿Dónde y en qué fecha se celebra la boda? ¿Qué hay después de la ceremonia?

2. En los países hispanos, ¿quiénes tienen un papel (*role*) importante en la ceremonia del bautizo?

3. ¿Qué etapa (*stage*) de la vida representa la quinceañera? ¿Cómo se celebra? ¿Se celebra sólo en Latinoamérica?

Actividad cultural

You have just received an invitation (see page 100) to attend the wedding of your friend Alejandro, a former Colombian exchange student. Write an e-mail to your significant other to give him/her details of the wedding so that he/she can attend with you.

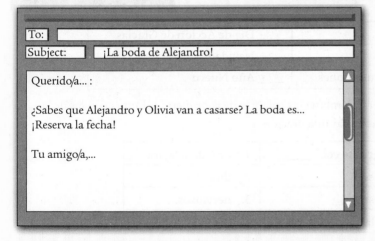

To:

Subject: ¡La boda de Alejandro!

Querido/a... :

¿Sabes que Alejandro y Olivia van a casarse? La boda es...
¡Reserva la fecha!

Tu amigo/a,...

Contraste cultural

In English, indicate which of the celebrations you have just read about are similar to ones in your family or culture and which are new to you. Have you attended a **quinceañera** in the United States, or a Hispanic wedding or christening?

[1]mass, [2]dance, [3]stores, [4]gowns, [5]card

¡Video en acción!

3.1 La familia hispana

1. Antes de ver el video
   In the Carvajal family, what do
   you think the main responsibilities of the grandmother might be?

2. Mientras ves el video Marca **C** (Cierto) o **F** (Falso).

   a. _____ En la familia Carvajal hay seis personas.

   b. _____ La abuela cocina[1] y cuida a los niños.

   c. _____ Para los hispanos de EE. UU., la cena es una ocasión para comunicarse.

   d. _____ La foto que se observa en el video es de la familia de Francisco el día de Navidad.

3. Comenta con la clase
   Are there differences between the Carvajal family and your family? Explain.

3.2 Momentos importantes de la vida

1. Antes de ver el video

   a. What special celebrations take place in your home? Who attends?

   b. Mark the special occasions you think the family of Rocío and Rogelio might celebrate. Confirm your predictions after seeing the video.

____	Bautizos	____	Día de Acción de Gracias
____	Bodas	____	Navidad
____	Primeras comuniones	____	Año Nuevo

2. Mientras ves el video Combina las palabras de la primera[2] columna con las de la segunda columna para formar una oración.

a. Los suegros se ven[3] ____	1. de Guadalajara
b. Mis tíos son ____	2. dos años.
c. Lucero está ____	3. nerviosos.
d. Ana Paula va a cumplir ____	4. comprometidos.
e. Paulino y Alicia se ven ____	5. casada con César.
f. Juan y su novia están ____	6. muy contentos.

3. Comenta con la clase

   Is Rocío's wedding similar to those in the United States? Explain.

[1]cooks, [2]first, [3]se... look

¡Lectura en acción!

La jerga[1] y los adolescentes

The following news article from *Los Andes,* an Argentine newspaper, describes some of the reasons why generational language differences exist, as well as some common words and phrases used among young people in Argentina today.

Paso 1. Read the article one time to get a general sense of the information it contains. Note the bolded words which are likely to be unfamiliar to you. Resist the urge to look up any words! Just read through it to get the overall idea of the article.

Los términos que marcan esta época
Por Alejandro Ortega

Desde siempre, los adolescentes se han diferenciado por la manera de **vestirse,** por los gustos musicales y también por su lenguaje. Muchas palabras inventadas o **impuestas** por los medios de comunicación (especialmente la televisión) llegan a formar parte de la vida de los jóvenes y de su lengua común.

Según Marcelo Pablo, psicólogo y profesor de filosofía, "el adolescente, al definir su personalidad, también pone en juego su identidad **grupal**. Es por eso que adquiere características colectivas que lo hacen sentir igual al resto de su grupo. Para un adolescente, la personalidad individual está muy relacionada con la identidad grupal."

Palabras y expresiones nuevas que se escuchan entre los jóvenes crean un idioma que deja **desubicados** a los adultos. Lo cierto es que para los adultos es muy importante **conocer** esas palabras y estar informados. Si no, se transformarán en "viejos bodrios" o los papás se encontrarán en un "bardo" con sus hijos.

Algunos ejemplos de la jerga argentina

Bardo: *un lío, algo sucio[2] y desorganizado*

Bodrios o bajón: *aburrido*

Grasa: *algo o alguien sin estilo*

Manso: *adjetivo que indica muy grande*

Patético: *más que horrible y aburrido*

¿Te cabe?: *¿Te gusta?*

Zarpado: *estar en un lugar equivocado o incorrecto*

Reading Strategy

Guessing meaning from context

When you come across an unfamiliar word or phrase that is key to a passage, analyze the context closely to see if you can guess its meaning.

Paso 2. Next, looking at the bolded words, which ones can you figure out from the context? Even if you can't determine a word's exact meaning, by answering the following questions, you can probably get close enough to understand the general idea.

- Does the word appear to be generally positive, negative or neutral?
- Does it look like it may be a verb, a noun, or an adjective?
- What words around the bolded word do you think provide synonyms or clues to its meaning?

Paso 3. Now, read the passage one more time and check your comprehension with the questions below.

1. Según el artículo, ¿en qué se diferencian los adolescentes de los adultos?
2. ¿Qué influye en la jerga de los adolescentes?
3. ¿Qué es fundamental para que los adolescentes definan su identidad?
4. ¿Por qué es importante que los adultos se familiaricen con el lenguaje de los adolescentes?
5. ¿Cuál de las palabras o frases de la lista es tu favorita? ¿Por qué?

[1]slang, [2]dirty

Escena 1

La familia y sus mascotas *The family and their pets*

la abuela/ el abuelo *grandmother/ grandfather*
la bebé/ el bebé *baby (f./m.)*
la cuñada/ el cuñado *sister-in-law/ brother-in-law*
la esposa/ el esposo *wife/ husband*
el gato *cat*
la hermana/ el hermano *sister/ brother*
la hija/ el hijo *daughter/ son*
la madre/ el padre *mother/ father*
la mamá/ el papá *mother/ father*
la nieta/ el nieto *granddaughter/ grandson*
la niñera *nanny*
los padres *parents*
los parientes *relatives*
el perro *dog*
la prima/ el primo *cousin (f./m.)*
la sobrina/ el sobrino *niece/ nephew*
la suegra/ el suegro *mother-in-law/ father-in-law*
la tía/ el tío *aunt/ uncle*
mayor/ menor *older/ younger*

Los números del 60 al 100 *Numbers 60 to 100*

sesenta *sixty*
setenta *seventy*
ochenta *eighty*
noventa *ninety*
cien *one hundred*

Adverbios *Adverbs*

a tiempo *on time*
tarde *late*
temprano *early*

Verbos *Verbs*

cenar *to have dinner*
comprar *to buy*
desayunar *to have breakfast*
estudiar *to study*
hablar *to speak*
llegar *to arrive*
regresar *to return*
tener *to have*
trabajar *to work*
usar *to use*

¿Con qué frecuencia? *How often?*

a veces *sometimes*
una vez/ dos veces por semana *once/ twice per week*
(casi) nunca *(almost) never*
(casi) siempre *(almost) always*
con frecuencia *frequently*
los fines de semana *on weekends*
todas las mañanas *every morning*
todas las noches *every night*
todas las tardes *every afternoon*
todo el día *all day*
todos los días *every day*

Escena 2

Descripciones *Descriptions*

alto/a *tall*
antipático/a *disagreeable, unpleasant*
bajo/a *short*
bonito/a *pretty*
bueno/a *good*
calvo/a *bald*
cariñoso/a (muy) *affectionate (very)*
delgado/a *thin, slender*
desordenado/a *disorganized, messy*
difícil *difficult*
divertido/a *funny, fun*
fácil *easy*
feo/a (un poco) *ugly (a little bit)*
fuerte *strong*
gordo/a (un poco) *fat (a little bit)*
grande *large, big*
guapo/a *good looking*
joven *young*
listo/a *smart*
malo/a *bad*
moreno/a *dark-haired/ dark-skinned*
nuevo/a *new*
pelirrojo/a *red-headed*
pequeño/a *small*
perezoso/a *lazy*
pobre *poor*
rico/a *rich*
rubio/a *blond*
serio/a *serious*
simpático/a *nice, likeable*
tonto/a *silly, dumb*
trabajador/a *hard-working*
viejo/a *old*

el mejor amigo/ la mejor amiga *best friend (m./f.)*

Verbos *Verbs*

abrazar *to hug*
amar *to love*
ayudar *to help*
besar *to kiss*
charlar *to chat*
cuidar *to take care of*
limpiar *to clean*
llamar *to call*
llorar *to cry*
necesitar *to need*
visitar *to visit*

Escena 3

Las personas *People*

los adultos *adults*
los ancianos *elderly (noun)*
los jóvenes *young people*
la niña/ la chica *child (f.), girl*
el niño/ el chico *child (m.), boy*

Los estados civiles y emocionales *Marital status and emotional ties*

estar casado/a/os/as *to be married*
estar comprometido/a/os/as *to be engaged*
estar divorciado/a/os/as *to be divorced*
estar enamorado/a/os/as *to be in love*
estar separado/a/os/as *to be separated*
ser soltero/a/os/as *to be single*
ser viudo/a/os/as *to be a widow/ widower*

mi media naranja *my soul mate*
la novia/ el novio *girlfriend/ boyfriend*
la pareja *couple*
mi pareja *my significant other*
los recién casados *newlyweds*

la amistad *friendship*
el amor *love*
la boda *wedding*

Autoprueba y repaso: Capítulo 3 WILEY PLUS ✓

Escena 1
La familia

A. Complete each sentence with the appropriate family member.

1. El otro (*other*) hijo de mis padres es mi _____.
2. La madre de mi madre es mi _____.
3. El hermano de mi padre es mi _____.
4. Los hijos de mi tío son mis _____.
5. La madre de mi esposa es mi _____.
6. La esposa de mi hermano es mi _____.
7. La hija de mi hermano es mi _____.
8. La hija de la hija de la abuela es la _____.

I. Possessive Adjectives

B. Indicate with whom each person is attending the family reunion. Use the possessive adjective that corresponds to the subject of the sentence.

1. Yo voy con _mi_ madre.
2. Yo voy con _____ primos.
3. Tú vas con _____ hermanos ¿no?
4. Uds. van con _____ abuelo, ¿no?
5. Elena va con _____ tíos.
6. Nosotros vamos con _____ padres y con _____ abuela.

II. The present indicative of regular -ar verbs

C. Complete the sentences using the correct forms of the verbs in parentheses.

1. Después de clase, Fiona siempre (*hablar*) _habla_ con la profesora; Daniel y Sara _hablan_ con sus compañeros/as de clase.
2. Yo (*desayunar*) _____ en casa; Francisco _____ en la cafetería.
3. Miguel y yo (*estudiar*) _____ en la biblioteca; Daniel y Sara _____ en casa.
4. Esta semana tú (*trabajar*) _____ en la librería por la tarde; yo _____ por la noche.
5. Tú siempre (*llegar*) _____ al trabajo temprano; Daniel y Sara _____ un poco tarde.
6. Miguel (*regresar*) _____ a casa a las cinco; nosotros _____ a las seis.

En resumen

Answer the questions in complete sentences.

1. ¿Cuántos años tienes?
2. ¿Tienes abuela? ¿Cuántos años tiene ella?
3. ¿Quiénes son tus parientes favoritos?
4. ¿Cenas en casa con tu familia todos los días?

5. ¿Dónde trabajan las personas de tu familia?
6. ¿Trabajas tú los fines de semana?

Escena 2
Los mejores amigos

D. Circle the two verbs that are most closely associated with each of the following

1. pelirroja cariñosa morena
2. fuerte alta baja
3. joven viejo divertido
4. guapa desordenada bonita
5. pequeño calvo grande
6. delgada alta simpática

E. Circle the two verbs that are most closely associated with each of the following.

1. la niñera: desayunar cuidar ayudar
2. los novios regresar besar abrazar
3. el bebé: cenar llorar cuidar
4. los abuelos: visitar amar limpiar
5. el teléfono: llamar llorar charlar

III. Ser + descriptive adjectives

F. Complete each second sentence with an adjective that means the opposite of the one in the first sentence.

1. Nuestra tía no es pobre; ¡es _____!
2. Nuestra niñera no es perezosa; ¡es _____!
3. El hermanito de Juan no es tonto; ¡es _____!
4. Los amigos de Juan no son antipáticos; ¡son _____!
5. El carro de la familia no es nuevo; ¡es _____!
6. El trabajo no es fácil; ¡es _____!

En resumen

Answer the questions in complete sentences.

1. ¿Llamas a tus padres, hermanos o abuelos con frecuencia?
2. ¿A veces visitas a tus padres, abuelos o hijos los fines de semana?
3. Por lo general, ¿son las personas de tu familia ordenadas o desordenadas? ¿Perezosas o trabajadoras? ¿Serias o divertidas?
4. ¿Quién es la persona más excéntrica de tu familia? Descríbela.

Escena 3
Las relaciones humanas

G. Match each stage of life with the corresponding people.

1. la infancia   ___ a. los niños o chicos
2. la niñez   ___ b. los jóvenes
3. la adolescencia   ___ c. los ancianos
4. la madurez   ___ d. los bebés
5. la vejez   ___ e. los adultos

H. Match the term in the first column with the one in the second that is most closely associated with it. Study the options carefully, as there are no duplicate answers.

___ **1.** el amor   a. los amigos
___ **2.** la amistad   b. estar casados
___ **3.** la boda   c. estar enamorados
___ **4.** anillo (*ring*) de diamante   d. los recién casados
    e. estar comprometidos
___ **5.** mi esposo/a y yo   f. la viuda
___ **6.** la muerte

IV. A summary of *ser* and *estar*

I. Describe Amalia by completing each sentence with the correct forms of **ser** or **estar**.

1. Amalia _____ de Chile.
2. _____ casada y _____ mujer de negocios.
3. Sus padres _____ en Santiago, la capital, y ella ahora _____ en Los Ángeles con su esposo.
4. Amalia _____ muy simpática. _____ alta, morena y delgada.
5. Ella también _____ muy trabajadora.
6. Hoy _____ un poco cansada y preocupada, porque tiene mucho trabajo.

En resumen

Answer the questions in complete sentences.

1. ¿Eres soltero/a? ¿Estás enamorado/a?
2. ¿Estás comprometido/a? ¿Casado/a?
3. ¿Dónde está tu familia ahora?
4. Por lo general, ¿son las personas de tu familia cariñosas? ¿generosas?
5. ¿Están todos (*all of them*) muy ocupados? Explica.
6. Y tú, ¿estás muy ocupado/a? Explica.

Answers to the *Autoprueba y repaso* are found in **Apéndice 2**.

✓ Additional **Autopruebas** online.

El tiempo libre

WILEY PLUS

Additional activities and **Autopruebas** for each **Escena** available online.

Actividades al aire libre*

1. las montañas
2. esquiar
COMPETENCIA INTERNACIONAL
3. ganar
4. el lago
5. patinar
6. acampar
7. el bosque
8. caminar
9. el valle
10. la granja
11. el campo
13. montar en bicicleta
12. montar a caballo
14. manejar
16. pescar
17. el pez
15. el río

la playa

¡Me encanta el mar!**

20. descansar
19. la isla
21. ir en barco
22. el mar

23. nadar
24. bucear
32. la pelota
31. practicar deportes
30. jugar al vólibol
29. correr
28. la arena
27. beber
26. comer
25. tomar el sol

No, leo ³⁶*poco*.

Y tú, ¿lees ³⁵*mucho*?

PARQUE BUENAVISTA

33. levantar pesas
39. pintar (un cuadro)
34. leer
37. escribir
38. dibujar

1. mountains
2. to ski
3. to win
4. lake
5. to skate
6. to camp
7. forest
8. to walk
9. valley
10. farm
11. field, countryside
12. to ride a horse
13. to ride a bicycle
14. to drive
15. river
16. to fish
17. fish (living); **los peces** *(pl.)*
18. beach
19. island
20. to rest
21. to go by boat/ ship
22. sea
23. to swim
24. to snorkel
25. to sunbathe
26. to eat
27. to drink
28. sand
29. to run
30. to play volleyball
31. to play, go out for sports
32. ball
33. to lift weights
34. to read
35. much, a lot
36. little, not much
37. to write
38. to draw
39. to paint (a painting)

*Actividades al aire libre *Outdoor activities*
**¡Me encanta el mar! *I love the sea!*

¡En acción!

 4-1 ¿Se puede o no?

Indicate whether the following activities can or cannot take place in each of the locations mentioned. If the response is negative, say what activities can be done there. Use the scene on pages 108–109 as a guide.

MODELO

Sí	No	
☐	☑	En las montañas se puede bucear.

No, no se puede bucear. Se puede esquiar y acampar.

Sí	No	
☐	☐	**1.** En el bosque, se puede caminar.
☐	☐	**2.** En el río, se puede montar en bicicleta.
☐	☐	**3.** En el mar, se puede jugar al vólibol.
☐	☐	**4.** En la playa, se puede patinar.
☐	☐	**5.** En la isla, se puede manejar.
☐	☐	**6.** En el parque, se puede pescar.

> **Palabras útiles**
> Se puede... *You can/ One can...*
> No se puede...
> *You cannot/ One cannot...*

The preposition **por,** when expressing spatial relationships, means *across, through, along, around*.

El río pasa **por** el bosque. *The river passes **through** the forest.*
Todos los días caminamos **por** la playa. *Every day we walk **along** the beach.*
Patinan **por** el lago. *They skate **around/ across** the lake.*

 4-2 Actividades al aire libre

What is happening in the scene on pages 108–109? To find out, work with your partner to answer the questions.

En las montañas

1. ¿Quién gana la competencia, la esquiadora número 9 o el esquiador número 3?

2. ¿Qué se puede hacer (*do*) en el lago?

3. ¿Dónde acampan unas personas?

4. ¿Cuántas personas caminan por el bosque?

5. ¿Quién monta a caballo, un hombre o una mujer?

6. ¿Pasa el río por el bosque o por la granja? ¿Quién pesca en el río? ¿Hay muchos peces?

7. ¿Cuántas bicicletas hay en la carretera (*road*)? ¿Quiénes montan en bicicleta?

8. ¿Maneja bien el joven? ¿De qué color es su carro?

En la playa

9. ¿Cuántas islas hay en el mar? ¿Qué se puede hacer allí?

10. Según el dibujo, ¿qué se puede hacer en el mar? ¿Qué dice la persona del barco?

11. ¿Qué deporte practican los jóvenes en la playa? ¿Qué usan para jugar?

12. ¿Qué más se puede hacer en la playa? ¿Y qué se puede hacer en el parque Buenavista?

> In the present tense, **jugar** changes **u** to **ue** in all persons except **nosotros/as** and **vosotros/as**. Because the change occurs in the stem of the verb, **jugar** is called a "stem-changing" verb.
>
> j**ue**go, j**ue**gas, j**ue**ga, jugamos, jugáis, j**ue**gan
>
> ¿**Juegan** Uds. al tenis? No, **jugamos** al béisbol.
>
> Use **jugar** with these common sports: **jugar al... básquetbol, béisbol, fútbol** (*soccer*), **fútbol americano, golf, tenis, ping pong.**
>
> In many Latin American countries, **jugar** is used without the **a: Juego fútbol**.

4-3 ¿Mucho, poco o nunca?

Paso 1. How often do you take part in the activities presented in the scene on pages 108–109? Write down a minimum of *three* in each category.

Mucho	Poco	Nunca
manejar		

Paso 2. Now share the information with a classmate.

¡A escuchar! Las vacaciones de tres compañeros de trabajo

> **Palabras útiles**
> relajantes *relaxing*
> suerte *luck*

Paso 1. Listen to three teachers talking about their vacations.

Paso 2. Listen to the dialogue again, then answer the questions by checking the correct box.

1. ¿Por qué va Amanda a la península de Yucatán de vacaciones?
   - ☐ porque ella es de México
   - ☐ porque su novio es de México

2. ¿Cómo pasa Miguel parte de sus vacaciones?
   - ☐ cuida a sus hijos
   - ☐ se va a la playa

3. ¿Qué deportes practican los hijos de Miguel?
   - ☐ montan en bicicleta y a caballo, y nadan
   - ☐ levantan pesas y caminan

4. ¿Quién dibuja y pinta cuadros?
   - ☐ El esposo de Elisa
   - ☐ Elisa

5. ¿Cuál de los tres maestros tiene menos (*less*) libertad?
   - ☐ Elisa
   - ☐ Miguel
   - ☐ Amanda

¡Manos a la obra 🖐️ 🅀uia

Expressing likes and dislikes: The verb gustar

1

The verb **gustar** does not function like other **-ar** verbs, and it also functions differently from the English *to like*. **Gustar** means *to be pleasing (to someone)*. The thing that is pleasing or displeasing (liked or disliked), which follows **gustar,** is the subject of the sentence, and so the verb agrees with it.

> **Me gusta** la playa. *I like the beach.* (Literally, *The beach is pleasing to me.*)
> **No me gusta** el desierto. *I do not like the desert.* (*The desert is not pleasing to me.*)

If the subject (the thing that is pleasing or displeasing) is plural—for instance, **las montañas**—the plural form of **gustar (gustan)** is used.

> Me gusta**n** la**s** montaña**s**. *I like the mountains.* (*The mountains are pleasing to me.*)

Person to whom something is pleasing	gusta or gustan	thing/s liked
me *to me*		
te *to you (fam.)*	+ **gusta**	+ **el** o **la** + *singular noun*
le *to you (form.) him, her*	+ **gustan**	+ **los** o **las** + *plural noun*
nos *to us*		
os *to you (fam.)*		
les *to you (form.), them*		

- To say one likes or does not like *to do something*, the singular form of **gustar (gusta)** + *one or more infinitives* is used:

  > Me **gusta esquiar**.   *I like to ski.*
  > Nos **gusta nadar** y **tomar** el sol.   *We like to swim and sunbathe.*
  > **No** les **gusta patinar**.   *They do not like to skate.*

  (Note that **no** is used before **me, te, le,** etc.)

- As **le** and **les** have several meanings, the preposition **a** + *person* is often used to clarify:

  > **A mis amigos** les gusta acampar.   *My friends like to camp.*
  > **A él** le gusta el vólibol.   *He likes volleyball.*
  > **A Ana** le gustan las islas tropicales.   *Ana likes tropical islands.*

- Note how Spanish speakers express varying degrees of liking something:

  > Me gusta.   *I like it.*
  > ¡Me gusta mucho!   *I like it a lot!*
  > ¡No me gusta nada!   *I do not like it at all!*

- To indicate that one loves to do certain activities or that one loves certain people, places, or things, **encantar** (which functions like **gustar**) is used:

  > Me **encanta** ir en barco.   *I love to go by boat.*
  > Nos **encantan** las islas Galápagos.   *We love the Galapagos Islands.*
  > Julio es aficionado al béisbol;   *Julio is a baseball fan;*
  > **le encanta** Vladimir Guerrero.   *he loves Vladimir Guerrero.*

To emphasize the person who likes or does not like to do something, **a mí, a ti, a él, a ella, a Ud., a nosotros/as, a vosotros/as, a ellos, a ellas, a Uds.** is used.

> **A mí** no me gusta levantar pesas.   *I do not like to lift weights.*
> **A ella** sí le gusta.   *She does (like to lift weights).*

¡En acción!

¡Oye! Los lugares¹ que me gustan o me encantan

Listen as your instructor tells you about some of the geographical places he/she likes and what he/she likes to do there. Then respond **sí** or **no** to the options that follow.

4-4 Una encuesta² en la universidad

Paso 1. Clara has prepared a survey for her sociology class. She wants to find out if students and faculty are happy with the recreational activities offered by the university. Complete her questions and also the responses people give her, adding the appropriate pronouns: **me, te, le, nos, les.**

Clara:	Ángela, a ti ____ gusta el gimnasio de la universidad, ¿verdad? ¿Con qué frecuencia ____ gusta ir?
Ángela:	A mí ____ gusta mucho, y voy casi todos los días. ____ gusta ir por la mañana.
Clara:	Profesor Jiménez, ¿a Ud. ____ gusta levantar pesas en el gimnasio y también ____ gusta jugar al básquetbol, ¿verdad?
Un profesor:	No ____ gusta levantar pesas, pero ____ encanta jugar al básquetbol.
Clara:	Enrique y David, ¿a Uds. ____ gustan los deportes que hay para los estudiantes?
David:	Sí, a nosotros ____ gustan todos los deportes, especialmente el béisbol, pero no ____ gusta mucho el golf.

Paso 2. In groups of four, play the roles and read the conversation aloud.

4-5 ¿Te gusta o no?

Paso 1. What are your partner's preferences? Look at the drawing on pages 108–109 and tell him/her at least *six* things you like or love to do and two that you do not like to do. Take turns asking and responding.

MODELO

E1: *Me gusta esquiar. ¿Y a ti?*

E2: *A mí me gusta esquiar también. Y además, me encanta patinar.*

o: *No me gusta esquiar, pero me gusta patinar.*

> **Palabras útiles**
> además *in addition*

Paso 2. Now share with the class at least one thing you both like to do and one that you do not.

MODELO

*A... y a mí **nos** gusta nadar. No **nos** gusta correr.*

---

¹places, ²survey

4-6 Las vacaciones de los ricos y famosos

 Paso 1. A talk-show host interviews a rich and famous person to find out about his/her vacation preferences. The talk-show host asks the questions in the first column, the famous person identifies him/herself and responds following the cues in the second column, and the host writes down the information in the third column. Play both roles.

Palabras útiles
hacer *to do*
durante *during*

Preguntas	Respuestas	Información escrita
1. ¿Adónde te gusta ir de vacaciones para escaparte de los paparazzi?	*Soy Spike Lee.* *Me gusta ir a…*	*A Spike Lee le gusta ir de vacaciones a…*
2. ¿Con quién te gusta ir?	*Me gusta ir con…*	*Le gusta ir con…*
3. ¿Qué les gusta hacer a Uds. durante las vacaciones?	*Nos gusta…*	*A él y a su/s… les gusta…*

 Paso 2. Each talk-show host shares **(a)** the identity of the person interviewed and **(b)** what he/she learned. The audience (the class) then determines what the most popular vacation spots and activities of the rich and famous might be.

¡Manos a la obra

Talking about the present: Regular -*er* and -*ir* verbs

2

All verbs in Spanish fall into three categories: verbs ending in **-ar,** verbs ending in **-er,** and those ending in **-ir.** You have already learned the present tense of **-ar** ending verbs. Those ending in **-er** and **-ir** follow the same pattern, i.e., they drop the infinitive ending and add the endings shown below.

leer *to read* **leer** → **le** + *endings*	**escribir** *to write* **escribir** → **escrib** + *endings*
(yo) le**o**	escrib**o**
(tú) le**es**	escrib**es**
(Ud., él, ella) le**e**	escrib**e**
(nosotros/as) le**emos**	escrib**imos**
(vosotros/as) le**éis**	escrib**ís**
(Uds., ellos/as) le**en**	escrib**en**

Note that the endings are the same for both **-er** and **-ir** verbs, except for the **nosotros** and the **vosotros** forms.

MÁS VERBOS EN -*ER*, -*IR*

You learned five -**er** and -**ir** verbs in the first scene of this chapter: **beber, comer, correr, escribir,** and **leer.** Here are some others:

aprender	*to learn*
aprender + a + *infinitive*	*to learn how to do something*
creer (que)	*to believe/ think (that)*
deber (+ *infinitive*)	*should/ must/ ought to (do something)*
compartir	*to share*
vivir	*to live*

The verbs **creer, deber,** and **aprender** are useful to . . .

- express an opinion: **creer que...**

    Reportero: ¿**Crees que** el fútbol es un deporte divertido?
    Aficionado: Yo **creo que** sí, pero mis amigos **creen que** no.

- express duty and obligation: **deber +** *infinitive*

    Madre: Hijo, **debes** estudiar más. Tu maestro dice que eres un poco perezoso.
    Hijo: Sí, es verdad, mamá. **Debo** estudiar todos los días.

- indicate how one learns to do something: **aprender a +** *infinitive*

    Profesor: ¿Qué **aprendes** en la clase de la profesora Navarro?
    Estudiante: **Aprendo a hablar** y **a escribir** español.

Fabio, Ernesto y Mario están jugando al básquetbol.

¡En acción!

¡Oye! Un día en la playa

How artistic are you? On a sheet of paper, draw the beach scene that your instructor describes.

4-7 En la playa o en el lago

When you go to the beach or to a lake with your family or friends, do you do the following? First, check **Sí** or **No** for each item. Then tell a classmate and/or the class what you and your family or friends do and do not do there. Use the **nosotros** form of the verb.

MODELO

Sí	No	
☑	☐	bucear en el mar.

Sí, mis amigos/ mi familia y yo buceamos en el mar.

Sí	No			Sí	No	
☐	☐	**1.** nadar en el mar		☐	☐	**6.** correr por la arena
☐	☐	**2.** leer novelas románticas		☐	☐	**7.** tomar el sol
☐	☐	**3.** comer pizza		☐	☐	**8.** aprender español
☐	☐	**4.** beber refrescos (*sodas*)		☐	☐	**9.** escribir poemas
☐	☐	**5.** compartir comida (*food*)		☐	☐	**10.** jugar al vólibol

4-8 Actividades del fin de semana

Paso 1. Which of the following weekend activities are the most popular with your class-mates? Guess which ones by checking **Sí** or **No** in the first column of the chart. Then share your opinion with the class according to the model.

MODELO

Profesor/a: *¿Escribir e-mails?*

E1: *Creo que sí. Es muy común.* **o:** *Creo que no. No es muy común.*

Los fines de semana	Sí	No	1. *Susana*	2. _____	3. _____
1. escribir e-mails	☐	☐	(No) Escribe...		
2. correr por el parque	☐	☐			
3. comer en un restaurante	☐	☐			
4. leer una novela	☐	☐			
5. ir al cine	☐	☐			
6. beber café y charlar con amigos	☐	☐			

Paso 2. Now walk around the classroom interviewing *three* classmates to find out which of the listed activities they do or do not do on weekends. Write down their names and responses in the remaining columns.

MODELO

E1: *¿Escribes e-mails los fines de semana?*

E2: *Sí, escribo muchos e-mails.* **o:** *No, no escribo e-mails.*

Tally your results and report your two most popular activities to the class.

4-9 Anuncios para estudiantes que quieren practicar español

Paso 1. Native speakers of Spanish at *Con Brío University* often introduce themselves by posting ads on the bulletin board. Complete the following personal ads as if you were the person/s in the ads. Use the verbs given.

compartir, gustar, leer, practicar, ser

Federico y Ricardo

Somos salvadoreños. _____ muy responsables y estudiosos. _____ muchos libros, y no _____ deportes. A Federico le _____ sus catorce perros y a mí, mis veinte gatos. Los dos _____ el amor por los animales.

correr, creer, estar, gustar, nadar, practicar, ser, tener, vivir

Miranda

Soy dominicana. _____ veintitrés años. Mi familia _____ en el Caribe. Cuando _____ allí, _____ toda clase de deportes. _____ cinco kilómetros por la playa todos los días, y _____ en el mar. Me _____ ir a la playa y tomar el sol. Yo ____ que soy muy afortunada.

encantar, hablar, leer, pasar, pintar, ser, tocar

Ángela

____ venezolana. _____ inglés muy bien y ___ un poco introvertida. ___ muchas novelas, especialmente las románticas. _____ cuadros y también _____ la guitarra. ____ mucho tiempo con mi familia y con mis amigos. Y me _____ los animales.

Paso 2. You want to post a personal ad on the bulletin board. Using the above ads as a guide, write *five* sentences to describe yourself and the things you do or do not do. Feel free to exaggerate or invent information.

Tu mundo cultural

Dos deportes nacionales

En tu país, ¿cuál es el deporte más popular? Sin duda alguna, el fútbol es el deporte más popular en todo el mundo hispano, excepto en el área del Caribe, dónde hay más afición al béisbol. Los dos se pueden practicar durante todo el año y en casi todos los climas de los países hispanos.

En los países hispanos es habitual observar a los niños y jóvenes jugando al fútbol en las calles o en espacios abiertos. En la foto, se observa a niños indígenas jugando contra estudiantes universitarios estadounidenses en un pueblo de la selva[1] del Ecuador. Curiosamente, los niños dominan la situación; ¡son muy buenos jugadores!

Hinchas o aficionados del equipo Boca Juniors en Buenos Aires, Argentina. Cada[2] cuatro años se celebra la Copa Mundial de fútbol, donde muchos equipos[3] hispanos compiten para ganar. Cuando hay partidos importantes, la vida en los países hispanos se paraliza, y en la calle, en las casas y en los bares se escuchan los gritos[4] de ¡¡gol!! Después del partido, los hinchas salen[5] a las calles para celebrar con entusiasmo la victoria de su equipo.

[1]jungle, [2]Every, [3]teams, [4]shouts, [5]go out

Niños panameños aficionados al béisbol. En los países hispanos del Caribe, el béisbol es más popular que el fútbol. Allí, el sueño[1] de muchos niños es ser jugadores de un equipo estadounidense.

¿Qué aprendiste?

1. ¿Cuáles son los deportes más populares entre los hispanos?

2. ¿Qué evento futbolístico importante ocurre cada cuatro años?

3. ¿Cuál es el sueño de muchos niños hispanos que juegan al béisbol?

Actividad cultural

In groups of three, find the Hispanic players (10 in total) listed in the sports magazine *Street and Smith's Baseball*. State their country of origin and the team for which they play.

Contraste cultural

If you were to introduce a Hispanic to the sports culture of the USA, which sports would you focus on, and to which sports events would you take him/her? In groups of three, discuss this topic in English.

Observa la lista de *pitchers* de la revista[2] estadounidense *Street and Smith's Baseball* (edición de febrero de 2006). Con frecuencia, los mejores jugadores de béisbol hispanos son contratados por los equipos estadounidenses.

ROSTER

#	PITCHERS	B	T	HT	WT	DOB	PLACE OF BIRTH	2005 TEAM
27	Scott Atchison	R	R	6-2	195	03/29/76	Denton, TX	AZL Mariners (R) San Antonio (AA) Tacoma (AAA) Seattle
49	Yorman Bazardo	R	R	6-2	202	07/11/84	Maracay, Venezuela	Carolina (AA) Florida San Antonio (AA)
48	Travis Blackley	L	L	6-3	200	11/04/82	Melbourne, Australia	Did Not Play
62	Marcos Carvajal	R	R	6-4	175	08/19/84	Bolivar, Venezuela	Colorado
	Renee Cortez	R	R	6-4	178	12/09/82	Valencia, Venezuela	San Antonio (AA)
34	Jesse Foppert	R	R	6-6	220	07/10/80	Reading, PA	San Jose (A) Fresno (AAA) San Francisco Tacoma (AAA)
	Emiliano Fruto	R	R	6-3	170	06/06/84	Bolivar, Colombia	San Antonio (AA) Tacoma (AAA)
76	Luis E. Gonzalez	L	L	6-2	185	02/27/83	Santurce, Puerto Rico	Las Vegas (AAA) Jacksonville (AA)
18	Eddie Guardado	R	L	6-0	205	10/02/70	Stockton, CA	Seattle
59	Felix Hernandez	R	R	6-3	225	04/08/86	Valencia, Venezuela	Tacoma (AAA) Seattle
	Cesar Jimenez	L	L	5-11	180	11/12/84	Cunana, Venezuela	Tacoma (AAA) San Antonio (AA)
	Bobby Livingston	L	L	6-3	193	09/03/82	St. Louis, MO	San Antonio (AA) Tacoma (AAA)
40	Julio Mateo	R	R	6-0	222	08/02/77	Bani, Dominican Republic	Seattle
55	Gil Meche	R	R	6-3	215	09/08/78	Lafayette, LA	Seattle
50	Jamie Moyer	L	L	6-0	182	11/18/62	Sellersville, PA	Seattle
37	Clint Nageotte	R	R	6-3	225	10/25/80	Parma, OH	AZL Mariners (R) Tacoma (AAA) Seattle
38	Joel Pineiro	R	R	6-1	200	09/25/78	Rio Padres, Puerto Rico	Tacoma (AAA) Seattle
20	J.J. Putz	R	R	6-5	245	02/22/77	Trenton, MI	Seattle
52	George Sherrill	L	L	6-0	220	04/19/77	Memphis, TN	AZL Mariners (R) Tacoma (AAA) Seattle
39	Rafael Soriano	R	R	6-1	218	12/19/79	San Jose, DR	Inland Empire (A) San Antonio (AA) Everett (A) Tacoma (AAA) Seattle
53	Matt Thornton	L	L	6-6	228	09/15/76	Three Rivers, MI	Seattle
56	Jarrod Washburn	L	L	6-1	195	08/13/74	La Crosse, WI	Los Angeles (AL)
34	Jake Woods	L	L	6-1	190	09/03/81	Fresno, CA	Salt Lake (AAA) Los Angeles

[1]dream, [2]magazine

2 Diversiones con la familia y amigos

1. salir de paseo
2. escuchar (música)
3. bailar

Guadalupe, Carmen y Pachá

¡Con brío, Ángel!

4. dar fiestas

Dolores Toledo, Ángel y sus amigos

5. cantar
6. tocar (la guitarra)
7. hacer ejercicio

Ángel y Guadalupe

9. pasar el tiempo (con la familia)
8. ver la televisión

Don Claudio y Doña Rosa con los nietos

11. el partido de fútbol
10. el equipo
12. mirar

Lino, su equipo de fútbol, y su familia

CENTRO COMERCIAL

13. ir de compras

Fátima y Mª Luisa

CONCIERTO Y EXPOSICIÓN DE ARTE

14. asistir a

Álvaro y su novia

15. mandar y recibir mensajes electrónicos/e-mails
16. navegar por la Red

Carmen Roldán

OAXACA

17. viajar
18. hacer un viaje (al campo/a la ciudad)
19. disfrutar de (las vacaciones)

Los Roldán

VOCABULARIO

1. to take a walk/ stroll 2. to listen to (music) 3. to dance 4. to give/ throw parties 5. to sing 6. to play (the guitar) 7. to exercise 8. to watch TV 9. to spend time (with the family) 10. the team 11. the soccer game 12. to look at, watch 13. to go shopping 14. to attend 15. to send and receive e-mail messages 16. to surf the Web 17. to travel 18. to take a trip (to the country/ to the city) 19. to enjoy (the vacation)

¡En acción!

4-10 Distintas aficiones

People enjoy their free time in different ways. Observe the scenes on page 120. Then read the situation in the first column to your partner, who will choose the statement in the second that corresponds to it. Take turns.

1. Guadalupe, Carmen y Pachá salen de paseo.	a. Le gusta estar delgada y en buena forma.
2. Dolores Toledo, Ángel y sus amigos dan una fiesta.	b. Les encanta estar con la familia.
3. Guadalupe hace ejercicio.	c. Tiene afición a la música.
4. Ángel canta y toca la guitarra.	d. Observan a dos grupos de jugadores que corren detrás de una pelota.
5. Don Claudio y Doña Rosa pasan el tiempo con sus nietos.	e. Escuchan música y bailan.
6. Lino y su familia miran un partido de fútbol.	f. Disfrutan de las vacaciones.
7. Carmen Roldán navega por la Red y manda y recibe mensajes.	g. Está informándose y comunicándose gracias a la computadora.
8. Los Roldán hacen un viaje en carro.	h. Les gusta caminar por el parque.

4-11 Diversiones con la familia y amigos

How do the Roldán family and their friends spend their free time? Find out by observing the scenes on page 120. Work with your partner to answer the questions.

1. ¿Quiénes salen de paseo? ¿Qué escuchan Guadalupe y Carmen?

2. ¿A quién le gusta dar fiestas? ¿Quiénes bailan?

3. ¿Cuál es una diversión favorita de Ángel? ¿y de Guadalupe?

4. ¿A quiénes les gusta pasar el tiempo con los nietos y ver la televisión?

5. ¿Quiénes juegan al fútbol? ¿Hay muchos aficionados que miran el partido?

6. ¿Adónde van de compras Fátima y Mª Luisa en su tiempo libre?

7. ¿Con quién está Álvaro? ¿A qué asisten?

8. ¿Cuáles son las diversiones favoritas de Carmen cuando está en casa?

9. ¿A quiénes les gusta viajar? ¿Hacen un viaje al campo o a la ciudad?

4-12 Mis pasatiempos favoritos

Paso 1. How do you spend your free time? Referring to the scenes on page 120 and to the *Palabras útiles*, jot down your *five* favorite pastimes, in order of importance.

1. *Me gusta escuchar música.*

2.

3.

4.

5.

Palabras útiles	
tocar...	jugar al...
el clarinete	fútbol *soccer*
la flauta	fútbol americano
el piano	béisbol
la trompeta	básquetbol
el violín	golf
el violonchelo	tenis
	frisbee
	ping pong

Paso 2. Walk around the classroom interviewing at least *five* classmates to find out if any of them share your interests: *¿Te gusta...?* Then report common interests to the class: *A... y a mí nos gusta escuchar música.*

¡A escuchar! Las diversiones: una encuesta

Paso 1. Listen to Pelayo's survey for his sociology class. His assignment is to uncover the favorite pastimes of three different age groups.

Paso 2. Listen again, then answer the questions by checking the correct box.

1. ¿Qué grupo pasa más tiempo con la computadora y la televisión?
   ☐ los estudiantes universitarios ☐ los jóvenes

2. ¿Cuáles son los pasatiempos favoritos de la estudiante universitaria?
   ☐ ir de compras y hacer ejercicio ☐ cantar y tocar la guitarra

3. ¿A qué grupo le gusta viajar en su tiempo libre?
   ☐ a los mayores ☐ a los universitarios

4. ¿Quiénes prefieren pasar el tiempo libre con su familia?
   ☐ los mayores ☐ los jóvenes

5. ¿Cuáles son las preferencias del señor mayor?
   ☐ dar un paseo con los amigos ☐ mirar los partidos de su equipo favorito

¡Manos a la obra

Talking about activities in the present: Verbs with an irregular *yo* form

3 You have learned the present tense of *regular* verbs—those that follow a consistent pattern. The following six verbs are *irregular* in the first-person (**yo**) form.

dar *to give*		**hacer** *to do, make*		**poner** *to put, place*	
doy	damos	**hago**	hacemos	**pongo**	ponemos
das	dais *(no accent)*	haces	hacéis	pones	ponéis
da	dan	hace	hacen	pone	ponen

salir *to leave, go out*		**traer** *to bring*		**ver** *to see*	
salgo	salimos	**traigo**	traemos	**veo**	vemos
sales	salís	traes	traéis	ves	veis *(no accent)*
sale	salen	trae	traen	ve	ven

- To talk about leaving a certain place, use **salir de.**

  Salgo de casa a las ocho.

- To talk about going out with someone (as on a date), use **salir con.**

  Ella **sale con** su novio/ amigo esta noche.

- Some verbs are irregular in the **yo** form and in all other forms except **nosotros** and **vosotros:**

decir *to say, tell*		**oír** *to hear*		**venir** *to come*	
digo	decimos	**oigo**	oímos	**vengo**	venimos
dices	decís	**oyes**	oís	**vienes**	venís
dice	**dicen**	**oye**	**oyen**	**viene**	**vienen**

Fabio llama a Ernesto para preguntar si quiere ir al cine con Mario y con él.

¿Hola, qué haces?

No hago nada. No tengo planes para esta noche.

¿Vienes al cine con nosotros? Comienza en 45 minutos.

¡Sí, estupendo! Salgo ahora de casa.

¿Qué traes ahí?

Traigo chocolate. ¿Ves si hay tres asientos libres[1]?

¡Ah, sí! Ahí veo a Ernesto.

Tenemos tiempo suficiente. Pongo mi chaqueta allí en el asiento y compro refrescos para todos ¿eh?

[1]**asientos...** free seats

¡En acción!

¡Oye! ¿Es introvertido/a o extrovertido/a?

You are looking for a roommate and want to match his/her personality to yours. Listen to what the following people say about themselves, and then determine whether each one is an *introvert* or an *extrovert*. Later you will have the opportunity to choose your roommate.

4-13 Liana Lago, detective privada

Liana has been hired to watch the home of a notorious criminal. Below is her diary, written after day five on the job. Complete her tale by selecting the correct verbs.

> **Mi diario**   Lunes, 12 de noviembre
>
> 06:18   <u>Salgo/ Digo</u> temprano, como siempre, con una videocámara en mi mochila.
>
> 07:44   <u>Doy/ Veo</u> un paseo por la casa del supuesto[1] criminal. No hay nadie[2].
>
> 10:17   <u>Veo/ Oigo</u> un ruido[3] tremendo... son nada más unos chicos y su música.
>
> 13:13   Mi amigo Héctor me llama al celular. Le <u>hago/ digo</u> que estoy muy ocupada.
>
> 15:48   <u>Pongo/ Veo</u> a una mujer en un carro rojo estacionado enfrente de la casa del supuesto criminal.
>
> 15:50   La mujer <u>sale/ va</u> del carro y <u>camina/ asiste</u> por la calle.
>
> 16:00   Después, <u>vengo/ hago</u> una inspección del carro rojo. No hay nada[4].
>
> 18:24   <u>Pongo/ Digo</u> la videocámara en un lugar secreto enfrente de la casa para filmar el exterior.
>
> 18:28   <u>Regreso/ Salgo</u> a mi apartamento por mis libros.
>
> 19:00   <u>Traigo/ Asisto</u> a mi clase de análisis forense. La profesora <u>oye/ da</u> una clase muy interesante.
>
> 21:00   <u>Vengo/ Veo</u> a casa y <u>doy/ traigo</u> la videocámara a mi cuarto para examinar el video con todo detalle.
>
> Mañana será[5] otro día.

4-14 Mensajes instantáneos

Some words in Lola and Ana's instant messages were deleted! With a partner, reconstruct the messages, filling in the blanks with the present tense of the verbs provided. Upon completion, read the messages aloud playing the roles of Lola and Ana.

dar   decir   oír   salir   traer   venir   ver

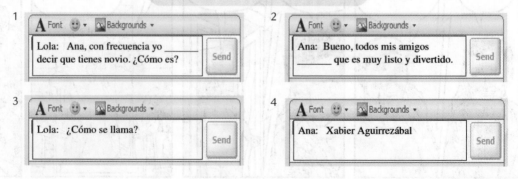

1   Lola: Ana, con frecuencia yo _____ decir que tienes novio. ¿Cómo es?

2   Ana: Bueno, todos mis amigos _____ que es muy listo y divertido.

3   Lola: ¿Cómo se llama?

4   Ana: Xabier Aguirrezábal

---

[1]alleged, [2]no one, [3]noise, [4]nothing, [5]will be

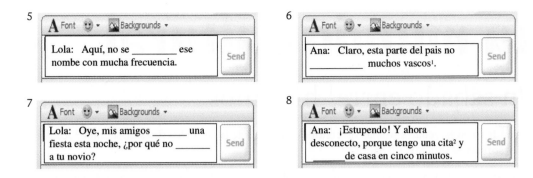

5

A Font ☺ ▾ | Backgrounds ▾

Lola: Aquí, no se _____ ese nombe con mucha frecuencia.

Send

6

A Font ☺ ▾ | Backgrounds ▾

Ana: Claro, esta parte del pais no _____ muchos vascos[1].

Send

7

A Font ☺ ▾ | Backgrounds ▾

Lola: Oye, mis amigos _____ una fiesta esta noche, ¿por qué no _____ a tu novio?

Send

8

A Font ☺ ▾ | Backgrounds ▾

Ana: ¡Estupendo! Y ahora desconecto, porque tengo una cita[2] y _____ de casa en cinco minutos.

Send

4-15 Lo que hacemos todas las semanas

Paso 1. What do your classmates do on a weekly basis? Find out by walking around the classroom and asking them questions. In each category, jot down the names of students who answer affirmatively.

MODELO

hacer ejercicio

E1: ¿Haces ejercicio, yoga o tai chi todas las semanas?

E2: Sí, hago ejercicio todas las semanas.   **o:**   No, no hago ejercicio todas las semanas.

Nombre	Actividad
	hacer ejercicio, yoga o tai chi
	ir de compras
	salir con tus amigos/as
	asistir a un concierto
	ver un DVD en casa o una película en el cine
	dar fiestas
	tocar un instrumento (piano, guitarra,...)
	practicar un deporte ¿cuál?
	limpiar tu casa o apartamento

Paso 2. Your instructor now wants to know about your classmates' weekly activities. Answer his/her questions according to the information you have gathered.

4-16 ¿Qué haces los sábados?

Write down all of the activities that you typically do on Saturdays. Your instructor will set a time limit. Then read your responses to a classmate, and count your activities. The student with the most activities wins and reads his/her list to the class.

MODELO

Profesor/a: ¿Qué haces los sábados?

Estudiante: Por la mañana, trabajo,...

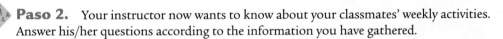

[1]Basques (from the Basque country in the north of Spain), [2]date

Tu mundo cultural

Un sábado entre[1] hispanos

En donde tú vives, ¿cuáles son las diversiones favoritas de la gente los fines de semana? ¿Sabes cuáles son las de muchos hispanos?

En general, los hispanos son gente[2] muy sociable y sus diversiones favoritas con frecuencia incluyen a la familia y los amigos. La mayoría vive en países con climas no demasiado extremos, en consecuencia, muchas de sus actividades tienen lugar[3] en la calle.

Es la hora de salir de paseo

Paseo de Pereda, Santander, España. El paseo es una de las actividades preferidas de los españoles. A diversas horas del día, y en especial, los fines de semana, en las calles principales de los pueblos y ciudades de España se observa a niños, jóvenes y mayores que salen de paseo. En muchas partes de Latinoamérica a la gente también le gusta salir a la calle y pasear, incluso por la noche.

Es la hora de tomar un café

Tomar un café es siempre una buena excusa para charlar con familiares y amigos a cualquier hora del día. Los cafés al aire libre tienen una larga tradición en los países hispanos. El café de los países hispanos es fuerte, por eso normalmente uno es suficiente y no se repite. También, al contrario de lo que ocurre en EE.UU., no es frecuente ver a la gente bebiendo café por los pasillos, por la calle o en el carro.

Los jóvenes frecuentan los cibercafés o cafés Internet para conectarse a la Red y tomarse un café o un refresco[4]. Allí pasan horas «chateando» con amigos y familiares.

[1]among, [2]people, [3]**tienen...** take place, [4]soft drink

Es la hora de ir al baile

El baile tiene una larga tradición en el mundo hispano. Los fines de semana, por la noche, las discotecas y salas de baile se llenan de jóvenes y mayores. Los ritmos del Caribe, como la salsa, la cumbia o el merengue, son los favoritos. Los bailes latinos son cada vez más populares entre los estadounidenses.

Estampilla que representa **el merengue**, el baile nacional de República Dominicana. La emite[1] la Oficina de Correos[2] de EE.UU. junto a otras tres que representan **la salsa** (ritmo introducido por los puertorriqueños en Nueva York) y **el mambo** y **el chachachá** (derivados del danzón cubano). En el reverso de las estampillas hay información en español con los pasos y la historia de los cuatro bailes.

 ## ¿Qué aprendiste?

1. ¿Con quiénes prefieren pasar los hispanos su tiempo libre?

2. ¿Cuáles son algunas de las costumbres y diversiones favoritas de los hispanos? Descríbelas.

3. ¿Qué bailes latinos son populares en EE.UU.?

Actividad cultural

Look at the map of the Hispanic world on the inside front cover of your book, and choose one city that both of you would like to visit. Imagine that you have just arrived there on a business trip, you have a Saturday free, and you would like to meet and chat with some Spanish-speaking people. Use the chart below to jot down at least *two* activities that you might like to do during each of the time periods listed.

Destino: _____

Por la mañana	*Nos gustaría... y también...*
Por la tarde	
Por la noche	

Share the information with two other classmates and/or with the class.

 ## Contraste cultural

In groups of three, discuss in English ways in which the leisure activities you have just read about are similar to or different from those of your culture.

[1]issues, [2]**Oficina...** Postal Service

El clima y ¹las estaciones

²¿Qué tal el clima? o ¿Qué tiempo hace?

3. la nieve.

4. Nieva.

¿Te gusta hacer *snowboard*?

5. Hace (mucho) frío.

6. el invierno

7. Está nublado.

8. la nube

9. la lluvia

10. Llueve.

12. el pájaro

11. las flores

13. Hace buen/mal tiempo.

14. la primavera

20. la luna   21. las estrellas

15. Hace sol.

16. el cielo

Hacer *surf* aquí es fantástico.

17. la ola

18. Hace (mucho) calor.

19. el verano

22. Hace viento.

23. las hojas

24. el árbol

25. Hace fresco.

26. el otoño

1. seasons 2. What is the weather like? 3. snow 4. It is snowing/ It snows. **nevar (ie)** to snow 5. It is (very) cold. 6. winter 7. It is cloudy. 8. cloud 9. the rain 10. It is raining/ It rains. **llover (ue)** to rain 11. flowers 12. bird 13. The weather is nice/ bad. 14. spring 15. It is sunny; **sol** sun 16. sky 17. wave 18. It is (very) hot. 19. summer 20. moon 21. stars 22. It is windy; **viento** wind 23. leaves 24. tree 25. It is cool. 26. fall, autumn

¡En acción!

4-17 Las estaciones

 Paso 1. Identify the season that corresponds to each description.

> el invierno   la primavera   el verano   el otoño

1. Se puede esquiar y hacer *snowboard*.
2. Se juega al fútbol americano.
3. Se juega al béisbol.
4. Hace sol y se puede nadar en el mar.
5. Hace mucho frío y hay nieve.
6. Hace calor y los pájaros cantan.
7. Hace fresco y viento, y las hojas cambian (*change*) de color.
8. Llueve y hay muchas flores.

 Paso 2. Ask your partner which season is his/her favorite (*¿Cuál es tu estación favorita?*) and why. Then participate in a class poll to determine your classmates' preferences.

4-18 El clima y las estaciones

What is the weather like? To find out, observe the scenes on page 128 and work with your partner to answer the questions.

El invierno

1. ¿Qué tal el clima? ¿Te gusta la nieve?
2. ¿Cuáles son algunas diversiones o actividades típicas del invierno?

La primavera

3. ¿Qué tal el clima? ¿Hay nubes en el cielo? ¿Te gusta la lluvia?
4. ¿De qué color son las flores? ¿Cuántos pájaros hay? ¿De qué color son?
5. En EE.UU., ¿qué se asocia con la primavera, el béisbol o el fútbol americano?

El verano

6. ¿Es un buen día para ir a la playa? ¿Por qué?
7. ¿Cuáles son algunas diversiones o actividades típicas del verano?
8. Cuando no está nublado, ¿qué observamos por la noche en el cielo?

El otoño

9. ¿Qué tiempo hace?
10. Dónde tú vives, ¿se caen (*fall*) la hojas de los árboles en otoño?
11. ¿Qué hacen las dos chicas? Y tú, ¿escuchas música cuando corres o haces *jogging*?
12. En EE.UU., ¿qué se asocia con el otoño, el béisbol o el fútbol americano?

4-19 El clima el 15 de julio

Paso 1. You are about to go on a trip and you phone a weather forecasting service to find out how the weather is at your destination. With a partner, play the customer and the forecaster, until you have talked about each location on the map. Switch roles after each location.

MODELO

Cliente: *Voy a La Habana, en Cuba.*

Servicio: *Hace sol. La temperatura máxima es de 32 grados centígrados (Celsius) y la mínima es de 24.*

<table>
<tr><td>

¿SABES QUE...?

When it is winter in the northern hemisphere (Canada, U.S.A., Mexico, Central America...), it is summer in the southern hemisphere (that is, all countries south of the equator).

</td></tr>
</table>

Paso 2. You are travel agents. Compete against another pair of travel agents by writing (in four minutes) the longest list of activities, outdoor and indoor, that might take place in the locations below. No activity can be repeated. Remember to take into consideration the weather on July 15.

Playa del Carmen (México)	Portillo (Chile)	Buenos Aires (Argentina)

♪ ¡A escuchar! Hemisferios opuestos

Palabras útiles
noticias *news*
abrazos *hugs*

Paso 1. Listen to the dialogue between Tere, in the United States, and her mother in Uruguay.

Paso 2. Listen again, then check the correct statements.

1. Tere tiene buenas noticias.
   ☐ Cierto   ☐ Falso

2. La madre de Tere está muy triste.
   ☐ Cierto   ☐ Falso

3. En diciembre, Tere y su familia van a ir a la playa en Uruguay.
   ☐ Cierto   ☐ Falso

4. La madre dice que en el mes de julio hace mucho frío en Montevideo.
   ☐ Cierto   ☐ Falso

5. La hermana de Tere está en la playa.
   ☐ Cierto   ☐ Falso

6. Tere dice que ahora hay flores y árboles con hojas en San Diego.
   ☐ Cierto   ☐ Falso

7. La madre de Tere prefiere no ir a California.
   ☐ Cierto   ☐ Falso

GRAMÁTICA

¡Manos a la obra Quia

Knowing facts, skills, people, and places: *Saber* and *conocer*

4

Just as Spanish has two verbs (**ser** and **estar**) that express *to be*, it also has two verbs that express *to know*. These verbs are **saber** and **conocer.**

- **Saber** means *to know facts or information*.

  ¿**Sabes** cuántos habitantes tiene la Ciudad de México?
  Sí, lo **sé.** Allí viven más de veinte millones de personas.

- **Saber** + *infinitive* means *to know how to do something*.
  Alicia **sabe** patinar, pero no **sabe** esquiar.

- **Conocer** means *to know or to be acquainted with a person, place, or thing*. It also means to meet a person for the first time.

  Conozco a la esposa de Mario.   *I know Mario's wife.*
  Quiero **conocer** al presidente.   *I want to meet the president.*
  ¿**Conoces** Chicago?   *Do you know/ Are you acquainted with Chicago?*

- Both verbs are irregular in the **yo** form only:

saber		conocer	
sé	sabemos	**conozco**	conocemos
sabes	sabéis	conoces	conocéis
sabe	saben	conoce	conocen

¡En acción!

¡Oye! ¿Es verdad o mentira?[1]

Your instructor will make personal statements using **saber** and **conocer.** You cannot, however, believe everything he/she says! Using your best judgment, say «**¡Es verdad!**» or «**¡Es mentira!**» after each declaration.

4-20 Planes para las vacaciones

Read the conversation to find out about Amanda and Samuel's vacation plans. Play both roles. In each case, choose **saber** or **conocer,** as appropriate.

Amanda: Samuel, ¿*sabes/ conoces* adónde vas a ir de vacaciones?

Samuel: En este momento, no estoy seguro. *Sé/ Conozco* que quiero *saber/ conocer* un lugar nuevo, posiblemente, América del Sur.

Amanda: ¿*Sabes/ Conoces* a mi amiga Patricia? Ella trabaja para una agencia de viajes. Viaja constantemente a Perú, Chile y Argentina, y *conoce/ sabe* lugares fascinantes allí.

Samuel: Sí, la *sé/ conozco* y *sé/ conozco* donde trabaja. ¡Vamos a hablar con ella! ¿Y adónde vas tú de vacaciones?

Amanda: Me encanta hacer *parasail* y *sé/ conozco* hacer *surf.* Creo que mis amigas y yo vamos a ir a México; nos gusta la Península de Yucatán.

4-21 Capitales

Paso 1.   With what capital cities are you acquainted? List those in the United States and/or abroad that you have visited. The person with the longest list reads it to the class: *Conozco Sacramento,...* Others add cities not mentioned: *Y yo conozco...*

Paso 2.   Do you know the capitals of the Spanish-speaking countries? Look at the map of the Spanish-speaking world on the inside front cover of your textbook and ask your partner if he/she knows what the capital of a particular country is. Your partner answers without looking at the map. After *six* questions, switch roles. Keep score to determine the winner.

MODELO

E1:   ¿*Sabes* cuál es la capital de Uruguay?

E2:   *Sí, es Montevideo.* (scores one point)

o: *No sé. Un momento, por favor.* (looks for answer on map) *Ah, es Montevideo.*

[1]Is it true or a lie?

4-22 ¿Sabes quién es? ¿Quieres conocerlo/la?

Can you identify the famous Hispanic people below? Ask your partner if he/she knows who each one is, and if he/she would like to meet that person. Take turns.

MODELO

Eva Longoria

E1: *¿Sabes quién es?*

E2: *Sí, sé quién es.*

o: *No, no sé quién es.*

(If you answer no, find the identity of the person at the bottom of the page.)

E1: *¿Quieres conocerla?*

E2: *Sí, quiero conocerla.*

o: *No, no quiero conocerla.*

> **Palabras útiles**
> ¿Quieres conocerlo/la? *Do you want to meet him/her?*
> Quiero conocerlo/la. *I want to meet him/her.*

1. Penélope Cruz
2. Sandra Cisneros
3. Michelle Bachelet
4. Alex Rodríguez
5. Antonio Villaraigosa
6. Gael García Bernal
7. ... (escoge tú)
8. ... (escoge tú)

 4-23 ¿Lo sabes hacer?

Paso 1. List *four* sports/ outdoor activities that you know how to do, *four* that you do not know how to do, and *four* that you want to learn how to do.

> **Palabras útiles**
> hacer *snowboard/ surf/ parasail/ rafting*
> saltar en paracaídas *(sky dive)*
> dar un salto bungee *(bungee jump)*
> pilotar un helicóptero/ avión *(airplane)*

Sé...	No sé...	Quiero aprender a...
1.		
2.		
3.		
4.		

(Modelo) Eva Longoria, actriz, de padres mexicanos (Texas)
1. Penélope Cruz, actriz (España)
2. Sandra Cisneros, escritora, de padres mexicanos (Chicago)
3. Michelle Bachelet, presidenta de Chile
4. Alex Rodríguez, jugador de béisbol, de padres dominicanos (Nueva York)
5. Antonio Villaraigosa, alcalde (*mayor*) de Los Ángeles, de padres mexicanos
6. Gael García Bernal, actor (México)

Paso 2. In groups of four, take turns asking and answering questions about your lists. Take notes on what people say in order to share information with the class and your instructor.

MODELO

E1: *Ana, ¿qué sabes hacer?*

E2: *Sé esquiar, nadar,…*

E1: *¿Qué no sabes hacer?*

E2: *No sé patinar, no sé montar a caballo,…*

E1: *¿Qué quieres aprender a hacer?*

E2: *Quiero aprender a hacer snowboard, a pilotar un helicóptero,…*

GRAMÁTICA

¡Manos a la obra

5

Talking about the future: *Ir + a + infinitive*

To talk about actions that are going to happen, English uses *going to + infinitive* and Spanish uses **ir** + **a** + *infinitive*.

—¿Qué **vas a hacer** esta tarde?	*What are you going to do this afternoon?*
—**Voy a hacer** yoga con mi amiga.	*I'm going to do yoga with my friend.*
—¿Qué **van a hacer** Uds. el sábado?	*What are you gong to do on Saturday?*
—**Vamos a ir** de compras.	*We're going shopping.*

For review, here are the present-tense forms of the verb **ir** *to go*.

(yo)	**voy**	(nosotros/as)	**vamos**
(tú)	**vas**	(vosotros/as)	**váis**
(Ud., él, ella)	**va**	(Uds., ellos/as)	**van**

Después del cine, Mario, Fabio y Ernesto van a cenar a un restaurante cubano.

¡En acción!

 ¡Oye! Raimundo habla de sus planes

Raimundo has some plans that are feasible, and others that are crazy. As you hear each one, react by saying «¡**Es un buen plan!**» or «¡**Está loco!**»

4-24 El clima

Paso 1. Imagine that you and your classmates live in Chicago, near Lake Michigan, and have the week off. Before planning your activities, you decide to check out the weather on *Yahoo! en español*. Divide into five groups, with each deciding what the group is going to do on a particular day. Fill in the chart with the weather forecast and *five* appropriate activities.

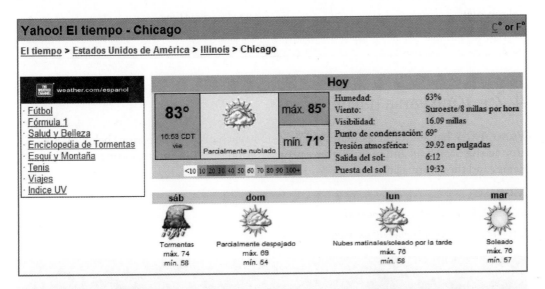

Día	Pronóstico	Actividades
1. Hoy (viernes)	*Buen tiempo. Temperatura máxima, 85 grados.*	*Vamos a…*
2. sábado		
3. domingo		
4. lunes		
5. martes		

Paso 2. One spokesperson from each group now shares the forecast and plans for the day with the class.

PARA HABLAR DEL FUTURO

You are already familiar with many of these expressions. Which ones are new to you?

momentos precisos

esta noche	*tonight*
mañana	*tomorrow*
pasado mañana	*day after tomorrow*
mañana por la mañana/ tarde/ noche	*tomorrow morning/ afternoon/ night*
la semana que viene	*next week*
la próxima semana	*next week*
el mes/ año/ verano que viene	*next month/ year/ summer*
el próximo mes/ año/ verano	*next month/ year/ summer*

momentos imprecisos

algún día	*someday, some time*
un día	*one day*

4-25 ¿Qué van a hacer?

 Paso 1. What are your classmates going to do in each of the time periods below? Walk around the classroom and interview *three* people to find out. Take notes, jotting down their names and the information.

MODELO

Tú: *¿Qué vas a hacer esta noche?*

E1: *Voy a estudiar. Tengo un examen.*

¿Qué vas a hacer?	1. _Silvia_	2. _____	3. _____
esta noche	*Va a estudiar.*		
mañana por la mañana			
el próximo sábado			
el verano que viene			
el año que viene			
algún día			

 Paso 2. In groups of four, share your results with your classmates, one time period at a time: *Esta noche, Silvia va a estudiar. Tiene un examen.* Then report the most unusual plans to the class.

4-26 La adivina[1]

Paso 1. The fortune-teller (your classmate in disguise) asks you questions about your current life. You respond, and then he/she predicts your future, indicating the time frame. Write the information in the third column. Then switch roles.

MODELO

E1: *¿Dónde vives ahora?*

E2: *Vivo en un apartamento en la ciudad.*

E1: *En dos años, vas a vivir en una casa roja en el campo, en Uruguay.*

E2: (Reacts using the expressions provided)
¡Qué bien!

Palabras útiles
¡Qué bien!
¡Qué terrible!
¡Qué extraño!
 How strange!
¡Qué suerte!
 What luck!

Preguntas de la adivina	Yo, ahora	Pronóstico de la adivina
1. ¿Dónde vives?	Vivo en…	En dos años, voy a vivir en…
2. ¿Dónde trabajas?		
3. ¿Qué estudias?		
4. ¿Tienes pareja?		
5. ¿Cuáles son tus diversiones favoritas?		
6. ¿Eres ambicioso/a?		
7. ¿Cómo estás en este momento?		

Paso 2. Join another pair of students, and take turns reading some of the predictions to each other. Then share unusual information with the class.

[1]The fortune-teller

Tu mundo cultural

Lugares fascinantes para conocer

Aquí tienes varios ejemplos de lugares fascinantes que puedes visitar si viajas a América Latina.

1.

Portillo es una de las primeras estaciones[1] de esquí chilenas. Está situada en los Andes, en la base del Aconcagua, el pico más alto del hemisferio occidental (a 7.266 metros/ 22.835 pies sobre el nivel del mar[2]). Tiene vistas sobre la bella Laguna del Inca. Los mejores meses del año para esquiar y hacer *snowboard* allí son agosto y septiembre.

2.

El Salto[3] Ángel, situado en el parque nacional Canaima de Venezuela, es el más alto del mundo (3.281 pies/ 979 metros). Es cuatro veces más alto que las cataratas del Niágara. Se puede ver desde el aire, en helicóptero, o haciendo una excursión que consiste en navegar primero en canoa por dos ríos, y después caminar por la selva[4].

3.

La playa del Carmen, situada en la península de Yucatán en el mar Caribe mexicano, está a 60 kilómetros de Cancún. Cerca de la playa están la isla de Cozumel y los templos mayas de Chichén Itzá y Tulúm. En los parques naturales de Xelhá y Xcaret se puede bucear y nadar con los delfines.

[1]resorts, [2]**sobre...** above sea level, [3]fall, [4]jungle

4.

Las islas Galápagos, situadas en el océano Pacífico a 970 km/ 600 millas de la costa ecuatoriana, son un tesoro[1] ecológico. El 90%* de su territorio es un parque nacional. En 1935 Charles Darwin se inspira allí para su Teoría de la Evolución de las Especies. Entre su fauna observamos una increíble variedad de pájaros y aves, como los piqueros azules[2], los pelícanos y los pingüinos. Allí, también se pueden ver tortugas[3] gigantes, iguanas marinas, y en muchas de las playas, lobos marinos[4] tomando el sol.

¿Qué aprendiste?

1. ¿Dónde están Portillo y el Salto Ángel? ¿Qué son y qué se puede hacer allí?

2. ¿Dónde podemos visitar ruinas mayas? ¿Qué otras actividades se pueden hacer allí?

3. ¿Dónde están las islas Galápagos? ¿Qué animales hay en las islas? ¿Con qué científico famoso se relacionan?

Actividad cultural

Paso 1.   Select one of the four vacation spots on pages 138–139, and complete the following chart.

Nombre del lugar	Situación geográfica	Actividades o deportes para hacer o practicar allí	¿Otras atracciones?

Paso 2.   Compare your information with that of two other classmates. Were your choices the same or different?

Contraste cultural

Your Chilean pen pal is planning a trip to your country. He/She asks you to send him/her information about *three* or *four* very different places that it would be worthwhile to visit. In English, discuss what places you would choose and why.

[1]treasure, [2]blue-footed boobies, [3]turtles, [4]**lobos...** sea lions.

*% por ciento

Tu mundo en vivo

¡Video en acción!

4.1 El fútbol: pasión hispana

1. Antes de ver el video

    a. Do you play any sport or participate in an organized activity?

    b. What do you like about your sport or activity?

2. Mientras ves el video Relaciona las fotos con lo que dice cada persona.

A   B   C   D   E

___ «A mí, personalmente, me gusta mucho... he hecho más amigos...»
___ «Es... para salir del estrés que tenemos; ...es salud[1]...»
_A_ «Yo creo que es parte de nuestras raíces[2].»
___ «Porque es un deporte que practicamos en nuestro país.»
___ «Al latino le apasiona porque es parte de la cultura, ...es la actividad que uno hace todos los días.»

3. Comenta con la clase

    a. Why is soccer so popular among Hispanics?

    b. In your opinion, what is the most popular sport in the U.S.A.?

4.2 Fines de semana entre hispanos

1. Antes de ver el video

   Look at the chart below and check off the activities you typically do on weekends.

2. Mientras ves el video Marca las actividades de las personas entrevistadas[3].

Yo	ellos		Yo	ellos	
___	___	ir al cine	___	___	ir a fiestas o a discotecas
___	___	salir con los amigos	___	___	ir a misa los domingos
___	___	ir a bailar	___	___	visitar a los abuelos
___	___	jugar a juegos de mesa	___	___	ir a un restaurante a comer
___	___	ver películas en la televisión	___	___	ir de compras
___	___	practicar deportes	___	___	estar con la familia

3. Comenta con la clase Are there differences between what you do on weekends and what the persons interviewed do? Explain.

[1]health, [2]roots, [3]interviewed

¡Lectura en acción!

Una surfista campeona[1]

The following news story from *PeruAzul.com*, a Peruvian website dedicated to the sport of surfing, describes some recent awards given to Sofía Mulanovich.

Paso 1. Skim the following passage, looking specifically for the following information:

a. name of the most recent award given

b. who voted for her to win this award

c. what are the other areas in which these awards are given

d. name of other prizes awarded in recent years

Sofía Mulanovich logra[2] un nuevo galardón[3]

La tablista peruana Sofía Mulanovich logró un nuevo galardón en su carrera. Esta vez fue la cadena de televisión estadounidense Fox quien la eligió como la mejor 'Atleta de Deportes de Acción' de los premios *Teen Choice 2006*. Los premios, otorgados gracias a los votos mayormente de los adolescentes de Estados Unidos, escogen a los artistas, cantantes, películas, series de televisión y deportistas preferidos por los jóvenes.

Una vez más Sofía demuestra tener seguidores no sólo en su querido Perú, sino que es reconocida y admirada por el público en el extranjero. Los *Teen Choice 2006* se convierten en el tercer reconocimiento que recibe la peruana gracias al voto de la gente. El año pasado logró los ESPY entregados por el canal deportivo ESPN y los 2005 Surfer Poll, de la más prestigiosa revista especializada de tabla *Surfer Magazine*.

> **Reading Strategy**
>
> **Scanning for specific information**
>
> Often when reading, we only seek specific information and are able to skim or scan the passage while skipping those details that don't pertain to our search.

Paso 2. Based solely on your responses in **Paso 1,** determine if the following statements are true or false.

cierto	falso	
☐	☐	Sofía Mulanovich es popular sólo en Perú.
☐	☐	Es una atleta internacional que recibe mucha atención de los medios de comunicación estadounidenses.
☐	☐	También hay premios *Teen Choice* para los mejores libros.

[1]champion, [2]achieves, [3]prize

Vocabulario activo y pasivo: Capítulo 4

Escena 1

Los lugares al aire libre
Outdoor places

la arena *sand*
el bosque *forest*
el campo *field, countryside*
la granja *farm*
la isla *island*
el lago *lake*
el mar *sea*
la montaña *mountain*
la playa *beach*
el río *river*
el valle *valley*

Las actividades al aire libre *Outdoor activities*

acampar *to camp*
bucear *to snorkel*
caminar *to walk*
correr *to run*
esquiar *to ski*
ir en barco *to go by boat/ ship*
jugar (ue) al vólibol *to play volleyball*
manejar *to drive*
montar a caballo *to ride horseback*
montar en bicicleta *to ride a bicycle*
nadar *to swim*
patinar *to skate*
pescar *to fish*
practicar deportes *to play, go out for sports*
tomar el sol *to sunbathe*
la pelota *ball*
el pez/ los peces *fish (living) (s./pl.)*

Otros verbos y expresiones verbales *Other verbs and verbal expressions*

aprender (a) *to learn (to)*
beber *to drink*
comer *to eat*
compartir *to share*
creer (que) *to believe/ think (that)*
deber (+ infinitive) *should/ must/ ought to (do something)*
descansar *to rest*
dibujar *to draw*
encantar *to like a lot, love*

escribir *to write*
ganar *to win*
gustar *to like*
levantar pesas *to lift weights*
leer *to read*
pintar (un cuadro) *to paint (a painting)*
vivir *to live*

Adverbios *Adverbs*

mucho/ poco *much, a lot/ little, not much*

Escena 2

Los deportes *Sports*

el equipo *the team*
el partido de fútbol *the soccer game*

Las actividades *Activities*

asistir a... *to attend . . .*
bailar *to dance*
cantar *to sing*
dar fiestas *to give/ throw parties*
escuchar (música) *to listen to (music)*
hacer ejercicio *to exercise*
hacer un viaje (al campo/ a la ciudad) *to take a trip (to the country/ city)*
ir de compras *to go shopping*
mandar y recibir mensajes electrónicos *to send and receive e-mails/e-mail messages*
mirar *to look at, watch*
navegar por la Red *to surf the Web*
pasar el tiempo (con la familia) *to spend time (with the family)*
salir de paseo *to take a walk/ stroll*
tocar (la guitarra) *to play (the guitar)*
ver la televisión *to watch TV*
viajar *to travel*

Más verbos *More verbs*

dar *to give*
decir *to say, tell*
disfrutar de... *to enjoy...*
hacer *to make, do*
oír *to hear*
poner *to put*
salir *to leave*
traer *to bring*
venir *to come*
ver *to see, look at*

Escena 3

La naturaleza *Nature*

el árbol *tree*
el cielo *sky*
la estrella *star*
la flor *flower*
la hoja *leaf*
la lluvia *rain*
la luna *moon*
la nieve *snow*
la nube *cloud*
la ola *wave*
el pájaro *bird*
el sol *sun*
el viento *wind*

Las estaciones *Seasons*

el invierno *winter*
el otoño *fall*
la primavera *spring*
el verano *summer*

El clima *Weather*

Está nublado. *It is cloudy.*
Hace buen/ mal tiempo. *The weather is nice/ bad.*
Hace (mucho) calor. *It is (very) hot.*
Hace fresco. *It is cool.*
Hace (mucho) frío. *It is (very) cold.*
Hace sol. *It is sunny.*
Hace viento. *It is windy.*
llover (ue) *to rain*
Llueve. *It is raining/ It rains.*
nevar (ie) *to snow*
Nieva. *It is snowing/ It snows.*

¿Qué tal el clima?/
¿Qué tiempo hace? *What is the weather like?*

El futuro *The future*

algún día *someday, some time*
mañana por la mañana/ tarde/ noche *tomorrow morning/ afternoon/ night*
pasado mañana *day after tomorrow*
la semana que viene *next week*
el mes/ año/ verano que viene *next month/ year/ summer*
la próxima semana *next week*
el próximo mes/ año/ verano *next month/ year/ summer*

Más verbos *More verbs*

conocer *to know, be acquainted with*
saber *to know (facts, information), to know how (skills)*

Autoprueba y repaso: Capítulo 4 WILEY PLUS ✓

Escena 1
Actividades al aire libre

A. Circle the two activities that are most closely associated with each location.

1. el lago: pescar beber patinar
2. el bosque: bucear montar a caballo caminar
3. el mar: nadar comer bucear
4. las montañas: acampar esquiar escribir
5. la calle: manejar montar en bicicleta dibujar
6. la playa: jugar al vólibol levantar pesas tomar el sol

I. The verb *gustar*

B. Complete the following sentences with the singular or the plural form of **gustar**.

1. A mí me __gustan__ los lagos de Minnesota.
2. A María le _____ las montañas de Utah.
3. A mis amigos les _____ la arena blanca de las playas de Carolina del Sur.
4. Te _____ las bonitas granjas de Wisconsin, ¿no?

C. Complete the following sentences with **me, te, le, nos,** or **les** as appropriate.

1. A Carlos _le_ encanta acampar en las montañas.
2. A mí ___ gusta patinar en el lago.
3. A ella ___ gusta nadar en el mar.
4. A nosotros ___ gusta pescar en el río.
5. A ti ___ gusta levantar pesas en el gimnasio, ¿no?.
6. A Ud. ___ gusta tomar el sol en la playa, ¿no?
7. A Fátima y a mí ___ encanta bucear en el mar.
8. A ellos ___ gusta comer en la cafetería.

II. Regular *-er* and *-ir* verbs

D. Complete the sentences using the appropriate forms of the verbs in parentheses.

1. Yo (*vivir*) __vivo__ cerca de la playa; Ricky _____ lejos.
2. En la playa, yo (*beber*) _____ Coca-Cola; tú _____ Pepsi, ¿no?
3. Nosotros (*comer*) _____ sándwiches; Uds. _____ tacos.
4. Nosotros (*compartir*) _____ la fruta; Uds. _____ los chocolates.
5. Yo (*correr*) _____ por la playa todos los días; tú _____ a veces, ¿no?

6. Silvia y Susana (*tomar*) _____ el sol y (*leer*) _____ novelas románticas; Pedro _____ el sol y _____ una novela de ciencia ficción.
7. Ellos tres no (*deber*) _____ tomar más el sol. ¡Están rojos como tomates!

En resumen

Answer the questions in complete sentences.

1. ¿Qué te gusta hacer (*to do*) cuando estás en la playa? ¿y cuando estás en las montañas?
2. ¿Montas en bicicleta? ¿Juegas al tenis? ¿Esquías?
3. ¿Escribes poemas? ¿Dibujas bien? ¿Te gusta pintar cuadros?
4. ¿Crees que es fácil o difícil aprender a esquiar? ¿y a bucear?

Escena 2
Diversiones con la familia y amigos

E. Circle the two activities that are most closely related.

1. viajar — tocar la guitarra — cantar
2. ir de compras — bailar — escuchar música
3. navegar por la Red — mandar e-mails — practicar deportes
4. ver la televisión — salir de paseo — hacer un viaje
5. asistir a conciertos — hacer ejercicio — escuchar música
6. hacer ejercicio — mirar un partido de fútbol — cantar
7. ver la televisión — dar fiestas — navegar por la Red

III. Verbs with an irregular yo form

F. Indicate what you do on weekends and in Spanish class.

MODELO

Los fines de semana: *salir* con mis amigos

Los fines de semana, salgo con mis amigos.

Los fines de semana:

1. *salir* de paseo
2. *hacer* ejercicio
3. *ir* de compras
4. *ver* la televisión
5. a veces, *dar* fiestas

En la clase de español:

6. *decir* «¡Hola, amigos!»
7. *leer* los libros que *traer*
8. *venir* a clase con la tarea completa
9. durante la clase, *hablar* y *escribir* en español
10. luego, *poner* mis libros en la mochila y *salir*

En resumen

Answer the questions in complete sentences.

1. ¿Disfrutas de los fines de semana? ¿Qué haces?
2. ¿Te gusta pasar el tiempo con la familia? ¿Qué hacen Uds.?
3. ¿Sales los sábados por la noche? ¿Adónde vas?
4. ¿Haces viajes con frecuencia? ¿Adónde? ¿Con quién?

Escena 3
El clima y las estaciones

G. Match the term in the first column with the one most closely associated with it in the second. Study the options carefully, as there are no duplicate answers.

___ 1. la ola	a. el árbol
___ 2. hojas y tronco	b. la luna
___ 3. la nube	c. el mar
___ 4. la nieve	d. el cielo
___ 5. las flores y los pájaros	e. el otoño
___ 6. las estrellas	f. el invierno
___ 7. sol y calor	g. la primavera
___ 8. las hojas rojas y amarillas	h. el verano

H. Indicate what the weather is like in the following places, according to the season. More than one answer is possible.

MODELO

verano: Miami
Hace mucho calor. Hace sol.

1. otoño: Vermont
2. invierno: Alaska
3. primavera: Washington D.C.
4. agosto: Texas

✓ Additional **Autopruebas** online.

IV. *Saber and conocer*

I. Complete the conversation using the proper form of **saber** or **conocer**, as appropriate.

Mónica: Raúl, ¿_____ hacer *surf*?

Raúl: No _____ hacerlo, pero quiero aprender.

Mónica: Pues yo _____ que hoy las olas están muy altas en la playa del Sur. ¿Vamos?

Raúl: ¡Buena idea! Ah... ¿_____ a Ricardo? A él también le gusta hacer *surf*.

Mónica: Sí, es mi amigo. ¿_____ su número de teléfono?

Raúl: Sí, lo llamo ahora por el celular, pero no _____ si (*if*) está en casa.

Mónica: Él _____ bien la playa del Sur, y nos puede encontrar (*can find us*) allí.

V. *Ir + a + infinitive*

J. Say what everyone is going to do tomorrow.

MODELO

Linda / hacer *snowboard*

Linda va a hacer snowboard.

1. Luisa y Alberto / esquiar
2. tú / patinar
3. nosotros / ver un partido de fútbol en la televisión
4. Lisa / descansar y leer una buena novela
5. yo / navegar por la Red y luego, tomar una siesta

En resumen

Answer the questions in complete sentences.

1. ¿Qué tal el clima hoy?
2. ¿Qué te gusta hacer cuando hace calor? ¿y cuando nieva?
3. ¿Sabes hacer *surf*? ¿Conoces playas con olas grandes? ¿Dónde están?
4. ¿Qué vas a hacer este fin de semana? ¿y este verano?

Answers to the *Autoprueba y repaso* are found in **Apéndice 2.**

La comida

Additional activities and Autopruebas for each **Escena** available online.

El mercado

VOCABULARIO

1. MERCADO CENTRAL

2. las frutas

FRUTERÍA

3. la sandía

195 pesos el kilo.

7. las manzanas

4. las naranjas

9. las cerezas

5. los limones

8. las peras

11. los duraznos

13. las piñas

10. las uvas

36. las carnes

CARNICERÍA

37. las salchichas

38. el jamón

39. el bistec

40. la carne de res

41. las chuletas de cerdo

42. el pollo

43. el pavo

¿Cuánto ⁶cuestan las naranjas?

NURIA

PANADERÍA

¡Allí está!

12. las fresas

¡Me encanta el maíz!

³³Busco a la vendedora de flores.

32. el pan

19. desear

CARMEN

14. las bananas

18. el maíz

¡Qué rico!*

ROBERTITO

23. el bróculi

21. las zanahorias

25. los tomates

27. los frijoles

17. las papas

20. las arvejas, los chícharos

22. los pimientos

24. la lechuga

16. el ajo

15. LEGUMBRES - VERDURAS

28. ARROZ

26. las cebollas

CAPÍTULO 5   LA COMIDA

44. el pescado

45. los mariscos

47. la langosta

46. los camarones

Los vendedores aquí son muy [31]*amables*.

4. SE VENDE 5. QUESO

29. el dinero

30. contar (ue)

1. market
2. fruit
3. watermelon
4. oranges
5. lemons; **el limón** (s.)
6. cost; **costar (ue)** to cost
7. apples
8. pears
9. cherries
10. grapes
11. peaches
12. strawberries
13. pineapples
14. bananas
15. vegetables
16. garlic
17. potatoes
18. corn
19. to want, to wish, to desire
20. peas
21. carrots
22. green/red peppers
23. broccoli
24. lettuce
25. tomatoes
26. onions
27. beans
28. rice
29. money
30. to count
31. kind, pleasant
32. bread
33. I'm looking for . . . ; **buscar** to look for
34. for sale; **vender** to sell
35. cheese
36. meats
37. sausages
38. ham
39. steak
40. beef
41. pork chops
42. chicken
43. turkey
44. fish
45. seafood, shellfish
46. shrimp; **el camarón** (s.)
47. lobster

*¡Qué rico! *How delicious / tasty!*

¡En acción!

5-1 Los ingredientes para la cena

 Paso 1. Esta noche tienes invitados. Vas a preparar una ensalada mixta, un plato principal y una ensalada de frutas. En cada columna, escribe por lo menos *cinco* ingredientes que vas a comprar para la cena.

Para la ensalada mixta voy a comprar...	Para el plato principal voy a comprar...	Para la ensalada de frutas voy a comprar...

 Paso 2. Háganse preguntas[1] para saber lo que[2] van a comprar.

MODELO

E1: *¿Qué vas a comprar para la ensalada mixta?*

E2: *Voy a comprar lechuga,... ,... ,... y...*

5-2 En el mercado

¿Qué se vende en el Mercado Central? Observen la escena de las páginas 146–147 y contesten las preguntas.

1. ¿Qué frutas se venden en la frutería?
2. ¿Cuánto cuestan las naranjas?
3. ¿Qué legumbre desea la niña que está con su madre? ¿Qué otras verduras se venden allí?
4. ¿Se venden arroz y frijoles en el mercado? ¿A ti te gusta comer arroz con frijoles?
5. ¿Quiénes están en la panadería? ¿Le gusta el pan a Robertito? ¿Qué dice?
6. ¿Qué se vende al lado de la panadería?
7. ¿A quién busca Nuria? ¿Qué hace la vendedora de flores?
8. ¿Qué clase de carne se vende en la carnicería?
9. ¿Qué se vende en la pescadería-marisquería? ¿Qué mira la señora?
10. ¿Cuántas personas salen del mercado? Según las señoras que charlan, ¿cómo son los vendedores del mercado?

mirar *to look at, watch*   **buscar** *to look for, search for*

Whereas English includes a preposition in the expressions *to look at* and *to look (search) for,* Spanish does not use a preposition after **mirar** and **buscar.**

> **Miran** las frutas. *They are **looking at** the fruit.*
> **Buscan** las uvas. *They are **looking for** the grapes.*

Can you find where **buscar** and **mirar** are used in *Actividad 5-2*?

[1]**Háganse...** Ask each other questions, [2]**lo...** what

To explain what one does or is done without reference to the person performing the action, Spanish uses **se + verb** (*third person*).

> **Se vende** queso. *Cheese for sale. (or) Cheese is sold here.*
> En México **se come** bien. *One eats well in Mexico.*

If the noun that follows the verb is plural, the plural form of the verb is commonly used.

> **Se venden** flores en el mercado. *Flowers are sold at the market.*

La inscripción **Viva la vida**[1] en la sandía es muy significativa porque Frida Kahlo pintó este cuadro solamente ocho días antes de su muerte.

The names of fruits, vegetables, and other foods can vary from one Spanish-speaking country to another. The terms used in one country or region, however, are usually understood in others. Some examples:

peas
arvejas (Colombia, Ecuador, Chile, Argentina, Uruguay)
chícharos (Mexico, Honduras, Cuba)
guisantes (Venezuela, Spain)
pitipuas (Dominican Republic, Puerto Rico, Cuba)

bananas
guineos (Central America, Dominican Republic, Puerto Rico, Venezuela, Colombia, Ecuador, Peru)
bananas (most Spanish-American countries)
plátanos (Spain and some Spanish-American countries)

corn
elote (Mexico and Central America)
jojote (Venezuela)
choclo (Ecuador)
maíz (Spain, Colombia, and some Spanish-American countries)

green beans
judías verdes (Spain)
ejotes (Mexico)
habichuelas (Colombia, Cuba)
chauchas (Chile, Argentina)
vainitas (Ecuador)

potatoes
papas (Spanish-America)
patatas (Spain)

[1]Long live life!

LOS NÚMEROS DEL 100 AL...			
cien	100	ochocientos/as	800
ciento uno/a	101	novecientos/as	900
doscientos/as	200	mil	1.000
trescientos/as	300	dos mil	2.000
cuatrocientos/as	400	cien mil	100.000
quinientos/as	500	doscientos mil	200.000
seiscientos/as	600	un millón (**de** + *noun*)	1.000.000
setecientos/as	700	dos millones (**de** + *noun*)	2.000.000

- Numbers between 200–999 agree with the nouns that follow them:

    trescient**os** alumn**os**   ochocient**as** person**as**

- Although *and* can be used in English between hundreds and smaller number, **y** is not used in Spanish.

    450/ *four hundred (and) fifty* = **cuatrocientos cincuenta**

- The years above 1000 are not broken into two-digit groups as they are in English.

    1998/ *nineteen ninety-eight* = **mil novecientos noventa y ocho**

- In writing numbers, Spanish commonly uses a comma where English uses a period, and vice versa.

    English: 9.75 meters; 150,000 inhabitants   Spanish: **9,75** metros; **150.000** habitantes

- When **millón/ millones** is immediately followed by a noun, the preposition **de** is used.

    un millón *de* **pesos**   **dos millones** *de* **euros**.

- A billion dollars = **mil millones** de dólares.

 5-3 ¿En qué año?

Primero, escucha los años de fundación de los restaurantes que lee tu profesor/a y escríbelos en la tercera columna. Luego, pon los restaurantes con sus años en orden cronológico y léeselos a la clase.

Nombre del restaurante	Lugar[1]	Año
☐ a. Delmonico's	Nueva York, EE.UU.	
☐ b. Restaurante El Faro	Nueva York, EE.UU.	
☑ c. Restaurante la Diligencia	Tarragona, España	
☐ d. Venta de Aires	Toledo, España	
☐ e. Restaurante Richmond	Buenos Aires, Argentina	
☐ f. Casa Botín	Madrid, España	
☐ g. Restaurante El Quijote	Nueva York, EE.UU.	

[1]place

5-4 En un supermercado de Santiago de Chile

Paso 1. Tu amigo está enfermo y tú vas al supermercado por él. En su casa, él mira las ofertas especiales que se anuncian en la Red y te dice por teléfono *cinco* cosas que necesita, y la cantidad[1]. Tú escribes la información.

MODELO

Amigo: *Quiero un kilo de manzanas, dos kilos de zanahorias, tres pimientos rojos, dos pizzas con mozzarella y un pollo entero.*

Tú: *Bueno. (Apuntas la información.)*

> 1 U.S. dollar = approx. 539 Chilean pesos. (02-07)
>
> Kg = kilo(gram) (1 kilo = 2.2 lbs.)

manzanas, 1kg 299 pesos

peras, 1 kg 549 pesos

bananas, 1 kg 329 pesos

zanahorias, 1 kg 180 pesos

pimientos rojos, 1 unidad 199 pesos

cebollas, 1 kg 468 pesos

lechuga, 1 unidad 352 pesos

pizza con mozzarella, 980 pesos

un pollo entero, aprox. 2 kg 2.750 pesos

carne molida, 7%, 1 kg 1.599 pesos

bistec, 1kg 3.052 pesos

panecitos frescos para hamburguesas, una docena 839 pesos

Paso 2. Después, llevas[2] las compras a la casa de tu amigo. Él te da las gracias y te pregunta cuánto es. Le dices los precios de cada cosa[3] y el total.

MODELO

Amigo: *¡Muchas gracias! ¿Cuánto es?*

Tú: *A ver, un kilo de manzanas, 299 pesos,... Y el precio total es...*

[1]quantity, [2]take, [3]**cada...** each item

5-5 Preparativos para una boda

 Paso 1. Linda va a casarse en seis meses en Miami. Hoy va a ver el menú del chef Adolfo para escoger la comida para el banquete. Léelo para familiarizarte con lo que hay.

EL MENÚ DEL CHEF ADOLFO

sopa de mariscos
$8.25

sopa de pollo
$7.50

aperitivos variados
$5 por persona

ensalada
de la casa
$7.00

ensalada
de frutas
tropicales
$7.00

pollo al vino con
arroz y zanahorias
$20.00

salmón con puré
de papas y espárragos
$25.75

bistec con papas fritas y bróculi
$27.00

plato vegetariano: arroz
frijoles y verduras variadas
$15.00

pasta con camarones
al limón
$18.50

pastel de bodas
(de fresa, limón o vainilla) $700

pan (blanco o integral[1])
$1.50 por persona

Palabras útiles

dólar *dollar*

Un dólar con veinti-
cinco centavos
$1.25

¡Qué caro! *How
expensive!*

¡Qué barato! *How
inexpensive!*

¡Perfecto!

¡Caramba! *Oh, my!*

 Paso 2. Ahora, Linda y su madre hablan con el chef Adolfo y escogen la comida. Hagan los tres papeles[2] según el modelo.

- El chef saluda (*greets*) a Linda y a su madre.

- El chef les pregunta el número total de invitados y lo apunta.

- La madre y la hija miran el menú del chef y hacen la selección para cada categoría.

- El chef lo apunta, y les da el precio total de cada categoría; madre o hija reaccionan al oír los precios.

- Al final, la madre y la hija preguntan cuál es la suma total, y el chef responde.

- La madre y la hija deciden si aceptan o no. Todos se despiden (*say good-bye*).

[1]whole wheat, [2]**Hagan...** Play the three roles

Chef:	*Buenas tardes, ¿en qué puedo servirles?*
Madre:	*Buenas tardes. Mi hija va a casarse y venimos a escoger[1] la comida para la recepción.*
Chef:	*A ver[2]... ¿Cuántos invitados van a tener?*
Hija:	*Cincuenta.*
Chef:	*(Apunta el número.) Bien. ¿Desean aperitivos?*
Hija:	*Sí, aperitivos variados.*
Chef:	*Los aperitivos son 5.00 dólares por persona. El total es 250 dólares.*
Madre:	*¡Caramba! ¡Qué caro! (o) Muy bien.*

NÚMERO DE INVITADOS: _50_

Comida	Descripción	Precio por persona	Total
aperitivos	*variados*	$5.00	$250
sopa			
ensalada			
tres platos principales			
pan			
pastel de bodas			
			SUMA TOTAL: _____

¡A escuchar! La lista de compras[3]

Paso 1. Gabriel le dice a su esposa que va a ir al supermercado y que necesita su ayuda para completar la lista de compras. Escucha la conversación.

Paso 2. Escucha otra vez, y luego contesta las preguntas. Marca las respuestas correctas.

> **Palabras útiles**
> refrescante *refreshing*

1. ¿Qué hacen Gabriel y Paloma?
   - ☐ la cena
   - ☐ la lista de compras

2. ¿Qué van a hacer Carolina y Rodrigo?
   - ☐ Van a cenar con Gabriel y Paloma.
   - ☐ Van a ir al supermercado.

3. ¿Gabriel y Paloma tienen en casa los ingredientes para una ensalada?
   - ☐ Sí
   - ☐ No

4. ¿Va Gabriel a comprar pavo para los sándwiches?
   - ☐ Sí
   - ☐ No

5. ¿Qué fruta refrescante les gusta a sus amigos?
   - ☐ la sandía
   - ☐ las naranjas

6. ¿Qué va a comprar Gabriel para la cena?
   - ☐ jamón
   - ☐ pescado y camarones

7. ¿Qué desea Paloma del mercado?
   - ☐ flores
   - ☐ dinero

[1]choose, [2]**A...** Let's see..., [3]**lista...** grocery list

¡Manos a la obra!

Referring to people, places, and things: Direct Object Pronouns

Direct object nouns or pronouns answer the questions *what?* or *whom?* in relation to the verb.

—¿Vende doña Elena **flores** en el mercado?   —Sí, **las** vende los sábados.

—¿Ves a **don Ramón** en la marisquería?   —Sí, **lo** veo.

You use direct object pronouns to refer to persons, places and things without mentioning their names. Direct object pronouns agree in gender and number with the nouns they replace or refer to.

—¿Tienes **el dinero**?   *Do you have the money?*

—Sí, **lo** tengo.   *Yes, I have it.*

The direct object pronouns are:

me	*me*		**nos**	*us*
te	*you (fam.)*		**os**	*you (fam.)*
lo	*you (m., form.), him, it (m.)*		**los**	*you (m., form.), them (m.)*
la	*you (f., form.), her, it (f.)*		**las**	*you (f., form.), them (f.)*

Placement:

• Direct object pronouns are placed immediately *before* a conjugated verb.

Compro **los** tomates.   **Los** compro.

• If a conjugated verb is followed by an infinitive, the direct object pronoun is placed either *before the conjugated* verb or *attached to the infinitive*.

Voy a comprar **los tomates**. → **Los** voy a comprar. (o) Voy a comprar**los**.

• When the direct object pronoun is placed before the conjugated verb, **no** precedes the pronoun to make a question or statement negative.

—¿**No lo** ves?   *Don't you see it?*

—**No, no lo** veo.   *No, I don't see it.*

Jennifer e Ysenia están en el supermercado. Van a hacer las compras para la cena en la casa de Jennifer.

¡En acción!

¡Oye! ¿Lo compran o no?

Escucha la información acerca de Luis, Ana y Jaime, y di qué compra o no compra cada uno.
Responde con: «**Sí, lo/ la/ los/ las compra.**» (o) «**No, no lo/ la/ los/ las compra.**»

5-6 Un compañero de apartamento muy distraído[1]

Pepe está preparando tacos. Como es muy distraído, no encuentra[2] los ingredientes, y le pregunta a su compañero Ricardo dónde están. Hagan los dos papeles, completando la conversación con la información apropiada. Presten atención a los pronombres (**me, te, lo,...**).

huevos

tortillas

carne

cebollas

Pepe:	Ricardo, **te** estoy hablando, ¿no **me** oyes?
Ricardo:	Sí, **te** oigo.
Pepe:	¿Dónde están los tomates? No **los** encuentro.
Ricardo:	En el refrigerador, al lado de _____. ¿No **los** ves?
Pepe:	Ah, sí, ahora **los** veo. ¿Y la carne?
Ricardo:	Está debajo de _____ y al lado de _____.
Pepe:	Ahora **la** veo. ¿Y el queso?
Ricardo:	Pepe, ¡qué distraído eres! No buscas bien. ¿No **lo** ves?
Pepe:	¡Ah sí! Aquí está, _____ de _____. ¿Y la salsa? Ah, también **la** veo. Está _____ de _____.
Ricardo:	Bueno, ya no **me** necesitas más, ¿verdad?
Pepe:	Pues, sólo una pregunta más. ¿Dónde están las tortillas y las cebollas? No **las** veo en el refrigerador.
Ricardo:	¡Están en _____! ¿Para qué **las** quieres?
Pepe:	Es obvio, ¿no? ¡Para preparar los _____!
Ricardo:	Ah, ¡estupendo! ¡Qué hambre tengo![3]
Pepe:	David y Tomás **nos** van a llamar a las siete. ¿Quieres invitar**los** a _____?
Ricardo:	_____.

[1]absentminded, [2]find, [3]**Qué...** How hungry I am!

5-7 ¿En qué clase de tienda?

Este mes trabajas de voluntario/a en un país hispano. Allí, hay muchas tiendas que se especializan en un solo producto. Indica dónde compras o vas a comprar lo siguiente[1].

carnicería	marisquería	quesería
floristería	panadería	taquería
frutería	pescadería	tortillería

Productos	Tiendas
1. pescado	_Lo_ compro en _la pescadería_.
2. camarones	___ compro en _____.
3. carne	___ compro en _____.
4. queso	___ voy a comprar en _____.
5. piñas y fresas	___ voy a comprar en _____.
6. pan	___ voy a comprar en _____.
7. tacos	Voy a comprar____ en _____.
8. tortillas	Voy a comprar____ en _____.
9. flores	Voy a comprar____ en _____.

 5-8 En el mercado central

Uno/a de Uds. necesita _cinco_ ingredientes para la cena. Hagan de vendedor y de cliente siguiendo el modelo. Luego, cambien de papel[2].

MODELO

Vendedor: _Buenos días, ¿En qué puedo servirle?_

Cliente: _Quiero... ¿Cuánto cuesta/n?_

Vendedor: _...pesos el kilo._

Cliente: _Bueno,_ **voy a comprar(lo/ la/ los/ las).** _...kilo/s, por favor. También quiero comprar..._

Vendedor: _Aquí tiene. Son... dólares._

Cliente: _Gracias, y hasta mañana._

The suffix **-ísimo** can be added to many adjectives to intensify their meaning. In _Actividad 5-9,_ note the following:

mucho _a lot_ → **muchísimo** _very much_

rico _delicious_ → **riquísimo** _very delicious_ (Note spelling change.)

Can you intensify the adjectives **alto** and **divertido**?

[1]**lo...** the following, [2]**cambien...** change roles

5-9 Una cena a la luz de la luna

Romeo y Felisa conversan en la terraza de un restaurante. Completen la conversación. En las líneas continuas usen el verbo indicado y el pronombre correspondiente. En las líneas discontinuas (_ _ _), incluyan algo de su invención. Luego, hagan los dos papeles con gran expresividad.

1. **admirar**

   Romeo: Mi amor, _te_ _admiro_ muchísimo. Eres _ _ _. ¿Y sabes que eres la mujer perfecta para mí?

   Felisa: ¡Ay!, no sabes cuánto ____ _____ yo a ti. No hay palabras suficientes para expresarlo. Eres _ _ _ .

2. **amar**

   Romeo: Mi amor, ¿_me_ _____?

   Felisa: Cariño, sabes que ____ _____ con todo mi corazón♥. Eres _ _ _ . (*Ella prueba*[1] *la sopa.*) ¡Mmmmm! ¡Qué rica está la sopa de cebollas!

3. **querer**

   Romeo: Mi amor, tú a mí ____ _____ más que a nadie[2], ¿verdad?

   Felisa: Mi vida, ____ _____ _ _ _. (*Prueba la ensalada.*) Me encanta esta ensalada de tomate con ajo y cilantro.

4. **adorar**

   Romeo: Mi amor, ¿me escuchas? Yo a ti, ____ _____ más que a nadie en el mundo.

   Felisa: Mi vida, yo ____ _____ _ _ _. (*Prueba el bistec.*) Y también adoro este bistec. Está riquísimo, ¿no?

5. **necesitar**

   Romeo: Bueno, pero lo más importante que quiero decirte ahora es que ____ _____ las veinticuatro horas del día. Y tú, ¿____ _____ a mí?

   Felisa: ___ _____ _ _ _. (*Prueba las papas.*) Estas papas _ _ _.

6. **invitar**

   Romeo: Mi amor, ___ quiero _____ a _ _ _ este fin de semana.

   Felisa: ¿Dices que ____ _____ a _ _ _ ? ¡Qué romántico! ¿Qué vamos a comer?

7. **besar**

   Romeo: Pues, _ _ _ Y ahora, querida mía, ¿____ _____ con pasión, como en las películas[3] ?

   Felisa: _ _ _, pero _ _ _.

[1]tastes, [2]**más...** more than anyone, [3]movies

Tu mundo cultural

Los productos hispanos y su historia

El impacto del intercambio de productos entre Europa y América

¿Sabes el origen de muchas de tus comidas favoritas y de sus ingredientes?

A raíz del[1] encuentro entre[2] el Viejo y el Nuevo Mundo (1492), comienza el intercambio de productos entre Europa y América. Su impacto es enorme en los dos continentes.

América → Europa

Flora: papa, batata *sweet potato*, tomate, pimiento, aguacate *avocado*, cacao, yuca, maní *peanut*, chile, calabaza *pumpkin*, frijol, maíz, piña, papaya, fresa, vainilla, tabaco

Fauna: pavo, bacalao *cod*

Europa → América

Flora: trigo *wheat*, café, caña de azúcar *sugar cane*, lechuga, ajo, cebolla, zanahoria, espinaca, arveja, banana, uva, naranja, limón, manzana, pera, melón, mango, almendra, aceituna/oliva, pimienta *pepper*, canela *cinnamon*, mostaza *mustard*

Fauna: vaca *cow*, cerdo, gallina *chicken*

El impacto del intercambio en la dieta americana y europea

¿SABES QUE...?

The olive tree dates back to 4000 B.C. Spain is the world's leading supplier of olive oil, producing two million tons a year with a value of US$1.7 billion.

En América, algunos de los productos procedentes de Europa se cultivan con tal éxito[3], que constituyen ahora la base de las economías de muchos de sus países. Por ejemplo: **Honduras** (bananas), **Cuba** (caña de azúcar, primer productor mundial), **Colombia** (café, segundo productor mundial), **Argentina** (trigo, uno de los primeros productores del mundo) y **Chile** (uvas, vino). Lo mismo[4] ocurre con los animales procedentes de Europa. En la actualidad, la producción ganadera[5] de Argentina es una de las primeras del mundo, junto a[6] la de Uruguay y Paraguay, países que exportan carne de gran calidad. ¿De qué continente son originarias la uvas, las manzanas y las naranjas que se ven en este mercado de Chile?

¿SABES QUE...?

Guatemala is the world's leading producer of chewing gum (**chicle**). The revenue from gum exports totals more than $2 million a year. Until 1973, Guatemala exported gum solely to the United States.

[1]**A...** As a result of, [2]between, [3]**tal...** such success, [4]**Lo...** The same thing, [5]cattle, [6]**juto...** along with

En Europa, los productos originarios de América, tales como[1] la papa y el bacalao, se convierten en alimentos[2] básicos. Otros, como el tomate, el cacao, el pimiento y la vainilla, son ahora ingredientes indispensables en la cocina[3] europea. Observa las frutas en este mercado español. ¿De qué continente es originaria la piña?

Los supermercados en EE.UU. y su selección de productos hispanos

La influencia hispana es evidente en numerosos aspectos de la vida estadounidense, y en los supermercados no es una excepción. Observa las etiquetas[4] de los productos en tu supermercado. Te va a sorprender la cantidad de productos originarios de países hispanos que se importan en EE.UU.

chiles de México

espárragos blancos de Perú

papayas y **mangos** de México

uvas de Chile

bananas de Honduras

pescado de Chile

camarones de Ecuador

aceitunas y **aceite de oliva** de España

café de Colombia

vino de Chile y de España

 ¿Qué aprendiste?

1. ¿A partir de qué año se inicia el intercambio de productos entre Europa y América?

2. ¿Cuáles son algunos de los productos procedentes de Europa que constituyen ahora la base de la economía de algunos países de América?

3. ¿Qué productos originarios de América son parte indispensable de la dieta o de la cocina europea?

 Actividad cultural

Escribe una lista de: **(a)** *tres* productos originarios de América que te gustan; **(b)** *tres* productos procedentes de Europa que te gustan; **(c)** *tres* productos hispanos importados que compras en tu supermercado. Luego, compártela con un compañero/a de clase.

Contraste cultural

En grupos de cuatro, hablen de:

- las comidas o productos de otros países o continentes que Uds. comen o compran (China, Japón, Tailandia, Vietnam, la India, el Oriente Medio[5], África,...)

- las comidas o productos de su país o región que son populares en otros países

¿SABES QUE...?

Chocolate is made by crushing the beans of the cacao fruit into cocoa powder and mixing it with other ingredients such as milk, vanilla and cinnamon. The word **cacao** is Mayan, and the Aztecs used cacao beans as currency. An officer of Hernán Cortez, the Spanish conquistador, observed Moctezuma the Aztec leader, drinking 50 flagons (more than a gallon) of chocolate a day.

The Cacao God of the Classic Maya (engraved on a bowl).

[1]**tales...** such as, [2]foods, [3]cuisine, [4]labels, [5]**Oriente...** Middle East

En el restaurante

VOCABULARIO

1. COMIDAS

2. DESAYUNO
3. cereal con leche
4. pan tostado con mantequilla y mermelada
5. huevos fritos con tocino
48 pesos

6. ALMUERZO
7. sopa de vegetales
8. hamburguesa con papas fritas
9. sándwich de atún con mayonesa
84 pesos

10. CENA
11. ensalada con aceite y vinagre
12. bistec a la parrilla
13. pollo frito con puré de papas
120 pesos

14. BEBIDAS
15. café con crema y azúcar
16. té caliente*/ helado
17. jugo de naranja
18. refrescos
19. agua con/ sin hielo
20. cerveza
21. vino

22. POSTRES
23. pastel/ torta de chocolate
24. helado de vainilla
25. galletas
26. flan

28. servir (i)

El pollo, por favor.

¿Sirven platos vegetarianos?

¡Buen provecho! **

¿Quieres un poco de helado?

No gracias, estoy a dieta.

27. pedir (i)
29. tomar
30. la cuenta
31. pagar
32. dejar
33. la propina

1. meals, food 2. breakfast (*m.*) 3. cereal (*m.*) with milk 4. toast with butter and jam 5. fried eggs with bacon 6. lunch (*m.*)
7. vegetable soup 8. hamburger with French fries 9. tuna salad sandwich (*m.*) 10. dinner (*f.*) 11. salad with oil and vinegar
12. grilled steak 13. fried chicken with mashed potatoes 14. drinks, beverages 15. coffee (*m.*) with cream and sugar
16. hot tea (*m.*)/ iced tea 17. orange juice 18. soft drinks, sodas 19. water with/ without ice 20. beer 21. wine 22. desserts
23. chocolate cake; **pastel** (*m.*) 24. vanilla ice cream 25. cookies 26. caramel custard (*m.*) 27. to order, ask for 28. to
serve 29. to drink, take 30. the bill 31. to pay 32. to leave (behind) 33. tip

*caliente *hot (temperature)*; **picante** *hot (spicy)* ** **¡Buen provecho!** *Enjoy your meal!*

¡En acción!

5-10 El menú

 Paso 1. De los menús de la página 160, ¿qué va a pedir tu compañero/a? Hazle las preguntas de la primera columna. Él/Ella responde según el modelo de la segunda columna, y tu escribes la información en la tercera. Luego, cambien de papel.

Preguntas	Respuestas	Información escrita
1. ¿Qué vas a pedir en el desayuno? ¿Y para beber?	*Voy a pedir cereal con leche...*	*Samuel va a pedir cereal con leche...*
2. ¿Qué vas a pedir en el almuerzo? ¿y para beber? ¿Y de postre?		
3. ¿Qué vas a pedir en la cena? ¿Y para beber? ¿Y de postre?		

 Paso 2. Ahora, comparte la información de la tercera columna con otro/a compañero/a o con la clase.

* You have noticed how Spanish speakers say *orange juice* (**jugo de naranja**), *chocolate cake* (**torta de chocolate**), and *vanilla ice cream* (**helado de vainilla**). How many types of juice, cakes/ pies, and ice cream can you identify?

  dish + **de** + *flavor*

* You have also learned how to talk about sandwiches (and other foods) with multiple ingredients: **sándwich *de* atún *con* mayonesa**. What other combinations of sandwiches can you think of?

  sandwich + **de** + *main ingredient* + **con** + *other ingredients*

5-11 Tema de conversación: las comidas

 Observen la escena de la página 160, y háganse las siguientes preguntas para saber las preferencias de cada uno/a.

1. De las tres comidas del día, ¿cuál es tu favorita?

2. ¿A qué hora desayunas, almuerzas y cenas?

3. ¿Qué desayunas[1]? ¿Y qué jugo o bebida caliente tomas?

4. ¿Cuál es tu sopa favorita? ¿y tu sándwich favorito?

5. ¿Qué bebida prefieres con el almuerzo? ¿y con la cena?

[1]**Qué...** What do you have for breakfast?

6. Cuando cenas en un restaurante, normalmente, ¿pides sopa? ¿ensalada? ¿postre?

7. ¿Qué postres se sirven en el restaurante de la página 160? ¿Cuál es tu postre favorito?

8. En el restaurante, ¿qué pide el señor? ¿Es vegetariana la señora?

9. ¿Qué sirve la mesera? ¿Qué dice? ¿Quién no desea tomar helado? ¿Por qué?

10. ¿Qué pagamos en un restaurante después de comer o cenar? ¿Dejas una buena propina en los restaurantes?

¿SABES QUE...?

People in most Hispanic countries eat the main meal of the day with their families, usually between 1:00 and 2:00 PM. Breakfast is normally quite light, and dinner is generally later than in the United States, typically between 8:00 and 9:00 PM. Spain is known for its late lunches and dinners, particularly on weekends.

5-12 Los restaurantes favoritos

En EE.UU. la comida mexicana es muy popular y los restaurantes mexicanos forman ya parte de las opciones culinarias preferidas por los estadounidenses.

 Paso 1. ¿Cuál es el restaurante favorito de tu compañero/a de clase? ¿Qué se sirve allí? Pregúntale lo siguiente y apunta la información. Luego, cambien de papel.

Incluyan:

- nombre y ubicación (*location*) del restaurante (¿Cómo se llama? ¿Dónde está?)
- clase de comidas que se sirven allí (¿mexicana? ¿italiana? ¿tailandesa?...)
- platos y bebidas que le gustan de allí (ensalada, plato principal, verduras, postre)
- precio de los platos principales (cuestan... dólares)
- frecuencia con la que come allí (todas las semanas, una vez al mes,...)

 Paso 2. Ahora, con la información obtenida, escribe *cinco* oraciones acerca del restaurante favorito de tu compañero/a. Da toda clase de detalles.

♪ ¡A escuchar! Una cena especial

Paso 1. Los señores Alvar están en su restaurante favorito para celebrar el aniversario de los veintitrés años de su matrimonio. Escucha la conversación entre ellos y el mesero.

Paso 2. Escucha otra vez, y luego completa la lista y los espacios en blanco que siguen con la información apropiada.

¿Qué piden?	El Sr. Alvar	La Sra. Alvar
bebidas:	*vino tinto,...*	
primer plato:		
segundo plato:		
postre:		
café:		

Al final, el señor Alvar desea pagar y pide la _____. Probablemente deja una buena _____ para el mesero.

Comidas de los restaurantes del mundo hispano.

Desayuno de México: quesadillas, frijoles y papaya con jugo de naranja y café con leche.

Almuerzo de Costa Rica: pescado a la parrilla con limón y ensalada de tomate, pepino y cebolla.

Merienda[1] de España: chocolate con churros.

Cena típica de Venezuela: carne de res, arroz, frijoles negros y plátanos fritos, con pan y jugo de frutas naturales.

Postre típico de España: frutas y queso.

[1]Afternoon snack

¡Manos a la obra! 🖐 Quia

2

You know how to form the present tense of regular verbs: you drop the infinitive ending (**-ar, -er** or **-ir**) and add the present tense endings, according to the person. (See pages 80 and 114.)

Some verbs also change the *stem*—the portion left after you drop the infinitive ending. The last vowel before the ending changes in all persons except **nosotros** and **vosotros.**

e → ie	o → ue	e → i
querer (ie) *to want, love*	**dormir (ue)** *to sleep*	**pedir (i)** *to ask for, order*

qu**ie**ro	queremos	d**ue**rmo	dormimos	p**i**do	pedimos
qu**ie**res	queréis	d**ue**rmes	dormís	p**i**des	pedís
qu**ie**re	qu**ie**ren	d**ue**rme	d**ue**rmen	p**i**de	p**i**den

Additional stem-changing verbs used in this chapter include:

e → ie

entender (ie) *to understand*	¿Ent**ie**nden el menú?
pensar (ie) *to think*	¿P**ie**nsas que aquí sirven arroz con pollo?
preferir (ie) *to prefer*	Pref**ie**ro cenar más tarde.

o → ue

almorzar (ue) *to have lunch*	¿A qué hora alm**ue**rzas?
contar (ue) *to count*	C**ue**nto los refrescos para ver si hay suficientes.
costar (ue) *to cost*	¿Cuánto c**ue**stan los sándwiches?
poder (ue) *to be able*	¿P**ue**den Uds. cenar a las siete?
volver (ue) *to return*	El mesero v**ue**lve en un momento.
jugar* (ue) *to play sports/games*	¿Siempre j**ue**gas al tenis antes del almuerzo?

e → i

repetir (i) *to repeat*	Los domingos, rep**i**ten el menú del sábado.
servir (i) *to serve*	¿Qué días s**i**rven mariscos?

*The verb **jugar** changes the **u** to **ue**.

Fabio y sus amigos compran las bebidas para la cena con los padres de Jennifer.

¿Qué piensan de este supermercado?

Pienso que es estupendo. Aquí podemos comprar todas las bebidas.

¿Quieren refrescos o jugo?

Yo prefiero jugo de piña, ¿y ustedes?

Podemos llevar varios jugos y también, una botella de vino.

¡Qué buena idea!

Y ahora,... volvemos al carro... ¡y a cenar!

¡En acción!

¡Oye! ¿Es así o no?

Escucha lo que dice tu profesor/a y di si piensas que es cierto o no lo siguiente.

5-13 En mi universidad

¿Es así o no? Escoge la forma del verbo apropiada para completar cada una de las siguientes oraciones. Luego, marca **Sí** o **No** para indicar si eso también ocurre en tu universidad.

Sí	No	
☐	☐	**1.** Generalmente, se *puede/ podemos* estacionar sin problemas.
☐	☐	**2.** Los estudiantes *duermen/ duermo* siete horas todas las noches.
☐	☐	**3.** En la cafetería se *servimos/ sirve* comida muy nutritiva.
☐	☐	**4.** Los profesores siempre *almuerzan/ almorzamos* en la cafetería.
☐	☐	**5.** Mis amigos y yo *entiende/ entendemos* a la profesora de español.
☐	☐	**6.** Nosotros *piensas/ pensamos* que todas las clases son buenas.
☐	☐	**7.** Mis amigos *juego/ juegan* al ping-pong en el centro estudiantil.
☐	☐	**8.** Muchos estudiantes *vuelven/ vuelvo* tarde a casa porque trabajan.
☐	☐	**9.** Mis compañeros y yo *preferimos/ prefieren* estudiar en la biblioteca.

Note three uses of **pensar.**

- **pensar de:** to ask for an opinion. ¿Qué **piensas de...**? *What do you think about...?*
- **pensar que:** to state an opinion. **Pienso que...** *I think (that)...*
- **pensar + *infinitive*:** to plan/ intend to do something. **Pienso ir.** *I plan/ intend to go.*

5-14 En un restaurante

Juan y Marisela hablan con el mesero. Completen la conversación en grupos de tres. En las líneas continuas, usen el verbo entre paréntesis. En las líneas discontinuas, incluyan comidas y bebidas apropiadas. Luego, hagan los tres papeles.

Mesero: ¡Buenas tardes! ¿En qué (*poder*) _____ servirles?

Juan: Buenas tardes. ¿Cuáles son los platos del día?

Mesero: Hoy tenemos _ _ _.

Marisela: ¿Qué (*pensar*) _____ Ud. del/ de la/ de los/ de las_ _ _?

Mesero: (*Pensar*) _____ que es/ son muy rico/ a/ os/ as, pero yo personalmente (*preferir*) _____ _ _ _.

Marisela: Pues, para mí, _ _ _, por favor. Y tú, Juan, ¿qué (*querer*) _____?

Juan: ¿(*Servir*) _____ Uds. _ _ _?

Mesero: _ _ _.

Juan: Para mí, _ _ _, por favor. Me encanta.

Mesero: Señores, para beber ¿(*querer*) _____ Uds. _ _ _?

Juan: Para mí, _ _ _. ¿Qué (*preferir*) _____ tú, Marisela?

Marisela: _ _ _, por favor.

5-15 ¡Hablemos de comida!

 Paso 1. ¿Quieres conocer los hábitos de comer de tus compañeros/as? Camina por la clase y hazles cada pregunta a *tres* estudiantes diferentes. Apunta las respuestas.

SONDEO

1. ¿Dónde almuerzas durante la semana? ¿A qué hora?

    dónde   a. _____   b. _____   c. _____

    a qué hora   a. _____   b. _____   c. _____

2. ¿Qué prefieres comer y beber en el desayuno?

    comer   a. _____   b. _____   c. _____

    beber   a. _____   b. _____   c. _____

3. Cuando vas a un buen restaurante a cenar, ¿qué pides?

            a. _____   b. _____   c. _____

4. En general, ¿qué piensas de la «comida rápida»?

    Pienso que...   a. _____   b. _____   c. _____

5. ¿Qué comida puedes preparar tú solo/a?

            a. _____   b. _____   c. _____

6. ¿Qué platos quieres aprender a preparar?

            a. _____   b. _____   c. _____

7. ¿Los fines de semana, duermes la siesta después del almuerzo?

            a. _____   b. _____   c. _____

 Paso 2. En grupos de seis, comparen las respuestas a cada pregunta y apunten las que tienen en común varios estudiantes. Luego, una persona de cada grupo informa al resto de la clase: *En nuestro grupo, la mayoría de los estudiantes almuerzan en la cafetería al mediodía.*

5-16 En el Café Ibérico de Chicago

Paso 1. Estás con dos amigos en el **Café Ibérico,** un restaurante de Chicago que sirve comida española y se especializa en tapas. Antes de llamar[1] al mesero, Uds. leen el menú y hablan de los platos que prefieren o piensan pedir. Usen los verbos que siguen.

> querer   preferir   pedir   pensar

MODELO

E1: *¿Que quieren pedir Uds.?*

E2: *Yo pienso pedir dos o tres tapas; unas calientes y otras frías.*

E3: *Pues, yo aquí siempre pido ensalada, pero hoy prefiero la sopa.*

[1]**Antes...** Before calling

Café Ibérico — TAPAS BAR

ENSALADAS

Ensalada de la casa — $ 3.50
House salad with sherry vinaigrette and olive oil.

Ensalada mixta — $ 4.50
Spanish style mixed salad with asparagus, beets, hearts of palm, endive, dressed with our vinaigrette and wine dressing.

Ensalada de legumbres — $ 4.50
A combination of seasonal grilled vegetables marinated with sherry vinaigrette.

TAPAS FRÍAS

Aceitunas aliñadas — $ 3.95
Marinated Spanish olives.

Canelón de atún — $ 4.25
Tuna cannelloni served with a creamy whitewine sauce.

Pimientos asados — $ 4.50
Fire roasted three color peppers with olive oil.

Patatas ali-oli — $ 3.95
Red potatoes with garlic mayonnaise sauce.

Jamón ibérico — $ 5.75
Spanish style cured ham with manchego cheese and tomato bread.

Tortilla española — $ 3.95
Spanish omelet.

SOPAS

Caldo gallego — $ 3.95
Galician style soup with white beans and rappini.

Sopa de fideos — $ 3.00
Chicken noodle soup.

TAPAS CALIENTES

Patatas bravas — $ 4.25
Spicy potatoes with special tomato sauce.

Pincho de pollo — $ 4.50
Chicken brochette with caramelized onions and rice.

Pincho de solomillo — $ 5.25
Beef tenderloin skewer with fries and caramelized onions.

Calamares a la plancha — $ 4.50
Grilled squid with olive oil, garlic and lemon juice.

Pulpo a la plancha — $ 5.95
Grilled octopus with potatoes and olive oil.

Chorizo y morcilla — $ 4.50
A combination platter of grilled Spanish style sausages.

Queso de cabra — $ 5.75
Baked goat cheese with fresh tomato basil sauce.

POSTRES

Flan de caramelo — $ 3.25
Caramel custard.

Arroz con leche — $ 3.00
Baked rice pudding with milk and cinnamon.

CAFÉS

Café solo — $ 2.00
Espresso.

Café cortado — $ 2.00
Espresso with a touch of milk.

Café con leche — $ 2.00
Espresso with lots of steamed milk.

Carajillo — $ 3.00
Espresso coffee with Spanish brandy or anisette.

El bar llamado **Tapas Barcelona** en Evanston, Illinois. **Las tapas** son pequeñas porciones de diferentes especialidades de comida española. En España se sirven en todos los bares. Ahora son también populares en EE.UU.

Palabras útiles
¡Buen provecho!
Enjoy your meal!
Quisiera... *I would like... (polite)*

 Paso 2. Ahora, Uds. ya están listos[1] para pedir su comida. Hagan los papeles de mesero/a y de tres clientes. Incluyan lo siguiente en sus diálogos:

- saludos
- preguntas acerca de las ensaladas, sopas y tapas que sirven
- lo que piden para comer
- lo que piden de postre y la clase de café que prefieren
- pedir la cuenta y pagar (con tarjeta de crédito)
- las despedidas

[1]ready

Tu mundo cultural

Platos típicos de algunos países hispanos

Dónde tú vives, ¿hay restaurantes que se especializan en comidas de países hispanos? ¿Cuáles has comido?

La gastronomía del mundo hispano es un reflejo de su diversidad. Los países hispanohablantes, que están en continentes y hemisferios distintos, tienen climas y geografía muy variados, un rico pasado y una gran diversidad cultural. En consecuencia, sus platos típicos incluyen todos los productos, colores, sabores[1] y métodos culinarios imaginables.

Lo interesante es que la mayoría de esos platos se pueden encontrar ahora en los restaurantes de todas las grandes ciudades de EE.UU. Esto es el resultado de la presencia cada vez mayor en este país de inmigrantes procedentes de diversos países hispanos. ¿Cuáles de estos platos te gustaría comer?

Los tamales (del azteca *tamal-i*) son típicos de México y de otros países hispanoamericanos. En su masa[2] de maíz se pone carne (de res, puerco, pavo o pollo), cebolla, ajo, tomate, especias, y a veces, papas, garbanzos, pasas[3] o aceitunas[4]. Los tamales se cuecen al vapor[5], en hojas de maíz o plátano. Se sirven en Navidad y en ocasiones especiales.

El mole poblano, original de la ciudad de Puebla, en México, es una salsa de chocolate, chiles y especias que se sirve con pavo o pollo. Se come en días especiales.

El ajiaco o sancocho criollo es uno de los platos preferidos de países del Caribe como República Dominicana, Puerto Rico y Cuba. Esta sopa tropical tiene maíz, plátanos verdes, jugo de limón, yuca, batata, ñame (variedad de batata) y calabaza[6].

[1]flavors, [2]dough, [3]raisins, [4]olives, [5]se... are steamed, [6]squash

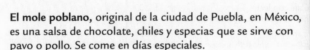

Ropa vieja es una especialidad de países del Caribe, como Cuba. Sus ingredientes son carne de res preparada con cebolla, ají (chile) rojo y verde, ajo, orégano, pimentón, tomate frito, aceite de oliva y un poco de vino blanco. Se sirve con arroz y plátanos fritos.

El cebiche (o ceviche) es típico de Perú y del sur de Ecuador, y es popular en otros países hispanos de la costa. Se prepara con pescado o marisco crudo[1], marinado en jugo de limón o de naranja; lleva también cebolla, tomates, aceite de oliva, ají, sal, pimienta y cilantro. Se sirve de aperitivo o como plato ligero[2].

Las empanadas son una especialidad de Argentina; también se preparan en España, Chile, Bolivia, Colombia, Paraguay, Cuba y otros países. Consisten en una masa de harina rellena de carne, papas, cebolla, arvejas, aceitunas, pasas, huevos y especias.

La paella es un plato típico español de la región mediterránea de Valencia, aunque se prepara en toda España. Sus ingredientes varían de una región a otra. Tradicionalmente, se prepara al aire libre con arroz, carne o mariscos, pimientos rojos y verdes, tomates, aceitunas, ajo, cebolla, limón, azafrán[3], sal y aceite de oliva.

¿Qué aprendiste?

1. ¿Por qué es tan variada la gastronomía hispana?

2. ¿Por qué se sirven muchos platos hispanos en restaurantes estadounidenses?

3. ¿Cuáles son las especialidades de México, el Caribe, Perú, Ecuador, Argentina y España?

Actividad cultural

Uds. quieren preparar dos platos típicamente hispanos. Decidan cuáles van a hacer y por qué. Luego, escriban una lista de lo que van a comprar en el supermercado, según los ingredientes de cada plato.

Contraste cultural

Habla con tu compañero/a de dos o tres platos representativos de la región donde vives. Dile los ingredientes que tienen, las ocasiones cuando se preparan, cuál es tu favorito y por qué. Túrnense.

[1]raw, [2]light, [3]saffron

Preparativos para una fiesta

1. kitchen 2. gifts 3. another 4. to taste, to try 5. to prepare 6. more; **menos** less 7. salt (*f.*) 8. pepper 9. to cook 10. to cut
11. flour 12. I'm hungry! **tener hambre** to be hungry 13. I'm thirsty! **tener sed** to be thirsty 14. tablecloth 15. olives
16. afternoon snack 17. forks (*m.*) 18. napkins 19. knives 20. spoons 21. plates, dishes 22. cups 23. glasses 24. wine glasses

*Otro regalo/ otra galleta *Another gift/ another cookie.* Note that **otro/a** does *not* include **un/una** before it.

¡En acción!

5-17 ¿Cierto o falso?

Lee las oraciones e indica si son ciertas o falsas. Si son falsas, corrígelas.

MODELO

C	F	
☐	☑	Para tomar sopa se usa un cuchillo.

Falso. Para tomar sopa se usa una cuchara.

C	F	
☐	☐	**1.** La comida se sirve en platos.
☐	☐	**2.** El vino se sirve en una taza.
☐	☐	**3.** Para beber té helado, se usan copas.
☐	☐	**4.** Para comer un huevo frito, se necesita una cuchara.
☐	☐	**5.** Para cortar el bistec, se usa un tenedor.
☐	☐	**6.** Cuando se comen espaguetis, se necesita una servilleta.
☐	☐	**7.** Cuando se tiene mucha hambre, se come una ensalada de lechuga.
☐	☐	**8.** Cuando se tiene mucha sed y hace calor, se bebe agua o un refresco.

5-18 Preparativos para una fiesta

Los Roldán están muy ocupados en la cocina. ¿Qué pasa? Observen la escena de la página 170 y contesten las preguntas.

1. ¿Qué fiesta celebran? ¿Cuántos años cumple Robertito?

2. ¿Qué hace Guadalupe? ¿Qué dice?

3. ¿Qué ingredientes necesita Ángel para preparar la ensalada?

4. ¿Qué ingredientes usa Nuria para preparar los pasteles? ¿Qué hace? ¿Le gusta cocinar a ella?

5. ¿Dónde está Calisto, el gato? ¿Qué hace? ¿y Pachá, el perro?

6. ¿Para (*For*) quién son los regalos que están en la mesa? ¿Qué dice la abuela?

7. ¿Qué va a poner Mª Luisa en la mesa? ¿De qué color es el mantel?

8. ¿Qué comidas van a servir en la merienda? ¿Qué prueba Carmen?

9. ¿Quién tiene hambre? ¿Qué quiere probar? ¿Quién tiene sed? ¿Qué quiere beber?

10. En la otra mesa hay utensilios y otras cosas. ¿Cuáles se usan para beber? ¿y para comer?

Cocina mexicana con paredes de cerámica o azulejos, decoración tradicional de muchas cocinas hispanas. En ella se ve a una cocinera preparando tortillas de maíz.

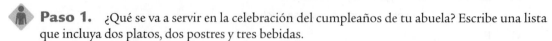

In many Hispanic countries, **la merienda**—a snack between lunch and dinner, similar to tea in England—is a part of daily life. It can be a cold snack such as a sandwich, or a cup of hot chocolate, coffee, or tea with pastries or cake. Birthday parties and other special occasions are celebrated with a **merienda**.

5-19 ¡La abuela cumple 100 años!

Paso 1. ¿Qué se va a servir en la celebración del cumpleaños de tu abuela? Escribe una lista que incluya dos platos, dos postres y tres bebidas.

Paso 2. Una amiga te ayuda a poner[1] la mesa. Tú le dices lo que se va a servir, y ella te indica lo que se necesita para la mesa. Hagan los dos papeles, y al final, cambien de papel.

MODELO

Tú:	*Para beber, vamos a servir agua y vino.*
Tu amigo/a:	*Necesitamos vasos de agua y copas de vino.*

> **Palabras útiles**
> el plato sopero *soup bowl*

¡Cumpleaños feliz!

¡Cumple - a - ños fel - iz,

cumple - a - ños fel - iz,

Te de - sea - mos a - bue - la,

cumple - a - ños fel - iz!

¡A escuchar! Preparativos para un picnic

Paso 1. La familia Martínez está haciendo los preparativos para un picnic en el campo. Escucha la conversación.

> **Palabras útiles**
> la cesta *basket*

Paso 2. Escucha otra vez, y luego marca **sí** o **no** para indicar si lo que se dice es cierto o no.

1. El padre prefiere merendar en casa. ☐ Sí ☐ No
2. Los niños quieren ayudar. ☐ Sí ☐ No
3. En la cesta van a poner:
   - platos y tenedores ☐ Sí ☐ No
   - cuchillos y cucharas ☐ Sí ☐ No
   - el mantel amarillo ☐ Sí ☐ No
   - vasos y bebidas ☐ Sí ☐ No
   - copas y tazas ☐ Sí ☐ No
4. Van a merendar:
   - arroz con pollo ☐ Sí ☐ No
   - sándwiches ☐ Sí ☐ No

[1]set

¡Manos a la obra! 🖐 🇶ᵘⁱᵃ

Saying that an action is in progress: The present progressive

3

When you want to stress that something is happening right at the moment, you use the present progressive:

En este momento, **estamos trabajando** en casa.
We're working at home right now.

The present progressive consists of:

the present tense of **estar** + *the present participle* (the *-ing* form) of a verb.

The *regular* present participle is formed by dropping the infinitive ending and adding:

-ando (**-ar** verbs) or **-iendo** (**-er** and **-ir** verbs):

	habl**ar**	com**er**	escrib**ir**
estoy estás está estamos estáis están	habl**ando**	com**iendo**	escrib**iendo**

- Unlike English speakers, Spanish speakers use the present tense (**hablo, como, escribo**) to describe an ongoing action in the present—*I am speaking, I am eating, I am writing*—rather than the present progressive. They use the present progressive only to emphasize that something is happening *right now*.

- Direct object pronouns are placed *before* **estar** or *attached to the present participle*.

  Le gustan las galletas. **Las** está probando. (o) Está probándo**las**.*

- Spanish also has *irregular* present participles. Here are five verbs you know whose present participles are irregular. The first four have stem changes.

de**c**ir (i)	**d**iciendo	dormir (u)	d**u**rmiendo
pedir (i)	p**i**diendo	leer	le**y**endo
servir (i)	s**i**rviendo		

* When a pronoun is attached to a present participle, a written accent is added to the third vowel from the end of the word.

La madre de Jennifer está preparando la cena. Jennifer entra a la cocina para ayudarla.

Mamá, ¿Qué estás preparando?
Estoy cortando las verduras para hacer ropa vieja.

¿Cómo estás preparándola?
La estoy cocinando con papas, carne y salsa verde.

¿Puedo ayudarte a cortar las verduras?
Sí, ayúdame a cortarlas, por favor.

¿Qué estás haciendo? ¿Por qué no estás ayudando a mamá?
Estoy jugando. Tengo hambre, mami.

¡En acción!

 ¡Oye! ¡Qué desastre en la cocina!

Los señores Gutiérrez no están en casa, y sus hijos están con unos amigos en la cocina. Escuchen lo que está pasando. Luego, ocho estudiantes representan lo que ocurre haciendo los papeles de los seis niños, el gato y el perro.

5-20 encasadekristina.com

En casa de Kristina es un programa de televisión chileno. Hoy Kristina está preparando sopa de calabaza para una ocasión festiva. Completen los pasos con la ayuda de las fotos. Usen la forma **yo** del presente progresivo. Túrnense.

1. ¡Muy buenos días!. En estos momentos (*empezar*) <u>estoy</u> <u>empezando</u> a preparar una sopa muy rica: crema de calabaza.

2. Primero, como Uds. ven, (*lavar*) _____ _____ muy bien la calabaza.

3. Ahora, con un bol y un lápiz (*hacer*) _____ _____ un círculo en la parte superior de la calabaza.

4. En este momento, (*cortar*) _____ _____ la calabaza con un cuchillo, siguiendo la marca del círculo.

5. A continuación, ven Uds. que (*sacar*) _____ _____ la pulpa de la calabaza.

6. Ahora, (*poner*) _____ _____ en la estufa la sartén con la pulpa, un poquito de aceite, ajo y sal.

7. Y finalmente, (*servir*) _____ _____ la sopa.

> **Palabras útiles**
> empezar (ie) *to begin*
> sacar *to remove*
> la sartén *frying pan*
> la estufa *stove*

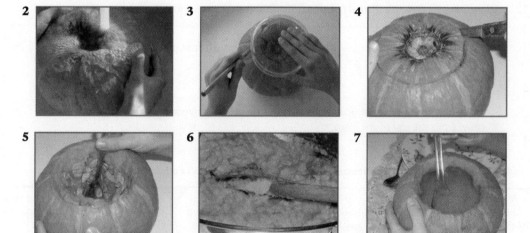

5-21 ¿Dónde están?

Un/a estudiante les dice a las otras tres personas de su grupo lo que está ocurriendo en uno de los siguientes lugares[1], pero sin dar el nombre del lugar. Las tres personas tienen que adivinarlo[2]. Túrnense.

MODELO

E1:   *Una persona está usando la computadora, otra está hablando por teléfono,...*

Los otros: *¡Están en la oficina!*

E1:   *¡Correcto!*

Palabras útiles
correcto *right*
incorrecto *wrong*

1. en la clase
2. en la oficina
3. en la cocina
4. en la biblioteca
5. en la playa
6. en las montañas

 5-22 En la fiesta de Robertito

¿Qué están haciendo algunas personas? Observen la escena de la página 170 y contesten las preguntas según el modelo. Usen los pronombres **lo, la, los, las**. Túrnense.

MODELO

E1: *¿Quién está poniendo los regalos en la mesa?*

E2: *Damián **los** está poniendo en la mesa. (o) Damián está poniéndo**los** en la mesa.*

1. ¿Quién está probando *las galletas?*
2. ¿Quién está preparando *la ensalada?*
3. ¿Quién está cortando *el pastel?* ¿Está probándolo?
4. ¿Quién está durmiendo *la siesta?*
5. ¿Quién está comiendo *la comida* de su bol?
6. ¿Quién está poniendo *el pastel* en la mesa?

5-23 ¿Por qué lo están haciendo?

Digan lo que están haciendo las siguientes personas y expliquen por qué.

MODELO

E1: *Las dos chicas están decorando un pastel de cumpleaños. ¿Por qué?*

E2: ***Lo** están decorando porque es el cumpleaños de su amiga Ana. (o) Están decorándo**lo** porque es el cumpleaños de su amiga Ana.*

decorar

preparar

beber

comer

comprar

leer

decir

[1]places, [2]**tienen...** have to guess it

Tu mundo cultural

Dos recetas típicamente hispanas

¿Te gusta cocinar? ¿Quieres aprender a hacer algo rico y fácil? A continuación vas a ver dos recetas de dos especialidades hispanas que puedes probar en numerosos restaurantes de EE.UU.

ARROZ CON POLLO
(receta para seis personas)

Tiempo de preparación: 20 minutos
Tiempo de cocción: 50 minutos
Grado de dificultad: fácil
Costo: razonable

El arroz con pollo, el plato del Caribe por excelencia.

Glosario:

una olla

machacar

picar

Achiote o annatto: especia de color rojo extraída de una flor de la América tropical

Ingredientes:

4 pechugas[1] de pollo sin hueso[2], cortadas
¼ taza de aceite de oliva
2 dientes de ajo machacado
media cebolla picada
½ pimiento verde picado
1 tomate picado
2 tazas de caldo[3] de pollo
¼ de una cucharadita de achiote disuelto en caldo

½ cucharadita de sal (o más, al gusto)
pimienta al gusto
1½ tazas de arroz blanco
½ lata[4] de garbanzos
½ taza de chícharos
½ lata de cerveza
unos cinco espárragos cocidos al vapor y un huevo duro para decorar

Preparación:

En una olla se fríe el pollo con aceite de oliva y se le añade un poco de sal.
Se saca[5] el pollo de la olla.
En la olla se fríen el ajo, la cebolla, el pimiento verde y el tomate.
Se añade[6] el caldo de pollo caliente, el achiote, la sal y la pimienta.
Se añade el arroz.
Se añaden el pollo, los garbanzos, los chícharos y los pimientos.
Se añade la cerveza.
Se cocina a fuego moderado durante unos 30 minutos hasta que el arroz absorba el líquido.
Luego se deja reposar unos minutos antes de servirlo y decorarlo.

Se sirve adornado con los espárragos y el huevo.

[1]breasts, [2]bone, [3]broth, [4]can, [5]Se... Take out, [6]Se... Add

FLAN

(receta española para seis personas)

Tiempo de preparación: 10-15 minutos
Tiempo de cocción: 45 minutos
Grado de dificultad: fácil
Costo: muy económico

El flan, postre típico de los países hispanos. Dependiendo del país, varían los ingredientes. Por ejemplo, en el Caribe a veces se añade coco o piña.

Ingredientes:

Para el caramelo:
dos cucharas grandes de agua y tres de azúcar

Para el flan:
4 ó 5 huevos
1 lata de leche condensada (con azúcar) de
   396 gr./ 14 oz.
1½ tazas de leche
½ cucharadita de extracto de vainilla

Preparación:

1. *El caramelo:*
Se pone el agua y el azúcar en el molde a fuego lento[1].
Cuando el agua y el azúcar adquieren un color dorado[2], se extiende bien por el molde.
Se aparta el molde durante unos cinco minutos hasta que se enfríe.

2. *El flan:*
Se baten[3] los huevos.
Se añade la leche condensada y la leche, y se mezclan[4].
Se añade la vainilla y se mezcla todo.
Se pone en el molde caramelizado.
Se pone en el horno[5] *al baño María* durante 45 minutos a una temperatura de 375° (Fahrenheit).

Se saca del horno y se deja enfriar. Si no se va a comer durante unos días, se puede dejar en el refrigerador.
Antes de servir el flan se vuelca[6] el molde en un plato.

¿Qué aprendiste?

1. ¿De dónde es típico el arroz con pollo? ¿Qué verduras tiene?

2. ¿De dónde es típico el flan? ¿Qué ingredientes le ponen a veces en el Caribe?

3. ¿Qué se prepara primero, el caramelo o el flan? ¿Se sirve frío o caliente?

Actividad cultural

Sigan las recetas y preparen los dos platos.

Contraste cultural

¿Cuáles son las recetas favoritas de su familia? ¿Son típicas de la región donde Uds. viven? ¿Son típicas de EE.UU.?

Recipientes necesarios:

flanera

fuente para el baño María

El caramelo es un almíbar que se forma cuando se calienta el agua con el azúcar.

El baño María consiste en poner el molde con el flan dentro de otro recipiente que contiene agua.

Cuando el flan está frío, se separa sin dificultad de los bordes del molde con un cuchillo, y se vuelca en el plato de servir.

---

[1]**fuego** low heat, [2]golden, [3]**Se...** Beat, [4]**se...** mix them, [5]oven, [6]**se...** turn it out onto

Tu mundo en vivo

¡Video en acción!

5.1 En el supermercado

1. Antes de ver el video
   a. ¿Conoces un supermercado hispano? ¿Cuál?
   b. ¿Qué platos y comidas típicas de países hispanos te gusta comer?

2. Mientras ves el video Marca el país de dónde se importan los siguientes productos.

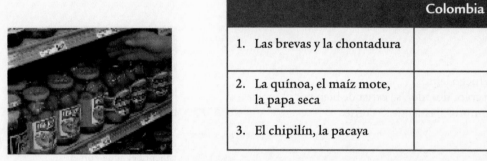

	Colombia	Guatemala	Perú
1. Las brevas y la chontadura			
2. La quínoa, el maíz mote, la papa seca			
3. El chipilín, la pacaya			

3. Después de ver el video Completa los espacios en blanco.
   a. Dos de los ingredientes principales del ceviche peruano son: _____ y _____.
   b. En este supermercado venden gran variedad de _____ y de _____.

4. Comenta con la clase
   a. ¿Conoces la comida que se ve en el video?
   b. ¿Se venden productos hispanos en tu supermercado? Da ejemplos.

5.2 En el restaurante

1. Antes de ver el video
   a. ¿Conoces un restaurante hispano que no sea mexicano?
   b. ¿Qué platos pides cuando vas?

2. Mientras ves el video Marca las respuestas correctas.
   a. ¿Qué trabajo tiene Isabela en el restaurante? ☐ es administradora ☐ es mesera
   b. ¿Dónde está Macita's Restaurante? ☐ en Colombia ☐ en Miami
   c. ¿Qué comidas se sirven allí? ☐ almuerzo y cena ☐ desayuno, almuerzo y cena
   d. ¿Qué ingredientes tiene un desayuno típico de ese restaurante? ☐ frijoles ☐ arroz ☐ huevos revueltos con tomate y cebolla ☐ jamón
   e. ¿Qué es la "bandeja paisa"? ☐ una carne de corte argentino ☐ un plato de arroz con huevo frito, carne asada, frijoles,...
   f. ¿Qué preparan en la cocina del restaurante? ☐ salsa criolla ☐ empanadas

3. Comenta con la clase
   ¿Te gusta este restaurante? ¿Qué plato te gustaría probar?

¡Lectura en acción!

¡Prueba este restaurante!

La siguiente reseña[1] es de una guía de restaurantes de Madrid que ofrece información y detalles de restaurantes que se recomiendan en la capital de España.

Paso 1. Lee el texto, concentrándote en los detalles que te parezcan importantes.

Restaurante Maruzzella (Madrid)

Raimundo Fernández Villaverde, 28003 Madrid. Barrio de Chamberí. Metro Cuatro Caminos. Zona: entre Cuatro Caminos y Castellana
Tlf. 91 534 7732

Clase: cocina casera italiana.

Desde pizzas a pastas pasando por carpaccios y antipastos. Vamos, lo clásico. Lo que no es tan clásico es la calidad de las pizzas y de la pasta que sirven, como los espaguetis a la putanesca.

Tiene horno de carbón al estilo antiguo, pero es el mejor italiano que he probado en Madrid, y con diferencia. Además, los precios son medios, tirando a bajos.

Raciones suficientes, no excesivas. Trato exquisito. Frecuentado por italianos. Tiene una terraza en un lugar privilegiado de Madrid. Si no fuera porque se ve el rescoldo del edificio Windsor (Winston, como, lo llaman los taxistas madrileños) podrías decir que estás en Italia, rodeado de italianos, comiendo comida casera italiana.

Reading Strategy

Summarizing

Summarizing the main points of a text can help you focus on the important details and help you determine what you did and did not understand.

Paso 2. Marca o escribe lo que corresponde para ver si entendiste la información más importante de la reseña.

1. Este restaurante sirve comida...
   ☐ italiana ☐ francesa ☐ china

2. Es un restaurante...
   ☐ poco auténtico ☐ genuino

3. La comida en este restaurante...
   ☐ cuesta mucho dinero ☐ cuesta poco dinero

4. Algunos platos del menú son: _____ , _____ , _____

5. La parada de metro más cercana es:
   ☐ Castellana ☐ Cuatro Caminos ☐ Chamberí

6. Las raciones son...
   ☐ muy pequeñas ☐ muy grandes ☐ adecuadas

Paso 3. Ahora, con tus propias palabras, resume la reseña, concentrándote en la información más importante.

---

[1]**review**

Vocabulario activo y pasivo: Capítulo 5

Escena 1

Las carnes y los mariscos *Meats and seafood/ shellfish*
el bistec *steak*
el camarón *shrimp*
la carne de res *beef*
la chuleta de cerdo *pork chop*
el jamón *ham*
la langosta *lobster*
el pavo *turkey*
el pescado *fish*
el pollo *chicken*
la salchicha *sausage*

Las frutas *Fruit*
la banana *banana*
la cereza *cherry*
el durazno *peach*
la fresa *strawberry*
el limón *lemon*
la manzana *apple*
la naranja *orange*
la pera *pear*
la piña *pineapple*
la sandía *watermelon*
la uva *grape*

Las legumbres/ las verduras *Vegetables*
la arveja, el chícharo *pea*
el bróculi *broccoli*
la cebolla *onion*
el frijol *bean*
la lechuga *lettuce*
el maíz *corn*
la papa *potato*
el pimiento verde/ rojo *green/red pepper*
el tomate *tomato*
la zanahoria *carrot*

Más comidas y otras palabras *More foods and other words*
el ajo *garlic*
el arroz *rice*
el pan *bread*
el queso *cheese*

el dinero *money*
el mercado *market*

Los números del 100 al... *Numbers from 100 to...*
cien *one hundred*
ciento uno/a *one hundred and one*
doscientos/as *two hundred*
trescientos/as *three hundred*
cuatrocientos/as *four hundred*
quinientos/as *five hundred*
seiscientos/as *six hundred*
setecientos/as *seven hundred*
ochocientos/as *eight hundred*

novecientos/as *nine hundred*
mil *one thousand*
dos mil *two thousand*
cien mil *one hundred thousand*
doscientos mil *two hundred thousand*
un millón *one million*
dos millones *two million*

Adjetivo *Adjective*
amable *kind, pleasant*

Verbos *Verbs*
buscar *to look for*
contar (ue) *to count*
costar (ue) *to cost*
desear *to want, wish, desire*
vender *to sell*
se vende *for sale*

Escena 2

Las comidas del día *Meals of the day*
el desayuno *breakfast*
el almuerzo *lunch*
la cena *dinner*

Las comidas *Foods*
el atún *tuna*
el cereal *cereal*
la ensalada *salad*
la hamburguesa *hamburger*
el huevo (frito) *(fried) egg*
el pan tostado *toast*
las papas fritas *French fries*
el puré de papas *mashed potatoes*
el sándwich *sandwich*
la sopa *soup*
el tocino *bacon*

Las bebidas *Drinks*
el agua *water*
el café *coffee*
la cerveza *beer*
el jugo (de naranja) *(orange) juice*
la leche *milk*
el refresco *soft drink, soda*
el té (caliente/ helado) *(hot/ iced) tea*
el vino *wine*

Los postres *Desserts*
el flan *caramel custard*
la galleta *cookie*
el helado (de vainilla) *(vanilla) ice cream*
el pastel/ la torta (de chocolate) *(chocolate) cake*

Más comidas y otras palabras *More foods and other words*
el aceite *oil*
el azúcar *sugar*
la crema *cream*
el hielo *ice*
la mantequilla *butter*

la mayonesa *mayonnaise*
la mermelada *jam*
el vinagre *vinegar*
frito/a *fried*
a la parrilla *grilled*

la cuenta *bill*
la propina *tip*

Preposiciones *Prepositions*
con/ sin *with/ without*

Verbos *Verbs*
almorzar (ue) *to have lunch*
dejar *to leave (behind)*
dormir (ue) *to sleep*
entender (ie) *to understand*
pagar *to pay for*
pedir (i) *to ask for, order*
pensar (ie) (+ infinitivo) *to think, plan/ intend (to do something)*
poder (ue) *to be able*
preferir (ie) *to prefer*
querer (ie) *to want, love*
repetir (i) *to repeat*
servir (i) *to serve*
tomar *to drink, take*
volver (ue) *to return*

Escena 3

Para poner la mesa *To set the table*
la copa *wine glass, goblet*
la cuchara *spoon*
el cuchillo *knife*
el mantel *tablecloth*
el plato *plate, dish*
la servilleta *napkin*
la taza *cup*
el tenedor *fork*
el vaso *glass*

Más comidas y otras palabras *More foods and other words*
la aceituna *olive*
la cocina *kitchen*
la harina *flour*
la merienda *afternoon snack*
la pimienta *pepper*
el regalo *gift*
la sal *salt*

más/ menos *more/ less*
otro/a *another*
otros/as *other*

Verbos y expresiones verbales *Verbs and verbal expressions*
cocinar *to cook*
cortar *to cut*
preparar *to prepare*
probar (ue) *to taste, try*
tener hambre/ sed *to be hungry/ thirsty*

Autoprueba y repaso: Capítulo 5 WILEY PLUS ✓

Escena 1
En el mercado

A. Identifica la fruta que corresponde a la descripción.

1. Es anaranjada; se cultiva en Florida. _la_ _____
2. Es roja y pequeña; se cultiva en California. _____ _____
3. Es amarillo; se hace limonada con esta fruta. _____ _____
4. Es morada o verde; se cultiva en Napa Valley, California. _____ _____
5. Es grande, verde en el exterior y roja en el interior. _____ _____

B. Haz (*Make*) un círculo alrededor de (*around*) los dos productos que tienen más en común.

1. el bróculi	las papas	el arroz
2. la lechuga	el tomate	el pan
3. el ajo	el frijol	la cebolla
4. la salchicha	el jamón	el bistec
5. el pollo	las chuletas de cerdo	el pavo
6. el pescado	la manzana	el camarón

C. Imagínate que eres el contador de un restaurante de Quito y hoy escribes cheques para pagar los productos que compraste este mes.

1. Frutería: $1.420 *mil cuatrocientos veinte dólares*
2. Carnicería: $8.715
   _____.
3. Pescadería: $6.530
   _____.
4. Panadería: $980
   _____.
5. Floristería: $195
   _____.

I. Direct object pronouns

D. Completa la conversación. Usa los pronombres **me, te, lo, la, nos, los** y **las.**

Madre: Hija, ¿dónde está la vendedora de flores? No _la_ encuentro.

Hija: Allí está, mamá, al lado de la panadería. ¿_____ ves ahora?

Madre: ¡Ah, sí, Ya _____ veo! Hoy vende rosas.

Hija: Mamá, ¡me encantan esas rosas! ¿Podemos comprar_____?

Madre: Bueno, hija. ¿Tienes el dinero?

Hija: Sí, _____ tengo aquí.

Madre: Entonces, yo voy a comprar camarones. _____ compro en la marisquería de don Ramón. Él _____ conoce bien a mí, y a tu padre también. _____ conoce a papá y a mí porque compramos allí todas las semanas.

Hija: ¡Claro! Bueno, mamá, ahora compro las flores y luego, _____ voy a buscar a la marisquería.

E. Contesta las preguntas. Usa los pronombres **lo, la, los** y **las** en tus respuestas.

MODELO

¿Quién va a organizar la fiesta? (Eva)

Eva va a organizarla. (o) Eva la va a organizar.

1. ¿Quién va a comprar la carne? (nosotros)
2. ¿Quién va a traer el pan? (yo)
3. ¿Quiénes van a decorar el apartamento? (Juan y Eva)
4. ¿Quiénes van a buscar las bebidas? (tú)
5. ¿Quién va a llamar a los invitados? (Sofía)

En resumen

Contesta las preguntas con oraciones completas.

1. ¿Cuál es tu fruta favorita?
2. ¿Qué legumbres comes con frecuencia?
3. ¿Comes carne? ¿Cuál es tu carne favorita?
4. ¿Comes pescado con frecuencia? ¿Dónde lo compras?
5. ¿Te gusta comer en restaurantes? ¿Cuál te gusta más (*most*)?

Escena 2
En el restaurante

F. Combina las palabras de la primera columna con las palabras que mejor les corresponden de la segunda.

____ 1. el aceite y el vinagre		a. el agua
____ 2. la leche y el azúcar		b. el tocino
____ 3. la mantequilla y la mermelada		c. el café
		d. la leche
____ 4. los huevos fritos		e. el helado de vainilla
____ 5. el hielo		f. la ensalada
____ 6. la hamburguesa		g. las papas fritas
____ 7. el cereal		h. el pan tostado
____ 8. el pastel de manzana		

II. Stem-changing verbs

G. Completa cada pregunta usando uno de los verbos que siguen. Luego, contesta la pregunta con el mismo (*same*) verbo.

almorzar dormir pedir pensar querer volver

1. ¿ _Piensan_ Uds. desayunar antes de ir al trabajo?

   Sí, _pensamos_ desayunar ahora.

2. ¿_____ Uds. a casa para almorzar?
   No, normalmente no _____ a casa.

3. ¿_____ Uds. en la cafetería de la universidad?
   Sí, _____ allí casi todos los días.

4. ¿_____ Uds. la siesta después de almorzar?
   Sí, con frecuencia _____ la siesta.

5. Cuando Uds. van a la heladería, ¿qué helado _____?
   Siempre _____ helado de chocolate.

6. ¿_____ Uds. salir a cenar esta noche, o preparar la comida en casa?
   ¡_____ salir a cenar!

En resumen

Contesta las preguntas con oraciones completas.
1. ¿Qué desayunas? (comidas y bebidas)
2. ¿Tomas café todas las mañanas?
3. ¿Qué prefieres comer en el almuerzo?
4. Cuando cenas en un restaurante, ¿pides postre normalmente? ¿cuál?

Escena 3
Preparativos para una fiesta

H. Combina cada objeto de la primera columna con la palabra que mejor le corresponda de la segunda.

1. la cuchara   ___ a. la leche
2. el cuchillo   ___ b. el vino
3. la taza   ___ c. el arroz
4. el vaso   ___ d. el café
5. el tenedor   ___ e. la carne
6. la copa   ___ f. la sopa

✓ Additional **Autopruebas** online.

I. Haz un círculo alrededor del verbo que más se asocia con la palabra.

1. la propina: dejar   preparar   pagar
2. la cuenta: tomar   pagar   dejar
3. el cuchillo: cocinar   cortar   correr
4. la comida: volver   caminar   probar
5. la ensalada: preparar   cortar   vender
6. la cocina: creer   cocinar   aprender

III. The present progressive

J. Indica lo que está pasando en este momento.

1. (*preparar*) Nosotros _estamos preparando_ la cena.
2. (*leer*) Miguel _____ _____ la receta (*recipe*).
3. (*cortar*) Tú _____ _____ los pimientos rojos y verdes.
4. (*probar*) Yo _____ _____ la carne.
5. (*hacer*) Ana y Lupe _____ _____ la torta de chocolate.
6. (*dormir*) El gato _____ _____.
7. (*llegar*) ¡Los invitados _____ _____!
8. (*servir*) Nosotros _____ _____ la comida. Todos tenemos mucha hambre.

En resumen

Contesta las preguntas con oraciones completas.
1. Si (*If*) son las diez de la noche y tienes hambre, ¿qué comes?
2. Si son las tres de la tarde y tienes sed, ¿qué bebes?
3. ¿Te gusta cocinar? ¿Qué comidas sabes hacer? ¿Las preparas con frecuencia?
4. En este momento, ¿estás pensando en tus comidas favoritas?
5. ¿Qué más (*What else*) estás haciendo?

Answers to the *Autoprueba y repaso* are found in **Apéndice 2.**

En casa

Additional activities and **Autopruebas**
for each **Escena** available online.

Escena 1
Cuartos, muebles y otras cosas

- Expressing relationships in space and time: More about prepositions
- Pointing out things and people: Demonstrative adjectives and pronouns

TU MUNDO CULTURAL
Las casas de estilo tradicional español

Escena 2
La vida diaria

- Talking about daily routines: Reflexive verbs

TU MUNDO CULTURAL
La vida diaria: costumbres y horarios

Escena 3
Los quehaceres domésticos

- Giving orders and advice: Informal commands (*tú* affirmative and negative)

TU MUNDO CULTURAL
Los quehaceres y el servicio doméstico

TU MUNDO EN VIVO

✓ AUTOPRUEBA

¹Cuartos, ²muebles y otras ³cosas

VOCABULARIO

4. el techo

7. el ropero

5. la cómoda

6. la cama

DAMIÁN

8. el dormitorio/el cuarto

10. subir

CALISTO

9. el segundo piso

ROBERTITO

el dormitorio de Robertito

22. la lámpara

DON CLAUDIO

17. el estante

18. la chimenea

23. el sillón

Dª ROSA

19. la alfombra

21. el sofá

20. el suelo, el piso

24. la sala

25. la escalera

26. bajar

PACHÁ

27. el primer piso

28. las cortinas

GUADALUPE

29. el comedor

1. rooms
2. furniture (*m.*)
3. things
4. roof, ceiling
5. dresser
6. bed
7. closet
8. bedroom, room
9. second floor
10. to go up
11. bathtub
12. shower
13. mirror
14. sink (bathroom)
15. toilet
16. bathroom
17. bookcase, shelf
18. fireplace, chimney
19. rug, carpet
20. floor
21. sofa
22. lamp
23. easy chair
24. living room
25. stairs
26. to go down
27. first floor
28. curtains
29. dining room
30. refrigerator
31. microwave
32. stove
33. kitchen sink
34. dishwasher
35. to ring (phone), go off (alarm clock)
36. to answer
37. kitchen
38. basement
39. light, electricity
40. for rent; **alquilar** to rent
41. garage
42. garbage can
43. garden

*Hogar, dulce hogar →
Home sweet home

12. la ducha
13. el espejo
39. la luz
11. la bañera
40. SE ALQUILA CUARTO PARA ESTUDIANTE
14. el lavabo
CARMEN
15. el inodoro
. el (cuarto de) baño
30. el refrigerador
31. el microondas
41. el garaje
¡Rin! ¡Rin!
NURIA
32. la estufa
. sonar (ue)
. contestar
33. el fregadero
43. el jardín
34. el lavaplatos
42. el cubo de la basura
Mª LUISA
. la cocina
38. el sótano

¡En acción!

 6-1 ¿Qué es?

Con la ayuda de la escena de las páginas 184–185, indica a qué corresponde cada descripción.

1. _la..._ Está en el dormitorio; es para dormir.

2. _____ Se pone sobre el piso; algunas son muy caras.

3. _____ Sirve para poner los libros.

4. _____ Dentro se conserva la comida; está en la cocina.

5. _____ Conectan el primer piso con el segundo.

6. _____ Está en la sala; se usa para calentar (*warm up*) la casa.

7. _____ Está en el baño; allí, en el agua caliente, nos relajamos.

8. _____ Es esencial para cocinar; está en la cocina.

6-2 La casa de los Roldán

¿Cómo es la casa de los Roldán, y cómo es la vida en ella? Observen la escena de las páginas 184–185 y contesten las preguntas.

1. ¿De qué color es el techo de la casa de los Roldán? ¿Tiene ático y sótano?

2. ¿Qué hay en el dormitorio principal? ¿Quién está allí? ¿Qué está haciendo?

3. ¿Qué hace Robertito en su dormitorio? ¿Qué muebles hay en su cuarto?

4. ¿Quién está en el cuarto de baño? ¿Qué cosas hay allí?

5. ¿Quién está subiendo por las escaleras al segundo piso? ¿Y quién está bajando al primer piso?

6. ¿Qué hay en la sala? ¿Qué están haciendo don Claudio y doña Rosa?

7. ¿Qué muebles y otras cosas hay en el comedor? ¿Qué hace Guadalupe?

8. ¿Qué pasa en la cocina? ¿Qué electrodomésticos (*appliances*) hay allí?

9. ¿Qué hay en el garaje? ¿Y en el jardín?

10. ¿Qué se alquila?

You have already used some affirmative and negative words in Spanish:
siempre/a veces *always/sometimes* → **nunca** *never;* **también** *also* → **tampoco** *neither, not either*

Here are four more, useful for talking about who or what might be in your house.

alguien	*someone*	— ¿Hay **alguien** en la cocina?
nadie	*no one, not anyone, nobody*	— No, **no** hay **nadie.**
algo	*something*	— ¿Hay **algo** en la mesa?
nada	*nothing*	— No, **no** hay **nada.**

Negative words such as **nadie, nada, nunca,** and **tampoco** may be placed either before the verb (**Nadie contesta el teléfono.**) or after the verb, with **no** preceding it, in a "double negative" construction. Observe the above examples.

6-3 ¿Hay alguien o algo allí?

¿Tienen buena memoria visual? Observen la escena de las páginas 184–185. Luego, lean las preguntas, marquen **Sí** o **No** y respondan según el modelo. Usen **algo/ nada/ alguien/ nadie** en sus respuestas. Túrnense.

MODELO

E1: *¿Está durmiendo alguien en el dormitorio principal?*

E2: *No, **nadie** está durmiendo allí, pero **alguien** está haciendo ejercicio.*

E1: *Cierto.* (Si la respuesta es incorrecta, **E1** la corrige.)

E2: *¿Hay algo en la pared del dormitorio principal?*

E1: *Sí, hay **algo**. Hay dos cuadros.*

Sí	No	
☐	☐	**1.** ¿Hay algo en la cómoda del dormitorio principal?
☐	☐	**2.** ¿Hay alguien en la computadora del dormitorio de los niños?
☐	☐	**3.** ¿Hay alguien en el baño?
☐	☐	**4.** ¿Hay algo en el piso del baño?
☐	☐	**5.** ¿Hay algo en el piso de la sala?
☐	☐	**6.** ¿Está durmiendo alguien en el sofá de la sala?
☐	☐	**7.** ¿Está cocinando alguien en la cocina?
☐	☐	**8.** ¿Hay algo en el fregadero?

¡A escuchar! Buscando casa

Paso 1.   Un matrimonio tiene una cita con la agente de una agencia de bienes raíces[1] para ver una casa. Escucha la conversación.

Paso 2.   Escucha de nuevo y marca las respuestas correctas.

1. El matrimonio busca una casa con cinco dormitorios.	☐
El matrimonio busca una casa con cuatro dormitorios.	☐
2. Hay estantes en el comedor.	☐
Hay estantes en la sala.	☐
3. La cocina tiene electrodomésticos muy viejos.	☐
La cocina es moderna y tiene mucha luz.	☐
4. La hija llama porque quiere saber cuántos roperos hay.	☐
La hija llama porque quiere saber cuántos baños hay.	☐
5. La casa tiene un piso y un sótano.	☐
La casa tiene dos pisos y un sótano.	☐

[1]**agencia…** real estate agency

6-4 ¿Buscan casa o apartamento para alquilar?

 Paso 1. Lean los anuncios de dos casas y de un apartamento de Miami. Comenten qué les gusta de cada uno. Luego, digan cuál quieren alquilar y por qué.

MODELO

E1: *Me gusta esta casa porque tiene...*

E2: *Me gusta esta casa porque...*

E1: *Quiero alquilar esta casa/ este apartamento porque...*

> **Palabras útiles**
> esta casa *this house*
> este apartamento *this apartment*

Dormitorios:	5
Baños:	3
Pisos:	2
Garaje:	3 carros
Aire acondicionado central	

Casa espaciosa; completamente amueblada; tres plazas de garaje; próxima a escuelas buenas y al centro comercial; zona tranquila y elegante.

Dormitorios:	3
Baños:	2
Pisos:	1
Garaje:	2 carros
Sótano:	en muy buenas condiciones
Aire acondicionado central	

Bonita casa con piscina[1] y jardín. Ideal para pareja joven; muy cerca del hospital y de la autopista I-75.

> **¿SABES QUE...?**
>
> When answering the phone, one says **¿Aló?** (in most Spanish-speaking countries), **¿Bueno?** (in Mexico), **¿Diga?** (in Spain), and **¿Hola?** (in Argentina). To ask who is calling, one says **¿Quién llama/ es?** or **¿De parte de quién?**

Dormitorios:	2
Baños:	1
Pisos:	1
Garaje:	1 carro
Aire acondicionado central	

Apartamento elegante con patio para barbacoa y jardín; piscina comunitaria, cancha de tenis y gimnasio; muy próximo a la universidad.

 Paso 2. Un agente de bienes raíces habla por teléfono con una clienta que busca casa o apartamento. Hagan los dos papeles.

MODELO

Agente: *¿Aló?*

Clienta: *Buenas tardes, señor/ señora/ señorita... Busco... Me gustaría ver...*

[1]swimming pool

¡Manos a la obra!

1

Expressing relationships in space and time:
More about prepositions

Prepositions are connectors; they describe relationships between things. Many of these you have learned already:

Prepositions of place

cerca de/ lejos de	*close, near (to)/ far from*
debajo de/ encima de	*beneath, below, under/ on top of, above*
dentro de/ fuera de	*within, inside (of)/ outside (of)*
detrás de/ delante de	*behind/ in front of*
enfrente de	*opposite, facing, in front of*
al lado de	*beside, next to*
entre	*between*
sobre, en	*above, on*
por	*by, through, around, alongside*

Other prepositions

sobre, acerca de	*about (a topic)*
antes de/ después de	*before/ after*
durante	*during*
en vez de	*in place of, instead of*
para	*for*
para + *infinitivo*	*in order to (do something)*
al + *infinitivo*	*upon (doing something)*

- In Spanish, a verb following a preposition is always in the infinitive (**-ar, -er, -ir**) form. English uses the *-ing* form.

  > En vez de **ver** la televisión, vamos al cine.
  > *Instead of **watching** TV, we are going to the movies.*

- Prepositions often used with infinitives: **antes de, después de, en vez de, al, sin.**

  > **Al salir** de casa, llámame.
  > ***Upon leaving** home, call me.*

- Use **para** + *infinitive* to express *in order to* (purpose, goal).

  > Vamos a la cocina **para preparar** la cena.
  > *We are going to the kitchen **to (in order to) prepare** dinner.*

Object-of-preposition pronouns

- In Spanish, the pronouns that serve as objects of prepositions are identical in form to the subject pronouns, except for **mí** and **ti.**

  > **mí, ti, Ud., él, ella, nosotros/as, vosotros/as, Uds., ellos, ellas**

  Mi amiga vive al lado de **mí**. ¿Quién vive al lado de **Uds.**?

- **Con + mí = conmigo** (*with me*) and **con + ti = contigo** (*with you*).

  > —¿Quién vive **contigo**? —¿**Conmigo**? Mis dos gatos.

¡En acción!

 ¡Oye! ¿Dónde está la araña?

Tu profesor/a tiene una araña muy activa. Escucha las preguntas y contesta para indicar dónde está en cada momento.

 6-5 ¿Dónde están los gatos?

E1 lee las instrucciones (1–4) y **E2** dibuja los gatos en los lugares que menciona **E1**. Luego, cambien de papel para completar el resto (5–8). Al final, comparen los dos dibujos para ver si todos los gatos están en el lugar mencionado.

1. Dibuja un gato encima del sofá y dos debajo.

2. Dibuja otro gato detrás del sofá.

3. Dibuja un gato encima de la mesa y otro, debajo de la mesa.

4. Entre la lámpara y el televisor hay un estante. Dibuja un gato encima de la parte superior (*upper*) del estante, y otro, en la parte inferior, entre los libros.

5. Dibuja un gato enfrente del televisor; le gusta ver la televisión.

6. Dibuja un gato dentro de la papelera y otro, fuera.

7. Al lado de la papelera hay una planta. Dibuja un gato al lado de la planta y otro, cerca de la planta.

8. Hay tres gatos paseando por la sala—primero, un gato negro, detrás, un gato blanco, y detrás del gato blanco, otro gato negro.

6-6 Hogar, dulce hogar: en casa de los Roldán

Observa el dibujo de las páginas 184–185 y di lo que hacen los Roldán en casa. Completa las oraciones con la preposición apropiada. A veces se puede usar más de una.

al antes de después de durante en vez de para acerca de

1. Probablemente, Damián va a ducharse _____ hacer ejercicio.

2. Robertito, _____ estar con el resto de la familia, duerme la siesta.

3. _____ entrar al baño, Carmen siempre se mira al espejo.

4. En la sala, la abuela Rosa lee un libro _____ los incas.

5. Don Claudio lee el periódico _____ saber lo que pasa en el mundo.

6. _____ cenar, Guadalupe sirve agua en los vasos.

7. _____ contestar el teléfono, Mª Luisa va a ayudar a Nuria con la cena.

8. _____ la cena, no antes ni (*nor*) después, todos van a hablar de las vacaciones.

6-7 Un juego: ¡Busca la llave!

Tu compañero/a esconde[1] la llave de tu carro en un lugar de la casa (págs. 184–185) y tú preguntas para saber en qué cuarto está, y exactamente dónde. Usa las preposiciones de lugar. Túrnense. Tienen cinco minutos para esconder y encontrar la llave varias veces.

MODELO

Tú:	¿Está en el dormitorio?
Tu compañero/a:	Sí, está allí. (o) No, no está allí.
Tú:	¿Está debajo de la cama?
Tu compañero/a:	Sí, está allí. (o) No, no está allí.

GRAMÁTICA

¡Manos a la obra!

Pointing out things and people:
Demonstrative adjectives and pronouns

2

Demonstrative adjectives

Demonstrative adjectives are used to point out specific objects or people. Like all adjectives, demonstrative adjectives agree in gender and number with the word they describe. The demonstrative adjective you use depends upon how close you are to the item you are pointing out.

aquí *here* (close to speaker)		**ahí** *there* (at a short distance from speaker)		**allí** or **allá** *over there* (far from speaker)	
this	(m.) **este** sillón (f.) **esta** silla	*that*	**ese** sillón **esa** silla	*that*	**aquel** sillón **aquella** silla
these	(m.) **estos** cuadros (f.) **estas** cortinas	*those*	**esos** cuadros **esas** cortinas	*those*	**aquellos** cuadros **aquellas** cortinas

Hint: This and these have Ts!

Me gusta **este** espejo y **esa** lámpara.　*I like **this** mirror and **that** lamp.*

Esta mesa y **aquellas** sillas son antiguas.　***This** table and **those** chairs are old.*

Demonstrative pronouns

- While demonstrative adjectives are used *with a noun,* demonstrative pronouns are used *instead of a noun,* to avoid repetition and redundancy. Demonstrative pronouns look exactly like demonstrative adjectives, but with a written accent on the stressed vowel.

  Voy a comprar **esta** lámpara y **ésa.**　*I am going to buy **this** lamp and **that one.***

  Ese espejo es bonito, y **aquéllos,** también.　***That** mirror is pretty, and **those,** too.*

- The demonstratives **esto** (*this*) and **eso** (*that*) are neuter and are used to refer to an idea, a situation, or a statement, or to an object that has not as yet been identified.

  ¿Qué es **esto**? *What is this?*　　　¡**Eso** es ridículo! *That's ridiculous!*

[1]hides

Fabio y Mario hablan con Ernesto, su nuevo compañero de apartamento. En este momento le están mostrando[1] su cuarto.

Ernesto, éste es tu cuarto.

¿Y dónde está el cuarto de baño?

Es aquella puerta al lado de la cocina, entre el dormitorio y el comedor.

¿Vienes esta noche con nosotros a cenar a casa de Jennifer?

¿Dónde está la casa de Jennifer?

Está enfrente del estadio de deportes, al lado de la biblioteca.

Voy con ustedes.

¡En acción!

 ¡Oye! Buscando casa y carro

Escucha con atención la descripción de tres casas, y decide cuál prefieres. Luego, haz lo mismo después de escuchar la descripción de los tres carros.

 6-8 Dos casas muy diferentes

Una mujer de negocios y su esposo buscan casa. En este momento están en una de la calle Colón que les gusta mucho. Ella (**E1**) habla de la casa de la calle Colón y él (**E2**) la compara con la de la calle Bolívar, que es completamente diferente. Usen los demostrativos según el modelo.

Aquí, en la calle Colón	Ahí, en la calle Bolívar
1. __Esta__ casa está cerca de la oficina.	1. __Ésa__ está __lejos de__ la oficina.
2. _____ cocina es grande.	2. _____ es _____.
3. _____ dormitorios son bonitos.	3. _____ son _____.
4. _____ alfombras son nuevas.	4. _____ son _____.
5. _____ garaje está ordenado.	5. _____ está _____.
6. _____ baños son nuevos.	6. _____ son _____.
7. _____ sala tiene paredes altas.	7. _____ tiene paredes _____.
8. _____ roperos son buenos.	8. _____ son _____.

[1]showing

6-9 La mudanza¹

Un/a estudiante ayuda a otro con la mudanza y le pregunta dónde debe poner los muebles y cosas de la casa. El/la otro/a contesta, indicando el lugar apropiado. Usen los demostrativos. Después de completar del 1 al 6, cambien de papel.

MODELO

el sofá

E1: *¿Dónde pongo **este** sofá?*

E2: ***Ése**, en la sala.*

1. las sillas
2. los platos
3. la cómoda

4. el estante
5. el espejo
6. la lámpara

7. el televisor
8. la computadora
9. la alfombra

 6-10 En la tienda² de muebles

Uno/a de Uds. necesita muebles para la sala y el comedor de su apartamento. Hagan de cliente/a (Ⓐ en el dibujo) y de dependiente/a (Ⓑ en el dibujo). Combinen muebles clásicos y modernos, si lo desean.

> **Necesitas:** sofá, sillón, cuadros, mesita, alfombra, lámparas, mesa y sillas de comedor

MODELO

Cliente/a:	*Busco un sofá para mi apartamento.*
Dependiente/a:	*Tenemos **éste** de flores o **éste** rojo.*
Cliente/a:	*Prefiero **ése**. Me gustan las flores y el estilo. ¿Cuánto cuesta?*
Dependiente/a:	*2.500 dólares.*
Cliente/a:	*¡Qué caro³! ¿Y cuánto cuesta **ése**?*
Dependiente/a:	*¿**Éste**? 1.500 dólares.*
Cliente/a:	*Pues, **ése**.*

mesita de estilo clásico

mesita de estilo moderno

mesa rectangular de madera⁴

mesa circular de vidrio⁵

¹The move, ²store, ³expensive, ⁴wood, ⁵glass

Tu mundo cultural

Las casas de estilo tradicional español

¿Sabes cómo son las casas de estilo español tradicional? ¿Hay alguna en tu pueblo o ciudad?

Hay casas de estilo tradicional español, que aunque estén situadas en países, continentes, hemisferios y climas diferentes, tienen rasgos[1] comunes en su arquitectura y decoración. Estos rasgos, resultado de la influencia romana y árabe en España, se introducen en el Nuevo Mundo con la llegada de los españoles.

> *Elementos característicos*: cuartos alrededor de[2] un patio interior; jardín o patio exterior; techos de teja[3]; pisos de madera[4] o cerámica; cocinas y baños decorados con mosaicos; balcones y ventanas exteriores con rejas[5]. En muchos casos, una valla[6] de rejas rodea la casa y el jardín.

Arquitectura de estilo tradicional español en Estados Unidos

La influencia hispana también se observa en el diseño de las casas de EE.UU., no sólo en el sudoeste, cerca de la frontera mexicana, sino en muchas otras partes del país.

Casa de estilo tradicional español en Fort Meyers, Florida. En muchas partes de EE.UU. se encuentran casas de ese estilo, muestra de la presencia hispana en la historia de este país.

El típico patio central de las casas de estilo tradicional español se encuentra también en muchas casas de EE.UU.

Baño de una casa de Colorado. La cerámica de Talavera, original de España, se produce también en México y de allí se exporta a EE.UU.

[1]features, [2]**alrededor...** surrounding, [3]tile, [4]wood, [5]metal railings, [6]fence

Los apartamentos de las ciudades hispanas modernas

Con la expansión urbana, tanto[1] en España como en Latinoamérica, la mayoría de la gente[2] que vive en las ciudades y pueblos grandes reside en edificios de apartamentos (departamentos). Estos apartamentos conservan algunos elementos de las casas tradicionales como los techos de teja, los balcones, el patio interior o la decoración de baños, cocina y pisos con cerámica.

Edificio de apartamentos de Buenos Aires, en Argentina. Como se puede observar, el balcón es un elemento que tienen en común las casas y edificios de todos los países hispanos.

¿Qué aprendiste?

1. ¿Cuáles son las características del interior y exterior de las casas de estilo tradicional español?

2. ¿Dónde se encuentran casas de estilo tradicional español en EE.UU.?

3. En las ciudades o pueblos grandes del mundo hispano, ¿dónde reside la mayoría de la gente? ¿Qué características conservan esos edificios de las casas tradicionales?

Actividad cultural

Paso 1. Eres arquitecto/a y alguien que desea construir una casa de estilo tradicional español te consulta sobre los rasgos más característicos de esa clase de casas. Escribe la información para tu cliente en el espacio provisto:

Techo:
Ubicación (*Location*) de los cuartos:
Piso y decoración de la cocina y los baños:
Elementos en el exterior del edificio:
Otros rasgos típicos:

Santillana del Mar, en España. Edificio de apartamentos en un pueblo del norte de España. El techo es de teja y los balcones están decorados con geranios.

Paso 2. Ahora llama por teléfono a tu cliente/a para darle tus ideas. Luego, cambien de papel.

Contraste cultural

Descríbele a tu compañero/a algunas características de tu casa o apartamento con la ayuda de la siguiente lista. Menciona también las diferencias que observas con las casas o apartamentos hispanos. Luego, cambien de papel.

CARACTERÍSTICAS:

· techo de (teja, metal, tablilla *shingle*)	· piso de (madera, cerámica o alfombra)
· número de pisos, dormitorios y baños	· patio interior o exterior o terraza *deck*
· exterior de (madera, cemento, estuco, ladrillo *brick*).	· ventanas con o sin rejas, garaje, jardín, valla, vistas...

[1]as much, [2]people

La vida diaria

¹La vida diaria de Lola, una enfermera

☀ **5:00**
2. despertarse (ie)
5:15
3. el despertador
4. levantarse
5. cepillarse (los dientes)
5:20
6. el cepillo de dientes
7. la pasta de dientes
8. el jabón
5:25
9. ducharse
10. lavarse (el pelo)
11. el champú
5:35
12. afeitarse

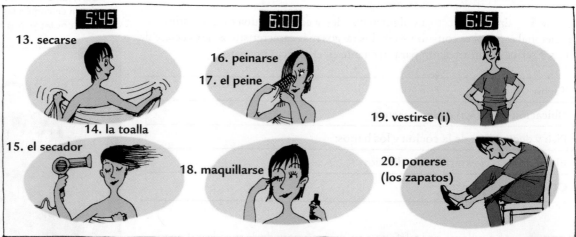

5:45
13. secarse
14. la toalla
15. el secador
6:00
16. peinarse
17. el peine
18. maquillarse
6:15
19. vestirse (i)
20. ponerse (los zapatos)

7:00
21. quitarse (la ropa)
11:00
23. sentirse (ie) mal
22. sentarse (ie)
HOSPITAL SAN LUCAS
3:05
24. despedirse (i) (de)
25. irse
27. reírse (i)
7:45
Café Colón
26. divertirse (ie)
10:00 ☾
28. tener sueño
29. acostarse (ue)
30. dormirse (ue)

1. daily life 2. to wake up 3. alarm clock 4. to get up 5. to brush (one's teeth) 6. toothbrush 7. toothpaste 8. soap 9. to take a shower; **bañarse** to take a bath 10. to wash (one's hair) 11. shampoo 12. to shave 13. to dry oneself 14. towel 15. hairdryer 16. to comb one's hair 17. comb 18. to put on makeup 19. to get dressed 20. to put on (one's shoes, etc.) 21. to take off (one's clothes, etc.) 22. to sit down 23. to feel bad/ sick; **sentirse bien** to feel well 24. to say good-bye (to) 25. to go away 26. to have fun/ a good time 27. to laugh 28. to be sleepy 29. to go to bed 30. to fall asleep

¡En acción!

6-11 Mi lista de compras

 Paso 1. Es el primer día en tu nueva casa y ves que no tienes lo que necesitas para tu rutina diaria. Escribe en un papelito lo que tienes que comprar.

Mi rutina:

1. para despertarme a tiempo
2. para bañarme o ducharme
3. para lavarme el pelo
4. para secarme el pelo
5. para cepillarme los dientes
6. para secarme las manos[1]
7. para peinarme

Mi lista de compras
1. un despertador
2.
3.
4.
5.
6.
7.

Paso 2. Ahora, compara tu lista de compras con la de un/a compañero/a.

6-12 Lola y su rutina

Según las situaciones de la página 196, pon las actividades de Lola en orden cronológico. Luego, indica dónde está en cada momento.

___ Habla con los pacientes que se sienten mal. _____

_1_ Se levanta a las cinco y cuarto de la mañana. _Está en su dormitorio/ cuarto._

___ Se quita la ropa y se acuesta. _____

___ Sale con sus amigos a cenar y se divierte. _____

___ Se ducha y se lava el pelo. _____

___ Se despide de sus compañeros. _____

___ Se viste y se pone los zapatos. _____

___ Se seca el pelo y se peina. _____

¿SABES QUE...?

In Spanish, as in English, names are frequently shortened. For example:
Lola (Dolores); **Paco** (Francisco); **Pepe** (José); **Lupe** (Guadalupe); **Toño** (Antonio); **Quique** (Enrique); **Charo** (Rosario).

---

[1]hands

6-13 La vida diaria de Lola

¿Es una vida de locos o normal? Para saberlo, observen las escenas de la página 196 y contesten las preguntas.

1. ¿A qué hora se despierta Lola? *Se* despierta a las...* ¿Se levanta inmediatamente cuando suena el despertador?

2. ¿Con qué se cepilla los dientes? ¿Qué otra cosa hay en el lavabo?

3. ¿Lola se ducha o se baña? ¿Qué usa para lavarse el pelo? ¿Se afeita las piernas (*legs*)?

4. Después de ducharse, ¿con qué se seca? ¿Qué usa para secarse el pelo?

5. ¿Con qué se peina Lola? ¿Se maquilla Lola?

6. ¿A qué hora se viste y se pone los zapatos?

7. ¿Dónde trabaja Lola? Cuando llega allí, ¿qué hace antes de ponerse el uniforme de enfermera?

8. Cuando Lola se sienta y habla con el paciente, ¿qué dice él? ¿Y cómo se siente?

9. ¿A qué hora se despide y se va Lola del hospital?

10. Por la noche, ¿con quién se divierte Lola? ¿Quién se ríe?

11. Finalmente, ¿tiene sueño Lola? ¿A qué hora se acuesta?

12. ¿Se duerme rápidamente?

♪ ¡A escuchar! ¡Esto sí que es vida!

Paso 1. Dos amigos están pasando juntos unos días de vacaciones y comentan la experiencia. Escucha la conversación.

Paso 2. Escucha de nuevo e indica si es cierto o no lo que se dice acerca de las vacaciones de Cristóbal y Lino.

	Sí	No
1. Lino se despierta y tiene que levantarse inmediatamente.	☐	☐
2. Lino se afeita y va al trabajo.	☐	☐
3. Lino se sienta a leer y va a la playa.	☐	☐
4. Si Cristóbal no quiere vestirse, pasa toda la mañana en pijama.	☐	☐
5. Cristóbal juega al tenis y nada en la piscina.	☐	☐
6. Lino y Cristóbal van a regresar muy pronto al trabajo.	☐	☐
7. Cristóbal se siente mal cuando está de vacaciones.	☐	☐
8. El lunes, Lino va a dormirse en la oficina.	☐	☐

---

*The verbs in this scene are *reflexive verbs,* formed with the pronoun **se.** *Actividad 6-13* will serve as an introduction to them. Answer the questions by simply following the verb pattern used in each one.

¡Manos a la obra!

Talking about daily routines: Reflexive verbs

3

Uses of reflexive verbs

Some verbs use the reflexive pronouns (**me, te, se, nos, os, se**) to show that the person is doing the action to himself/herself. This *pronoun + verb* construction often describes daily routines or personal care. Note the change in meaning when the reflexive pronoun is used.

Carlos **se baña.**	*Carlos is bathing (himself).*
Carlos **baña** a su hermanito.	*Carlos is bathing his little brother.*
Debemos **levantarnos.**	*We ought to get up (get ourselves up).*
Debemos **levantar** a los niños.	*We ought to get the children up.*

Other verbs use the reflexive pronouns to describe changes in emotional, psychological, or physical status—for example, **sentirse bien/ mal.**

The formation of reflexive verbs

Note that the reflexive pronoun and the subject of the verb refer to the same person.

(yo)	**me** visto	(nosotros/as)	**nos** vestimos
(tú)	**te** vistes	(vosotros/as)	**os** vestís
(Ud., él, ella)	**se** viste	(Uds., ellos, ellas)	**se** visten

- As with direct and indirect object pronouns, reflexive pronouns are either placed immediately before the conjugated verb or attached to the infinitive and the present participle.

    Me tengo que peinar. (o) Tengo que peinar**me.**
    Linda no **se** está lavando el pelo. (o) Linda no está lavándo**se** el pelo.

- In the reflexive construction, use the definite article, not the possessive (**mi, tu, su,...**) to refer to parts of the person's body or to articles of clothing.

¿Te lavas **el** pelo todos los días?	*Do you wash **your** hair every day?*
Voy a cepillarme **los** dientes.	*I'm going to brush **my** teeth.*

- The pronouns **nos, os,** and **se** are also used to express reciprocal or mutual actions.

Tina y Tom **se** conocen bien.	*Tina and Tom know **each other** well.*

En el carro, camino a casa de Jennifer, Fabio y sus amigos hablan de su rutina diaria.

¡En acción!

¡Oye! La rutina de Lola

Observa las escenas de la página 196. Escucha la rutina de Lola, y para indicar si lo que oyes es cierto o falso, responde «**¡Sí!**» o «**¡No!**». Si es falso, corrígelo.

6-14 Rutinas muy diferentes

Paso 1. La vida de Raimundo es completamente diferente de la de Eduardo. Completa las descripciones con la forma correcta de los verbos entre paréntesis.

Raimundo Ramos

Durante la semana, me gusta (*despertarse*) _despertarme_ a eso de las once de la mañana. No (*desayunar*) _____. Tampoco (*ducharse*) ____ _____ ni (*afeitarse*) ____ _____ pero sí (*peinarse*) ____ _____. A mediodía (*despedirse*) ____ _____ de mi gato y (*irse*) ____ _____ al trabajo. Por las noches, (*mandar*) _____ mensajes y, a veces, (*lavar*) _____ los platos. (*Acostarse*) ____ _____ cuando (*tener*) _____ sueño.

Eduardo Aguilar

La rutina diaria de un soldado como yo es muy estricta. Todos en mi compañía (*levantarse*) _nos_ _____ a las cinco en punto de la mañana e inmediatamente (*ducharse*) ____ _____, (*afeitarse*) ____ _____, (*ponerse*) ____ _____ las botas y (*vestirse*) ____ _____. Lo hacemos todo en diez minutos. A las cinco y veinte, (*sentarse*) ____ _____ a la mesa para desayunar. Por la noche nos gusta (*divertirse*) _____ con juegos hasta las nueve, y a las diez (*acostarse*) ____ _____ todos.

Paso 2. Lean los párrafos en voz alta y verifiquen las respuestas. Luego, digan *tres* diferencias entre la vida de Raimundo y la de Eduardo: *Raimundo se levanta a las once y Eduardo, a las cinco en punto.*

6-15 Un juego

La clase se divide en grupos de cuatro. Su profesor/a dice un número del 1 al 6. **E1** observa el objeto que hay junto al número, y dice lo que hacen todos, según el modelo. **E2** lo repite, y añade[1] **cuándo** lo hacen; **E3** lo repite todo y añade **dónde**; y **E4** lo repite todo y añade **con qué**. Luego, otro/a estudiante del grupo es **E1** y el juego continúa, empezando con otro número.

MODELO

Profesor/a: *número 2*

E1: *Nos duchamos.*

E3: *Nos duchamos por la mañana **en la ducha**.*

E2: *Nos duchamos **por la mañana**.*

E4: *Nos duchamos por la mañana en la ducha **con jabón**.*

[1]adds

In Spanish, many adverbs are formed by adding **-mente** (equivalent to the English *-ly*) to an adjective. Can you identify the adverbs in *Actividad 6-16?*

- Add **-mente** to adjectives ending in **-e** or a consonant.

  posible → posible**mente**   personal → personal**mente**

- Add **-mente** to the feminine singular form of adjectives ending in **-o**.

  inmediat**o** → inmedi<u>a</u>ta**mente**   rápid**o** → rápid<u>a</u>**mente**

Other examples: **lentamente** *slowly;* **desafortunadamente** *unfortunately.*

6-16 La rutina de mis compañeros/as de clase

Camina por la clase y pregúntales a tus compañeros/as si hacen lo siguiente. Apunta el nombre de cada estudiante que responde *afirmativamente.* A ver cuántas respuestas afirmativas puedes obtener en cinco minutos. Luego, comparte la información con la clase.

MODELO

E1: *¿Te despiertas sin despertador?*

E2: *Sí, me despierto sin despertador.* (Apuntas el nombre.)

   o: *No, no me despierto sin despertador.* (Buscas a otro/a estudiante.)

1 ¿Te levantas inmediatamente al sonar el despertador?	1. *Mario*
2. ¿Te secas el pelo con secador?	2.
3. ¿Te afeitas todos los días?	3.
4. ¿Te bañas o duchas por la noche?	4.
5. ¿Te lavas el pelo con jabón?	5.
6. ¿Te cepillas los dientes antes del desayuno?	6.
7. ¿Te acuestas después de medianoche?	7.
8. Después de acostarte, ¿te duermes rápidamente?	8.

Stem-changing verbs that end in **-ir** undergo a stem change in the **-iendo** form.

   desp<u>e</u>dirse (i) → desp**i**diéndose   r<u>e</u>írse (i)　→　r**i**éndose
   div<u>e</u>rtirse (i) → div**i**rtiéndose   v<u>e</u>stirse (i) → v**i**stiéndose
   d<u>o</u>rmirse (u)　→　d**u**rmiéndose

6-17 ¿Qué está haciendo Lola?

Paso 1.　Observen las escenas de la página 196. Un/a estudiante dice lo que *está haciendo* Lola en un momento determinado del día (no en orden cronológico). El/La otro/a encuentra la escena que corresponde y dice *la hora* y *el lugar.* Después de seis acciones, cambien de papel.

MODELO

E1: *En este momento, Lola* **está divirtiéndose***.*

E2: *Ah, la veo. Son las 7:45 de la noche y está divirtiéndose en un café con sus amigos.*

Paso 2.　Ahora, digan dónde están Uds. normalmente durante *cuatro* de las horas indicadas, y qué están haciendo: *A las 5:00 de la mañana, yo estoy durmiendo en mi cama. ¿Y tú?*

Tu mundo cultural

La vida diaria: costumbres y horarios[1]

¿Almuerzas o cenas diariamente en casa con tu familia o tu pareja? ¿Son el desayuno, el almuerzo o la cena ocasiones para reunirse y charlar?

Niños hispanos y jóvenes universitarios salen de clase para ir a casa a almorzar. Regresan a la escuela después del almuerzo.

Familia de San Miguel de Allende, México. A la hora del almuerzo, tres generaciones de una familia mexicana hacen una pausa en la jornada escolar y laboral[2] para comer juntos[3].

La hora del almuerzo marca la jornada laboral

A los hispanos les gusta comer en familia; por esa razón, los horarios se organizan de acuerdo con las comidas. El almuerzo es la comida principal, cuando los miembros de la familia se reúnen para estar juntos y comentar los eventos del día. Para el almuerzo se pone la mesa y se sirve comida casera[4] que requiere tiempo para su preparación. La hora exacta varía de país a país, pero en general, el almuerzo es entre la una y las dos de la tarde.

Durante el almuerzo se cierran las tiendas[5] y casi todos los trabajos, y los hispanos van a casa. Los domingos y días festivos son también para la familia; no se trabaja y no se abren las tiendas. En algunas capitales y grandes ciudades se están empezando a abrir tiendas los domingos, pero es todavía más la excepción que la regla.

Los restaurantes son los pocos lugares abiertos a la hora del almuerzo. Durante la semana son frecuentes en ellos los almuerzos de negocios. Cuando los clientes terminan de almorzar, los restaurantes se cierran y no se abren hasta la hora de la cena, tal como se observa en el horario de la fotografía.

[1]schedules, [2]**jornada...** school and work day, [3]together, [4]homemade, [5]stores

Consejo para los que no son hispanos

Cuando se trata con hispanos, es fundamental conocer sus horarios y cómo influye en ellos la familia. Saber esto es esencial para evitar[1] graves problemas de comunicación. Los hombres y mujeres estadounidenses que hacen negocios con países hispanos tienen que conocer estos dos aspectos tan característicos de la cultura hispana; desconocerlos puede tener repercusiones en el éxito[2] de sus negocios.

¿Qué aprendiste?

1. ¿Dónde almuerzan la mayoría de las familias hispanas diariamente?¿Qué hacen y qué comen durante el almuerzo? ¿Qué es costumbre hacer después del almuerzo?

2. Por lo general, ¿se abren las tiendas los domingos y días festivos en los países hispanos? ¿Por qué?

3. ¿Cuáles son algunos aspectos de la cultura hispana que deben conocer los hombres y las mujeres de negocios estadounidenses? ¿Por qué?

Actividad cultural

Paso 1. Completa los espacios en el recuadro para comparar los horarios típicos de una ciudad hispana y los de tu pueblo o ciudad.

	Ciudad hispana	Tu pueblo o ciudad
1. Horario del almuerzo en las casas, a diario		
2. Horario de las tiendas, a diario		
3. Horario de los restaurantes, a diario		
4. Horario de las tiendas, los domingos y días festivos		

Paso 2. Comparen y comenten los resultados.

Contraste cultural

En grupos de tres, hablen acerca de las ventajas[3] y desventajas de la costumbre hispana de no abrir las tiendas durante el almuerzo, ni los domingos ni días festivos. Mencionen los beneficios que tiene en las relaciones con la familia y amigos, y cómo afecta a la salud y al bienestar[4].

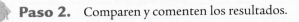

[1]avoid, [2]success, [3]advantages, [4]**la...** health and well-being

3 ¹Los quehaceres domésticos

²¿Qué tienen que hacer?

3. hacer la cama
4. guardar (la ropa)

DAMIÁN | Mª LUISA

5. limpiar el polvo
6. ordenar (el cuarto)
7. pasar la aspiradora

GUADALUPE   CARMEN   ÁNGEL

8. poner la mesa
9. quitar la mesa

DOÑA ROSA | DON CLAUDIO

10. lavar (los platos)
11. secar (los platos)

DAMIÁN   CARMEN   NURIA

14. doblar la ropa
12. la lavadora   13. la secadora   15. planchar

NURIA | Mª LUISA

17. hacer las compras
16. barrer

NURIA | Mª LUISA

18. sacar la basura   19. reciclar

CARMEN | GUADALUPE

20. cortar el césped   21. regar (ie) (las plantas)

ÁNGEL | DOÑA ROSA

---

1. house chores 2. What do they have to do? **tener que** + *infinitivo* = to have to do something 3. to make the bed 4. to put away (clothes) 5. to dust 6. to straighten up (the room) 7. to vacuum 8. to set the table 9. to clear the table 10. to wash (the dishes) 11. to dry (the dishes) 12. washing machine 13. dryer 14. to fold the clothes 15. to iron 16. to sweep 17. to buy groceries, run errands 18. to take out the trash 19. to recycle 20. to mow the lawn 21. to water (the plants)

VOCABULARIO

¡En acción!

6-18 ¿Qué haces antes y después?

Completa cada acción con la que le corresponde.

1. Después de levantarme,...	a. ...quito la mesa.
2. Después de quitarme el suéter,...	b. ...paso la aspiradora y limpio el polvo.
3. Antes de llegar los invitados,...	c. ...los seco.
4. Antes de preparar la cena,...	d. ...lo guardo en el ropero.
5. Antes de comer,...	e. ...hago la cama.
6. Después de comer,...	f. ...compro los ingredientes.
7. Después de lavar los platos,...	g. ...pongo la mesa.
8. Después de lavar la ropa,...	h. ...la doblo y, a veces, la plancho.

6-19 Los quehaceres domésticos

¿Quién los hace en casa de los Roldán? Observen los dibujos de la página 204 y contesten las preguntas.

1. ¿Dónde están Damián y Mª Luisa? ¿Qué están haciendo?

2. ¿Qué hacen Guadalupe y Carmen en la sala? ¿Y Ángel?

3. ¿Quiénes están poniendo y quitando la mesa en el comedor?

4. ¿Qué están haciendo Damián y Carmen en la cocina? ¿Quién prepara la comida?

5. ¿Qué hacen Nuria y Mª Luisa? ¿Qué electrodomésticos usan para lavar y secar la ropa?

6. ¿Quién barre la entrada de la casa? ¿Y quién hace las compras?

7. ¿Qué hace Carmen en el garaje? ¿Y qué hace Guadalupe con los periódicos?

8. ¿Qué están haciendo Ángel y Doña Rosa en el jardín?

6-20 ¿Quién tiene que hacerlo?

Digan quién tiene que hacer en su casa los quehaceres representados en los dibujos de la página 204.

MODELO

E1: *En mi casa, yo tengo que poner la mesa y mi pareja tiene que quitarla.*

E2: *En mi casa, mis hijos tienen que poner la mesa, y...*

Yo
...y yo
Mi hermano(a)/ Mis hermanos(as)
Mi padre/ madre
Mi pareja/ Mi compañero(a) de cuarto
Mi hijo(a)/ Mis hijos(as)

¡A escuchar! Los quehaceres de la casa nunca se terminan

Paso 1. Dos amas de casa, Ana y Sara, se encuentran[1] a la entrada del edificio de apartamentos donde viven, y hablan de sus quehaceres domésticos. Escucha la conversación.

Paso 2. Escucha de nuevo y completa los espacios en blanco con las palabras que corresponden.

1. Sara y Ana hablan de los _____ de la casa.

2. Ana dice: «Todos los días (yo) _____ la aspiradora, _____ el polvo, _____ el piso...»

3. Sara responde: «Gracias a Dios que existen las _____ y las _____».

4. El esposo de Sara corta el _____ y_____ las plantas y flores del _____.

5. Ana responde: «Mis hijas mayores son muy responsables. _____ las camas, _____ sus cuartos y _____ y quitan siempre la mesa».

6. Al final, Sara dice que tiene que _____. Y Ana responde que ella ya tiene la _____ lista.

GRAMÁTICA

¡Manos a la obra!

4

Giving orders and advice: Informal commands (tú affirmative)

To give orders or advice to people you address as **tú** (friends, children, etc.), informal **(tú)** commands are used.

Affirmative *tú* commands

- The regular affirmative **tú** command forms are identical to the third-person singular **(él, ella, usted)** form of the present tense.

Present Tense	*Affirmative **tú** Command*
Ella **limpia** la casa.	**Limpia** la casa hoy, por favor.
Él **riega** las plantas.	**Riega** las flores esta tarde, por favor.
Ella **barre** el patio.	**Barre** el patio ahora mismo.

- Some affirmative **tú** commands are irregular:

decir	**di**	**Di**me lo que quieres para la cena.
hacer	**haz**	**Haz** la cama.
ir	**ve**	**Ve** de compras al supermercado.
poner	**pon**	**Pon** la mesa.
salir	**sal**	**Sal** para el centro a las cinco.
ser	**sé**	**Sé** bueno; saca la basura.
tener	**ten**	**Ten** paciencia.
venir	**ven**	**Ven** a la cocina inmediatamente.

- In affirmative **tú** commands, object and reflexive pronouns are attached to the command form.

Cómpra**lo**.	*Buy it.*
Haz**lo**.	*Do it.*
¡Levánt**ate**!	*Get up!*
¡Diviért**ete**!	*Have fun!*

There is a written accent when the stress falls on the third-to-last syllable.

[1]meet

¡En acción!

¡Oye! ¡Qué obediente!

Tu profesor/a le ordena diez cosas a un/a estudiante de la clase. Éste/a las hace con mímica[1].
Si él/ella sigue bien las órdenes, la clase dice «**¡Así es!**». En caso contrario, dice «**¡Así no es!**»
y le indica cómo se hace. Luego, tu profesor/a les da órdenes a otros estudiantes.

6-21 Quehaceres y más quehaceres

Un sábado, los señores Gómez tienen que ir a trabajar y le dejan a su hija mayor la lista de las
cosas que tiene que hacer. Como no quiere hacerlas, le dice a su hermano menor que las haga
él. Hagan los dos papeles y usen los mandatos de **tú**.

MODELO

Hermana mayor: **Saca** *la basura, por favor.*

Hermano: **Sácala** *tú.*

1. sacar la basura	6. poner la ropa en la lavadora
2. pasar la aspiradora	7. doblar la ropa limpia
3. hacer las camas	8. escribir la lista de compras
4. barrer el patio	9. cocinar el pollo
5. regar las plantas	10. lavar y secar los platos

6-22 ¡Que llegan los tíos!

¡Los tíos llaman para decir que llegan a cenar en una hora! Paco y Nacho rápidamente se
ponen en acción. Hagan el papel de Paco que le da órdenes a Nacho, y viceversa. **(a)** Miren lo
que quiere cada uno y pongan la letra del verbo o verbos correspondiente/s de la lista según el
modelo. **(b)** Den órdenes (mandatos de **tú**), y cuando sea posible, añadan algo más.

MODELO

Paco necesita ayuda en la cocina. *j*

E1: *Por favor, Nacho, **ven** a la cocina;
necesito ayuda con la sopa.*

E2: *Ya voy.*

a. ducharse y afeitarse	e. decirme	h. salir de
b. tener... y ser	f. hacer	i. traerme
c. ir... y comprar	g. ordenar	j. venir
d. poner		

Palabras útiles

Ya voy   *I'm coming*

Paco:	Nacho:
1. Necesita ayuda en la cocina. *j*	6. Quiere que Paco haga la cena.
2. Quiere saber qué postre le gusta al tío.	7. No quiere la sala tan desordenada.
3. Necesita más aceite del supermercado.	8. Quiere la mesa lista para la cena.
4. Prefiere que Nacho se duche y se afeite antes que él.	9. Piensa decorar la mesa con rosas del jardín; le encantan a la tía.
5. Ahora no puede entrar a ducharse porque Nacho está en el baño.	10. Quiere que Paco tenga más paciencia y sea más flexible con él.

[1]mime

¡Manos a la obra!

5

Negative *tú* commands

Affirmative and negative **tú** command forms differ from each other. The negative **tú** commands are formed by dropping the **-o** from the **yo** form of the present tense and adding **-es** (to **-ar** verbs) or **-as** (to **-er** and **-ir** verbs).

hablar →	habl**o**	→ habl**es**	¡No **hables**!
volver →	vuelv**o**	→ vuelv**as**	¡No **vuelvas** tarde!
salir →	salg**o**	→ salg**as**	¡No **salgas** esta noche!

- In some verbs the negative **tú** command form is irregular. Here are two:

ir	¡No **vayas**!	*Don't go!*
ser	No **seas** ridículo.	*Don't be ridiculous.*

- In negative commands, object and reflexive pronouns are placed immediately *before the verb*. Contrast the placement of the pronouns in the following negative and affirmative commands.

Negative	*Affirmative*
¡No **la** limpies!	¡Limpia**la**!
¡No **lo** hagas!	¡Haz**lo**!
¡No **te** levantes!	¡Levánta**te**!

Some verbs undergo a spelling change in the negative **tú** command form:

c → qu:		**g → gu:**		**z → c:**	
buscar	No lo bus**qu**es.	**jugar**	No jue**gu**es ahora.	**abrazar**	No me abra**c**es.
pescar	No pes**qu**es en el río.	**llegar**	No lle**gu**es tarde.	**almorzar**	No almuer**c**es allí.
sacar	No sa**qu**es la basura.	**pagar**	No lo pa**gu**es.		
tocar	No to**qu**es la guitarra.	**regar**	No rie**gu**es las plantas.		

The change in spelling occurs to preserve the sound of the consonant (**c, g, z**) in the infinitive.

Jennifer y su madre Dolores están preparando la casa para la cena. Las dos les dicen a todos lo que tienen que hacer.

Yolanda, haz la cama y ordena tu cuarto. No juegues ahora, por favor.

¡Ay papi, por favor, no mires ahora la televisión! ¡Ve a la cocina con mamá!

Jennifer, pon la mesa, por favor.

Levántate, vamos a ayudar a la familia.

¡En acción!

¡Oye! ¿Quién lo dice?

Escucha los mandatos y di quién los dice **1.** una madre a su hijo, **2.** un profesor a un estudiante o **3.** un novio celoso[1] a su novia.

6-23 Los consejos de Carmela Casas

Lee los consejos de Carmela, una experta ama de casa. Primero, marca **sí** o **no** para indicar si tú haces cada cosa. Luego, completa los espacios en blanco con el mandato negativo (**tú**).

Sí	No		
☐	☑	**1.** (barrer) _No barras_ el garaje cuando hace viento.
☐	☐	**2.** (ver) ___ _____ la televisión cuando hay tormenta.
☐	☐	**3.** (limpiar) ___ _____ los muebles de madera (*wood*) con agua.
☐	☐	**4.** (regar) ___ _____ las plantas por la noche.
☐	☐	**5.** (hacer) ___ _____ las compras cuando tienes hambre.
☐	☐	**6.** (poner) ___ _____ la pasta en agua fría cuando la cocinas.
☐	☐	**7.** (servir) ___ _____ el vino tinto con hielo.

6-24 Problemas y más problemas

Manuel no es ni un estudiante, ni un empleado modelo. Hoy su novia le da el ultimátum, diciéndole lo que no debe hacer (**tú** negativo). Hagan los dos papeles según el modelo.

MODELO

Novia: *Manuel, ¡no comas enchiladas en clase! ¡No las comas en clase nunca!*

Manuel: *No te preocupes, no voy a comerlas en clase nunca más.*

Problemas en el college:

1. Come enchiladas en clase.
2. Se sienta en el escritorio del profesor.
3. Se duerme en las clases.
4. Saca malas notas.

Problemas en el trabajo:

1. Llega tarde.
2. Llama a sus amigos en vez de trabajar.
3. Sale de la oficina para tomar café.
4. Se va del trabajo antes de la hora.

6-25 El cuarto de Humberto

Cuatro amigos de Humberto entran en su cuarto. Los dos súper-ordenados (**E1** y **E2**) le dicen lo que debe hacer para ordenar su cuarto y tener un aspecto presentable (**tú** afirm.). Los dos que son un desastre como él (**E3** y **E4**), le dicen lo contrario (**tú** neg.) según el modelo.

MODELO

E1 o E2: *Riega la planta. ¡Necesita agua!*

E3 o E4: *No la riegues hoy. Riégala mañana.*

[1]jealous

Tu mundo cultural

Los quehaceres y el servicio doméstico

En las relaciones de pareja de tu sociedad, ¿están muy definidos los papeles? ¿O están cambiando[1]?

Como se observa en la fotografía, el hombre hispano moderno ayuda cada vez más en las tareas domésticas.

Cada vez son más las mujeres hispanas que se incorporan a la vida profesional.

Hasta[2] la presente generación, en la sociedad hispana los papeles de los esposos estaban muy definidos. El hombre tenía las responsabilidades de su trabajo o profesión, y la mujer, las de madre y ama de casa. Con la reciente incorporación de un alto porcentaje de mujeres hispanas al trabajo, la familia hispana contemporánea ha experimentado grandes cambios[3]. Ahora, cada vez más parejas se dividen las tareas domésticas, y en la generación más joven, los hombres ayudan con los hijos, cocinan, hacen las camas y limpian. También comienza a verse a más mujeres hispanas en viajes de negocios y en otras actividades profesionales. Los datos que siguen sirven para ilustrarlo:

- Actualmente, las mujeres hispanas representan el 4,7% de toda la fuerza laboral[4] de Estados Unidos, y muchas trabajan ya en puestos de gerencia[5].
- En la actualidad, el 38% de los trabajadores chilenos son mujeres y se pronostica un aumento.
- En los años noventa, 46,6% de las mujeres colombianas y 38% de las mujeres argentinas trabajaban fuera del hogar. Esta tendencia sigue en aumento.

¿SABES QUE...?

Nicaragua and Panama have had women presidents. Violeta Chamorro was president of Nicaragua (1990–1997), and Mireya Moscoso was president of Panama (1999–2004). In Chile, Michelle Bachelet was elected president in 2006.

[1]changing, [2]Until, [3]changes, [4]**la fuerza...** the work force, [5]**puestos...** managerial positions

Es cierto que en el mundo hispano se están experimentando grandes cambios hacia la igualdad, pero queda[1] mucho por hacer. A muchas mujeres hispanas todavía[2] no se les permite trabajar fuera del hogar, y el cambio de papeles crea tensiones.

En la clase media y alta de los países hispanos es común el servicio doméstico, y como allí no es muy costoso, cuentan con[3] mucha ayuda en casa. Las empleadas domésticas cuidan a los niños, preparan las comidas caseras, lavan la ropa y limpian la casa.

En EE.UU., algunas familias, sean hispanas o no, tienen también servicio doméstico. En algunos casos, las personas que hacen las labores de sirvientas, cocineras, niñeras o jardineros son hispanas.

Una empleada doméstica ayuda en la cocina.

¿Qué aprendiste?

1. ¿Cuáles son los papeles tradicionales del hombre y de la mujer hispanos? ¿Qué factor está contribuyendo a su cambio?

2. ¿Qué nuevas responsabilidades domésticas tienen ahora muchos hombres hispanos?

3. ¿Dónde y en qué familias es común el servicio doméstico?

Actividad cultural

Completen la tabla para indicar las obligaciones que tienen, en general, los hombres y las mujeres en la familia tradicional y en la contemporánea.

Familia tradicional: hispana o estadounidense		Familia contemporánea: hispana o estadounidense	
Quehaceres	Persona/s responsable/s	Quehaceres	Persona/s responsable/s

Contraste cultural

En grupos de tres, hablen de los siguientes aspectos de sus familias. Después, establezcan dos o tres contrastes entre sus familias y una familia hispana típica.

• Mujeres de sus familias que son profesionales o empleadas. Incluyan más de una generación.

• Quehaceres domésticos que hacen los hombres de sus familias.

• Responsabilidades con respecto a los hijos en sus familias.

[1]remains, [2]still, [3]**cuentan... count on**

Tu mundo en vivo

¡Video en acción!

6.1 Mi vida aburrida

1. Antes de ver el video

    ¿Es tu vida aburrida? ¿Por qué?

2. Mientras ves el video

    a. ¿Por qué dice Aaron que su vida es aburrida?
    _____

    b. ¿Por qué no desayunan los hijos con el papá durante la semana? _____

    c. ¿Quién los lleva a la escuela? _____

    d. Qué hace Aaron el fin de semana?
    _____

3. Comenta con la clase

    ¿Qué pasa en la foto de arriba?

6.2 Los quehaceres

1. Antes de ver el video

    ¿Qué quehaceres haces en tu casa?

2. Mientras ves el video   Marca los quehaceres que hace cada miembro de la familia Hernández.

Quehaceres	La mamá	El papá	Aaron	Alexa
regar las plantas				
planchar				
barrer				
lavar los platos				
hacer la cama				
doblar la ropa				
poner la mesa				
sacar la basura				
secar los platos				

3. Comenta con la clase

    En tu opinión, ¿hacen Aaron y Alexa suficientes quehaceres? Explica.

¡Lectura en acción!

La casa de vacaciones de tus sueños

En este anuncio de un periódico chileno se hace publicidad de casas de vacaciones construidas en una zona muy atractiva de la costa, a sólo dos horas de Santiago de Chile.

Paso 1. Antes de leer el texto, escribe una lista de los aspectos que piensas que se van a mencionar en el anuncio.

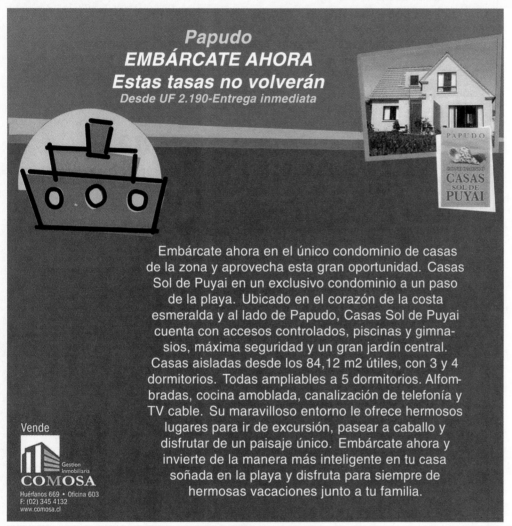

Papudo
EMBÁRCATE AHORA
Estas tasas no volverán
Desde UF 2.190-Entrega inmediata

PAPUDO
CASAS SOL DE PUYAI

Embárcate ahora en el único condominio de casas de la zona y aprovecha esta gran oportunidad. Casas Sol de Puyai en un exclusivo condominio a un paso de la playa. Ubicado en el corazón de la costa esmeralda y al lado de Papudo, Casas Sol de Puyai cuenta con accesos controlados, piscinas y gimnasios, máxima seguridad y un gran jardín central. Casas aisladas desde los 84,12 m2 útiles, con 3 y 4 dormitorios. Todas ampliables a 5 dormitorios. Alfombradas, cocina amoblada, canalización de telefonía y TV cable. Su maravilloso entorno le ofrece hermosos lugares para ir de excursión, pasear a caballo y disfrutar de un paisaje único. Embárcate ahora y invierte de la manera más inteligente en tu casa soñada en la playa y disfruta para siempre de hermosas vacaciones junto a tu familia.

Vende

Gestion Inmobiliaria
COMOSA
Huérfanos 669 • Oficina 603
F: (02) 345 4132
www.comosa.cl

Paso 2. Ahora, lee el anuncio y escribe una lista de las características que se mencionan incluyendo información sobre las casas y la comunidad donde están situadas.

Paso 3. Responde a las siguientes preguntas para ver si entendiste la información más importante del anuncio.

1. Compara tus dos listas. ¿Hay algo que te sorprende[1] ver en la publicidad de estas casas?

2. ¿Cuántos dormitorios tienen las casas?

3. A quiénes se dirige[2] este anuncio, ¿a personas solteras, jubiladas, o a familias?

4. ¿Te gustaría comprar una casa en *Casas Sol de Puyai*? ¿Por qué?

[1]surprises, [2]se... targeted

🎵 Vocabulario activo y pasivo: Capítulo 6

Escena 1

La casa y sus cuartos *The house and its rooms*

el (cuarto de) baño *bathroom*
la cocina *kitchen*
el comedor *dining room*
el dormitorio *bedroom*
la sala *living room*
la chimenea *fireplace, chimney*
la escalera *stairs*
el garaje *garage*
el jardín *garden*
el primer piso *first floor*
el segundo piso *second floor*
el sótano *basement*
el suelo, el piso *floor*
el techo *roof, ceiling*

Los muebles y otras cosas *Furniture and other things*

la alfombra *rug, carpet*
la bañera *bathtub*
la cama *bed*
la cómoda *dresser*
las cortinas *curtains*
el cubo de la basura *garbage can*
la ducha *shower*
el espejo *mirror*
el estante *bookcase, shelf*
la estufa *stove*
el fregadero *kitchen sink*
el inodoro *toilet*
la lámpara *lamp*
el lavabo *sink (bathroom)*
el lavaplatos *dishwasher*
la luz *light, electricity*
el microondas *microwave*
el refrigerador *refrigerator*
el ropero *closet*
el sillón *easy chair*
el sofá *sofa*

Palabras afirmativas y negativas *Affirmative and negative words*

algo *something*
alguien *someone*
nada *nothing*
nadie *no one, not anyone, nobody*

Preposiciones *Prepositions*

acerca de *about (a topic)*
al + infinitivo *upon (doing something)*
antes de *before*
debajo de *beneath, below, under*
dentro de *within, inside (of)*
después de *after*
durante *during*
encima de *on top of, above*
en vez de *in place of, instead of*
fuera de *outside (of)*
para *for*
para + infinitivo *in order to (do something)*
por *by, through, around, alongside*
sobre *on, above; about (a topic)*

Verbos y expresiones verbales *Verbs and verbal expressions*

alquilar *to rent*
bajar *to go down*
contestar *to answer*
sonar (ue) *to ring (phone), go off (alarm clock)*
subir *to go up*
se alquila *for rent*

Escena 2

Los artículos de uso personal *Personal items*

el cepillo de dientes *toothbrush*
el champú *shampoo*
el despertador *alarm clock*
el jabón *soap*
la pasta de dientes *toothpaste*
el peine *comb*
el secador *hairdryer*
la toalla *towel*

La vida diaria *Daily life*

acostarse (ue) *to go to bed*
afeitarse *to shave*
bañarse *to take a bath*
cepillarse (los dientes) *to brush (one's teeth)*
despedirse (i) (de) *to say good-bye (to)*
despertarse (ie) *to wake up*
divertirse (ie) *to have fun/ a good time*
dormirse (ue) *to fall asleep*
ducharse *to take a shower*
irse *to go away*

lavarse (el pelo) *to wash (one's hair)*
levantarse *to get up*
maquillarse *to put on makeup*
peinarse *to comb one's hair*
ponerse (los zapatos) *to put on (one's shoes, etc.)*
quitarse (la ropa) *to take off (one's clothes, etc.)*
reírse (i) *to laugh*
secarse *to dry oneself*
sentarse (ie) *to sit down*
sentirse (ie) mal/ bien *to feel bad, sick/ well*
tener sueño *to be sleepy*
vestirse (i) *to get dressed*

Escena 3

Los quehaceres domésticos *Household chores*

barrer *to sweep*
cortar el césped *to mow the lawn*
doblar la ropa *to fold the clothes*
guardar (la ropa) *to put away (clothes)*
hacer la cama *to make the bed*
hacer las compras *to buy groceries, run errands*
lavar (los platos) *to wash (the dishes)*
limpiar el polvo *to dust*
ordenar (el cuarto) *to straighten up (the room)*
pasar la aspiradora *to vacuum*
planchar *to iron*
poner la mesa *to set the table*
quitar la mesa *to clear the table*
reciclar *to recycle*
regar (ie) (las plantas) *to water (the plants)*
sacar la basura *to take out the trash*
secar (los platos) *to dry (the dishes)*
tener que + infinitivo *to have to do something*

Los electrodomésticos *Appliances*

la lavadora *washer*
la secadora *dryer*

Autoprueba y repaso: Capítulo 6 WILEY PLUS ✓

Escena 1
Cuartos, muebles y otras cosas

A. Identifica el cuarto o lugar de la casa que corresponde a la descripción.

1. Es donde están el inodoro y el lavabo. _____ _____
2. Es donde dormimos. _____ _____
3. Es donde charlamos con amigos o vemos la televisión. _____ _____
4. Es el cuarto donde preparamos la comida. _____ _____
5. Es lo que usamos para subir y bajar de un piso a otro. _____ _____
6. Es el lugar fuera de la casa donde hay árboles y flores. _____ _____

B. Haz un círculo alrededor de las dos palabras que más se asocian.

1. la alfombra   la ducha   la bañera
2. la cama   la cómoda   el inodoro
3. el lavabo   el estante   el fregadero
4. el espejo   la estufa   el refrigerador
5. la luz   el ropero   la lámpara
6. el sofá   el sillón   las cortinas

I. More about prepositions

C. Completa la segunda oración usando la preposición de significado contrario.

1. El perro no debe estar *dentro de* la casa.
   Debe estar ___fuera___ ___de___ la casa.
2. El gato no está *debajo del* sofá.
   Está _____ _____ sofá.
3. ¡No quiero poner la lámpara *delante del* sillón.
   Quiero ponerla _____ _____ sillón.
4. No quiero plantar el árbol *lejos de* la casa.
   Quiero plantarlo _____ _____ la casa.
5. No voy a plantar el árbol *antes del* almuerzo.
   Lo voy a plantar _____ _____ almuerzo.

D. Completa cada (*each*) oración con la preposición apropiada. Usa todas las preposiciones que siguen.

> antes de después de acerca de en vez de durante para

1. _____ almorzar en la cafetería de la compañía, vamos a un restaurante.
2. _____ pedir la comida, vamos a ver cuáles son los «platos del día».

3. No vamos a hablar de negocios _____ el almuerzo; queremos disfrutar de la comida.
4. La conversación va a ser muy personal; vamos a hablar _____ tu familia.
5. _____ pagar la cuenta, vamos a la oficina. _____ hablar de los contratos.

II. Demonstrative adjectives and pronouns

E. Completa las oraciones con el adjetivo o pronombre demostrativo apropiado.

1. ¿Te gusta ___esta___ lámpara? (muy cerca)
   Creo que prefiero ___ésa___. (a poca distancia)
2. ¿Vas a comprar _____ sillas? (muy cerca)
   No, voy a comprar _____. (a poca distancia)
3. ¿Te gusta _____ sillón? (muy cerca)
   No, prefiero _____. (a poca distancia)
4. ¿Prefieres _____ lámpara o _____?
   (muy cerca / a poca distancia)
   En realidad, me gusta _____. (lejos)
5. _____ muebles son de México. (muy cerca)
   _____ son de China. (lejos) ¿Cuáles prefieres?

En resumen

Contesta las preguntas con oraciones completas.
1. ¿Vive alguien contigo? ¿Quién es?
2. ¿Estás preparando algo para la cena en este momento? ¿Qué es?
3. En tu casa, ¿cuál es tu cuarto favorito? ¿Por qué?
4. ¿Qué muebles y otras cosas hay en tu dormitorio?

Escena 2
La vida diaria

F. Indica el objeto que asocias con cada acción. A veces hay más de una posibilidad.
1. lavarse o bañarse → *el jabón*
2. despertarse
3. cepillarse los dientes
4. secarse el pelo
5. peinarse
6. ponerse o quitarse

III. Reflexive verbs

G. Indica lo que hacen por la mañana.

MODELO

Sergio / ducharse

Sergio se ducha.

1. (yo) / lavarse el pelo
2. (tú) / afeitarse
3. Sandra / maquillarse
4. (Uds.) / vestirse
5. Pepita y Manuel / cepillarse los dientes
6. (nosotros) / ponerse un suéter porque hace frío

H. Indica lo que está haciendo cada persona según el objeto que tiene.

MODELO

(yo): el champú

Estoy lavándome el pelo. (o) Me estoy lavando el pelo.

1. Linda: la pasta de dientes
2. (tú): el secador
3. Marco y Juan: los zapatos
4. (nosotros): las toallas
5. (yo): el peine

En resumen

Contesta las preguntas con oraciones completas.

1. ¿A qué hora te levantas normalmente?
2. ¿Qué haces por la mañana después de levantarte?
3. ¿A qué hora vas a acostarte esta noche?
4. ¿Tienes sueño ahora? ¿Te sientes bien o mal?
5. ¿Vas a divertirte este fin de semana? ¿Qué vas a hacer?

Escena 3
Los quehaceres domésticos

I. Combina las palabras de la primera columna con las palabras que mejor les corresponden de la segunda. Escribe las respuestas. A veces hay dos posibilidades.

MODELO

guardar → *guardar la ropa, guardar los platos*

1. ordenar   la mesa
2. hacer   los platos
3. doblar   las compras
4. pasar   la cama
5. poner o quitar   el cuarto
6. planchar   la basura
7. lavar y secar   la ropa
8. sacar   la aspiradora

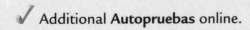 Additional **Autopruebas** online.

IV. Informal commands (*tú affirmative*)

J. Una persona muy mandona (*bossy*) les da órdenes a sus compañeros de apartamento.

MODELO

Marta / pasar la aspiradora

Marta, pasa la aspiradora, por favor.

1. Miguel / limpiar el baño
2. Linda / barrer el patio
3. Beatriz / hacer las camas
4. Rita / poner la mesa
5. Juan / regar las plantas
6. Tina / peinarte

V. Informal commands (*tú negative*)

K. Imagínate que eres una hermana mayor que le da órdenes a su hermano menor.

MODELO

no beber mi refresco

No bebas mi refresco.

1. no comer todas las galletas
2. no jugar con mi computadora
3. no usar mi estéreo
4. no llegar tarde a casa; cenamos a las seis
5. no salir con tus amigos cuando tienes tarea
6. no sentarte en mi cama

En resumen

Contesta las preguntas con oraciones completas.

1. ¿Qué haces para mantener (*keep*) limpia tu casa o limpio tu apartamento?
2. ¿Qué órdenes le das a veces a la persona que vive contigo? *Lava...*
3. ¿Qué tienes que hacer hoy o mañana?

Answers to the *Autoprueba y repaso* are found in **Apéndice 2.**

Capítulo 7

La ciudad

WILEY PLUS
Additional activities and **Autopruebas** for each **Escena** available online.

Metro

Sol

Escena 1
En la ciudad

- Giving orders and instructions: Formal commands (**Ud.** and **Uds.**)
- Talking about what happened: The preterit tense of regular -**ar** verbs

TU MUNDO CULTURAL
La plaza: el corazón de la ciudad

Escena 2
La vida urbana

- Talking about what happened: The preterit tense of regular -**er** and -**ir** verbs
- The preterit of four irregular verbs: **Dar**, **ser**, **ir**, and **hacer**

TU MUNDO CULTURAL
Un viaje a Machu Picchu

Escena 3
En la carretera

- To whom? For whom?: Indirect object pronouns

TU MUNDO CULTURAL
El transporte público

TU MUNDO EN VIVO

✓ AUTOPRUEBA

En la ciudad

Calle del Río

Calle del Puente

Calle José Martí

12. AEROPUERTO ESTACIÓN DE TREN CIUDAD ANTIGUA

13. CENTRO

14. el puente

15. la motocicleta

16. el semáforo

17. (no) estacionar

CAFÉ COLON

34. PELUQUERÍA ELENA

35. JOYERÍA LA MINA DE ORO*

36. ZAPATERÍA TERESA

DISCOTECA ¡CON BRÍO!

37. las tiendas

3. la esquina

8. el quiosco

32. FARMACIA A UNA CUADRA

la revista

el periódico

las noticias

1. skyscraper
2. bank
3. department store
4. museum
5. post office
6. mailbox
7. pastry shop
8. pedestrian
9. to cross
10. church
11. park
12. train station
13. downtown
14. bridge
15. motorcycle
16. traffic light
17. (no) parking
18. fountain
19. bench
20. movie theater
21. exit
22. film
23. entrance
24. to enter
25. Have a good time! **pasarlo bien** to have a good time
26. bus stop
27. to wait (for)
28. newsstand
29. magazine
30. newspaper
31. news
32. a block away
33. corner
34. hair salon
35. jewelry store
36. shoe store
37. stores

*La Mina de Oro *The Gold Mine*

¡En acción!

7-1 ¿Adónde vas?

Tienes un profesor nuevo que no conoce la ciudad (págs. 218–219) y quiere saber adónde vas para hacer lo siguiente. Contesta sus preguntas.

MODELO

ver cuadros de artistas famosos

Profesor: *¿Adónde vas para ver cuadros de artistas famosos?*

Tú: *Voy al museo Botero.*

1. comprar pasteles
2. depositar dinero
3. esperar el autobús
4. cortarte el pelo
5. ver una película

6. asistir a una ceremonia religiosa
7. comprar revistas y periódicos
8. hacer compras (*shop*)
9. pasarlo bien
10. descansar

¿SABES QUE...?

As is the custom in Spanish-speaking countries, the streets in the opener city scene are named after famous historical and literary figures. **Simón Bolívar** (1783–1830) was a Venezuelan revolutionary leader who fought for the independence of Spanish America from Spain. **José Martí** (1853–1895) was a Cuban poet, writer, and lawyer who fought and died for Cuba's independence from Spain. **Emiliano Zapata** (around 1879–1919) was a Mexican revolutionary who fought for the rights of the farmers.

7-2 En la ciudad

¿Qué hay en el centro y qué pasa allí? Observen la escena de las páginas 218–219 y contesten las preguntas.

1. ¿Cómo se llaman los edificios muy altos de la avenida Emiliano Zapata? ¿y el banco que está en uno de ellos?

2. ¿Quién cruza la avenida en dirección a la oficina de correos? ¿Cuántos buzones hay allí?

3. ¿Qué película se puede ver en el cine Amenábar? ¿Qué hacen las personas a la entrada y a la salida del cine?

4. ¿Dónde espera la mujer el autobús? ¿Qué le dice el señor que está cerca de la entrada del metro a su amigo?

5. ¿Qué se vende en el quiosco?

6. ¿Qué conecta el centro de la ciudad con la estación de tren? ¿Qué se ve y qué pasa por allí?

7. ¿Se puede estacionar en la esquina de la calle del Río y la calle del Puente?

8. ¿Qué tiendas hay en la calle José Martí? ¿A qué distancia está la farmacia?

9. ¿Qué centros culturales y religiosos hay en la ciudad?

7-3 Mi pueblo... Mi ciudad...

 Paso 1. Mario, tu amigo chileno, quiere saber cómo es tu pueblo o ciudad. Descríbeselo en un mensaje electrónico de *seis* oraciones.

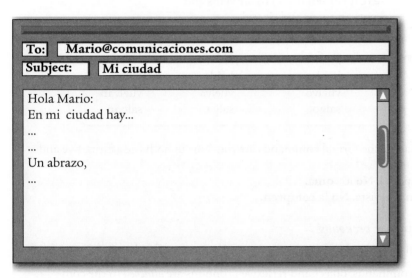

To: Mario@comunicaciones.com
Subject: Mi ciudad

Hola Mario:
En mi ciudad hay...
...
...
Un abrazo,
...

Paso 2. Léanse los mensajes. Luego decidan si el pueblo o la ciudad que se describe en cada caso es un buen lugar para vivir.

¡A escuchar! Una mañana en el centro

Paso 1. María y su amiga Elvira pasan juntas una mañana en el centro. Escucha la conversación observando la escena de la ciudad (págs. 218–219).

Paso 2. Escucha de nuevo y contesta las preguntas.

1. ¿Adónde van María y Elvira? Escribe cuatro lugares: _____ _____ _____ y _____

2. ¿Qué compra María en el quiosco? _____

3. ¿Dónde se toman un cafecito? En el _____ Colón

4. ¿Dónde van a verse a las 7:30 de la tarde? En el _____ Amenábar

¡Manos a la obra!

1

In *Capítulo 6* you learned how to give *informal*, or **tú**, commands (**¡Saca la basura!**). *Formal* commands are the ones you give to people with whom you have a more formal relationship—people you would address as **usted.** In the plural **(ustedes)**, commands can be formal or informal.

The **Ud./Uds.** commands are formed by dropping the **-o** from the **yo** form of the present tense and adding:

-e (Ud.) or **-en** (Uds.) to **-ar** verbs and
-a or **-an** to **-er** and **-ir** verbs.

infinitive	yo form	Ud.	Uds.
habl**ar**	habl**ø**	habl**e**	habl**en**
volv**er**	vuelv**ø**	vuelv**a**	vuelv**an**
sal**ir**	salg**ø**	salg**a**	salg**an**

Unlike **tú** commands, the formal commands are the same in both the affirmative and negative forms.

> **Coma** el pastel. **No** lo **coma.**
> **Compren** la revista. **No** la **compren.**

Formal commands + *pronouns*

The placement of object and reflexive pronouns is the same as for the **tú** commands.

* In affirmative commands, object and reflexive pronouns are *attached* to the command form.

¡Espére**me***!	*Wait for me!*
Siénten**se*** conmigo.	*Sit with me.*

* In negative commands, the pronoun is placed *before* the verb.

No **lo** haga.	*Don't do it!*
No **se** levante.	*Don't get up.*

Some **Ud.** and **Uds.** commands undergo the same spelling changes as the negative **tú** commands (see page 208).

> **Busque** las llaves.   **Pague** la cuenta.   No **crucen** la calle.

*There is a written accent when the stress falls on the third-to-last syllable.

Some verbs have irregular **Ud./Uds.** command forms. Here are three of them.

ir → **vaya/n**	¡**Vaya** con Dios! *God be with you!*
ser → **sea/n**	No **sean** tímidos. *Don't be shy.*
estar → **esté/n**	**Estén** listos a las cinco. *Be ready at 5:00.*

¡En acción!

¡Oye! La rutina de una mañana

Escucha las instrucciones de tu profesor/a y representa cada acción con mímica.

7-4 Son órdenes del alcalde[1]

Eres el alcalde de Villabonita y tienes órdenes para tus ciudadanos. Completa los espacios en blanco con los mandatos de **Uds.** Luego, indica con la inicial correspondiente el propósito de cada orden: **L** (Limpieza); **T** (Tráfico); **E** (Embellecimiento[2] de la ciudad).

_L_ **1.** La basura y los objetos para reciclar se recogen los martes. (*Poner*) ___Pongan___ los cubos delante de su edificio antes de las 5:00 de la mañana.

____ **2.** Las aceras[3] deben estar siempre limpias. (*Barrerlas*) _____ dos veces por semana.

____ **3.** (*Plantar*) _____ flores delante de su edificio. (*Regarlas*) _____, pero (*hacerlo*) _____ antes de las 8:00 de la mañana.

____ **4.** No (*botar*[4]) _____ latas de aluminio, botellas y papeles en las calles o en las aceras. (*Depositarlos*) _____ en los cubos de basura o de reciclaje.

____ **5.** Los semáforos también son para los peatones. (*Mirar*) _____ antes de cruzar la calle.

____ **6.** Si sus perros hacen sus necesidades en la calle, por favor, (*ponerlas*) _____ inmediatamente en una bolsita de plástico.

____ **7.** (*Estar*) _____ atentos a las señales[5] de tráfico y (*respetarlas*) _____ cuando manejen.

____ **8.** No se permite estacionar en la zona histórica de la ciudad. (*Estacionar*) _____ fuera del centro.

Y tú, ¿cuidas tu parque y usas las papeleras?

[1]mayor, [2]beautification, [3]sidewalks, [4]to throw, [5]signs

7-5 La tradición de *"Trick or treat"*

Paso 1. Pronto es Halloween. Eres el jefe de policía y decides mandar información en español para los vecinos[1], padres y niños de tu distrito que no entienden inglés. Para organizarte, primero indica a cuál de los tres grupos se dirige cada consejo: **P** padres; **N** niños; **V** vecinos.

Recomendaciones para el día de *Halloween*

<u>V</u>   **1.** Deben *tener* suficientes dulces[2] en casa para todos los niños.

___   **2.** *No* deben *ir* a casas que no conocen.

___   **3.** Deben *acompañar* a sus hijos menores.

___   **4.** Deben *caminar* en grupos y *cruzar* las calles por los semáforos.

___   **5.** Deben *dejar* sus perros y gatos dentro de casa.

___   **6.** Deben *comprar* disfraces[3] reflectantes para sus hijos.

___   **7.** *No* deben *ponerse* máscaras; es mejor maquillarse.

___   **8.** Deben *inspeccionar* los dulces que reciben sus hijos.

Paso 2. Ahora, dales consejos a los padres, a los niños y a los vecinos. Usa los mandatos de **Uds:** (a los vecinos) ***Tengan** suficientes dulces...*

7-6 Los consejos de la famosa periodista Celia Ciudad

Paso 1. Cada semana, Celia escribe una columna con consejos para quienes visitan su ciudad, pero hoy está enferma, y tienen que hacerlo Uds. Lean lo que ella comenzó a escribir antes de enfermarse, y los anuncios de periódico que tiene para preparar su columna semanal. Luego, según la información que tienen, escriban *seis* consejos con varios mandatos de **Ud.** en cada uno.

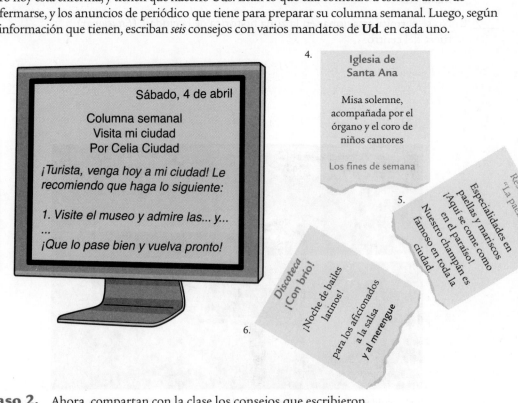

1.

Museo de Arte Moderno

Puede admirar las pinturas de Miró, Picasso, Dalí, Frida Kahlo y Botero

Cerrado los lunes

2.

Joyería *La Mina de Oro*

¡Precios irrepetibles! oro, diamantes, platino, perlas...

Todo lo que Ud. desea

3.

Zoológico «Safari»

Horario de visitas: de 9:00 de la mañana hasta 5:00 de la tarde ¡Semana única! se permite jugar con los animales!

4.

Iglesia de Santa Ana

Misa solemne, acompañada por el órgano y el coro de niños cantores

Los fines de semana

5.

Restaurante «La Paella»

Especialidades en paellas y mariscos ¡Aquí se come como en el paraíso! Nuestro champán es famoso en toda la ciudad.

6.

Discoteca ¡Con brío!

¡Noche de bailes latinos! para los aficionados a la salsa y al **merengue**

Sábado, 4 de abril

Columna semanal
Visita mi ciudad
Por Celia Ciudad

¡Turista, venga hoy a mi ciudad! Le recomiendo que haga lo siguiente:

1. Visite el museo y admire las... y...
...
¡Que lo pase bien y vuelva pronto!

Paso 2. Ahora, compartan con la clase los consejos que escribieron.

[1]neighbors, [2]candy, [3]costumes

7-7 ¿Cómo se va?

Paso 1. Un turista está a la entrada de la zapatería Teresa (págs. 218–219) y te pregunta como se va a cierto lugar de la ciudad. Completa las instrucciones que le das con los mandatos de **Ud.**

(*Caminar*) _____ media cuadra por la calle José Martí hasta llegar a la esquina. (*Doblar*) _____ a la derecha y siga derecho hasta llegar a la calle del Puente. (*Cruzar*) _____ la calle y (*doblar*) _____ a la izquierda. (*Pasar*) _____ por la iglesia y el teatro. (*Cruzar*) _____ la avenida Emiliano Zapata. Al ver los buzones, (*doblar*) _____ a la derecha. Allí está, al lado de la oficina de correos y cerca del banco Hispano.

¿Adónde llega el turista?

Paso 2. Ahora una turista quiere saber cómo se llega a ciertos lugares de la ciudad (págs. 218–219), y un peatón muy amable le da instrucciones (mandatos de **Ud.**). Hagan los papeles de turista y peatón y túrnense.

El peatón y la turista están en...	La turista quiere ir a...
1. la pastelería González	1. el café Colón
2. la joyería La Mina de Oro	2. el puente
3. la oficina de correos	3. la farmacia
4. el cine Amenábar	4. el parque

Quito, la capital de Ecuador, tiene una zona antigua de gran belleza, con la catedral y otros edificios de arquitectura colonial. ¿Hay una zona antigua en tu ciudad?

¡Manos a la obra!

2

To talk about actions completed in the past, Spanish uses the *preterit* (simple past) tense.

Compré un periódico esta mañana.	*I **bought** a newspaper this morning.*
¿**Tomaste** un café?	*Did you **have** a cup of coffee?*
Mis amigos **regresaron** a la una.	*My friends **returned** at 1:00.*

The preterit tense of regular **-ar** verbs is formed by dropping the infinitive ending and adding the endings below.

caminar *to walk*		
(yo)	**-é**	camin**é**
(tú)	**-aste**	camin**aste**
(Ud., él, ella)	**-ó**	camin**ó**
(nosotros/as)	**-amos**	camin**amos**
(vosotros/as)	**-asteis**	camin**asteis**
(Uds., ellos, ellas)	**-aron**	camin**aron**

The **nosotros** forms in the present and in the preterit are the same. The context usually clarifies the meaning.

Visitamos el museo todos los días.	*We **visit** the museum every day.*
Visitamos el museo ayer.	*We **visited** the museum yesterday.*

In the preterit, some verbs change spelling in the **yo** form, just like the ones you learned with the **Ud./Uds.** and negative **tú** commands. These include verbs that end in **-car, -gar,** and **-zar.**

-car **c → qu:**   buscar bus**qué**; pescar pes**qué**; sacar sa**qué**; secar se**qué**; tocar to**qué**

-gar **g → gu:**   jugar ju**gué**; llegar lle**gué**; navegar nave**gué**; pagar pa**gué**

-zar **z → c:**   abrazar abra**cé**; almorzar almor**cé**; cruzar cru**cé**

Fabio y sus amigos llegan a casa de Jennifer. En la mesa, el padre de Jennifer les da instrucciones.

[1]joke

¡En acción!

¡Oye! ¿Leonardo no trabajó el lunes?

Escucha mientras[1] tu profesor/a te dice cómo pasó su día Leonardo. Luego responde «**¡Cierto!**» o «**¡Falso!**» a las afirmaciones. Si son falsas, corrígelas.

7-8 En la pastelería González

Paso 1. El sábado doña Casilda trabajó en la pastelería González. Completa la descripción de lo que hizo[2]. Usa el pretérito.

Doña Casilda (*levantarse*) _____ a las cuatro de la mañana. (*Llegar*) _____ a la pastelería a las cinco. Una hora después (*sacar*) _____ cuatro docenas de galletas del horno[3]. A las ocho (*cocinar*) _____ un flan para la cena de aniversario de los señores Chávez, y a las diez y media (*decorar*) _____ el pastel para la boda de la señorita Huerta. A las doce (*limpiar*) _____ bien la pastelería y (*caminar*) _____ tranquilamente a un restaurante, donde (*almorzar*) _____ con su amiga Mercedes.

Paso 2. Ahora, digan las cosas que hizo doña Casilda, que en su opinión son divertidas y las que no.

7-9 Personalidades opuestas, como el día y la noche

Paso 1. Mateo es *muy activo y ordenado* y su amigo Manolo es *tranquilo y desordenado*. Hagan de Mateo y Manolo y con la ayuda de la siguiente lista, escriban en las dos columnas las *cinco* cosas que hizo cada uno ayer sábado.

- **a.** levantarse a las 6:45 de la mañana
- **b.** levantarse a las 10:30 de la mañana
- **c.** lavar la ropa, las sábanas y las cortinas
- **d.** no ordenar la casa y pasar horas descansando en el sofá
- **e.** levantar pesas antes de salir de casa
- **f.** mirar la televisión unas horas
- **g.** bañarse tranquilamente, escuchando la radio
- **h.** ducharse rápidamente
- **i.** comprar comida para toda la semana
- **j.** dejar la cama sin hacer

Mateo (muy activo y ordenado)	Manolo (tranquilo y desordenado)
1. Me levanté.... ...	1. Me levanté.... ...

Paso 2. ¿Con cuál tiene cada uno/a de Uds. más en común? Expliquen.

[1]while, [2]did, [3]oven

7-10 ¿Dónde?

Marco y Sara, dos de tus amigos, visitaron el centro de la ciudad (págs. 218–219) recientemente. Tú no conoces bien el centro, y por eso quieres saber dónde hicieron[1] cada cosa y dónde está cada lugar que mencionan. Ellos contestan. Hagan los tres papeles.

MODELO

comprar la pizza

Tú: *¿Dónde compraron la pizza?*

Marco: *La compramos en Pizza Roma.*

Tú: *¿Dónde está Pizza Roma?*

Sara: *Al lado del banco Hispano.*

1. depositar dinero
2. tomarse un café
3. comprar pasteles y zapatos
4. cortarse el pelo
5. descansar
6. tomar una cerveza
7. comprar el periódico
8. mirar jeans y suéteres

EN EL PASADO

Here are some common words and expressions for talking about the past:

anoche	*last night*
ayer	*yesterday*
anteayer	*the day before yesterday*
la semana pasada	*last week*
el fin de semana pasado	*last weekend*
el viernes/ sábado... pasado	*last Friday/ Saturday...*
el mes/ año pasado	*last month/ year*
ya	*already*

7-11 ¿Qué pasó anoche, ayer,...?

Paso 1. Háganse las preguntas de la primera columna (pág. 229) y respondan con una oración completa. Para cada pregunta, marquen su respuesta en la segunda columna y la de su compañero/a en la tercera. Sigan el modelo.

MODELO

E1: *¿Anoche, estudiaste?*

E2: *Sí, estudié.*

E1: *¿Para qué clase?*

E2: *Para la clase de historia. ¿Y tú?*

E1: *Yo también estudié para la clase de historia.*

[1]did

	Yo	Mi compañero/a
Anoche,...		
1. ¿...estudiaste? ¿Para qué clase?	☑ sí ☐ no	☑ sí ☐ no ... _estudió_ ...
2. ¿...navegaste por la Red?	☐ sí ☐ no	☐ sí ☐ no ..._____...
Ayer o anteayer,...		
3. ¿...jugaste a... (*deporte*)?	☐ sí ☐ no	☐ sí ☐ no ..._____...
4. ¿...charlaste con alguien de tu familia? ¿Con quién?	☐ sí ☐ no	☐ sí ☐ no ..._____...
La semana pasada,...		
5. ¿...compraste algo? ¿Qué?	☐ sí ☐ no	☐ sí ☐ no ..._____...
6. ¿...cenaste en un restaurante? ¿Cuál? ¿Con quién?	☐ sí ☐ no	☐ sí ☐ no ..._____...
El verano pasado,...		
7. ¿...viajaste a un lugar interesante? ¿Adónde?	☐ sí ☐ no	☐ sí ☐ no ..._____...
8. ¿...trabajaste? ¿Dónde?	☐ sí ☐ no	☐ sí ☐ no ..._____...

Paso 2. Digan a otra pareja o a la clase lo que Uds. tienen en común: *Anoche... y yo* **estudiamos** *para la clase de historia.*

Cartagena de Indias (1533), situada en la costa colombiana del Caribe, es una ciudad ideal para pasear por sus calles adornadas de balcones y admirar sus palacios, monasterios, plazas y casas antiguas. Su puerto es famoso por su enorme fortificación, construida para proteger allí los tesoros[1] de América antes de llevarlos a España. ¿Te gustaría conocer esta ciudad?

[1]treasures

Tu mundo cultural

La plaza: el corazón[1] de la ciudad

¿Conoces alguna plaza en E.E.UU.? ¿Y alguna del mundo hispano?

La plaza es el centro de las actividades más importantes de la vida de toda ciudad y todo pueblo hispano. Allí se va a la hora del café, los días de mercado, y para celebrar la fiesta del santo patrón o de la santa patrona del pueblo o de la ciudad. Los edificios más representativos de la vida civil y religiosa están allí: la iglesia o catedral y la casa presidencial o la alcaldía[2]. Generalmente, en la plaza hay también un teatro o cine, restaurantes, cafés y bares. Una característica típica de muchas plazas hispanas son sus portales que sirven para protegerse del sol y de la lluvia. En el centro de la plaza generalmente hay una estatua o una fuente.

La Plaza Mayor de Lima, Perú (1535), con la fuente de bronce en el centro. La fuente es uno de los pocos elementos de la plaza original que no fue destruido por los terremotos[3] de Lima. En la plaza también están la catedral, el Palacio Presidencial, el Palacio del Arzobispo y otros edificios importantes. En el pasado, la plaza se usaba para corridas de toros[4].

La plaza de San José (1525), en San Juan de Puerto Rico, una de las favoritas de la juventud. Allí está la iglesia colonial de San José y en el centro, una estatua de bronce de Juan Ponce de León, el fundador de la ciudad. La plaza está situada en una zona muy popular, con vistas panorámicas, y bares y restaurantes donde se sirven hamburguesas deliciosas y comida criolla. Durante las fiestas, la plaza es el escenario de conciertos de rock, bailes de salsa y competiciones de boxeo y gimnasia.

[1]heart, [2]Mayor's office, [3]earthquakes, [4]**corridas...** bullfights

La Plaza Real (1607) de Santa Fe en Nuevo México. Santa Fe es la segunda* ciudad más antigua de EE.UU. y ejemplo del legado[1] hispano. El Palacio del Gobernador está en la plaza, y a su alrededor hay museos, galerías de arte y gran variedad de tiendas.

 ## ¿Qué aprendiste?

1. ¿Qué importancia tiene la plaza en las ciudades hispanas? ¿Qué actividades se hacen allí?

2. Por lo general, ¿qué edificios se encuentran en la plaza? ¿Y qué lugares hay para divertirse? ¿Qué hay a veces en el centro de la plaza? ¿Para qué sirven los portales de la plaza?

3. ¿Cuál de las tres plazas ha sido (*has been*) destruida por terremotos? ¿Cuál tiene en el centro la estatua del fundador de la ciudad? ¿Y cuál representa el legado hispano en EE.UU.? ¿De qué año es?

 ## Actividad cultural

Decidan a cuál de las tres plazas van a ir, y hagan una lista de lo que van a encontrar y van a hacer cuando estén allí.

 ## Contraste cultural

En tu pueblo o ciudad, ¿hay una plaza o un parque en el centro? Si no, ¿hay otros lugares comparables a la plaza? ¿Son puntos de encuentro para niños, jóvenes y mayores? ¿Qué se puede hacer en ellos? ¿Vas allí con frecuencia? ¿Con quién?

[1]legacy

---

*The oldest city in the United States is St. Augustine, Florida (1565), also of Hispanic heritage.

VOCABULARIO

A la entrada del cine Amenábar

En el banco Hispano

En la oficina de correos

En la peluquería Elena

En el parque

En la calle del Río

1. begin, to start 2. to finish 3. people 4. ticket (movie/ theater/ bus/ plane/ train) 5. to wait in line 6. to open 7. to close
8. ATM machine 9. to take out 10. an account 11. check (*m.*) 12. to cash, charge 13. Sign them; **firmar** *to sign* 14. package
15. foreign countries 16. stamp 17. postcard 18. to mail/ send a letter 19. to have one's nails painted, paint one's nails
20. to have one's hair colored, color one's hair 21. to get a haircut, cut one's hair 22. to meet up (with) (by chance) 23. to lose
24. to find 25. to take, carry 26. driver's license 27. to fasten one's seatbelt 28. fine, ticket

*14:00 = *2:00* PM *on the 24-hour clock.*

¡En acción!

 7-12 Por la ciudad

Observen las escenas de la página 232. Luego, digan como mínimo *tres* actividades que se pueden hacer en los siguientes lugares.

el cine	el banco	la oficina de correos	la peluquería	el parque	la calle
comprar boletos ...					

7-13 La vida de la ciudad

¿Qué pasa en las distintas partes de la ciudad? Para saberlo, observen las escenas de la página 232 y contesten las preguntas.

1. ¿A qué hora empieza la primera película? ¿A qué hora termina?

2. ¿Qué hace la gente en la ventanilla? ¿Qué van a comprar?

3. ¿A qué hora se abre y se cierra el banco Hispano? ¿Qué hace o va a hacer cada una de las personas que está allí?

4. ¿Qué lleva el señor que entra a la oficina de correos? ¿Qué hacen las personas que están cerca de los buzones?

5. En la peluquería, ¿qué hace o va a hacer cada una de las clientas? ¿Qué otro servicio ofrece la peluquería?

6. ¿Quiénes se encuentran en el parque? ¿Qué más ocurre allí?

7. ¿Quién lleva a dos niños al parque? ¿Qué lleva el hombre al parque?

8. ¿Qué pasa en la calle del Río?

7-14 Conversaciones: En la ciudad

Hagan los siguientes papeles y conversen. Tienen 30 segundos para cada conversación. Túrnense.

1. **tú y el cajero del cine:**
   quieres saber las horas de las películas, cuánto cuestan los boletos,...

2. **tú y la empleada del banco:**
   quieres cobrar un cheque y abrir una cuenta

3. **tú y el empleado de la oficina de correos:**
   quieres mandar un paquete y comprar estampillas

4. **tú y la peluquera:**
   quieres cortarte y/o teñirte el pelo, quieres un masaje,...

5. **tú y un amigo con quien te encuentras en el parque:**
   lo/la saludas y hablan de sus planes para el fin de semana

¡A escuchar! Una cita[1] en la ciudad

Paso 1. Sonia y Candela van a la peluquería mientras sus amigos Miguel y Toño se ocupan de los detalles para la cita que tienen los cuatro esta noche.

Paso 2. Escucha la conversación y marca las respuestas correctas.

1. Sonia y Candela están en la peluquería.   ☐ Sí ☐ No
2. Sonia se va a teñir el pelo.   ☐ Sí ☐ No
3. Candela quiere las uñas de color rosado.   ☐ Sí ☐ No
4. Sonia y Candela tienen una cita.   ☐ Sí ☐ No
5. Miguel recibe una multa.   ☐ Sí ☐ No
6. Toño y Miguel ya tienen los boletos para la ópera.   ☐ Sí ☐ No
7. Miguel tiene que ir al cajero automático.   ☐ Sí ☐ No

GRAMÁTICA

¡Manos a la obra!

3

Talking about what happened:
The preterit tense of regular -er and -ir verbs

You have used **-ar** verbs to talk about actions completed in the past. Now you will learn to do the same with **-er** and **-ir** verbs.

—¿A qué hora **salieron** Uds. anoche?	*At what time **did** you **go out** last night?*
—**Salimos** a las ocho.	*We **went out** at eight.*
—¿Cuándo **volviste** a casa?	*When **did** you **return** home?*
—**Volví** a medianoche.	*I **returned** at midnight.*

The preterit tense of regular **-er** and **-ir** verbs is formed by dropping the infinitive endings and adding the endings below. The endings for **-er** and **-ir** verbs are identical.

	-ar endings	-er/ -ir endings	volver to return	abrir to open
(yo)	-é	**-í**	volví	abrí
(tú)	-aste	**-iste**	volviste	abriste
(Ud., él, ella)	-ó	**-ió**	volvió	abrió
(nosotros/as)	-amos	**-imos**	volvimos	abrimos
(vosotros/as)	-asteis	**-isteis**	volvisteis	abristeis
(Uds., ellos, ellas)	-aron	**-ieron**	volvieron	abrieron

* As with **-ar** verbs, the **nosotros** form of **-ir** verbs in the *present* and in the *preterit* is the same. The context usually clarifies the meaning.

    Abrimos la tienda a las 9:00 todos los días. *We **open** the store at 9:00 every day.*
    Abrimos los regalos anoche. *We **opened** the gifts last night.*

* The **yo** and **Ud./ él/ ella** forms of **ver** have no accents, since they are only one syllable.

    vi, viste, **vio,** vimos, visteis, vieron

[1]date

¡En acción!

¡Oye! Al volver a casa

Escucha y observa lo que tu profesor/a hizo una tarde. Luego, contesta las preguntas.

> In the preterit, the verbs **leer** and **oír** change the **i** of the third-person singular and plural endings to **y**. They also add accents to the **tú, nosotros,** and **vosotros** forms.
>
> **leer:** leí, leíste, le**y**ó, leímos, leísteis, le**y**eron
> **oír:** oí, oíste, o**y**ó, oímos, oísteis, o**y**eron

7-15 La semana de Carlota

Paso 1. Empareja las oraciones de la primera columna con las de la segunda para narrar la semana de Carlota.

1. El lunes pasado **estacioné** en un lugar prohibido de la calle del Río y...	a. **abrí** una cuenta en el banco Hispano.
2. El martes, para no tener una multa **decidí** tomar el tren de las tres;...	b. **me teñí** el pelo y me **dieron** un masaje.
3. El miércoles, para no gastar todo mi dinero,...	c. **compartimos** un sándwich divino en el café Colón.
4. El jueves, **leí** la sección de películas del periódico y...	d. **escribí** un e-mail a mi novio para invitarle a ir conmigo al cine.
5. Anteayer viernes, **fui** a la peluquería; . . .	e. **vimos** la película acerca de su vida en el cine Amenábar.
6. Ayer sábado, como a mi novio y a mí nos encantan los libros de Truman Capote,...	f. claro, **recibí** una multa.
7. ¡Ah! y después del cine, los dos...	g. **salí** tarde de casa y **corrí,** pero no **llegué** a la estación a tiempo.

Paso 2. Ahora, hagan el papel de Carlota y de una amiga que le pregunta qué hizo cada día.

MODELO

E1: ¿Qué pasó el lunes?

E2: Estacioné en un lugar prohibido de la calle del Río y claro, recibí una multa.

7-16 El mes pasado

Paso 1. ¿Quieres saber lo que hizo tu compañero/a el mes pasado? Hazle las preguntas de la primera columna. Él/Ella responde según el modelo de la segunda, y tú escribes la información en la tercera. Túrnense.

Preguntas	Respuestas	Información escrita
1. ¿Recibiste un paquete? ¿De quién?	*Sí, recibí un paquete de mi tía. ¿y tú?*	..recibió...
2. ¿Viste una película interesante? ¿Cuál?		
3. ¿Leíste una revista divertida? ¿Cuál?		
4. ¿Comiste en un restaurante? ¿Dónde?		
5. ¿Escribiste e-mails? ¿A quién?		
6. ¿Saliste con tus amigos? ¿Adónde?		
7. ¿Te encontraste con tus amigos en un café? ¿Cuándo?		
8. ¿Te cortaste el pelo? ¿Dónde?		

Paso 2. Ahora, su profesor/a quiere saber lo que hicieron Uds. el mes pasado. Contesten sus preguntas.

7-17 Hijo adolescente y padres preocupados

Paso 1. Últimamente[1], su hijo no pasa mucho tiempo con la familia, y el fin de semana pasado, nadie lo vio en casa. Un día, al vaciar[2] los bolsillos[3] para lavar su chaqueta, Uds., los padres, encuentran la "evidencia". Comenten lo que hizo Nacho *el viernes, el sábado y el domingo*. Usen todos los verbos que siguen (pág. 237).

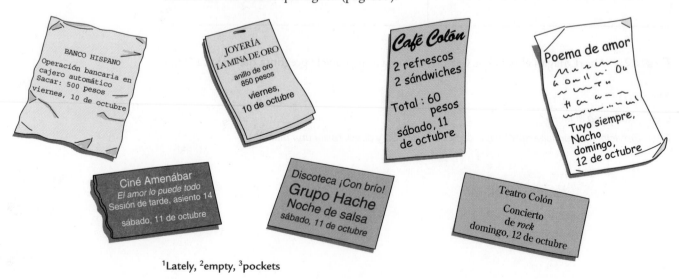

[1]Lately, [2]empty, [3]pockets

asistir a   bailar   beber   comer   comprar   escribir   pagar   sacar   ver

MODELO

Madre: *Bueno..., veo que el viernes **sacó** 500 pesos del banco Hispano.*

Padre: *...y veo que...*

Paso 2.   Ahora, comenten lo que piensan que pasa con Nacho. ¿Creen Uds. que los padres de Nacho deben continuar preocupándose por su hijo? ¿Por qué?

GRAMÁTICA

¡Manos a la obra! Quia

The preterit of four irregular verbs: *dar, ser, ir,* and *hacer*

4

The four verbs below, which have irregular forms in the present tense, also have irregular forms in the preterit.

dar *to give*		**ir** *to go* and **ser** *to be*		**hacer** *to do, make*	
di	dimos	fui	fuimos	hice	hicimos
diste	disteis	fuiste	fuisteis	hiciste	hicisteis
dio	dieron	fue	fueron	hizo	hicieron

- In the preterit, **dar** (an **-ar** verb) has **-ir** endings, but without accents.
- The preterit forms of **ser** and **ir** are identical; the context clarifies which verb is used:

> **Fuimos** al teatro para ver el ballet.   *We **went** to the theater to see the ballet.*
> **Fue** una noche extraordinaria.   *It **was** an extraordinary night.*

Jennifer, su familia y sus amigos hablan mientras toman un café después de la cena.

¿Cuándo vinieron a vivir a Estados Unidos?

Vinimos hace veinte años.[1]

Fue muy difícil. Más tarde, nacieron[2] nuestros dos hijos, Enrique y Jennifer. Mira, ésta es Jennifer de bebé.

Hicimos muchos sacrificios para comprar esta casa y les dimos la mejor educación posible a nuestros hijos.

Tienen unos hijos muy guapos y listos.

[1]**hace...** twenty years ago, [2]were born

¡En acción!

¡Oye! ¿Es verdad o no?

Escucha lo que hizo tu profesor/a recientemente. Según lo que sabes de él/ella, responde diciendo: «**probablemente sí**» o «**probablemente no**».

7-18 ¿Qué hicieron tus compañeros?

Paso 1. Camina por la clase haciéndoles cada pregunta a *tres* estudiantes diferentes. Apunta sus nombres y las respuestas.

Preguntas	E1: _____	E2: _____	E3: _____
1. ¿Adónde fuiste el fin de semana pasado?	...fue a...		
2. ¿Hiciste un viaje el verano pasado? ¿Adónde?			
3. ¿Diste una fiesta recientemente? ¿Cuál fue la ocasión?			

Paso 2. Al terminar, cuéntale a la clase una cosa que hicieron dos de tus compañeros/as : *...y... **fueron** al centro el fin de semana pasado.*

7-19 El fin de semana de Lola en la Ciudad de México

Paso 1. Cuando Lola vuelve de un viaje, le gusta escribir un diario de lo que hizo e ilustrarlo con las fotos que tomó. Haz el papel de Lola y completa el diario de su visita a la Ciudad de México.

JUEVES
(Llegar) _Llegué_ a la Ciudad de México por la noche, (registrarse) ____ _____ en el hotel y (acostarse) ____ _____.

VIERNES
Por la mañana, (ir) _____ al Museo Nacional de Antropología y (ver) _____ unas colecciones increíbles de objetos prehispánicos.

(Aprender) _____ mucho sobre los aztecas y me fascinó su calendario.

Por la tarde (visitar) _____ Chapultepec, un parque enorme, con un castillo, bosques y lagos, y (dar) _____ un paseo por el jardín botánico.

Por la noche (cenar) _____ en un restaurante del centro histórico, donde (probar) _____ una sopa azteca deliciosa de tomates, cebolla, aguacate, ajo y tortillas fritas. Después de cenar, (volver) _____ al hotel muy contenta.

SÁBADO

(Despertarse) _____ bien temprano.
(Desayunar) _____ huevos rancheros y café con leche en el hotel.
Luego (ir) _____ al Museo del Templo Mayor.

En el Museo (ver) _____ algunas pirámides que los aztecas (construir) _____ y (dedicar) _____ a sus dioses, como el dios Tláloc (el dios del agua y de la lluvia) y Huitzilopochtli (el dios de la guerra).

Casi al lado del museo está El Palacio Nacional, situado en la Plaza de la Constitución, también llamada El Zócalo.

Allí la guía (hablar) _____ de los murales pintados por Diego Rivera.

Después, (almorzar) _____ en un restaurante al aire libre y (comer) _____ pollo con mole. También (beber) _____ un licuado delicioso de fresas y piña.

Por la tarde no (hacer) _____ nada, por estar un poco cansada, pero por la noche (ir) _____ al Palacio de Bellas Artes donde (ver) _____ el famoso Ballet Folclórico. ¡Me (gustar) _____ muchísimo!

> **construir** *to construct, build*
>
> **i → y construyó, construyeron**

DOMINGO

(Levantarse) _____ temprano para una visita en grupo a la antigua ciudad de Teotihuacán, que está a unos 50 kms. al noreste de la Ciudad de México. Todos (subir) _____ a la Pirámide del Sol y (caminar) _____ por la Avenida de los Muertos. ¡Qué lugar tan increíble!

(Regresar) _____ con mi grupo al hotel a las ocho de la noche y todos (cenar) _____ juntos. (Acostarse) _____ a las 11:00 de la noche.

Al día siguiente, (salir) _____ a las 7:00 en punto de la mañana para el aeropuerto.

Paso 2. Imagínense que Uds. tienen sólo un día para visitar la Ciudad de México. Decidan *seis* cosas que van a hacer. Luego, compartan sus planes con otra pareja o con la clase.

7-20 ¿Dices siempre la verdad? Vamos a ver

Paso 1. Escribe *cinco* oraciones diciendo lo que hiciste ayer. Incluye dos cosas que no son ciertas.

MODELO

Ayer, **me levanté** a las siete y **me duché**. Luego, **trabajé** seis horas en la oficina. **Hablé** con el presidente de Estados Unidos y después, **cené** con Tarzán.

Paso 2. Lee tus oraciones a dos compañeros/as y ellos/ellas adivinan[1] las que no son ciertas.

---

[1]guess

Tu mundo cultural

Un viaje a Machu Picchu

¿Te gustaría visitar una ciudad muy antigua del hemisferio sur? ¿Eres una persona aventurera? ¿Cómo prefieres viajar, en avión, en tren, en autobús o a pie[1]?

En 1911 Machu Picchu, ciudad sagrada de los incas, fue descubierta por Hiram Bingham, arqueólogo e historiador de la Universidad de Yale. Bingham buscaba *La Ciudad Perdida de los Incas* que, según la leyenda, fue el lugar donde se escondieron[2] de los españoles. Un indígena de nueve años le condujo hasta las ruinas y allí, Bingham pudo admirar, por primera vez, templos y casas reales[3] cubiertos por la densa vegetación de la selva[4]. Fue una experiencia, sin duda, inolvidable. Desde entonces, miles de viajeros y aventureros de todo el mundo visitan este lugar, situado en medio de un paisaje[5] espectacular.

Para llegar a Machu Picchu, por su situación tan remota, son necesarios varios medios de transporte.

Información práctica:

- Líneas aéreas: LAN Perú; TANS; Nuevo Continente
- Temporada alta de turismo: junio–septiembre
- Para problemas de altura: infusión de hojas de coca, pastillas de coramina, glucosa o diamox

De Lima se va en avión a Cuzco donde se toma el tren que llega a la estación de Aguas Calientes, a media hora de Machu Picchu. El viaje dura cerca de cuatro horas, dependiendo del tren que se tome (hay tres trenes, de categoría y precios diversos: véase *www.perurail.com*). Las vistas son de paisajes majestuosos.

En Aguas Calientes se toma un autobús para llegar a las ruinas de Machu Picchu. Este trayecto de media hora se hace por una carretera estrecha[6] y zigzagueante. Para subir a pie se requiere aproximadamente una hora, si se está en buena forma.

Otra forma de ir de Cuzco a Machu Picchu es a pie, por el Camino Inca. Es una opción para quienes estén en buena forma física, sean aventureros o les guste la naturaleza. Para ello, se toma el tren a Machu Picchu o un autobús hasta el kilómetro 82 o 88 de la vía a Machu Picchu. Desde allí, se camina entre 35 y 40 kms. por lugares de gran belleza. Acompañados de guías, se tarda generalmente cuatro días, y se atraviesan diferentes ecosistemas que varían en altitud de los 8.000 a los 13.776 pies. Una ruta más corta sólo requiere dos días.

[1]a... on foot, [2]se... hid, [3]royal, [4]jungle, [5]landscape, [6]carretera... narrow highway

Finalmente, se llega a la ciudad sagrada, situada a unos ocho mil pies sobre el nivel del mar. En este lugar majestuoso, con un paisaje espectacular, hay cerca de 200 casas y templos, acueductos, fuentes, tumbas y terrazas construidos todos de granito. Algo muy curioso es que no emplearon argamasa[1] para la construcción, pero, las piedras[2] están tan unidas, que no se puede poner ni un cuchillo entre ellas. Se estima que allí vivían cerca de 1.200 personas, la mayoría mujeres, niños y sacerdotes[3]. Y se cree que los conquistadores nunca la descubrieron.

¿Qué aprendiste?

1. ¿Quién descubrió Machu Picchu? ¿En qué año? ¿Qué buscaba?

2. ¿Qué medios de transporte hay que usar para llegar a Machu Picchu? ¿Para qué clase de turistas es el Camino Inca?

3. ¿Cómo es la ciudad sagrada? ¿A qué altura está?

Actividad cultural

Planeen un viaje a Machu Picchu. Apunten **(a)** cuándo van a ir, **(b)** qué medios de transporte van a usar y por qué, **(c)** y qué piensan ver y hacer allí.

Contraste cultural

EE.UU. cuenta también en su historia con civilizaciones antiguas. Hablen de una de ellas y de los lugares donde se pueden visitar sus restos (*remains*). O si lo prefieren, hablen de la historia de su región y mencionen los edificios y monumentos más representativos.

[1]mortar, [2]stones, [3]priests

3 En ¹la carretera

La vida caótica de Lola, la enfermera

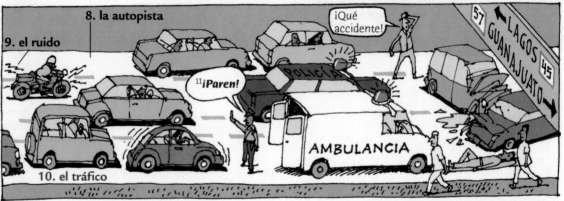

1. road, highway 2. I'm on my way. 3. gas station 4. maximum speed 5. restrooms 6. to fill the tank 7. to check (the oil) 8. freeway 9. noise 10. traffic 11. Stop! **parar** to stop 12. auto repair shop 13. My car broke down. 14. stop (road sign) 15. road sign 16. One must/ should 17. brakes 18. to repair, fix 19. to change, exchange 20. flat tire 21. What bad luck! 22. does not work; **funcionar** to work (machinery) 23. keys

¡En acción!

7-21 Una vida loca

Observa las escenas de la página 242 y completa la descripción de un día en la vida de Lola, la enfermera.

Lola maneja mientras habla por el celular con su novio. Le dice que está en camino, pero que tiene que ir a una gasolinera para _____ el tanque. No _____ el aceite, pero pregunta por los _____ y un señor muy amable le dice que están a la _____. De nuevo, en la _____, hay mucho _____ y mucho _____. Un policía le dice a Lola y a otros conductores «¡_____!» porque hay un accidente. Al final, Lola tiene muchos problemas. El motor de su carro no _____ y tiene una _____ pinchada. ¡Qué mala _____!

7-22 Las aventuras de Lola en la carretera

¿Es caótica la vida de Lola? Para saberlo, observen las escenas de la página 242 y contesten las preguntas.

1. ¿En qué dirección dobla el carro rojo? ¿Qué dice Lola por su celular?

2. ¿Adónde va Lola, probablemente? ¿A qué distancia está la gasolinera?

3. ¿Cuál es la velocidad máxima (kilómetros por hora) en la carretera número 76?

4. ¿Qué pasa en la gasolinera?

5. ¿Hay mucho tráfico y ruido en la autopista? ¿Qué dice el policía? ¿Por qué?

6. Según el letrero (sign) de la autopista, ¿en qué dirección se dobla para ir a Lagos? ¿y para ir a Guanajuato?

7. Lola está cerca de la señal de tráfico que dice ALTO. ¿Qué pasa allí?

8. Finalmente, ¿adónde llega Lola? ¿Por qué dice «¡Qué mala suerte!»?

9. ¿Qué pasa dentro y fuera del taller?

La avenida 9 de Julio y el obelisco, que conmemora la fundación de Buenos Aires, son símbolos famosos de esta bella ciudad. A lo lejos se ve el río de La Plata, que separa Argentina y Uruguay. ¿Te gustaría viajar a Buenos Aires?

7-23 Conversaciones: En camino

Hagan los siguientes papeles y conversen. Tienen 30 segundos para cada conversación. Túrnense.

1. **tú y un policía:**
   el policía te para por exceso de velocidad y va a darte una multa

2. **tú y el/la operador/a:**
   estás en tu carro, ves un accidente y llamas al 911

3. **tú y el/la empleado/a de una gasolinera:**
   buscas los baños, necesitas gasolina,...

4. **tú y el mecánico de un taller:**
   hablan de los problemas de tu carro

¿SABES QUE...?

Spanish-speaking countries use the metric system, so distances are measured in meters and kilometers.

1 meter = 1.09 yards
1 kilometer = 0.62 miles

¡A escuchar! ¡Un día de esos!

Paso 1. Dos enfermeras, Macarena y Pilar, se encuentran al entrar en el estacionamiento y charlan de los eventos del día.

Paso 2. Escucha la conversación e indica si las afirmaciones son ciertas o falsas.

1. Fue un día estupendo para Pilar. ☐ Cierto ☐ Falso
2. Pilar no empezó muy bien la mañana. ☐ Cierto ☐ Falso
3. Pilar causó un accidente. ☐ Cierto ☐ Falso
4. Pilar llamó a los paramédicos. ☐ Cierto ☐ Falso
5. El carro de Pilar se descompuso. ☐ Cierto ☐ Falso
6. Pilar manejó su carro al taller. ☐ Cierto ☐ Falso
7. Pilar llegó tarde al trabajo. ☐ Cierto ☐ Falso
8. Macarena va a ayudarle a Pilar con la llanta. ☐ Cierto ☐ Falso

¡Manos a la obra!

5

You have learned that *direct* object pronouns answer the questions *Who?* and *What?* in relation to the verb.

Who? —¿Llamaste a Carmen?	—Sí, **la** llamé.
What? —¿Compraron los boletos?	—Sí, **los** compramos.

Indirect object pronouns answer the questions ***To** whom?* and ***For** whom?* in relation to the verb. Thus, the person receives the action of the verb indirectly.

To whom? El policía **me** dio una multa. — The policeman gave me* a ticket (gave a ticket to me).

For whom? Ella **nos** compró dos boletos. — She bought two tickets for us.

*The word *to* is frequently omitted in English.

Indirect object pronouns are identical to direct object pronouns, except in the third-person singular and plural forms. You have been using them with the verb **gustar** since *Capítulo 4*.

direct object pronouns		indirect object pronouns	
me	*me*	me	*(to, for) me*
te	*you (fam.)*	te	*(to, for) you (fam.)*
lo	*you (m., form.), him, it (m.)*	**le**	*(to, for) you (form.), him, her*
la	*you (f., form.), her, it (f.)*		
nos	*us*	nos	*(to, for) us*
os	*you (fam.)*	os	*(to, for) you (fam.)*
los	*you (m., form.), them (m.)*	**les**	*(to, for) you (form.), them*
las	*you (f., form.), them (f.)*		

Indirect object pronouns follow the same rules for placement as direct object pronouns.

• They go *before* a conjugated verb.

Le mandé la carta. — *I sent the letter to him/her.*
Le voy a mandar la carta. — *I am going to send him/her the letter.*
Le estoy mandando la carta ahora. — *I am sending the letter to him/her now.*

• They go immediately *before* a negative command.

No **le** mandes la carta. — *Do not send him/her the letter.*

• They may be *attached to* an infinitive or present participle.

Voy a mandar**le** la carta. — *I am going to send him/her the letter.*
Estoy mandándo**le*** la carta ahora. — *I am sending the letter to him/her now.*

• They are always *attached to* an affirmative command.

Mánda**le*** la carta. — *Send him/her the letter.*

*There is a written accent when the stress falls on the third-to-last syllable.

- **Le** and **les** are commonly used even when the person *to* or *for whom* something happens is mentioned.

    Eduardo **le** mandó una carta **a Elena.** *Eduardo sent a letter to Elena.*

- For emphasis or clarification, the following phrases may be used along with the indirect object pronouns: **a mí, a ti, a Ud., a él, a ella, a nosotros/as, a vosotros/as, a Uds., a ellos/as**

    A mí me dieron un boleto para el teatro. ¿y **a ti**?
    *They gave **me** a theater ticket. What about **you**?*

VERBOS PARA COMUNICARSE Y RELACIONARSE

Indirect objects are frequently used with certain verbs, as one generally gives, sends, shows, lends,... things *to someone.*

Verbs you already know:		Other verbs you need to learn:	
contestar	*to answer*	contar (ue)	*to tell, narrate (a story or incident)*
dar	*to give*	devolver (ue)	*to return (something)*
decir (i)	*to say, tell*	explicar	*to explain*
escribir	*to write*	mostrar (ue)	*to show*
mandar	*to send*	preguntar	*to ask*
pedir (i)	*to ask for, request*	prestar	*to lend*
		regalar	*to give (as a gift)*

Fabio, Mario y Ernesto vuelven a casa después de cenar con Jennifer y su familia.

¡Qué familia tan simpática!

Sí, y además, comimos muy bien.

Tengo que llenar el tanque de gasolina.

¿No lo llenaste hace poco¹?

Sí, pero esta mañana llevé a mi hija al zoo y le di una vuelta² por la ciudad.

¿Alguien tiene dinero para pagar la gasolina?

¡Se me olvidó³ la cartera en casa!

¹**hace...** recently ²**le...** I drove her, ³**Se...** I forgot

¡En acción!

¡Oye! Mi carro

Escucha con atención mientras tu profesor/a te cuenta lo que le pasó con su carro. Luego, di si las afirmaciones son ciertas o falsas.

7-24 Un mal día en la autopista

Paso 1. Ayer Álvaro manejó al centro con un amigo por la autopista, pero... por encima del límite de velocidad. Un policía les paró. Llena los espacios en blanco con **le** o **les** para contar lo que pasó.

«¿Quieren explicarme adónde van Uds. tan rápido?» _____ preguntó el policía.

«Vamos al centro, señor» _____ contestó Álvaro.

«Su licencia de manejar, por favor» _____ dijo[1] el policía.

Álvaro _____ mostró su licencia.

«Lo siento, pero voy a dar __ una multa» _____ explicó el policía a Álvaro, y _____ devolvió la licencia.

«¡Qué mala suerte!» exclamó Álvaro.

Álvaro y su amigo no _____ contaron a sus padres nada de lo que pasó.

Paso 2. Marquen **sí** o **no** para decir si a Uds. les pasó algo similar. Luego comparen sus respuestas.

Sí	No	
☐	☐	**1.** Un día manejé más rápido de lo permitido.
☐	☐	**2.** Un policía/ Una mujer policía me paró.
☐	☐	**3.** Le mostré mi licencia de manejar.
☐	☐	**4.** Me dio una multa.
☐	☐	**5.** Le conté a mi familia lo que pasó.

A veces lo milenario se encuentra con lo moderno, y el resultado tiene mucho encanto, tal como se observa en esta fotografía tomada en Guatemala.

[1]said

7-25 Regalos para los Roldán

Miren la lista de regalos de los Roldán de la Navidad pasada. Contesten las preguntas escogiendo el que probablemente recibió cada persona o pareja, y el perro. Sigan el modelo y usen **le** o **les** en las preguntas y respuestas. Sírvanse de la foto de la familia, páginas 72–73. Túrnense.

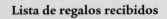

Lista de regalos recibidos

a. una pelota

b. el último libro de Harry Potter

c. un suéter rosado con la inicial C

d. un DVD y un CD de Shakira

e. unas vacaciones en la nieve para toda la familia

f. un hueso (*bone*)

g. dos boletos para la ópera

h. una cena romántica para dos en su restaurante favorito

i. boletos para el circo

j. un teléfono celular y una blusa bonita de flores

MODELO

Los abuelos → sus nietos

E1: *¿Qué* **les** *regalaron los abuelos a sus nietos?*

E2: *(i)* **Les** *regalaron boletos para el circo.*

1. Nuria → Robertito *¿Qué* **le** *regaló...?*
2. Los padres → sus hijos
3. Ángel → Guadalupe
4. Guadalupe → Carmen
5. Carmen → Ángel

6. Robertito→ Pachá, el perro
7. Los nietos → sus abuelos
8. Los hijos → sus padres
9. Todos → Nuria

Ahora, confirmen si escogieron bien los regalos.

1.a 2.e 3.b 4.c 5.d 6.f 7.g 8.h 9.j

7-26 ¿Para mí?

 Paso 1. Háganse preguntas para saber qué recibieron de otras personas recientemente. Túrnense.

MODELO

mandar/ un paquete

E1: *¿Alguien* **te** *mandó un paquete recientemente?*

E2: *Sí, mi tía* **me** *mandó un paquete.*

o: *No, nadie* **me** *mandó un paquete recientemente.*

1. escribir / una carta o un e-mail

2. regalar / algo

3. dejar / un mensaje

4. pagar / el almuerzo o la cena

5. prestar / su carro

6. devolver / un CD

7. explicar / la tarea de español

8. dar / un abrazo

Paso 2. Ahora, díganle a la clase una cosa que recibió su compañero/a y de quién: *La tía de Lisa le mandó un paquete recientemente.*

7-27 En un taller mecánico

Eres empleado del taller y en este momento contestas las preguntas de tu jefe que quiere saber si hiciste todo lo necesario para el carro del señor Midas, el mejor cliente del taller. Hagan los dos papeles según el modelo. Del 1 al 6, usen los pronombres **lo, la, los, las** en sus respuestas.

MODELO

(Antes de empezar el empleado pone una marca en los cuatro servicios realizados y deja cuatro en blanco. Luego, firma.)

Jefe: *¿Cambiaste la batería?*

Empleado: *Sí, jefe, **la** cambié.*

          o: *No, jefe, no **la** cambié, pero voy a cambiar**la** inmediatamente.*

Jefe: *Excelente.*

HOJA DEL JEFE   HOJA DEL EMPLEADO

Taller mecánico Manolo		**Taller mecánico Manolo**
REPARACIONES INFALIBLES		REPARACIONES INFALIBLES

LISTA DE SERVICIOS
NOMBRE DEL CLIENTE: *Sr. Midas*

❏ 1. *cambiar* la batería
❏ 2. *mirar* los frenos
❏ 3. *revisar* el aceite
❏ 4. *inspeccionar* las llantas
❏ 5. *lavar* el carro
❏ 6. *llenar* el tanque
❏ 7. *llamarle* para explicarle el problema
❏ 8. *informarle* de la hora de recogida[1]
Firma del empleado: _____
Fecha: _____

LISTA DE SERVICIOS
NOMBRE DEL CLIENTE: *Sr. Midas*

❏ 1. *cambiar* la batería
❏ 2. *mirar* los frenos
❏ 3. *revisar* el aceite
❏ 4. *inspeccionar* las llantas
❏ 5. *lavar* el carro
❏ 6. *llenar* el tanque
❏ 7. *llamarle* para explicarle el problema
❏ 8. *informarle* de la hora de recogida[1]
Firma del empleado: _____
Fecha: _____

[1]**hora...** pick-up time

Tu mundo cultural

El transporte público

Para moverte por tu ciudad, ¿caminas, usas un medio de transporte o manejas tu carro?

La mayoría de las ciudades hispanas cuenta con medios de transporte urbano que permiten a los ciudadanos vivir sin necesidad de un carro. Un buen ejemplo es la capital de México, la segunda ciudad más poblada del mundo (22 millones de habitantes), por cuyo metro circulan diariamente casi cinco millones de personas. Este metro cubre una extensión de 201.7 km (125.3 millas). Es uno de los metros más seguros[1] y económicos del mundo (2 pesos = $0,20).

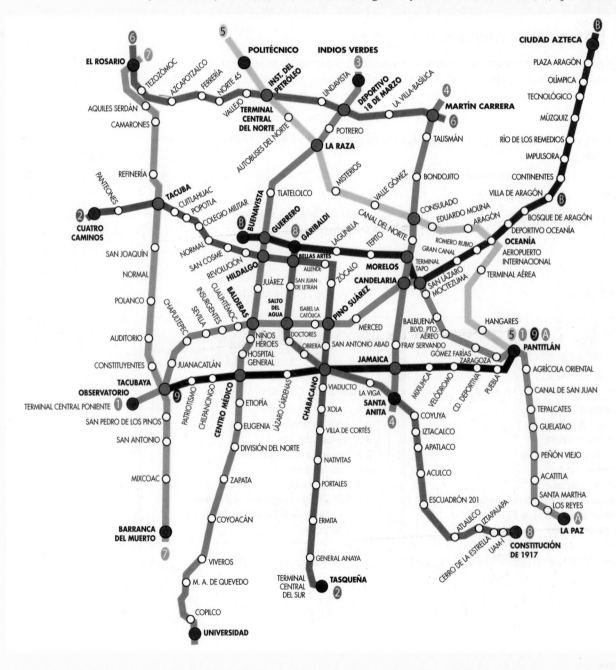

[1]safe

El metro es una solución ideal para una ciudad con problemas de tráfico y contaminación como ésta, pero su construcción no fue fácil. Durante las excavaciones se encontraron ruinas arqueológicas que ahora se pueden ver en estaciones como la de *Pino Suárez*, donde hay una pirámide dedicada a *Ehécatl,* el dios azteca del viento; y la estación *Talismán,* donde se pueden observar los restos[1] de un mamut (10.000 a.C.). Allí también se encuentran murales interesantes como el de esta foto.

Este metro ofrece servicios para usuarios discapacitados: señalización en Braille y accesos para las personas en sillas de ruedas.

 ## ¿Qué aprendiste?

1. ¿Cuántas personas circulan por el metro de la ciudad de México diariamente?

2. ¿Qué ventajas (*advantages*) ofrece este metro? Da ejemplos específicos.

Actividad cultural

Imagínense que Uds. van a visitar la capital de México próximamente. Para familiarizarse con la ciudad, expliquen cómo se va a los siguientes destinos. Mencionen las líneas y los cambios[2] necesarios. Antes de empezar, localicen en el mapa sus puntos de partida y sus destinos.

MODELO

Propósito: visitar el Castillo de Chapultepec y pasear por el parque

Estación de salida: Talismán (línea 4)

Estación de llegada: Chapultepec (línea 1)

- Primero, ***se toma*** la línea 4 en Talismán **con dirección a** Santa Ana.

- ***Se pasan*** cuatro estaciones y luego ***se llega*** a Candelaria.

- ***Se cambia***[3] a la línea 1 **con dirección a** Observatorio.

- ***Se pasan*** ocho estaciones y finalmente, ***se llega a*** Chapultepec.

Propósito	Estación de salida	Estación de llegada
a. visitar la Casa Azul, el museo de Frida Kahlo, en *Coyoacán*	*Universidad* (línea 3)	*Coyoacán* (línea 3)
b. reunirse con unos amigos para tomar un café en la plaza principal de la capital	*Zócalo* (línea 2)	*Polanco* (línea 7)
c. tomar un autobús para visitar las pirámides de Teotihuacán, situadas fuera de la capital	*Pino Suárez* (conexión entre la línea 1 y la línea 2)	*Autobuses del Norte* (línea 5)

 ## Contraste cultural

Comparen la vida en una cultura como la estadounidense, que depende del carro, con la cultura hispana en donde se depende más del transporte urbano. Comenten las consecuencias que esto tiene en las relaciones humanas, la economía, la salud[4], el ruido y la contaminación.

[1]remains, [2]changes, [3]**Se...** one changes, [4]health

Tu mundo en vivo

¡Video en acción!

7.1 La plaza: el centro de la ciudad hispana

1. **Antes de ver el video** Mira los primeros 45 segundos del video 7.1 <u>sin el sonido</u>.

   ¿Qué imágenes ves? ¿Qué impresión tienes de esta plaza mexicana?

2. **Mientras ves el video** Marca las respuestas correctas.

   a. Según el antropólogo, la plaza conecta:
   ☐ lo político ☐ lo religioso ☐ lo nativo ☐ lo comercial

   b. Las plazas se usan para: ☐ mercados ☐ eventos culturales ☐ pasear ☐ patinar

   c. Para la mamá, ir a la plaza es: ☐ una tradición ☐ un quehacer ☐ una obligación

3. **Míralo otra vez** Relaciona las fotos con lo que dice cada persona.

   A   **B**   **C**   **D**

   _____ «El domingo... vinimos a la iglesia... vinimos a comer...»

   _____ «Vine a la plaza para estar un poquito más tranquilo.»

   _____ «El fin de semana pasado... visité las tiendas que están alrededor.»

   _____ «Me gusta venir a la plaza... para ir al cine...»

7.2 El transporte público: el metro

1. **Antes de ver el video**

   Lee la información que sigue y adivina[1] las respuestas.

2. **Mientras ves el video** Completa los espacios en blanco con la respuesta que corresponde.

Es uno de los más _____ del mundo.	pequeños	grandes	caros
Tiene _____ estaciones.	75	165	175
Cada día pasan por allí casi _____ de personas.	4 millones	4 mil	40 mil
Un viaje cuesta _____.	2 dólares	2 centavos	2 pesos
Causa menos _____ que los automóviles y los buses.	ruido	dinero	contaminación

3. **Comenta con la clase** ¿Tienes ahora una idea diferente de este metro que antes de ver el video? Explica.

[1]**guess**

¡Lectura en acción!

Aviso público

Este aviso de la Secretaría de Turismo de la capital de México apareció en folletos[1] turísticos y periódicos de la ciudad.

Paso 1. Con sólo echarle un vistazo[2] a este aviso, contesta las siguientes preguntas.

1. ¿A quién se dirige? ¿Cómo se sabe?

2. ¿Quién lo emitió[3]?

Paso 2. Piensa en la posible información que se puede transmitir en un aviso como éste. Marca las respuestas más probables.

Información relacionada con...
- ☐ la seguridad del turista
- ☐ atracciones turísticas
- ☐ interrupciones de tráfico
- ☐ actividades culturales

ESTIMADO VISITANTE

La circulación vehicular en la avenida Paseo de la Reforma y en el Centro Histórico de la Ciudad de México ha sido bloqueada por un movimiento pacífico de resistencia civil derivado de nuestro reciente proceso electoral.

Por ello es importante informarle que:

- Estas zonas pueden ser recorridas a pie y de manera segura.

- Los hoteles, atractivos y servicios turísticos ubicados en estas zonas funcionan de manera normal.

- Para trasladarse, puede utilizar el Metro, el Metrobús, los autobuses del Sistema de Transporte Colectivo y taxis autorizados.

- Para mayor información:
  Información turística: 01 800 008 0909
  Teléfono de emergencia: 066
  www.mexicocity.gob.mx

¡Que su estancia en la ciudad de México sea placentera!

GOBIERNO DEL DISTRITO FEDERAL
Secretaría de Turismo

Paso 3. Ahora, lee el aviso y responde a las siguientes preguntas para ver si entendiste la información más importante.

1. ¿Qué problema se comunica a quienes visiten la avenida Paseo de la Reforma y el Centro Histórico?

2. ¿Qué medios de transporte se recomiendan a los visitantes de esa zona? Marca las respuestas correctas.
   - ☐ caminar
   - ☐ carros privados
   - ☐ autobuses
   - ☐ el metro
   - ☐ el metrobús
   - ☐ taxis

3. Si alguien desea más información, ¿qué debe hacer?

4. ¿Por qué crees que la Secretaría de Turismo emitió este aviso?

[1]flyers, [2]glancing, [3]issued

Vocabulario activo y pasivo: Capítulo 7

Escena 1

En el centro *Downtown*
el banco *bank, bench*
el buzón *mailbox*
el cine *movie theater*
la entrada *entrance*
la esquina *corner*
la estación de tren *train station*
la fuente *fountain*
la iglesia *church*
la joyería *jewelry store*
la moto(cicleta) *motorcycle*
el museo *museum*
la oficina de correos *post office*
la parada de autobús *bus stop*
el parque *park*
la pastelería *pastry shop*
el peatón *pedestrian*
la película *film*
la peluquería *hair salon*
el puente *bridge*
el quiosco *newsstand*
el rascacielos *skyscraper*
la salida *exit*
el semáforo *traffic light*
la tienda *store*
la tienda por departamentos *department store*
la zapatería *shoe store*

las noticias *news*
el periódico *newspaper*
la revista *magazine*

Direcciones *Directions*
a la derecha *to the right, on the right*
a la izquierda *to the left, on the left*
a una cuadra *a block away*
recto/ derecho *straight ahead*
hasta llegar a... *until you arrive at...*

En el pasado *In the past*
anoche *last night*
anteayer *day before yesterday*
ayer *yesterday*
el fin de semana pasado *last weekend*
el mes/ año pasado *last month/ year*
el viernes/ sábado... pasado *last Friday/ Saturday . . .*
la semana pasada *last week*
ya *already*

Verbos y expresiones verbales
Verbs and verbal expressions
cruzar *to cross*
doblar *to turn*
entrar (a/en) *to enter*
esperar *to wait for*
estacionar *to park*
pasarlo bien *to have a good time*
pasar por *to pass, go by*
seguir (i) *to continue, follow*

¡Que lo pases bien! *Have a good time!*

Escena 2

Por la ciudad *In and around the city*
el boleto *ticket (movie/ theater/ bus/ plane/ train)*
el cajero automático *ATM machine*
el cheque *check*
la cuenta *account*
la estampilla *stamp*
la gente *people*
la licencia de manejar *driver's licence*
la multa *fine, ticket*
el paquete *package*
la tarjeta postal *postcard*

el país extranjero *foreign country*

Verbos y expresiones verbales
Verbs and verbal expressions
abrir *to open*
abrocharse el cinturón *to fasten one's seatbelt*
cerrar (ie) *to close*
cobrar *to cash, charge*
cortarse el pelo *to get a haircut, cut one's hair*
empezar (ie) *to begin*
encontrar (ue) *to find*
encontrarse (ue) (con) *to meet up (with) (by chance)*
firmar *to sign*
hacer fila *to wait in line*
llevar *to take, carry*
mandar una carta *to mail/ send a letter*
perder (ie) *to loose*
pintarse las uñas *to have one's nails painted, paint one's nails*

sacar *to take out*
teñirse (i) el pelo *to have one's hair colored, color one's hair*
terminar *to finish*

Escena 3

En la carretera *On the road, highway*
la autopista *freeway*
el baño *restroom*
los frenos *brakes*
la gasolinera *gas station*
la llanta pinchada *flat tire*
la llave *key*
el ruido *noise*
la señal de tráfico *road sign*
el taller mecánico *auto repair shop*
el tráfico *traffic*
la velocidad máxima *maximum speed*

alto *stop (road sign)*
¡Qué mala suerte! *What bad luck!*

Verbos y expresiones verbales
Verbs and verbal expressions
cambiar *to change, exchange*
contar (ue) *to tell, narrate (a story or incident)*
devolver (ue) *to return (something)*
explicar *to explain*
funcionar *to work (machinery)*
llenar el tanque *to fill the tank*
mostrar (ue) *to show*
parar *to stop*
preguntar *to ask*
prestar *to lend*
regalar *to give (as a gift)*
reparar *to repair, fix*
revisar (el aceite) *to check (the oil)*

Estoy en camino. *I'm on my way.*
Hay que... *One must/ should...*
Mi carro se descompuso. *My car broke down.*
¡Paren! *Stop!*

Autoprueba y repaso: Capítulo 7 WILEY PLUS ✓

Escena 1
En la ciudad

A. Completa la descripción con la palabra apropiada.

1. En el _____ hay árboles y bancos para sentarse.
2. Para leer las noticias, voy a comprar un _____.
3. Hay muchos buzones en la oficina de _____.
4. Vamos al _____ para ver una película.
5. Vamos a la _____ para cortarnos el pelo.
6. La luz roja del _____ señala que debemos parar.
7. Vamos a _____ el puente para ir a la estación de _____.

I. Formal commands (Ud. and Uds.)

B. Una persona mayor viene a visitar tu ciudad. Dile lo que debe hacer. Usa el mandato de **Ud.**

MODELO

venir este fin de semana

Venga este fin de semana.

1. *ir* al centro en metro
2. *hacer* la visita de la ciudad a pie
3. *visitar* el museo Botero; *no visitarlo* después de las cinco de la tarde
4. *comprar* unos pasteles en la pastelería González
5. *cruzar* el puente para ver el río; *no cruzarlo* si hay mucho tráfico
6. *sentarse* en los bancos del parque para descansar
7. *probar* la comida del café Colón; ¡es muy rica!
8. por la noche, *ver* una película en el cine Amenábar
9. al día siguiente, *asistir* a un concierto en el teatro Colón

II. The preterit tense of regular -ar verbs

C. Indica lo que hicieron (*did*) ayer en el centro las siguientes personas.

MODELO

Carlos y Linda / *tomar* un café en el café Colón

Carlos y Linda tomaron un café en el café Colón.

1. mi prima / *entrar* a todas las tiendas
2. tú / *visitar* la iglesia de Santa Ana
3. yo / *almorzar* en un restaurante cubano
4. nosotros / *escuchar* un concierto en el parque
5. Pablo / *caminar* por la calle del Río
6. yo / *comprarme* unas revistas en el quiosco
7. Uds. / *hablar* con los vagabundos del parque

En resumen

Contesta las preguntas con oraciones completas.

1. ¿Qué lugares interesantes hay en el pueblo o ciudad donde vives?
2. ¿Hay tiendas cerca de donde vives? ¿Cuáles te gustan más?
3. Durante tu última (*last*) visita al centro, ¿compraste algo? ¿Qué compraste? ¿Para quién?
4. ¿Cenaste en un restaurante? ¿Cuál? ¿Con quién?
5. ¿Regresaron Uds. a casa muy tarde?

Escena 2
La vida urbana

D. Combina las palabras de la primera columna con las palabras que mejor les corresponden de la segunda.

___1. la peluquería   **a.** la estampilla
___2. el cajero automático   **b.** el policía
___3. el cheque   **c.** sacar dinero
___4. la tarjeta postal   **d.** esperar
___5. la cuenta   **e.** recibir y abrir
___6. la multa   **f.** cortarse y teñirse el pelo
___7. hacer fila   **g.** firmar y cobrar
___8. el paquete   **h.** abrir o cerrar

III. The preterit tense of regular -er and -ir verbs

E. Indica lo que hicieron (*did*) ayer en el centro las siguientes personas.

MODELO

Carlos y Linda / *comer* en una cafetería

Carlos y Linda comieron en una cafetería.

1. mi prima / *ver* una película
2. tú / *escribir* una tarjeta postal y *mandarla*, ¿no?
3. nosotros / *asistir a* un concierto en el parque
4. Pablo / *correr* por la calle del Río
5. yo / *cerrar* una cuenta en el banco y *abrir* otra
6. Uds. / *entrar* a todas las tiendas y *salir* con muchas compras ¿no?

IV. *Dar, ser, ir,* and *hacer*

F. Completa la conversación. Usa la forma correcta del verbo en el pretérito.

Francisco: ¿Qué (*hacer*) _____ Uds. anoche?

Alejandra: Ana y su hermana (*dar*) _____ una fiesta. Sé que Pablo y sus amigos (*ir*) _____, pero creo que Timoteo (*ir*) _____ al cine.

Francisco: ¿Y qué (*hacer*) _____ tú?

Alejandra: Primero, (*ver*) _____ una película en DVD, y luego, (*ir*) _____ a la discoteca con Elena.

Francisco: Fenomenal. ¿A qué hora (*volver*) _____ Uds. a casa?

Alejandra: Pues, un poco tarde, porque después, nosotras (*ir*) _____ a la fiesta de Ana.

En resumen

Contesta las preguntas con oraciones completas.
1. ¿Fuiste al centro la semana pasada? ¿Qué hiciste allí?
2. ¿Fuiste a la oficina de correos? ¿Compraste estampillas? ¿Mandaste un paquete?
3. ¿Fuiste al banco? ¿Qué hiciste allí?

Escena 3
En la carretera

G. Completa las oraciones con palabras apropiadas del vocabulario.
1. ¡Qué mala _____! No puedo encontrar las _____ de mi carro.
2. Y, mi carro necesita gasolina. Tengo que _____ el tanque.
3. También debo _____ el aceite.
4. Anteayer mi carro se descompuso. Mi mecánico lo _____ inmediatamente.
5. La señal de tráfico dice ¡ALTO! Debo _____ inmediatamente, ¿no?
6. ¡Caramba! La velocidad _____ en la _____ es de 100 km por hora.

✓ Additional **Autopruebas** online.

V. Indirect object pronouns

H. Combina las oraciones de la primera columna con las que mejor les corresponden de la segunda.

___1. Hoy es el cumpleaños de Sara.

___2. Alberto me mandó un e-mail.

___3. Le mostré mi nuevo carro a mi novio/a.

___4. Le presté mi carro a mi hermano menor, y ahora, estoy furioso/a con él.

___5. Susana quiere saber lo que pasó ayer en la carretera.

___6. Adelina no entiende las señales de tráfico de aquí.

a. ¡Le encantó!

b. Le conté acerca del accidente.

c. ¡Me devolvió el carro siete horas más tarde!

d. Le contesté inmediatamente.

e. Le expliqué lo que significa cada una.

f. Le regalé un DVD.

I. Tu tía, una persona muy rica y generosa, les regaló a todos los miembros de tu familia algo increíble. Indica lo que le regaló a cada persona.

MODELO

a mi hermana / boletos para la ópera de Milán (viaje incluido)

A mi hermana, le regaló boletos para la ópera de Milán.

1. a mí / un viaje a Barcelona
2. a mis abuelos / una nueva lavadora y secadora
3. a ti / un reloj Rolex
4. a mi hermano / un televisor de pantalla plasma
5. a nosotros / ¡un Porsche nuevo!

En resumen

Contesta las preguntas con oraciones completas.
1. ¿Hiciste un viaje en carro el verano pasado? ¿Adónde fuiste? ¿Con quién fuiste? ¿Qué hicieron Uds.?
2. Cuando viajas, ¿les compras regalos a las personas de tu familia? ¿Qué les compras? ¿Les escribes tarjetas postales?
3. ¿Le regalaste algo a alguien recientemente? ¿Qué le regalaste?
4. ¿A quién le cuentas lo que pasa en tu vida? ¿Esa persona también te cuenta cosas a ti?

Answers to the *Autoprueba y repaso* are found in **Apéndice 2.**

Capítulo 8

De compras

WILEY PLUS

Additional activities and **Autopruebas**
for each **Escena** available online.

En el centro comercial

VOCABULARIO

as Mercedes

5. los pantalones cortos

6. la sudadera

7. la gorra (de béisbol)

8. los pantalones largos

2.

ROPA PARA JÓVENES

PROBADORES

¡Me encantan! ¹²**Me los voy a probar.**

¿Qué tal los jeans, chicas?

¹⁰**Me quedan mal.**

⁹**Una talla** más, por favor.

Son ¹¹**demasiado** cortos.

¿Qué tal?

ARTÍCULOS DE CUERO LARA

REGALOS PARA SEÑORA Y CABALLERO

34. la chaqueta (de cuero)

5. la cartera/ la bolsa

36. la billetera

38. el cinturón

37. los guantes

1. mall
2. clothes
3. jeans
4. t-shirt
5. shorts
6. sweatshirt
7. (baseball) cap
8. long pants
9. size
10. They don't fit me; **quedar bien/mal** to fit/ not fit
11. too (*adv.*)
12. I'm going to try them on; **probarse (ue)** to try on
13. credit card
14. I would like (*polite variation of* **quiero**)
15. cheap, inexpensive
16. sales
17. to wear, carry, take
18. fashion
19. bag
20. gold and silver jewelry
21. necklace
22. chain
23. bracelet
24. earrings
25. price
26. (diamond) ring
27. expensive
28. to spend
29. cash
30. sneakers
31. sandals
32. boots
33. comfortable
34. (leather) jacket
35. purse, handbag
36. wallet
37. gloves
38. belt

¡En acción!

8-1 Asociaciones

 Paso 1. ¿Cuántas encuentran? Miren las páginas 258–259 y escriban como mínimo *tres* cosas o acciones que asocien con las siguientes palabras. Tienen tres minutos.

los jeans	el cuero	el oro	la zapatería	el precio
la camiseta				

 Paso 2. Al terminar, la pareja con la lista más larga en cada categoría se la lee a la clase.

8-2 En el centro comercial Las Mercedes

¿Qué tiendas hay allí? ¿Qué se vende? Para saberlo, observen el dibujo de las páginas 258–259 y contesten las preguntas.

1. ¿Qué se vende en la tienda de ropa para jóvenes?

2. ¿Qué dicen los letreros (*signs*) para indicar que la ropa está muy barata?

3. En los probadores, ¿cuántas chicas están probándose jeans? ¿Cómo reacciona cada una de ellas?

4. ¿Qué hacen o dicen los otros clientes y empleados que están en la tienda?

5. ¿Qué ropa lleva la chica que camina por el centro comercial con una bolsa? Según la bolsa, ¿a qué tienda fue de compras?

6. ¿Qué clase de joyas se venden en la joyería Ruiz? ¿Qué precio tiene el anillo de diamante? ¿Es caro o barato?

7. ¿Cómo paga el señor que habla con la cajera? ¿Qué dice?

8. ¿Qué clase de calzado (*footwear*) se vende en la zapatería Fernández?

9. ¿Qué número de zapato necesita la señora? ¿Cómo son los zapatos que se está probando?

10. ¿De qué material son los artículos que se venden en la tienda Lara? ¿Qué accesorios tienen?

¿SABES QUE...?

In some Hispanic countries, such as Ecuador and El Salvador, the U.S. dollar is the currency.

In *Capítulo 7* you learned that **llevar** means *to take* or *carry*:

Llevo a mi hijo al parque.   **Llevamos** los regalos a la fiesta.

Llevar also means *to wear* (clothing, shoes, a hat, perfume,...) or *to carry a personal item* (a purse, wallet, umbrella,...).

Hoy Juan **lleva** unos jeans nuevos.   *Today Juan is **wearing** new jeans.*

Luisa **lleva** su cartera azul.   *Luisa is **carrying** her blue handbag.*

8-3 Las compras de tu compañero/a

Paso 1. Entrevístale a un/a compañero/a con las preguntas de la primera columna. Él/Ella responde siguiendo el modelo de la segunda, y tú escribes la información en la tercera. Después, cambien de papel.

Preguntas	Respuestas	Información escrita
1. ¿A qué tiendas fuiste recientemente?	Fui a...	...fue a...
2. ¿Con quién fuiste?		
3. ¿Qué viste? ¿Te probaste algo?		
4. ¿Qué compraste?		
5. ¿Cuánto costó?		
6. ¿Cómo pagaste?		
7. ¿Lo devolviste?		

Paso 2. Cambien de pareja y comuníquenle la información obtenida a otro/a compañero/a.

¡A escuchar! En el centro comercial Las Mercedes

Paso 1. Una madre y sus dos hijas van de compras al centro comercial. Escucha la conversación.

Paso 2. Escucha de nuevo y marca la respuesta correcta.

1. Son las diez y las tiendas están...

   ☐ abiertas   ☐ cerradas

2. La tienda de ropa para jóvenes tiene...

   ☐ ropa cara   ☐ rebajas

3. Paulina dice que los pantalones largos de color verde van muy bien con...

   ☐ la camiseta blanca   ☐ la sudadera

4. Para su viaje a Florida, Yolanda se va a probar la camiseta blanca y...

   ☐ los pantalones cortos   ☐ los pantalones largos

5. La madre fue a la joyería y...

   ☐ compró la pulsera y unos aretes   ☐ no compró nada

6. A Yolanda le queda mal la camiseta. Es...

   ☐ una talla demasiado grande   ☐ una talla demasiado pequeña

7. La madre paga...

   ☐ en efectivo   ☐ con tarjeta de crédito

8. En la tienda de artículos de cuero, Yolanda y Paulina quieren ver...

   ☐ una cartera y una billetera   ☐ un cinturón y unos guantes

¡Manos a la obra!

Talking about what happened: More irregular verbs in the preterit

1

You have already learned the preterit of the irregular verbs **dar, ser, ir,** and **hacer** (see page 237). The following verbs follow a pattern similar to **hacer** (also shown below).

		stem + irregular endings: **-e, -iste, -o, -imos, -isteis, -ieron**
estar	**estuv-**	estuve, estuviste, estuvo, estuvimos, estuvisteis, estuvieron
poder	**pud-**	pude, pudiste, pudo, pudimos, pudisteis, pudieron
poner	**pus-**	puse, pusiste, puso, pusimos, pusisteis, pusieron
saber	**sup-**	supe, supiste, supo, supimos, supisteis, supieron
tener	**tuv-**	tuve, tuviste, tuvo, tuvimos, tuvisteis, tuvieron
hacer	**hic-**	hice, hiciste, hizo, hicimos, hicisteis, hicieron
querer	**quis-**	quise, quisiste, quiso, quisimos, quisisteis, quisieron
venir	**vin-**	vine, viniste, vino, vinimos, vinisteis, vinieron
		stem + irregular endings: **-e, -iste, -o, -imos, -isteis, -eron***
decir	**dij-**	dije, dijiste, dijo, dijimos, dijisteis, dijeron
traer	**traj-**	traje, trajiste, trajo, trajimos, trajisteis, trajeron

¿Dónde **estuviste** anoche?   *Where were you last night?*

Mis amigos **vinieron** a visitarme.   *My friends came to visit me.*

*Verbs whose stem ends in **j** add **-eron** instead of **-ieron.**

The verbs **saber** *to know,* **querer** *to want,* and **poder** *to be able* convey a different meaning in the preterit than in the present.

saber	No lo **supe** hasta hoy.	*I didn't **find out** until today.*
querer	José **quiso** llamarla.	*José **tried** (and failed) to call her.*
	Ella **no quiso** hablar con él.	*She **refused** to speak with him.*
poder	**Pudimos** encontrar el carro.	*We **succeeded** in finding the car.*
	No pudimos encontrarlo.	*We **failed** (after trying) to find it.*

Hoy Fabio pasa el día con su hija Olivia. Ahora están en la cocina hablando de lo que hicieron ayer.

¡En acción!

¡Oye! ¿Qué pasó?

Escucha lo que le pasó a su profesor/a anoche. Luego, di si las afirmaciones son ciertas o falsas.

8-4 Confesiones de un adolescente

Anoche, Ramón, un chico de dieciséis años, estuvo en casa solo. Cuando sus padres regresaron, la hija menor, alias la espía, les informó sobre la fiesta que dio Ramón. Ahora los padres hablan con su hijo. Hagan los tres papeles y completen la conversación con el pretérito.

Madre: ¿(Venir) ___Vinieron___ tus amigos a esta casa anoche?

Hijo: Bueno,...eh... sí, (venir) _____ dos o tres.

Padre: ¿Cuánto tiempo (estar) _____ tus amigos aquí?

Hijo: (Estar) _____ tres o cuatro horas.

Madre: ¿Qué (hacer) _____ Uds.?

Hijo: No (hacer) _____ nada, mamá.

Padre: ¿Qué (traer) _____ tus amigos?

Hijo: Sólo (traer) _____ refrescos.

Madre: ¿(Poner) _____ Uds. la música muy alto?

Hijo: No, no, mamá, no la (poner) _____ muy alto, pero... (venir) _____ dos policías.

Padre: ¿Dos policías? Caramba, hijo. ¿(Saber) _____ los vecinos que Uds. (tener) _____ una fiesta?

Hijo: No, no (saber) _____ nada. Bueno,... la señora Ochoa me (decir) _____ esta mañana que anoche no (poder) _____ dormir.

8-5 Isidora, la famosa actriz, va de compras

Paso 1. Isidora va con frecuencia de compras con su novio a la tienda de ropa ¡Con brío! Primero, tres estudiantes leen para la clase lo que dicen Isidora, la dependienta y el novio.

¡Me encanta la ropa de esta tienda! Me gustaría probarme estos jeans.

¡Cuánto lo siento, señorita, pero no tenemos tallas tan pequeñas!

¡Que lástima, porque esos jeans son divinos!

Señorita, pruébese estas camisetas y esos pantalones cortos; son la última moda.

1. ISIDORA   DEPENDIENTA

2. ISIDORA   DEPENDIENTA

Me los compro. ¡Ay! ¡No veo la tarjeta de crédito en mi cartera!

Gracias, mi amor.

No te preocupes, Isidora, mi amor; yo lo pago todo con mi tarjeta.

¡Hasta pronto! ¡Su tienda es fantástica!

3. ISIDORA   NOVIO

4. ISIDORA   NOVIO

Paso 2. Ahora, completa el e-mail que la dependienta, gran admiradora de la actriz, envía a su mejor amiga. Usa los verbos que siguen:

> decir   encontrar   estar   irse   poder   probarse   querer   tener   venir

Para: nenag@conbrío.com
Asunto: ¡La famosa Isidora estuvo en la tienda!

Querida Nena:
¿Sabes quién _____ hoy en la tienda? ¡La famosa actriz Isidora!
_____ que le encanta nuestra ropa. Isadora _____ con su novio, un hombre guapísimo que se llama Juan Maravillas. En la tienda, _____ probarse unos jeans, pero no _____ hacerlo porque no tenemos su talla; es delgadísima. Luego, _____ unas camisetas y unos pantalones cortos que le gustaron mucho, pero no _____ su tarjeta de crédito en la cartera y su novio _____ que pagarlo todo. Finalmente, ella y su novio _____ de la tienda muy satisfechos con las compras. Un abrazo,
Cecilia

8-6 Un sondeo de la clase

 Paso 1. Camina por la clase y hazle cada pregunta a un/a estudiante diferente. Apunta el nombre de la persona que responde y la información obtenida.

Preguntas	Nombre	Información obtenida
1. ¿Tuviste que trabajar la semana pasada? ¿Dónde trabajaste? ¿Cuántas horas?		Sí, (No, no) tuvo que...
2. ¿Pudiste descansar el fin de semana pasado? ¿Qué hiciste?		
3. ¿Hiciste ejercicio en el gimnasio la semana pasada? ¿Cuánto tiempo pasaste allí?		
4. ¿Quisiste dormir más esta mañana?		
5. ¿Viniste a la universidad en carro o en autobús?		
6. ¿Le dijiste algo a tu profesor/a al entrar a clase?		
7. ¿Trajiste hoy la tarea terminada?		
8. ¿Dónde pusiste tus cosas después de entrar?		

 Paso 2. Con la información obtenida, contesten las preguntas de su profesor/a.

8-7 Un robo en la joyería Ruiz

¡AVISO! Ayer, viernes, alguien robó un anillo con un diamante de tres quilates en la joyería Ruiz. Hoy, sábado, la detective Rascacielos interroga a los tres sospechosos[1]: Candelario Vega, Gertrudis Salazar y Humberto Ramos. ¿Quién será la persona culpable?

La evidencia, según la foto del policía (la detective la estudia con cuidado)

 Paso 1. Hagan los papeles de la detective y de los tres sospechosos. Ahora comienza el interrogatorio; los sospechosos contestan y la detective apunta la información.

Preguntas de la detective	Respuestas de Candelario Vega	Respuestas de Gertrudis Salazar	Respuestas de Humberto Ramos
1. Sabemos que Ud. estuvo en la joyería Ruiz ayer. ¿En qué otras tiendas estuvo por la tarde?	*Yo estuve...*	*Yo...*	*Y yo...*
2. ¿Qué le gusta beber? ¿Y qué bebió ayer por la tarde?			
3. ¿Qué comió ayer por la tarde? ¿Le gusta el chocolate?			
4. Antes de ir a la joyería, ¿qué compró Ud.? ¿perfume? ¿zapatos? ¿ropa?			
5. ¿Cuándo supo del robo?			

Paso 2. La detective decide quién es el posible autor del robo y se lo dice a la clase explicando sus razones.

[1]suspects

Tu mundo cultural

El estilo de los hispanos

La forma de vestir y el arreglo personal[1] varían de una cultura a otra. ¿Conoces algunas de las idiosincrasias hispanas?

Hay hispanos que prefieren llevar las camisetas y los jeans muy planchados.

Para muchos hispanos, particularmente los mayores, vestirse bien es importante, incluso para actividades tan corrientes como ir al mercado.

En los países hispanos la mayoria de las niñas llevan aretes desde que son bebés, tal como se ve en la fotografía. Y probablemente esta bebé lleva también colonia, otra costumbre muy extendida en esa cultura.

Prendas y accesorios hispanos fáciles de encontrar en EE.UU.

Muchos hispanos, aunque residan en EE.UU., no abandonan algunos de los aspectos típicos de su cultura en lo que se refiere al arreglo personal o al vestir, como se observa a continuación.

Las joyas de oro de estilo muy elaborado se llevan mucho entre los hispanos de Estados Unidos. Tanto las chicas como los chicos llevan pulseras, cadenas de oro y medallas religiosas. En los centros comerciales de EE.UU. se encuentran joyerías especializadas en esta clase de trabajo de oro.

[1]**arreglo...** personal appearance

La guayabera es la prenda masculina del Caribe por excelencia. Es también popular en las regiones tropicales de EE.UU. La usan hombres tanto jóvenes como mayores para ocasiones informales o fiestas elegantes. Generalmente, es de lino o de algodón y lleva bordados, pliegues[1] y bolsillos[2].

El poncho, prenda de abrigo usada en toda América Latina, y esencial para el gaucho[3] argentino, sirve de inspiración para una nueva moda en EE.UU., tal como se observa en la foto de estas jóvenes estadounidenses.

Algo que le llama la atención al extranjero que visita una ciudad hispana es la abundancia de zapaterías y tiendas de artículos de piel[4] que hay en sus calles y centros comerciales. EE.UU. importa grandes cantidades de zapatos y artículos de cuero de países como España, Argentina o Costa Rica.

¿Qué aprendiste?

1. ¿Qué aspectos del arreglo personal son comunes a muchos hispanos? Den ejemplos.

2. ¿Qué prendas o joyas hispanas se encuentran fácilmente en EE.UU.? ¿Dónde?

3. ¿Qué artículos hispanos de cuero se importan en EE.UU.? ¿De qué países se importan?

Actividad cultural

Hagan dos listas con lo siguiente:

- la ropa, accesorios, zapatos y costumbres hispanas relativas al vestir y al arreglo personal

- la ropa y los accesorios típicos de los jóvenes en tu universidad; o la ropa y los accesorios típicos de tus colegas en el trabajo (escojan una de las dos)

Luego, compárenlas para ver si son similares.

Contraste cultural

Imaginen que van a pasar un año en un país hispano. Comenten a qué aspectos del arreglo y forma de vestirse se van a adaptar Uds. más fácilmente, y a cuáles les va a costar más trabajo hacerlo, y por qué.

[1]pleats, [2]pockets, [3]cowboy [4]leather

2

La ropa

¿Qué llevan puesto*?

1. socks 2. underwear 3. panty hose 4. pajamas 5. dirty 6. clean 7. coat 8. scarf 9. (wool) cap 10. sweater 11. to be cold
12. raincoat 13. umbrella 14. (cotton) blouse 15. (short) skirt 16. (long-sleeve) shirt 17. glasses; **lentes de contacto** contact
lenses 18. suit 19. tie 20. dress 21. to be hot 22. swimsuit 23. sunglasses 24. hat

*¿Qué llevan puesto? *What are they wearing?*

¡En acción!

 8-8 Ropa diferente para cada ocasión

¿Qué van a ponerse? Apunten la ropa y los accesorios apropiados para cada ocasión. Al terminar, compartan la información con la clase.

1. una cena de gala en el hotel Ritz
2. un picnic en el campo
3. una reunión de negocios
4. un día de esquí en Portillo, Chile

 8-9 ¿Qué llevan puesto?

Para saberlo, observen las escenas de la página 268 y contesten las preguntas.

1. ¿Qué llevan puesto las personas que están en casa? ¿Qué problema tiene el niño?

2. ¿Qué ropa y accesorios llevan las personas que están en la calle? ¿Qué tal el clima? ¿Quién tiene frío?

3. En la universidad, ¿qué ropa llevan los estudiantes que están sentados? ¿y los que están de pie[1]?

4. ¿Qué ropa llevan la señora y la joven que trabajan en la oficina? ¿y el señor?

5. ¿Qué llevan puesto las dos personas que están en la playa? ¿Quién tiene calor? ¿Qué van a hacer?

8-10 ¿Quién es?

Escribe *tres* o *cuatro* oraciones para describir la ropa y accesorios que lleva un/a estudiante de la clase, pero no digas quién es. Usa el vocabulario de las páginas 258–259 y 268. Dale la descripción a tu profesor/a. Luego, él/ella lee las descripciones y la clase adivina[2] quién es.

MODELO

Profesor/a: *Lleva unos jeans, una camiseta blanca y una gorra azul.*

Estudiante: *¡Es David!*

¡A escuchar! ¿Qué ropa llevar?

Paso 1. Adrián se va de viaje de negocios a Santiago de Chile. Su esposa Laura le ayuda a escoger la ropa que se va a poner durante su estancia en ese país. Escucha la conversación.

Paso 2. Escucha de nuevo y completa los espacios en blanco.

1. Adrián se va mañana y todavía no sabe qué ropa se va a _____.

2. Laura dice que si lo llevan a los Andes va a _____ frío y va a necesitar un suéter y probablemente un _____, una _____ y un gorro.

3. La lista de Laura incluye: dos _____, tres camisas, dos _____, calcetines,...

4. Adrián cree que lo van a llevar a la playa de Valparaíso, así que va a necesitar el _____ y las gafas de sol.

5. Tienen que lavar las camisas. Laura cree que la blanca está _____, pero la azul y la beige están _____.

6. En Santiago llueve mucho. Adrián tiene que llevar el _____ y el _____ también.

In Spanish-speaking countries, clothing and shoe sizes are different from those in the United States, and they even vary from country to country. For example, a woman's shoe size 7 in the United States is a 24 in Mexico, and a man's size 10 shoe is a 29.

¿SABES QUE...?

[1] **de...** standing, [2] guesses

¡Manos a la obra!

2

Making equal comparisons

- When we compare things, we look for similarities or differences between them. To compare things that are roughly equal, Spanish uses **tan** or **tanto/a/os/as** with **como**.

> **tan** + *adjective* or *adverb* + **como** = *as... as*

Esta blusa es **tan** bonita **como** ésa. Él plancha **tan** bien **como** ella.

> **tanto/a** + *noun* + **como** = *as much... as*
> **tantos/as** + *noun* + **como** = *as many... as*

José tiene **tanto** dinero **como** Jorge. Tú tienes **tanta** ropa **como** yo.

Tengo **tantas** chaquetas **como** ella. Ella tiene **tantos** suéteres **como** él.

- To compare *actions*, **tanto como** is used.

> *verb* + **tanto como** = *as much as*

Pagué **tanto como** tú por los lentes, pero no gasté **tanto como** ella.

Tan can also mean *so:*

¡Esa corbata es **tan** barata!   *That tie is **so** cheap!*

Tanto can also mean *so much,* and **tantos/as** can mean *so many:*

¡Él habla **tanto**!   *He talks **so much**!*

¡Tienes **tantas** camisetas!   *You have **so many** T-shirts!*

¡En acción!

¡Oye! ¿Es verdad o no?

Escucha las comparaciones que hace tu profesor/a. Luego responde diciendo si son verdad o no.

8-11 ¡Comparaciones!

Identificarse con personas similares a uno/a es algo muy normal. Compárate con una persona de la clase o de tu familia con quien tengas algo de lo siguiente en común. Escribe *dos* comparaciones de igualdad para cada categoría. Luego, léeselas a un/a compañero/a o a la clase.

1. características personales: **Soy tan... como...**
2. cosas que tienen: **Tengo tanto/a/os/as... como...**
3. actividades que hacen: **Yo** (verbo)**... tanto como...**

8-12 Irma e Imelda

Paso 1. Irma e Imelda son gemelas[1]. Según la fotografía, hagan *cinco* comparaciones. Usen **tan... como** y *cinco* adjetivos que sean apropiados.

antipática   fea

divertida   *rubia*

bonita   **simpática**

inteligente

seria

vieja   *morena*   joven

MODELO

inteligente

Irma es tan inteligente como Imelda.

Paso 2. Ahora, miren los roperos tan ordenados de Irma e Imelda: **E1** observa el de Irma y **E2**, el de Imelda. Digan lo que hay en cada uno, y hagan comparaciones usando **tanto/a/os/as... como**. Túrnense.

MODELO

E1: *Hay dos paraguas en el ropero de Irma.*

E2: *También hay dos paraguas en el ropero de Imelda.*

E1: *Imelda tiene* **tantos** *paraguas* **como** *Irma.*

El ropero de Irma   El ropero de Imelda

Este **vestido ecológico** diseñado por *Agresearch* de Nueva Zelanda, es el primer vestido de hierba[2]. Se tiene que regar y fertilizar con nutrientes de calidad. Se recomienda no usarlo cerca de animales rumiantes por peligro[3] a que se lo coman. ¿Llevarías tú un vestido o una camisa de hierba? ¿Por qué?

[1]twins, [2]grass, [3]danger

¡Manos a la obra!

3

Making unequal comparisons

- To compare *things* that are *not* equal, highlighting their differences, Spanish uses

> **más/ menos** + *adjective/ adverb/ noun* + **que**
> *more / less (fewer)... than*

Esta blusa es **más** elegante **que** ésa.	*This blouse is **more** elegant **than** that one.*
Gasto el dinero **más** rápidamente **que** él.	*I spend money **more** quickly **than** he does.*
Hay **menos** tiendas en este centro comercial **que** en ése.	*There are **fewer** stores at this mall **than** at that one.*

- To compare unequal *actions,* Spanish uses

> verb + **más/ menos que***
> *...more/ less than*

Lidia trabaja **más que** su hermana.	*Lidia works **more than** her sister.*

*Before a number, **de** replaces **que:** Pagué más **de** 100 dólares por el abrigo.

- Some adjectives and adverbs have irregular comparative forms. These forms do not use **más** or **menos.**

> | bueno/a, bien → | **mejor** | malo/a, mal → | **peor** |
> |---|---|---|---|
> | *good, well* | *better* | *bad, badly* | *worse* |

Esta tienda es **buena**, pero ésa es **mejor.**	*This store is **good,** but that one is **better.***
Ese restaurante es **peor** que aquél.	*That restaurant is **worse** than that one.*
¿Manejas **mejor** o **peor** que yo?	*Do you drive **better** or **worse** than I do?*

- To compare age, **mayor que** *older than* and **menor que** *younger than* are used.

Mi padre es **menor que** mi tío.	*My father is **younger than** my uncle.*
Soy **mayor que** mi prima.	*I am **older than** my cousin.*

Jennifer va de compras con Fabio. Buscan un regalo para el cumpleaños de Ysenia.

¡En acción!

¡Oye! Las mujeres son más inteligentes, ¿no?

Escucha las siguientes generalizaciones y para cada una di si, en tu opinión, son verdad o no.

8-13 ¡A comparar!

Paso 1. ¿Sabes cómo es tu compañero/a comparado con su mejor amigo/a? Hazle las preguntas de la primera columna. Luego, él/ella responde según el modelo de la segunda, y tú apuntas la información en la tercera. Después, cambien de papel.

Preguntas	Respuestas	Información escrita
1. ¿Eres más alto/a o menos alto/a que tu amigo/a?	*Soy más/ menos...*	*...es más/ menos...*
2. ¿Eres más inteligente o menos inteligente que él/ella?		
3. ¿Eres más perezoso/a o menos perezoso/a que él/ella?		
4. ¿Hablas español mejor o peor que él/ella?		
5 ¿Eres mayor o menor que él/ella?		
6. ¿Te vistes más a la moda o menos a la moda que él/ella?		

Paso 2. Comuníquenle la información obtenida a otro/a compañero/a.

8-14 Un desfile de modas

Uds. son reporteros para un canal de televisión. Tomen apuntes y hagan como mínimo *ocho* comparaciones entre la ropa, los accesorios y las cinco personas que modelan. Usen los comparativos de *desigualdad* e *igualdad* y los adjetivos que siguen, más otros de su elección.

MODELO

E1: *El vestido de Soraya es* **más** *largo* **que** *el vestido de Olivia.*

E2: *Las joyas de Penélope son* **tan... como....**

| caro/ barato | cómodo/ incómodo | corto/ largo |
| feo/ bonito | formal/ informal | moderno/ clásico |

> **The superlatives**
>
> In Spanish, superlatives (*the most...*, *the least...*, *the tallest...*, *the best...*, *the worst...*) are expressed as follows:
>
> el/ la/ los/ las (*noun*) + **más**/ **menos** + *adjective or adverb* + **de** (*in*)...
>
> Ella compró **el** vestido **más** elegante **de** la tienda. *She bought the most elegant dress in the store.*
>
> el/ la/ los/ las + **mejor(es)**/ **peor(es)** (*noun*) + **de**...
>
> Ésta es **la mejor** tienda **del** centro comercial. *This is the best store in the mall.*

8-15 ¡El mejor o la mejor!

 Paso 1. En grupos de tres, escriban los nombres de *tres* personas o cosas que se distingan por ser las mejores o las peores en las siguientes categorías. Luego, compárenlas según el modelo. Un/a secretario/a apunta la información, según lo que decida el grupo.

MODELO

equipos de fútbol americano: bueno/ mejor/ el mejor → *Indianapolis, Chicago, Pittsburgh*

E1: *El equipo de Chicago es* **bueno.**

E2: *Creo que el equipo de Indianapolis es* **mejor.**

E3: *En mi opinión, el equipo de Pittsburgh es* **el mejor de** *los tres.*

E1: *No estoy de acuerdo. Creo que el equipo de... es el mejor de todos.*

1. equipos de béisbol: bueno/ mejor/ el mejor

2. centros comerciales: grande/ más grande/ el más grande

3. actrices: bonita/ más bonita/ la más bonita

4. películas: divertida/ más divertida/ la más divertida

5. restaurantes: malo/ peor/ el peor

6. carros: bueno/ mejor/ el mejor

 Paso 2. Los/Las secretarios/as comparten con la clase los resultados y algunos voluntarios los escriben en la pizarra. Luego, se vota para decidir cuál es el/la mejor en cada categoría.

8-16 ¡Compra por la Red!

Uds. quieren comprar un par de jeans de un sitio web de México. Examinen los anuncios (pág. 275) y hablen de lo siguiente. Al final, digan qué jeans van a comprar y por qué.

¿Qué par...
- es de la mejor marca?
- es del color que más les gusta?
- es el más barato/ caro?

¿Qué vendedor...
- tiene el peor puntaje[1]?
- tiene las mejores calificaciones[2]?
- tiene más tallas y más pares de jeans?

[1]rating, [2]qualifications

Descripción:
JEANS MOSCHINO
Boot Leg Moschino Jeans Style Donna
¡¡¡CON UN INCREÍBLE 60% DE DESCUENTO APLICADO AL PRECIO DE VENTA EN LAS TIENDAS!!!
PRECIO REGULAR: $995.00
¡¡UD. PAGA SÓLO $ 550.00!!
TALLA: 3,5,7,y 9
COLOR: AZUL Y DESLAVADO[3]

HECHO DE: 92% ALGODÓN, 8% SPANDEX

US$1.00 = 10.99 Mexican pesos (as of 02/07)

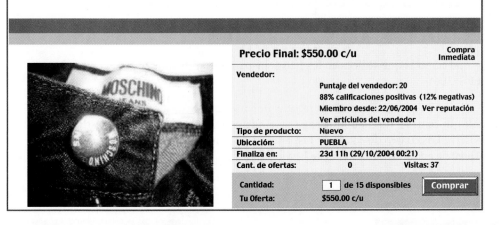

Precio Final: $550.00 c/u	Compra Inmediata
Vendedor:	
	Puntaje del vendedor: 20
	88% calificaciones positivas (12% negativas)
	Miembro desde: 22/06/2004 Ver reputación
	Ver artículos del vendedor
Tipo de producto:	Nuevo
Ubicación:	PUEBLA
Finaliza en:	23d 11h (29/10/2004 00:21)
Cant. de ofertas:	0 Visitas: 37
Cantidad:	1 de 15 disponibles **Comprar**
Tu Oferta:	$550.00 c/u

Descripción:
ABERCROMBIE AND FITCH JEANS A&F
Pescadores con bolsas delante, estilo "MAMMOTH" 100% originales
CON CERTIFICADO DE AUTENTICIDAD... (¡¡¡NO ACEPTES IMITACIONES!!!)

TALLA: 0/1/3/5/7/9/11
COLOR: KHAKI
HECHO DE: 100% algodón

Pescadores Stretch con bolsas HOLLISTER by ABERCROMBIE

Ropa/ Relojes/ Lentes íRopa Feminina í Faldas y Pantalones   Artículo: #6668762

Precio Final: $420.00 c/u	Compra Inmediata
o 12 mensualidades de $42.70 (con MercadoPago) Ver formas de pago con MercadoPago	
Vendedor:	
	Puntaje del vendedor: 26
	100% calificaciones positivas (0% negativas)
	Miembro desde: 02/06/2004 Ver reputación
	Ver artículos del vendedor Ver e-shop
Tipo de producto:	Nuevo
Ubicación:	DISTRITO FEDERAL
Finaliza en:	2d 22h (08/10/2004 11:30)
Cant. de ofertas:	0 Visitas: 33
Cantidad:	1 de 40 disponibles **Comprar**
Tu Oferta:	$420.00 c/u

BANANA REPUBLIC
PANTALÓN BANANA REPUBLIC DE MUJER

¡ATENCIÓN! ¡SUPER PROMOCIÓN! ¡¡¡TOTALMENTE NUEVOS!!!

TALLA: 6R (ES COMO LA TALLA 7 MEXICANA)
COLOR: AZUL MARINO
HECHO DE: 98% ALGODÓN, 2% SPANDEX

Jeans Banana Republic de mujer en 260 pesos!

Ropa/ Relojes/ Lentes íRopa Feminina í Faldas y Pantalones   Artículo: #6709407

Precio Final: $260.00	Compra Inmediata
Vendedor:	
	Puntaje del vendedor: 10
	92% calificaciones positivas (8% negativas)
	Miembro desde: 21/08/2001 ver reputación
	Ver artículos del vendedor
Tipo de producto:	Nuevo
Ubicación:	DISTRITO FEDERAL
Finaliza en:	29d 0h (02/11/2004 16:48)
Cant. de ofertas:	0 Visitas: 4
Cantidad:	1 **Comprar**
Tu Oferta:	$260.00

Programa de Protección al Comprador (Ver requisitos)

[3]stonewashed

Tu mundo cultural

Diseñadores hispanos de fama internacional

¿Piensas que la moda que se lleva en los países hispanos es muy diferente de la moda que se lleva en EE.UU.?

El arte de la moda no siempre tiene el reconocimiento[1] que se da a otras artes, pero es indudable que para ser diseñador de ropa se requieren talento y cualidades artísticas que no todos poseen. Los cuatro diseñadores hispanos que se mencionan a continuación ejercen gran influencia en múltiples esferas de la vida en EE.UU., tal como se va a ver.

Carolina Herrera

Narciso Rodríguez

Modelo de la diseñadora venezolana Carolina Herrera. Su clientela incluye a Jacqueline Onassis, Carolina Kennedy, Renée Zellweger (en la foto), Salma Hayek y varias esposas de presidentes de EE.UU. En el año 2004 recibió en Nueva York el premio[2] de la *Council of Fashion Designers of America* (CFDA) al mejor diseñador o diseñadora del año. El famoso artista Andy Warhol pintó tres retratos de Carolina Herrera.

Modelo del diseñador Narciso Rodríguez. Este estadounidense de padres cubanos nació en Nueva Jersey y es diplomado de *Parson's School of Design* en Nueva York. Fue director de Cerruti en París y ha recibido por dos años consecutivos el premio de la CFDA al mejor diseñador o diseñadora del año en la categoría de ropa de mujer. Diseñó el traje de novia de Carolyn Bessette, la esposa de John Kennedy Jr. Otras de sus clientas son Claire Danes, Julianna Margulies y Salma Hayek.

[1]recognition, [2]prize

Custodio y David Dalmau

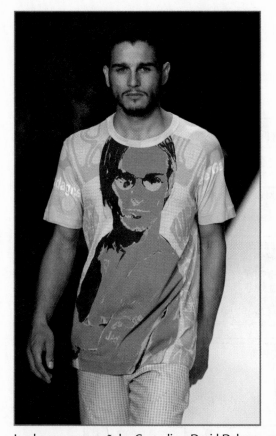

Los hermanos españoles Custodio y David Dalmau, creadores de la marca Custo Barcelona, diseñan ropa para hombre y mujer. Con sus camisetas de estilo innovador y original estos hermanos han obtenido fama internacional. Residen en Barcelona, pero sus tiendas se encuentran en varios continentes. Sus camisetas han aparecido en las series y programas televisivos como *Friends* y *Suddenly Susan* y en MTV. Actrices de cine como Julia Roberts, Penélope Cruz, Sandra Bullock y Natalie Portman, y los músicos Dixie Chicks, Sarah McLachlan y LeAnn Rimes son algunos de sus clientes.

¿Qué aprendiste?

1. ¿De dónde son y dónde residen los diseñadores mencionados?

2. ¿Cuáles son algunos de los clientes famosos de estos diseñadores?

3. ¿Qué artista famoso pintó tres cuadros de Carolina Herrera?

Actividad cultural

Uds. son expertos en moda y tienen que hacer un comentario sobre la noche de los *Óscars* o la de los premios MTV, donde se vieron los modelos de las fotografías. Compárenlos en cuanto a colorido, elegancia y estilo. Digan cuál prefieren y por qué.

Contraste cultural

Piensen en las camisetas favoritas de su ropero. Compárenlas con las camisetas de Custo Barcelona y digan qué elementos tienen o no en común.

Los aparatos electrónicos

1. ad 2. electronic devices/ equipment 3. DVD/VCR player 4. loudspeakers 5. flat-screen (TV) 6. to plug in 7. to turn on
8. remote control 9. to turn off 10. brand 11. support; **apoyar** to support 12. laptop 13. keyboard 14. (wireless USB) mouse
15. cell phone (with camera) 16. cordless phone 17. answering machine 18. digital camera 19. to take photos 20. I would
like/love to... 21. headphones

¡En acción!

8-17 Aparatos electrónicos

Paso 1. Observa los aparatos electrónicos y digitales de la página 278 y escribe en cada columna la información que corresponda, de acuerdo a tu situación, necesidades o preferencias.

Ya tengo:	Me gustaría tener:	No me interesa tener:
Una computadora		

Paso 2. Ahora, díselo a un/una compañero/a.

8-18 En la tienda Tecnología Siglo XXI

¿Les gustan las tiendas de alta tecnología? Para saber lo que hay en ésta, observen la escena de la página 278 y contesten las preguntas.

1. ¿Qué aparatos electrónicos y digitales se ven en el estante al fondo de la tienda? ¿y en las dos mesas?

2. Según los anuncios que se ven por la tienda, ¿qué servicios ofrece?

3. ¿Qué hay en el estante que está cerca del empleado que está tomando la foto?

4. ¿Qué está haciendo cada persona que está en la tienda? ¿y el joven que entra a la tienda?

5. Según el póster a la izquierda de la entrada, ¿qué se debe hacer para conectarse a la alta tecnología?

La tecnología tiene ventajas e inconvenientes. Con humor, como se lee en este comunicado de una iglesia de España, todo se resuelve fácilmente. ¿Cómo llaman en España al celular?

> **Para** and **por** are commonly used in the context of shopping.
>
> **para** = *for, destined for, to give to...*   Compré una cámara digital **para** mi tía.
>
> **por** = *for, in exchange for...*   Ayer pagué 225 dólares **por** una cámara digital.

8-19 ¡Me encantan los aparatos electrónicos!

Paso 1. Uno/a de Uds. entra a la tienda Tecnología Siglo XXI (p. 278) para comprar *tres* regalos y habla con la dependienta. Hagan los papeles de cliente y dependienta y completen la conversación.

Dependienta: ¿En que puedo servirle?

  Cliente: Quisiera comprar _____ para _____.

Dependienta: Este(a)/ Estos(as) _____ de aquí es/son muy _____.

  Cliente: ¿Cuánto cuesta/n?

Dependienta: ¿Para usted? ¡Sólo _____ dólares!

  Cliente: A ver... también me gustaría comprar...

Paso 2. Cambien de pareja y háganse preguntas acerca de lo que compraron. Digan también cuánto pagaron por cada artículo.

MODELO

E1: *¿Qué compraste?*

E2: *Compré una computadora portátil **por** seiscientos dólares.*

E1: *¡Genial! ¿**Para** quién la compraste?*

E2: ***Para** mi hermano. ¿Y tú, qué compraste?*

¡A escuchar! Siglo XXI, tu tienda

Paso 1. Un hijo encuentra en el periódico un anuncio de la nueva tienda de alta tecnología y se lo lee a su padre. Escucha la conversación.

Paso 2. Escucha de nuevo. Ahora completa la información.

1. El hijo lee un _____ en el periódico de una tienda nueva donde venden toda clase de _____ electrónicos.

2. La tienda ofrece un 25% de descuento en las cámaras _____ y en todos los teléfonos: inalámbricos, celulares y celulares con _____.

3. También ofrece descuentos en _____ ópticos, controles remotos, _____ y altoparlantes.

4. Tienen gran selección de marcas de _____ portátiles, _____ planas y gran variedad de otros artículos.

5. Los precios son bajos con garantía de _____ técnico muy profesional.

6. El padre quiere ir a la tienda inmediatamente y le dice a su hijo: «_____ la televisión y vamos ahora mismo».

¡Manos a la obra!

4

Direct and indirect object pronouns together

- When a verb takes both an indirect and a direct object pronoun, the indirect object pronoun comes *first*: **indirect + direct (ID).**

  Tomás **me lo** compró.   *Tomás bought it for me.*

- In a negative statement, **no** precedes both object pronouns.

  Pedro **no me lo** compró.   *Peter did not buy it for me.*

- The indirect object pronouns **le** and **les** change to **se** when they precede the direct object pronouns **lo, la, los, las.**

> **le** (*or*) **les + lo, la, los las → se + lo, la, los, las**

  —¿Quién **le** compró el iPod a Anita?   *Who bought the iPod for Anita?*
  —Tomás **se** lo compró.   *Tomás bought it for her.*

  —¿Quién **les** mostró a ellos la impresora? *Who showed them the printer?*
  —El empleado **se** la mostró.   *The employer showed it to them.*

Placement of double object pronouns

- Double object pronouns (like single ones) are placed *before* a conjugated verb, or may be *attached* to an infinitive or present participle.

  Se lo compro.   Voy a comprár**selo**.   Estoy comprándo**selo**.

- They are always placed *before* negative commands, and *after* affirmative commands.

  No **me lo** muestres.   Muéstra**melo**.

¡En acción!

¡Oye! ¿Me lo prestas?

Primero, tu profesor/a te pide a ti y a varios estudiantes que le presten ciertas cosas. Uds. lo hacen sólo si quieren. Luego, contesten las preguntas.

8-20 Un fanático de los aparatos electrónicos

Trabajas en una tienda de aparatos electrónicos, y un día llega allí don o doña Tecno (tu profesor/a). Contesta sus preguntas. Usa **se + lo, la, los** y **las.**

Tu profesor/a	Tú
1. ¿Me muestra las cámaras digitales?	Sí, _se las_ muestro.
2. ¿Y la mejor computadora portátil?	Sí, ___ ___ muestro también.
3. ¿Y el mejor televisor de pantalla plana?	Sí, ___ ___ muestro.
4. ¿Y los teléfonos inalámbricos?	___ ___ muestro. Aquí están.
5. ¿Y el celular más barato con cámara?	Sí, ___ ___ muestro.
6. ¿Y los mejores iPods?	___ ___ voy a mostrar.

8-21 ¿Para quién lo haces?

¿Son Uds. personas generosas o no? Háganse preguntas para saberlo. Túrnense.

MODELO

E1: *¿A quién le prestas dinero?*

E2: ***Se lo*** *presto a mi hermano.* **o:** *No **se lo** presto a nadie.*

1. ¿A quién le muestras tu colección de música?
2. ¿A quién le prestas tu carro?
3. ¿A quién le regalas flores?
4. ¿A quién le mandas mensajes electrónicos?
5. ¿A quién le das propina?
6. ¿A quién le preparas comida?
7. ¿A quién le explicas la tarea?
8. ¿A quién le prestas tu ropa?

8-22 Regalos secretos

 Paso 1. Hoy cada estudiante le va a dar un regalo a una persona de la clase. Apunta en un papelito la descripción detallada de un regalo y ponlo en la bolsa que va pasando tu profesor/a. Luego, toma un papelito (tu regalo) de la bolsa y camina por la clase preguntando hasta saber quién te lo regaló.

MODELO

E1: *¿**Me** regalaste tú este celular con cámara de la marca...?*

E2: *Sí, yo **te lo** regalé. (Dale las gracias y dile que te encanta.)*

o: *No, yo no **te lo** regalé. (Sigue preguntando.)*

Paso 2. Tu profesor/a quiere saber qué regalos recibieron algunos de los estudiantes. Contesta según el modelo.

MODELO

Profesor/a: *Sandra, ¿qué recibiste?*

Sandra: *Un collar de oro.*

Profesor/a: *¿Quién **te lo** regaló?*

Sandra: ***Me lo*** *regaló Tina.*

 ## 8-23 ¿Me lo prestas?

Saber pedir favores es algo útil, y en ocasiones, muy necesario. Hagan el papel de amigos que se piden favores y se explican *para qué* o *por qué* necesitan cada cosa. Sigan el modelo. Túrnense.

MODELO

prestarme tu carro

E1: *¿**Me** prestas tu carro?*

E2: *¿Mi carro?*

E1: *¿**Me lo** prestas, por favor? Lo necesito para ir al centro.*

E2: *Bueno, **te lo** presto.*

o: *No **te lo** puedo prestar (No puedo prestár**telo**) porque lo necesito yo.*

1. prestarme tu cámara digital
2. darme tu iPod
3. prepararme un café
4. darme un bolígrafo
5. prestarme tu celular
6. hacerme un sándwich
7. comprarme estampillas
8. prestarme 20 dólares

¡Manos a la obra!

Expressing possession: Emphatic possessive adjectives

You have learned how to express ownership or possession by using **de** + *person* and by using the possessive adjectives **mi, tu, su,...** (see pages 49 and 76).

> Es el celular **de Marta**.   Son **mis** altoparlantes.

To stress the idea of ownership (*who* owns something), the emphatic possessive adjectives are used.

mío/a, míos/as	*mine*	Este videojuego no es **mío**.
tuyo/a, tuyos/as	*yours*	¿Es **tuyo**?
suyo/a, suyos/as	*his/ hers/ yours*	Los audífonos son **suyos**.
nuestro/a, nuestros/as	*ours*	Estos videos no son **nuestros**.
vuestro/a, vuestros/as	*yours*	¿Son **vuestros**?
suyo/a, suyos/as	*theirs/ yours*	Dicen que el teclado óptico es **suyo**.

- Emphatic possessive adjectives agree in gender and number with the object possessed, and not with the possessor or owner:

    Los videos son **suyos**.   *The videos are hers.*

- To clarify ownership (who owns something) in the third person, **de** + *pronoun* may be used.

    El DVD es **suyo**. El DVD es **de él (de ella, de Ud., de ellos, de ellas, de Uds.).**

- The emphatic possessive adjectives can also mean *of mine, of yours,* etc.

    Un amigo **mío** llega mañana.   *A friend of mine is arriving tomorrow.*

Ysenia, Mabel y Jennifer están en el centro comercial. Ysenia tiene que comprar un celular para su madre.

¡Jennifer, me encanta tu camiseta! ¿Cuándo la compraste?

Me la compró Fabio ayer.

¿Oíste? Se la compró Fabio.

Sí, nos llevamos muy bien.

El celular de mamá no funciona; y ahora quiere uno como el mío.

Pero el tuyo es muy antiguo, ¿no?

¿Antiguo? ¡¡Nooo!! Me lo compré hace 4 años[1].

[1] four years ago

¡En acción!

¡Oye! ¡Son míos!

Tu profesor/a hace el papel de hermano/a de un/a estudiante de la clase. Observa lo que pasa y luego, contesta las preguntas para decidir de quién es cada cosa.

8-24 ¡Rebajas increíbles en la tienda Siglo XXI!

Hoy hay precios únicos y los clientes, impacientes, compiten por llevarse las mejores gangas[1]. Primero, completen los diálogos con el singular o plural de **mío/a, tuyo/a, nuestro/a**, según corresponda. Luego, hagan los siguientes papeles.

1. **Un adolescente:**   ¡Ese celular con cámara es ___mío___!

   Una adolescente: No, no es _____. ¡Es _____!

2. **Un joven:**   Yo los vi antes. Aquellos altoparlantes son _____.

   Una joven con su amiga: No, nosotras ya hablamos con el dependiente. ¡Son _____!

3. **Un profesor de computación:** ¡Esta impresora es _____!

   Una colega: ¿_____? No, yo la encontré primero. ¡Es _____!

4. **Un estudiante de electrónica:** ¡Esas cámaras digitales son _____!

   Dos estudiantes de arte: ¡Ah, no! No son _____. ¡Son _____!

8-25 Los regalos de Navidad

Paso 1.   La mañana del 25 de diciembre hay muchos regalos en la casa de los Roldán. Decide qué regalo es el más apropiado para cada persona. Luego, escribe lo que dice cada uno/a.

El iPod es mío.

ÁNGEL   ROBERTITO   CARMEN   GUADALUPE   NURIA   MªLUISA   DAMIÁN

el equipo de DVD   el iPod   la cámara digital   el celular con cámara   el suéter de lana   el gorro y los guantes para esquiar   las botas de cuero   la pelota

[1]bargains

Paso 2. Según lo que se lee en las burbujas[1] que completaron Uds., digan qué regalo le corresponde a cada persona de la familia. En algunos casos, es posible que haya diferencias de opinión entre Uds. Túrnense.

MODELO

E1: *¿Qué dice Ángel?*

E2: *Dice que el iPod es suyo.*

 ## 8-26 Objetos perdidos

(Para poder hacer esta actividad, cada estudiante tiene que poner una cosa en el escritorio de su profesor/a: zapatos, suéter, chaqueta, cuaderno, mochila,...)

Pronto termina el semestre y en la oficina de tu profesor/a se han acumulado muchas cosas perdidas. Ayúdale a localizar a los dueños[2] contestando sus preguntas.

MODELO

Profesor/a:	*Alex, ¿es **tuyo** este anillo?*
Estudiante:	*No, no es **mío**.*
Profesor/a (a toda la clase):	*¿Saben Uds de quién es?*
Otro/a estudiante (apuntando a la persona dueña del objeto):	*Es **suyo**. (o) Es de....*

En el periódico *Hoy*, que se encuentra en todas las grandes ciudades de Estados Unidos, la publicidad de las compañías como Office Max y Sears aparece en español. ¿Cuál de estas ofertas te interesa más?

[1]bubbles [2]owners

Tu mundo cultural

Los internautas hispanos

latino.msn.com   Red | Noticias | Imágenes | Desktop | Local | Compras   English

msn.   [Busca en la Red]

Bienvenido   Volver a configuración inicial   Iniciar sesión   ▢ ▢ ▢ ▢ ▢

Hotmail   Amor   Busca Pareja   Empleos   Inmigración   Música
Messenger   Autos   Clima   Entretenimiento   Latina Magazine   Noticias
Spaces   Autos nuevos   Compras   Finanzas   Latinos en USA   Postales
Mapa del sitio Autos usados   Curso de inglés   Foros   Mapas   Salud
               Billboard Latino   Deportes   Horóscopo   Mujer   Video

Extranjeros en Estados Unidos:
- **Hispanos de tercera generación prefieren hablar inglés**
- **Latinos enfrentan gran riesgo de timos**
- **Vislumbran un futuro bilingüe en EE.UU.**
- **Clases de inglés**

La barrera del idioma

A todos nos atrae la tecnología y sus innovaciones. La Red continúa cambiando nuestras vidas y reduciendo la distancia entre la gente del planeta.

La Red en los países hispanos

El uso del Internet está muy extendido en los países hispanos. En muchos de ellos, los cibercafés son el medio más asequible para conectarse a la Red porque a causa de su costo, no todos pueden hacerlo en casa. Observen este Cibercafé situado en un centro comercial de Quito, la capital de Ecuador.

AGENCIA LATINA DE NOTICIAS

- Argentina es el país hispano con el costo más bajo para conectarse a la Red, (13 dólares al mes)

- Nicaragua es el país con el costo más alto para conectarse a la Red, (51 dólares al mes)

Los hispanos en EE.UU. y su acceso a la Red

Gracias a su costo asequible, muchos hispanos residentes en EE.UU. pueden acceder a la Red para conectarse con sus familias, leer las noticias en los periódicos de sus países de origen, hacer compras, y en general, informarse. El 55% de los hispanos de EE.UU. ya navega por la Red, y es la minoría que más rápido está conectándose.

USUARIOS HISPANOS—RESULTADOS DE ENCUESTA[1] REALIZADA EN EE.UU.

- El 50%* de los hispanos que navega por la Red en EE.UU. son mayores de 16 años
- El promedio de edad del usuario hispano en EE.UU. es de 30 años
- El 50% de los usuarios no habla inglés
- El 78% de los usuarios hispanos tiene computadoras en casa
- El 75% usa la Red para su correo electrónico
- El 48% la usa para leer los periódicos de su país
- El 61% la usa para hacer investigaciones
- El 48% la usa para bajar música y comprar boletos para el cine o el teatro

PORTALES Y SITIOS EN LA RED CON INFORMACIÓN DE TODA CLASE EN ESPAÑOL

http://www.terra.com/

http://espanol.yahoo.com/

http://www.sappiens.com/web_cast/menu/index.htm

http://latino.msn.com/

http://www.us.starmedia.com/

¿Qué aprendiste?

1. Según la encuesta, ¿qué porcentaje de usuarios hispanos se conecta a la Red en EE.UU.? ¿Lo hacen en inglés? ¿Para qué se conectan?

2. ¿Por qué son tan populares los cibercafés en los países hispanos?

3. ¿Cómo se puede aprender más del mundo hispano haciendo uso de la Red?

Actividad cultural

Paso 1.   Camina por la clase y pregúntales a *tres* personas lo siguiente. Apunta la información.

1. ¿Dónde te conectas a la Red?

   ☐ en casa   ☐ en la universidad   ☐ en otro lugar

2. ¿Para qué te conectas?

   ☐ para escribir   ☐ para hacer   ☐ para chatear y buscar   ☐ para otras cosas
   e-mails   compras   información

3. ¿Cuánto tiempo pasas conectado/a cada día?

   ☐ menos de una hora   ☐ más de una hora   ☐ más de dos horas   ☐ más de tres horas

Paso 2.   En grupos de seis, compartan sus resultados. Un/a secretario/a apunta la información y se la presenta a la clase.

Contraste cultural

Lean de nuevo los cinco últimos datos obtenidos en la encuesta anterior realizada entre usuarios hispanos de EE.UU. Luego, hablen sobre cuáles serían los resultados más probables de una encuesta similar realizada entre los estudiantes de su *college* o universidad. Finalmente, compártanla con un/a compañero/a.

[1]poll

* % por ciento

Tu mundo en vivo

¡Video en acción!

8.1 De compras

1. Antes de ver el video

   ¿Te gusta ir de compras solo/a o con otra persona?

2. Mientras ves el video

   1. ¿Para qué van a comprar ropa nueva las hermanas? _____

   2. ¿Llegó la señora Flores a tiempo? _____

   3. ¿Cuántos vestidos se va a probar Tatiana? _____

   4. ¿Cómo paga la señora Flores los vestidos? _____

3. Míralo otra vez Relaciona las fotos con lo que dice cada persona.

A   B   C

___ «Ésa no me gusta. Está muy corta.»

___ «Ay, no, éste es tan largo como éste, pero éste me gusta más[1].»

___ «Este color te queda muy bien con el color de tus ojos.»

___ «¿Trajiste suficiente dinero?»

4. Comenta con la clase

   a. ¿Cómo es la relación entre la mamá y sus hijas?

   b. ¿Tienes una relación parecida con tu mamá o con tu papá?

8.2 La tecnología une a las familias

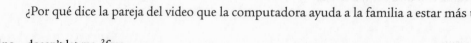

1. Antes de ver el video

   ¿Tienes familia que vive lejos de ti? ¿Cómo mantienes el contacto con ellos? ¿Usas Skype?

2. Mientras ves el video Marca **C** (Cierto) o **F** (Falso) según corresponda.

   a. ___ Skype no es gratis[2].

   b. ___ Puedes acceder a Skype por Internet.

   c. ___ Con Skype te puedes comunicar sólo con una persona a la vez.

   d. ___ Con Skype puedes usar video o texto.

3. Comenta con la clase

   ¿Por qué dice la pareja del video que la computadora ayuda a la familia a estar más unida?

[1]**no...** doesn't let me, [2]free

¡Lectura en acción!
Reseña[1] musical

En la siguiente reseña de *Amar es combatir*, el último disco[2] del grupo mexicano Maná, vas a leer la opinión de un crítico. La reseña apareció en la revista mensual mexicana, llamada *SO! Show Off, Tu estado ideal*.

Paso 1. Antes de leer lo que sigue, piensa en una reseña que hayas leído o escuchado recientemente y contesta las siguientes preguntas.

1. ¿De qué trataba[3] la reseña? ¿de una película, de un disco compacto o de un libro?

2. ¿Dónde la leíste o escuchaste? ¿en un periódico, en una revista, en Internet o en la radio?

3. ¿Fue positiva o negativa?

4. ¿Estuviste de acuerdo con el crítico? ¿Por qué?

Paso 2. Ahora lee la reseña y concéntrate en contestar una sola pregunta: ¿Le gustó el disco al crítico de esta reseña?

Paso 3. Luego, responde a lo siguiente para ver cómo llegaste a contestar la pregunta del Paso 2.

1. ¿Qué palabras o frases te ayudaron a llegar a tu conclusión? Menciona cinco.

   _____

   _____

   _____

   _____

2. ¿Cómo es el tono de la reseña? ¿En qué te basaste para tu decisión?

   _____

   _____

Paso 4. Algo personal.

1. ¿Conoces a este grupo? ¿Te gusta?

2. ¿Cuál es tu grupo de música favorito? ¿Por qué te gusta?

◆MANÁ
Amar es combatir

Ya sabemos que Maná cuenta con dinero para producir, de manera que sus discos siempre sonarán decentemente grabados. También sabemos que Maná vende discos sin importar cómo los grabe. Sabemos que Maná tiene un vocalista con limitaciones líricas, que sin duda hablará de los labios de alguien, de cómo le duele todo hasta los huesos, de cómo extraña, y de cómo llueve. Ya sabemos que Maná cuenta con excelentes músicos además de un bajista. En fin, este *review* es innecesario, porque tanto tú como yo sabíamos y anticipábamos lo que iba a hacer Maná en este nuevo regreso al estudio de grabación. Maná hizo en este disco lo mismo que hizo con el anterior.

Desde mi punto de vista, han existido sólo tres evoluciones de real consideración en la carrera de Maná. La primera es la transición entre Sombrero Verde y Maná, que fue más un cambio de nombre que de concepto. La segunda es entre el primer disco de Maná, que incluía toda clase de cursilerías, y *Falta Amor*, en donde éstas se volvieron más efectivas comercialmente. Y la tercera fue después de *¿Dónde Jugarán los Niños?*, cuando entró Sergio Vallín en la guitarra, en sustitución de César "Vampiro" López. Maná ha pasado de moda, y es lastimoso ver al grupo más importante de nuestro país en tal presagio de decadencia.

Reading Strategy

Reading for the main idea

Learning to read to identify the main idea is an important tool to assist with longer and more complicated readings. Identifying features such as tone, formality, and the overall topic discussed, rarely requires that you understand every word as you read and will assist you in determining the main idea of a passage.

[1]Reseña *review*, [2]disco *CD*, [3]**trataba...** *What was it about?*

Vocabulario activo y pasivo: Capítulo 8

Escena 1

La ropa *Clothing*
la camiseta *t-shirt*
la chaqueta *jacket*
los jeans *jeans*
los pantalones cortos *shorts*
los pantalones largos *long pants*
la sudadera *sweatshirt*

El calzado *Footwear*
las botas *boots*
las sandalias *sandals*
los zapatos de tenis *sneakers*

Los artículos de cuero *Leather goods*
la billetera *wallet*
la cartera *purse, handbag*
el cinturón *belt*
los guantes *gloves*

Las joyas *Jewelry*
el anillo (de diamante) *(diamond) ring*
los aretes *earrings*
la cadena *chain*
el collar *necklace*
la pulsera *bracelet*
de oro/ plata *gold/ silver*

Otras palabras y expresiones
Other words and expressions
la bolsa *bag, purse/ handbag*
el centro comercial *mall*
la gorra (de béisbol) *(baseball) cap*
la moda *fashion*
el precio *price*
las rebajas *sales*
la talla *size*
la tarjeta de crédito *credit card*
en efectivo *cash*

Adjetivos *Adjectives*
barato/a *cheap, inexpensive*
caro/a *expensive*
cómodo/a *comfortable*

corto/a *short*
largo/a *long*

Adverbio *Adverb*
demasiado *too*

Verbos y expresiones verbales
Verbs and verbal expressions
gastar *to spend*
llevar *to wear, carry, take*
probarse (ue) *to try on*
quedar bien/ mal *to fit/ not fit*
quisiera *I would like*

Escena 2

¿Qué llevan puesto? *What are they
wearing?*
el abrigo *coat*
la blusa *blouse*
la bufanda *scarf*
los calcetines *socks*
la camisa *shirt*
la corbata *tie*
la falda *skirt*
el gorro (de lana) *wool cap*
el impermeable *raincoat*
las pantimedias *panty hose*
el/la pijama *pajamas*
la ropa interior *underwear*
el sombrero *hat*
el suéter *sweater*
el traje *suit*
el traje de baño *bathing suit*
el vestido *dress*
las gafas de sol *sunglasses*
los lentes *glasses*
los lentes de contacto *contact lenses*
el paraguas *umbrella*

Adjetivos y otras expresiones
Adjectives and other expressions
corto/a *short*
largo/a *long*
limpio/a *clean*

sucio/a *dirty*
de algodón *cotton*
de lana *wool*
de manga larga/ corta *long-/ short-sleeved*

Comparaciones *Comparisons*
mejor/ peor *better/ worse*

Expresiones verbales
Verbal expressions
tener calor *to be hot*
tener frío *to be cold*

Escena 3

Los aparatos electrónicos *Electronic
devices/ equipment*
los altoparlantes *loudspeakers*
los audífonos *headphones*
la cámara digital *digital camera*
el celular (con cámara) *cell phone (with
camera)*
la computadora portátil *laptop*
el contestador automático *answering
machine*
el control remoto *remote control*
el equipo de DVD y video *DVD/VCR player*
el ratón (óptico USB) *(wireless USB) mouse*
el teclado *keyboard*
el teléfono inalámbrico *cordless phone*
(el televisor) de pantalla plana *flat screen
(TV)*
el anuncio *ad*
el apoyo *support*
la marca *brand*

Verbos y expresiones verbales *Verbs
and verbal expressions*
apagar *to turn off*
apoyar *to support*
enchufar *to plug in*
prender *to turn on*
tomar fotos *to take photos*
me gustaría... *I would like/love to...*

Escena 1
En el centro comercial

A. Haz un círculo alrededor de las dos palabras que más se asocian.

1. el anillo   el collar   la cadena
2. la cartera   la billetera   los guantes
3. el cinturón   los aretes   los pantalones
4. los jeans   la camiseta   la pulsera
5. la chaqueta   la gorra de béisbol   el suéter
6. caro   cómodo   barato

I. More irregular verbs in the preterit

B. Todos los años mis amigos y yo organizamos una campaña para donar ropa a los pobres. Completa las oraciones para indicar lo que pasó el sábado pasado. Usa la forma correcta del pretérito de los verbos que siguen.

> decir   estar   poder   poner   querer
> recibir   saber   tener   traer   venir

1. Mis amigos _____ a mi casa para ordenar la ropa donada.
2. Tomás y Alex _____ jeans y camisetas, y Nina y Sandra, suéteres y otras prendas.
3. Marta _____ venir pero no _____; nos va a ayudar el próximo sábado.
4. Nosotros _____ la ropa donada en la mesa para doblarla y organizarla.
5. Mis amigos _____ en mi casa más de dos horas.
6. A las cuatro, todos _____ que irse, y (yo) les _____ «¡Gracias, amigos!»
7. Otras personas _____ que organizamos esta campaña, y una semana después, nosotros _____ más donaciones.

En resumen

Contesta las preguntas con oraciones completas.
1. ¿Llevas joyas frecuentemente? ¿Qué joyas llevas?
2. ¿Siempre te pruebas la ropa antes de comprarla?
3. ¿Te gusta ir de compras cuando hay rebajas? ¿Por qué?
4. ¿Normalmente, pagas en efectivo o con tarjeta de crédito?
5. ¿Tuviste que ir de compras el sábado pasado? ¿Estuviste en un centro comercial? ¿Qué compraste?
6. ¿Qué más hiciste el sábado pasado?

Escena 2
La ropa

C. Haz un círculo alrededor de las dos palabras que más se asocian.

1. los calcetines   la camisa   la corbata
2. el traje de baño   la ropa interior   las gafas de sol
3. el gorro de lana   la bufanda   el traje
4. los lentes   el suéter   el abrigo
5. la blusa   la falda   el vestido
6. el sombrero   el impermeable   el paraguas

II. Making equal comparisons

D. Haz una comparación de igualdad (*equal*) entre las dos cosas mencionadas.

1. Esta camisa es ___*tan*___ barata ___*como*___ ésa.
2. Sandra tiene _____ pares de zapatos _____ Mercedes.
3. Marvin tiene _____ ropa en su ropero _____ Diego.
4. Estas botas son _____ caras _____ ésas.
5. Cuando van de compras, Mercedes siempre gasta _____ dinero _____ Lupe.
6. ¿Gastaste _____ _____ yo en el regalo de cumpleaños de Juan?

III. Making unequal comparisons

E. Haz una comparación de desigualdad (*unequal*) entre las dos cosas mencionadas. Usa **más...** o **mejor(es)...** en tu comparación.

MODELO
Por lo general...

grande: los centros comerciales de los pueblos / ...de las ciudades

Por lo general, los centros comerciales de las ciudades son más grandes que los centros comerciales de los pueblos.

Por lo general...
1. caro: los anillos de oro con diamantes / ...de plata con turquesa
2. barato: las sandalias de cuero / ...de plástico
3. corto: las faldas de las chicas jóvenes / ...de las señoras mayores
4. mejor: las rebajas de las tiendas de descuento / ...de las tiendas por departamentos

F. Indica cuál, en tu opinión, es el mejor, peor, etc. de los tres, y por qué. Usa el superlativo.

MODELO

mejor: la clase de arte / ...de biología / ...de español

La clase de... es la mejor de las tres porque la profesora es muy buena.

1. peor: la clase de historia / ...de química / ...de cálculo
2. mejor: la actriz Keira Knightley / ...Nicole Kidman / ...Penélope Cruz
3. interesante: las películas de *Indiana Jones* / ...de *Batman* / ...de *El señor (Lord) de los anillos*
4. divertido: el carro Hummer / ...Mini-Cooper / ...Jeep

En resumen

Contesta las preguntas con oraciones completas.
1. Cuando vas a la playa, ¿qué llevas puesto?
2. Cuando nieva, ¿qué ropa te pones para salir afuera?
3. Cuando tienes mucho calor, ¿qué ropa te quitas?
4. ¿Tienes tanta ropa como tu pareja o mejor amigo/a?
5. ¿Estás más a la moda o menos a la moda que él/ella?
6. ¿Quién es la persona de tu familia que se viste mejor de todos? Explica.

Escena 3
Los aparatos electrónicos

G. Identifica la cosa o la acción que corresponde a la descripción.
1. Para _____ o _____ el televisor, usamos el control remoto.
2. Los televisores de _____ plana son muy populares hoy en día.
3. Lo que se usa con la computadora y tiene botones con las letras del alfabeto es ____ _____.
4. Algo pequeño que se usa para hacer *clic* y que sirve para hacer gráficos en la pantalla es ____ _____.
5. El aparato que registra mensajes es ____ _____ _____.
6. Los aparatos que se ponen en las orejas para escuchar música son ____ _____.

IV. Direct and indirect object pronouns together

H. Escribe dos oraciones en el pasado, usando el verbo **regalar.** En la primera oración, usa el pronombre de complemento indirecto; en la segunda, la combinación del pronombre directo e indirecto. Sigue el modelo.

MODELO

yo / la impresora / a Carmen

Yo le regalé la impresora a Carmen.

Se la regalé la semana pasada.

1. nosotros / un contestador automático / a los abuelos
2. mi tío / una computadora portátil / a su esposa
3. yo / unos altoparlantes / a mi hermano
4. mi hermano / un MP3 / a mí
5. mis hermanas / unas pulseras de plata / a sus sobrinas
6. tú / una cámara digital / a nosotros

V. Emphatic possessive adjectives

I. Estás en una lavandería (*laundromat*) con tus amigos. Indica de quién es la ropa, usando la forma correcta de los adjetivos posesivos **mío, tuyo**, **suyo**, etc.

MODELO

yo: calcetines azules, suéter rojo

Los calcetines azules son míos y el suéter rojo también es mío.

1. yo: la camiseta blanca, los pantalones cortos
2. tú: la chaqueta negra, los pantalones largos
3. Ana: el vestido verde, las blusas blancas
4. Diego y Paco: los jeans, la ropa interior
5. nosotros: las camisetas amarillas, la ropa limpia que está aquí

En resumen

Contesta las preguntas con oraciones completas.
1. ¿Es tuya la computadora que usas? ¿Cuándo la compraste?
2. ¿Te gusta comprar aparatos electrónicos? ¿Cuáles te fascinan?
3. ¿Te gustaría comprarle un televisor de pantalla plana o un televisor plasma a tu pareja o mejor amigo/a? ¿Por qué?
4. ¿Tienes una cámara digital? ¿Se la prestas a tus amigos o hijos?
5. ¿Tomas fotos con frecuencia? ¿A quién se las mandas?

Answers to the *Autoprueba y repaso* are found in **Apéndice 2.**

✓ Additional **Autopruebas** online.

Capítulo 9

La salud y las emergencias

WILEY
PLUS

Additional activities and **Autopruebas** for each **Escena** available online.

Escena 1
En el consultorio médico
· Talking about what happened: The preterit of stem-changing verbs

TU MUNDO CULTURAL
La medicina natural en el mundo hispano

Escena 2
El cuerpo humano
· Describing in the past: The imperfect

TU MUNDO CULTURAL
El lenguaje corporal

Escena 3
Situaciones de emergencia
· Piecing together the past: The preterit and the imperfect

TU MUNDO CULTURAL
La diversidad racial de los hispanos

TU MUNDO EN VIVO

✓ AUTOPRUEBA

En ¹el consultorio médico

RECEPCIÓN

¿⁴Tiene vómitos y diarrea?

27. tomar la temperatura

28. el termómetro

2. SE RUEGA NO FUMAR

3. la sala de espera

6. la paciente

7. estar embarazada

5. el seguro médico

29. examinar

8. estar resfriado/a

21. quejarse

¡Ay! ²⁰¡Tengo dolor de cabeza!

Tiene que ²⁴cuidarse.

Debo ²⁵dejar de fumar.

9. estar congestionado/a

23. tener tos

¹²Me duele la garganta.

10. tener gripe

11. tener fiebre

22. torcerse (ue) el tobillo

19.

HOY ENFERMEDADES CONTAGIOSAS

18.

MEDICINA Y SALUD

REMEDIOS NATURALES

¹⁵Tengo dolor de estómago y...

13. el discapacitado

Es una infección. Tengo ¹⁶una cita a las tres.

14. la silla de ruedas

17. enfermarse

1. the doctor's office
2. no smoking; **fumar** to smoke
3. waiting room
4. Are you vomiting...? **tener vómitos** to be vomiting
5. medical insurance
6. patient (*f.*); **el paciente** (*m.*)
7. to be pregnant
8. to have a cold
9. to be congested
10. to have the flu
11. to have a fever
12. My throat hurts. **doler (ue)** to hurt
13. disabled (*m.*); **la discapacitada** (*f.*)
14. wheelchair
15. I have a stomachache; **tener dolor de estómago** to have a stomachache
16. an appointment, a date
17. to get sick
18. health
19. illnesses, diseases (*f.*)
20. I have a headache; **tener dolor de cabeza** to have a headache
21. to complain
22. to twist/ sprain one's ankle
23. to have a cough
24. to take care of yourself/ oneself
25. to stop... **dejar de + *inf.*** to stop doing something
26. to stay, remain
27. to take one's temperature
28. the thermometer
29. to examine
30. X-ray
31. to take one's blood pressure
32. Do not be afraid. **tener miedo** to be afraid
33. to give a shot
34. to take blood
35. skin (*f.*)
36. AIDS
37. cure
38. pills
39. prescription

¡En acción!

A ver cuánto sabes de remedios y curas. Empareja las palabras de la primera columna con las de la segunda para obtener oraciones lógicas.

1.	Si tienes dolor de cabeza,...	a. debe comer pocas grasas y hacer ejercicio.
2.	Cuando tengo gripe y fiebre,...	b. haz gárgaras (*gargle*) con agua y sal.
3.	Algunas personas que tienen alergias,...	c. deja de fumar.
4.	Para el dolor de garganta,...	d. toma una aspirina.
5.	Alguien con el colesterol alto,...	e. bebo muchos líquidos y descanso.
6.	Si tienes tos y adicción al tabaco,...	f. tienen que ponerse inyecciones.

> The verb **doler,** like **gustar** and **encantar,** uses the indirect object pronouns **(me, te, le, nos, os, les)** followed by the third-person form: in the present tense, **duele** + *singular noun* and **duelen** + *plural noun.*
>
> **Me duele** la garganta. *My throat hurts.*   **Le duelen** los pies. *His/Her feet hurt.*

> You have used the following expressions with **tener: tener hambre/ sed/ frío/ calor/ sueño/ miedo.** Many ailments also use the verb **tener:**
>
> **tener dolor de cabeza/ garganta/ estómago   tener fiebre/ gripe**

 9-2 En el consultorio médico

¿Qué pasa allí? ¿Cuáles son los síntomas de los pacientes? Para saberlo, observen la escena de las páginas 294–295 y contesten las preguntas.

1. ¿Quién entra al consultorio médico? ¿Qué dice el letrero que se ve en la puerta?

2. ¿Qué pasa en la recepción? ¿y en cada uno de los cuatro cuartos?

3. En la sala de espera, ¿qué síntomas tiene la niña? ¿y el señor que está al lado de la mamá?

4. En el otro sofá, ¿qué problema tiene cada uno de los pacientes?

5. ¿Qué consejo le da la señora al señor que está a su lado? ¿Cómo responde él?

6. ¿Qué debe hacer el paciente que está con la enfermera?

7. ¿Qué síntomas tiene el señor que está en la silla de ruedas?

8. ¿Y qué le pasa al señor que está en el sillón? ¿A qué hora es su cita?

9. ¿Qué clase de revistas hay en la mesa? ¿Cuál te interesa más? *Me interesa...*

10. ¿Qué dicen los letreros que hay a la salida? ¿Qué pasa allí?

9-3 Una cita con el médico

Paso 1. Un paciente que se preocupa constantemente por su salud llama al consultorio médico para hacer una cita. Hagan los papeles de recepcionista y paciente. Incluyan:

· saludos
· descripción de los síntomas
· días y horas para la cita
· confirmación de la cita
· despedida

MODELO

Paciente:	*Buenos días, señorita. Soy Tom Smith.*
Recepcionista:	*Buenos días, señor Smith. ¿En qué puedo servirle?*
Paciente:	*Me duele mucho la garganta. Quiero hacer una cita con el doctor López.*
Recepcionista:	*¿Esta tarde a las 5, o mañana a las 8 de la mañana?*
Paciente:	*Esta tarde a las 5, por favor.*

Paso 2. Luego, el paciente pasa a ver al médico. Hagan los papeles de médico y paciente.

MODELO

Doctor:	*Buenos días. ¿Cómo está?*
Paciente:	*No muy bien. Me duele mucho la garganta.*
Doctor:	*¿Está congestionado?*
Paciente:	*Sí, estoy muy, muy congestionado.*
Doctor:	*A ver... Voy a tomarle la temperatura...*

(Ideas: el médico le toma la presión, le da su diagnóstico, y posiblemente, le pone una inyección.)

¡A escuchar! En el consultorio médico

Paso 1. La recepcionista y una enfermera atienden[1] a los enfermos que llegan al consultorio médico mientras unos pacientes charlan en la sala de espera. Escucha la conversación.

Paso 2. Escucha de nuevo. Indica **Sí** o **No**.

1. ¿Tiene dolor de garganta y fiebre la paciente que tiene cita a las 9:30? ☐ Sí ☐ No

2. ¿Se enfermó ayer la paciente embarazada? ☐ Sí ☐ No

3. ¿Conoce al médico la paciente embarazada? ☐ Sí ☐ No

4. ¿Tiene seguro médico la paciente embarazada? ☐ Sí ☐ No

5. ¿Tiene el consultorio fácil acceso para discapacitados? ☐ Sí ☐ No

6. En la sala de espera, ¿va el señor mayor a ver al médico porque tiene la presión baja? ☐ Sí ☐ No

7. ¿Va la señora mayor a ver al médico porque necesita un análisis de sangre? ☐ Sí ☐ No

8. ¿Le van a poner una inyección al joven que tiene alergias? ☐ Sí ☐ No

[1]assist

¡Manos a la obra!

1

Verbs ending in **-ar** and **-er** that undergo stem changes in the present (see page 164) *do not* do so in the preterit. Verbs ending in **-ir** *do* change in the perterit **(e → i, o → u)**, but only in the third person singular and plural.

¿Qué te **p**i**d**ió el enfermero?　　　No d**u**rmieron bien anoche, ¿verdad?

pedir	**e → i**	**dormir**	**o → u**
pedí	pedimos	dormí	dormimos
pediste	pedisteis	dormiste	dormisteis
p**i**dió	p**i**dieron	d**u**rmió	d**u**rmieron

- Here are nine other common verbs with stem changes in the preterit.

divertirse (ie, i)	*to have a good time*	El niño se div**i**rtió con las enfermeras.
morir(se) (ue, u)	*to die*	Su abuelo m**u**rió hace cinco años.
preferir (ie, i)	*to prefer*	Pref**i**rieron no tomar la medicina.
reírse (i, i)	*to laugh*	Se r**i**eron cuando lo vieron.
repetir (i, i)	*to repeat*	La enfermera rep**i**tió la lista de los síntomas.
seguir (i, i)	*to follow, continue*	S**i**guieron las instrucciones de la médica.
sentirse (ie, i)	*to feel*	Ayer se s**i**ntió mal.
servir (i, i)	*to serve*	Nos s**i**rvieron té caliente con miel (*honey*).
vestirse (i, i)	*to dress oneself, get dressed*	Ella se v**i**stió para ir al hospital.

- When two stem changes are given in parentheses after an infinitive **(ie, i)**, the first refers to the present tense, and the second to the preterit.

- The present participle of the above verbs undergoes the same stem change as in the preterit: **e → i, o → u.**

  pedir → p**i**diendo: Te está **pidiendo** la información.
  dormir → d**u**rmiendo: El paciente está **durmiendo.**

Ernesto está en el consultorio médico porque tiene un dolor de estómago muy fuerte.

¡En acción!

¡Oye! La vida de Felipe

Escucha lo que se dice de Felipe. Luego, escoge la respuesta más lógica para cada pregunta.

9-4 Personalidades diferentes

Paso 1. Rosalinda tiene una personalidad exuberante, pero sus amigos Juan y Eva son más moderados. Completa las oraciones para indicar lo que hicieron los tres el viernes por la noche. Usa la forma correcta del pretérito.

Rosalinda	Juan y Eva
(*pedir*) 1. Rosalinda ___*pidió*___ una pizza con salchicha, cebolla, pimientos y tres clases de quesos.	(*pedir*) 1. Juan y Eva están a dieta y _____ una ensalada.
(*seguir*) 2. En la carretera, Rosalinda _____ la ruta más larga pero más pintoresca y llegó a la fiesta un poco tarde.	(*seguir*) 2. Juan y Eva _____ la ruta más directa y llegaron temprano.
(*reírse*) 3. Rosalinda ___ _____ a carcajadas[1] de todos los chistes[2] que contaron sus amigos.	(*reírse*) 3. Juan y Eva también ___ _____ mucho de los chistes, pero con moderación.
(*divertirse*) 4. En la fiesta, Rosalinda ___ _____ mucho, y se quedó allí hasta la una de la mañana.	(*divertirse*) 4. Juan y Eva también ___ _____, pero se fueron a las once de la noche.
(*dormir / sentirse*) 5 Rosalinda _____ ocho horas esa noche y al despertarse, un poco tarde, ___ _____ bastante bien y lista para ir a otra fiesta.	(*dormir / sentirse*) 5. Juan y Eva _____ también ocho horas, pero al despertarse, ____ _____ un poco cansados y con planes de relajarse.

Paso 2. Luego, decidan si Uds. son como[3] Rosalinda o como Juan y Eva. Den ejemplos y expliquen por qué.

[1]**se...** split her sides laughing, [2]jokes, [3]like

👥 9-5 Una visita al hospital

Emilio visita a dos amigos que comparten habitación en un hospital y les hace preguntas para saber qué tal les fue ayer. Hagan los papeles de los dos pacientes y de Emilio según el modelo.

MODELO

qué / servirles / en el desayuno

Emilio: ¿Qué les sirvieron en el desayuno ayer?

Paciente n°1:   Me sirvieron huevos revueltos, pan tostado y jugo de naranja.

Paciente n°2:   Me sirvieron fruta y pan sin mantequilla. Tengo una dieta estricta.

1. vestirse o quedarse en pijama todo el día
2. qué / servirles / en el almuerzo
3. qué / hacer / por la tarde
4. qué / pedir / en la cena
5. qué / programas de televisión / ver
6. cómo/ dormir anoche
7. los enfermeros / cuidarlos bien
8. seguir / las instrucciones de la médica

🧍 9-6 Se murió de risa, ¿no?

En español, el verbo **morirse** se usa en distintas expresiones para exagerar. **E1** hace preguntas en el pretérito según el modelo, y **E2** reacciona usando una de las expresiones que siguen. Túrnense.

morirse de hambre	morirse de miedo[1]
morirse de frío	morirse de risa[2]
morirse de aburrimiento	morirse de envidia

MODELO

mi hermanita / esperar / tres horas en el consultorio médico

E1:   ¿Sabes que mi hermanita esperó tres horas en el consultorio médico?

E2:   Se murió de aburrimiento, ¿no?

1. Daniela / caminar / dos millas por la nieve sin abrigo
2. los viajeros / tener que saltar en paracaídas (*jump with a parachute*) / del avión
3. mi amigo / no comer / en todo el día
4. el profesor de mi primo / hablar / tres horas sin parar
5. Ricardo y yo / ver / una película cómica de Robin Williams
6. la abuela de Lisa / regalarle a ella / un viaje a Tahití / y a su hermana, nada

[1]fear, [2]laughter

9-7 ¡No me siento bien!

Paso 1. Habla con tu compañero/a sobre la última vez que él/ella estuvo enfermo/a. Usa las preguntas de la primera columna. Él/Ella responde siguiendo los modelos de la segunda, y tú apuntas la información en la tercera. Después, cambien de papel.

Preguntas	Respuestas	Información escrita
1. ¿Tuviste gripe? ¿Estuviste resfriado/a?	Sí (No, no) tuve...	... tuvo
2. ¿Te sentiste muy mal? Explica.		
3. ¿Qué hiciste para recuperarte?		
4. ¿Te quedaste en la cama?		
5. ¿Dormiste durante el día? ¿Cuánto?		
6. ¿Qué comidas pediste?		
7. ¿Seguiste las instrucciones de tu médico/a?		
8. ¿Qué comidas o bebidas te sirvió tu pareja (o tu madre)?	Mi... me sirvió...	Su... le sirvió...

Paso 2. Comunícale la información obtenida a otro/a compañero/a o a la clase.

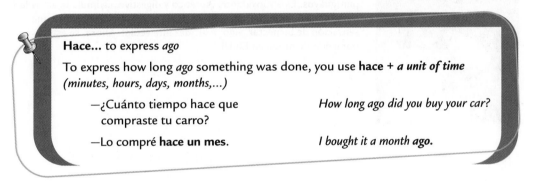

Hace... to express *ago*

To express how long *ago* something was done, you use **hace + a unit of time** (*minutes, hours, days, months,...*)

—¿Cuánto tiempo hace que compraste tu carro?   *How long ago did you buy your car?*

—Lo compré **hace un mes**.   *I bought it a month **ago**.*

9-8 ¿Cuánto tiempo hace?

Paso 1. Háganse preguntas para saber cuánto tiempo hace que hicieron lo siguiente. Respondan con **hace + cantidad de tiempo** y hagan preguntas adicionales según el modelo.

MODELO

cortarse el pelo

E1: ¿Cuánto tiempo hace que te cortaste el pelo?

E2: Me corté el pelo hace un mes.

E1: ¿Quién te lo cortó? (o) ¿A qué peluquería fuiste?

E2: ...me lo cortó. (o) Fui a la peluquería... ¿Y tú?

1. hacer un viaje
2. ir de compras
3. morirse de risa o de aburrimiento
4. comer un postre con muchas calorías
5. leer un libro
6. ver una película en el cine
7. comprar un carro nuevo
8. enfermarse

Paso 2. Ahora, contesten las preguntas de su profesor/a.

Tu mundo cultural

La medicina natural en el mundo hispano

¿Te preocupa la salud y te gusta cuidar de tu cuerpo de forma natural? En ese caso, el mundo hispano te ofrece innumerables posibilidades.

Las plantas medicinales son los remedios para la salud más antiguos del mundo. Algunos estudios indican que un 80% de la población de América Latina usa plantas medicinales y métodos para curarse transmitidos de generación en generación. Además, las grandes compañías farmacéuticas usan estas plantas para producir muchos medicamentos. La quinina, por ejemplo, tratamiento para la malaria, viene de un árbol de los Andes.

Una costumbre: el mate y sus propiedades preventivas

Uruguayo bebiendo mate, una infusión o bebida caliente preparada con las hojas de la planta del mismo nombre. Generalmente, se sirve en una calabaza[1] seca y se bebe con una bombilla[2], que es un filtro de metal o bambú. Su uso está muy extendido entre los argentinos, uruguayos y paraguayos. Es antioxidante, diurético y digestivo, estimula la actividad muscular y pulmonar, regula los latidos del corazón[3] y produce una sensación de bienestar, vigor y lucidez intelectual. Ahora, se está poniendo de moda en EE.UU.

Una ciencia: la medicina tradicional y las hierbas medicinales

En Bolivia, las infusiones preparadas con guayaba se usan para múltiples remedios: úlceras, neuralgia, artritis, diarrea, soriasis y dolores de estómago. Allí se conocen unas 2.000 plantas medicinales.

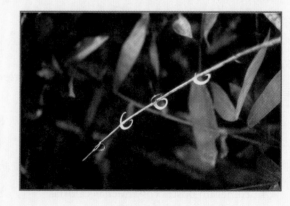

La *uña de gato* crece en Perú. Se usa para combatir enfermedades inflamatorias. Además, se dice que tiene propiedades que estimulan la actividad inmunológica, razón por la que es utilizada para tratar el SIDA, aunque las investigaciones todavía no lo han confirmado.

[1]gourd, [2]straw for drinking mate, [3]**latidos**... heartbeat

Remedios caseros: sitios en la Red para intercambiar remedios

Cuando tengas la oportunidad, visita la Red y te va a sorprender la cantidad de remedios caseros que se intercambian los hispanos.

LOS REMEDIOS CASEROS
http://personal.redestb.es/martin/REMEDIOS.HTM

Jarabe para la bronquitis y el asma
Se cortan una cebolla blanca y 20 dientes de ajo; se ponen en un recipiente; y se bañan con una taza de miel[1] virgen (sin calentar ni pasteurizar). Se dejan reposar 12 horas y se toman cuatro cucharadas al día. *Trini (México)*

Para las pequeñas quemaduras[2] domésticas
Se coge una papa, se raya[3] y se pone en la zona afectada. Da muy buenos resultados. *Ana (Chile)*

Para la conjuntivitis
Se enjuagan[4] los ojos con agua mineral o destilada que contenga dos o tres gotas[5] de limón recien cortado. *Tomás (Paraguay)*

Para el pelo reseco y dañado
Se prepara una crema con un aguacate[6] maduro y un huevo. Se extiende por el pelo recién lavado. Se deja una hora; y se enjuaga con agua tibia. El pelo recupera su gracia natural inmediatamente. *La tía Rosa (Guatemala)*

El uso tan extendido de remedios caseros en el mundo hispano explica por qué muchos hispanos se resisten a usar métodos curativos que no sean naturales. Es algo que, sin duda, debe conocer el personal médico de los consultorios, clínicas y hospitales de EE.UU. que cuentan cada vez con un mayor número de pacientes hispanos.

¿Qué aprendiste?

1. ¿A qué clase de medicina están acostumbrados los hispanos? Explica.

2. De las hierbas y medicinas naturales que se mencionan, ¿cuáles te interesan más? Explica. ¿Y de los remedios caseros? Explica.

3. ¿Qué debe saber el personal médico que trata con pacientes hispanos en EE.UU.?

Actividad cultural

La clase se divide en grupos de cinco con un/a secretario/a para cada grupo. Los secretarios hacen una encuesta entre los estudiantes de su grupo para saber cuántos prefieren hacer uso de la medicina natural y qué clase de remedios usan. Luego, informan a la clase de los resultados obtenidos.

Contraste cultural

En grupos de cinco, hablen de los médicos naturistas que conocen y de las tiendas de productos y medicinas naturales que hay en su pueblo o ciudad. Comenten también si piensan que es importante que las facultades de medicina de EE.UU. ofrezcan clases de medicina preventiva y natural. Den razones.

[1]honey [2]burns, [3]**se...** grate it, [4]**Se...** Rinse, [5]drops, [6]avocado

¹El cuerpo humano

VOCABULARIO

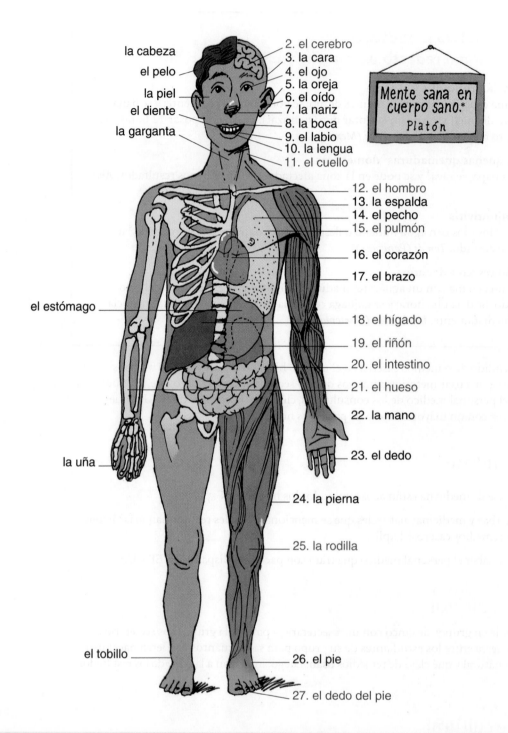

la cabeza
el pelo
la piel
el diente
la garganta

2. el cerebro
3. la cara
4. el ojo
5. la oreja
6. el oído
7. la nariz
8. la boca
9. el labio
10. la lengua
11. el cuello

Mente sana en cuerpo sano.*
Platón

12. el hombro
13. la espalda
14. el pecho
15. el pulmón
16. el corazón
17. el brazo

el estómago

18. el hígado
19. el riñón
20. el intestino
21. el hueso
22. la mano

la uña

23. el dedo

24. la pierna

25. la rodilla

el tobillo

26. el pie

27. el dedo del pie

1. human body 2. brain 3. face 4. eye 5. ear 6. inner ear 7. nose 8. mouth 9. lip 10. tongue 11. neck 12. shoulder 13. back 14. chest, breast 15. lung 16. heart 17. arm 18. liver 19. kidney 20. intestine 21. bone 22. hand 23. finger 24. leg 25. knee 26. foot 27. toe

*Mente sana en cuerpo sano. *Sound mind, healthy body*

¡En acción!

9-9 Un pediatra bilingüe

Eres pediatra y estás examinando a un niño para su chequeo anual. ¿Qué partes del cuerpo tienes que saber decir para comunicarte con él en español? Completa las oraciones.

A ver, voy a examinar tus _____, para ver si ves bien; y tus _____ para ver si me puedes oír. A ver, ¿cómo se llama esto que tienes entre los ojos y la boca? Sí, muy bien, la _____. Respira profundamente, por favor. A ver, ¿cuántos dientes tienes? Abre la _____ y di ¡ah! Ahora, con mi estetoscopio, voy a escuchar los latidos[1] de tu _____. Respira profundamente otra vez, por favor. Muy bien; estoy oyendo tus _____ y no hacen ruidos raros. Ahora, muéstrame las _____; ábrelas y ciérralas. ¿Cuántos _____ tienes en cada una? Cinco y cinco, diez. Muy bien. Y para terminar, levántate y camina sin zapatos. Quiero ver lo bien que lo haces con tus _____ tan pequeñitos. ¡Excelente! ¡Qué niño tan bueno eres!

9-10 El cuerpo humano

¿Qué saben de anatomía? Observen el dibujo de la página 304 y contesten las preguntas.

1. ¿Qué hay en la cara? ¿Tiene este joven la piel clara u oscura?
2. ¿Qué se ve dentro de la boca? ¿y por fuera?
3. ¿Qué parte del cuerpo sirve para proteger los oídos?
4. ¿Qué parte conecta la cabeza con el torso? ¿Qué conecta el cuello y los brazos? ¿Se ve la espalda?
5. ¿Qué partes forman la mano? ¿y el pie?
6. ¿Qué parte del cuerpo sirve para doblar la pierna?
7. En la figura, ¿en qué partes del torso y de las extremidades se ven músculos?
8. ¿Qué siete órganos internos se observan?
9. ¿De qué se compone el esqueleto humano?

9-11 Un juego: ¿Qué parte del cuerpo es?

El objetivo del juego es adivinar la parte del cuerpo que escoge el otro equipo, haciendo el mayor número de preguntas posible en un tiempo limitado de unos dos minutos.

1. Se ponen papelitos con los nombres de las partes del cuerpo en una bolsa.
2. La clase se divide en dos equipos (**A** y **B**), que se sientan uno enfrente del otro.
3. El/La profesor/a muestra un papelito de la bolsa a los miembros del equipo **A**.
4. Los miembros del equipo **B,** siguiendo un orden, le hacen preguntas al equipo **A**. El equipo **A** sólo puede responder **Sí** o **No.**
5. Después de 2 minutos, el equipo **B** tiene que decir qué parte del cuerpo es. Si es correcto, obtiene un punto. Ahora es el turno del equipo **A**.

(continúa)

[1]beats

MODELO

los ojos

Equipo A, E1: *¿Hay uno? (o) ¿Hay más de uno?*

Equipo B. E1: *Sí. (o) No.*

Equipo A, E2: *¿Está en la cabeza? (o) ¿Está en el tronco/ en las extremidades?*

Equipo B, E2: *Sí. (o) No.*

Equipo A, E3: *¿Sirve para... (verbo)?*

Equipo B, E3: *Sí. (o) No.*

Equipo A, E4: (Pregunta final) *¿Es el/la...? (o) ¿Son los/las...?*

> **Palabras útiles**
> **girar** *to turn*
> **masticar** *to chew*
> **respirar** *to breathe*
> **tocar** *to touch*

 ## 9-12 Prueba: Anatomía 101

¿Sabes para qué sirven los órganos y las partes del cuerpo que siguen? Haz la prueba. Empareja cada palabra de la columna A con la definición que le corresponde de la columna B.

A. ÓRGANOS y más	B. SUS FUNCIONES
1. el corazón	_____ a. filtrar la sangre y ayudar a formar la orina
2. el hígado	_____ b. tomar oxígeno
3. el estómago	_____ c. dar soporte a los órganos internos
4. los riñones	_____ d. segregar la bilis
5. los pulmones	_____ e. hacer circular la sangre
6. los intestinos	_____ f. hacer la digestión
7. los huesos	_____ g. absorber los alimentos y eliminar los residuos de la digestión

9-13 Especialistas, enfermedades y más

 Paso 1. Di a qué especialistas deben ir a ver las siguientes personas.

1. un señor con problemas de corazón	a. dermatólogo
2. un joven con cáncer de piel	b. pediatra
3. una mujer embarazada	c. quiropráctico
4. una persona con esquizofrenia	d. oculista
5. un bebé con fiebre alta	e. ginecólogo
6. un adolescente con problemas en casa	f. cardiólogo
7. una persona que no ve bien	g. psiquiatra
8. una persona con dolor de cuello y de espalda	h. psicólogo

Paso 2. ¿A qué especialistas vas con más frecuencia? Explícaselo a un/a compañero/a.

¡A escuchar! La Tienda Natural

Palabras útiles
eficaz *efficient*
el arándano *cranberry*

Paso 1. Escucha el anuncio de *La Tienda Natural,* donde se puede encontrar todo lo necesario para el cuidado[1] del cuerpo.

Paso 2. Escucha de nuevo. Marca la respuesta correcta.

1. La crema que vende *La Tienda Natural* es para...
   ☐ la cara, el cuello y las manos ☐ los brazos y las piernas

2. Tienen un aceite especial para fortalecer los músculos...
   ☐ del cuello y de la espalda ☐ de los brazos y de las piernas

3. El jugo de arándano que se vende es bueno para...
   ☐ la circulación de la sangre ☐ los riñones

4. Los yogures naturales restauran la flora...
   ☐ intestinal ☐ arterial

5. Las vitaminas que venden son buenas para...
   ☐ el sistema digestivo ☐ el corazón

6. Para fortalecer los huesos, venden bebidas de alto contenido en...
   ☐ vitaminas alfa-omega ☐ calcio

7. También hay cosméticos para...
   ☐ la cara ☐ los labios y las uñas

8. Los productos de la tienda son...
   ☐ artificiales ☐ naturales

En muchos países hispanos las farmacias se reconocen por una cruz verde o roja. Sus farmacéuticos pueden aconsejar al paciente, y a veces, incluso recetarle[2] medicamentos.

[1]care, [2]write a prescription for

¡Manos a la obra!

2

Describing in the past: The imperfect

Spanish uses both the preterit and the imperfect tenses to talk about the past, but each is used in different situations.

The *preterit,* as you know, is used to talk about actions in the past that the speaker views as *completed.* These are *one time only* actions—they have a definite ending.

The *imperfect* is used to talk about things in the past that do *not* have a definite or stated ending, because the speaker views them as in progress. Here are some examples:

- What *used to/ would happen* (actions that are ongoing, habitual, happening repeatedly)

  Cuando **estábamos** en la universidad, **corríamos** todas las mañanas.
  *When we were in college, we **used to/ would** run every morning.*

- What *was happening* (actions in progress)

  Yo **hablaba** con el médico cuando ella llegó.
  *I **was** talking with the doctor when she arrived.*

- Description of characteristics (people, places, things), ongoing conditions, telling age

  El gato **era** bonito y cariñoso.
  The cat was pretty and affectionate.
  Siempre **estaba** contento.
  He was always happy.
  Murió cuando **tenía** dieciséis años.
  He died when he was sixteen years old.

- Setting the stage: background description, including season, weather, date and time.

  Era un día perfecto. **Hacía** sol.
  It was a perfect day. It was sunny.
  Eran las dos de la tarde.
  It was two o'clock in the afternoon.
  Había muchas flores en el jardín.
  There were many flowers in the garden.

The imperfect tense is formed by dropping the infinitive ending (**-ar, -er, -ir**) and adding the endings below. The endings for **-er** verbs and **-ir** verbs are the same.

	tomar (-ar)	tener (-er)	pedir (-ir)
(yo)	tom**aba**	ten**ía**	ped**ía**
(tú)	tom**abas**	ten**ías**	ped**ías**
(Ud., él, ella)	tom**aba**	ten**ía**	ped**ía**
(nosotros/as)	tom**ábamos**	ten**íamos**	ped**íamos**
(vosotros/as)	tom**ábais**	ten**íais**	ped**íais**
(Uds., ellos, ellas)	tom**aban**	ten**ían**	ped**ían**

There are three irregular verbs in the imperfect tense.

ser *to be*		**ver** *to see*		**ir** *to go*	
era	éramos	veía	veíamos	iba	íbamos
eras	érais	veías	veíais	ibas	íbais
era	eran	veía	veían	iba	iban

Hay means *there is* or *there are.*

Había (imperfect of **haber**) means *there was* or *there were.*

Yolanda quiere saber cómo era su abuelita de niña, cuando vivía en Puerto Rico.

> Abuelita, ¿cómo eras de niña?

> Tenía los ojos, la nariz y la boca como tú.

> ¡Eso ya lo sé!

> ¿Y tenías el pelo negro como esta muñeca[1]?

> Sí, y hacía siempre la tarea de la escuela y ayudaba a mi mamá.

> ¡Como yo! Lo sabía, abuelita. Tú y yo somos muy parecidas.[2]

> ¡Pero yo no hablaba ni escribía inglés tan bien como tú!

¡En acción!

¡Oye! A dibujar

Escucha la siguiente descripción y después de cada oración, dibuja lo que oyes. Al final, compara tu dibujo con el de tu compañero/a.

9-14 Nostalgia de los viejos tiempos

Paso 1. En grupos de cuatro, escojan la época con la que más se identifiquen o mejor conozcan y escríbanla en el espacio en blanco: **años sesenta, setenta, ochenta o noventa.** Luego, piensen durante unos minutos para recordar lo que ocurría en aquellos años en las categorías 1–8 y apunten la información.

EN LOS AÑOS _____ EN EE.UU.

1. ¿Quién **era** presidente?	Era...
2. ¿Qué música se **escuchaba**?	
3. ¿Qué moda se **llevaba**?	
4. ¿Qué películas se **veían**?	
5. ¿Qué programas de televisión **daban**?	
6. ¿Qué carro **estaba** de moda?	
7. ¿Qué **ocurría** en el resto del mundo?	
8. ¿Adónde **iba** la gente de vacaciones?	

Paso 2. Ahora, un grupo le hace las preguntas a otro y ellos contestan usando los verbos en el imperfecto, pero *sin nombrar la época*. La clase escucha, y al final, adivina la época (**Eran los años...**). Luego, otros dos grupos hacen lo mismo.

[1]doll [2]similar

9-15 La vida sana[1]

Paso 1. Los hábitos de nutrición y cuidado del cuerpo cambian de una generación a otra. Primero, marca **Sí** o **No** para indicar si la generación anterior hacía o no lo siguiente. Luego, compárala con la de ahora. Usa el imperfecto y el presente según el modelo.

MODELO

Sí   No

☐   ☑   comer tofu

*Antes no se **comía** tofu. Ahora, mucha gente lo **come**.*

☐   ☐   **1.** comer mucha carne
☐   ☐   **2.** comprar agua
☐   ☐   **3.** beber leche descremada (*skim*)
☐   ☐   **4.** tomar leche de soja (*soy*)
☐   ☐   **5.** preocuparse por la grasa en la dieta
☐   ☐   **6.** hacer ejercicio
☐   ☐   **7.** conocer los efectos del estrés
☐   ☐   **8.** pedir productos orgánicos

Paso 2. En grupos de tres, comenten qué cosas poco saludables comían o bebían antes que ya no comen ni beben ahora.

9-16 Los años pasan para todos

En grupos de tres, comparen cómo eran antes y cómo son ahora Alejandro, Eulalia y Eduardo según las fotos. Usen los verbos y las expresiones que siguen para describirlos y digan como mínimo *tres* cosas en cada caso. Sigan el modelo.

afeitarse	beber	comer	escuchar	hacer ejercicio	leer
llevar	vestirse	llorar	reírse	manejar	montar en bicicleta
peinarse	pintarse	salir con	ser	estar	tener

MODELO

*Antes Alejandro **tenía** mucho pelo. Ahora no **tiene** pelo. **Está** calvo.*

Alejandro a los seis meses

¡Ja, ja, ja!

...y a los ochenta años

[1]healthy

2

Eulalia a los cinco años

...y a los treinta

3

Eduardo a los diecinueve años

...y a los cincuenta

9-17 Cuando tenía... años

Paso 1.   Uds. son dos pacientes que comparten habitación en el hospital, y están charlando de los siguientes aspectos de su vida cuando tenían... años (escojan su edad favorita):

- su casa o apartamento
- personas con quienes vivían
- quiénes eran sus amigos y a qué jugaban
- sus comidas favoritas

- qué programas veían en la televisión
- qué otras cosas les gustaba hacer
- adónde iban de vacaciones
- qué ropa se ponían

Paso 2.   Escríbele un e-mail de *ocho* oraciones a tu amigo/a de México, que quiere saber cómo era tu vida cuando tenías... años. Incluye la misma información del *Paso 1.*

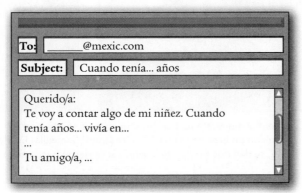

To: _____@mexic.com

Subject: Cuando tenía... años

Querido/a:
Te voy a contar algo de mi niñez. Cuando
tenía años... vivía en...
...
Tu amigo/a, ...

Tu mundo cultural

El lenguaje corporal[1]

Cada cultura tiene un lenguaje corporal y formas de comunicación no verbal que la caracterizan. ¿Cuáles son las de tu cultura? ¿Es el contacto físico frecuente y aceptable en la comunicación? ¿Qué gestos se usan?

En su mayoría, los hispanos son muy expresivos. Cuando hablan, mantienen una distancia pequeña entre ellos y las interrupciones son frecuentes y más toleradas en su cultura. Además, usan muchos gestos[2] con la cara y con las manos, y para ellos, el contacto físico es un elemento importante de la comunicación. En privado y en los lugares públicos como calles, autobuses, filas de cines y bancos, se observa también gran proximidad entre las personas.

En el caso de los hombres, cuando dos amigos salen de paseo, al hablar, es común poner el brazo por encima del hombro del otro. La proximidad física, en estos casos, es una forma de expresar afecto y amistad.

En los países hispanos, cuando dos amigas salen de paseo, es común ir del brazo.

Saludos y despedidas

Si por razones profesionales tienes contacto frecuente con hispanos en EE.UU., o si eres un hombre o una mujer de negocios que va a viajar a países hispanos, te va a ser muy útil familiarizarte con las siguientes formas de saludarse.

Cuando dos hombres que se conocen se encuentran o se despiden, se dan un abrazo y unas palmaditas[3] en la espalda, incluso si se han visto hace poco tiempo.

Cuando dos mujeres o un hombre y una mujer se encuentran o se despiden, se saludan con un beso en la mejilla[4], o rozando[5] la mejilla. En algunos países como España, se dan dos besos. No importa si se vieron hace tiempo o el día anterior.

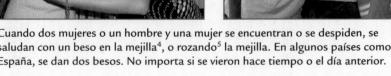

[1]El... Body language, [2]gestures, [3]little pats [4]cheek, [5]barely touching

En las situaciones de trabajo, el contacto físico también es frecuente, pero a veces, cuando dos hombres o mujeres no se conocen, y si es una situación de trabajo formal, se dan la mano para saludarse o despedirse.

¿Sabes interpretar los gestos hispanos?

Cada cultura tiene gestos que la diferencian de los de otras culturas. A veces, un gesto en una significa algo diferente en otra. Hay gestos comunes a muchos países, y otros exclusivos de unos pocos. A continuación vas a observar algunos gestos hispanos útiles.

Es un gesto para asegurar[1] a otra persona que es cierto lo que se dice.

Este gesto indica que la persona de quien se habla es tacaña, es decir, poco generosa. Se usa en México, América Central, el Caribe y Venezuela, entre otros. No se usa en España.

En España se usa este gesto para indicar que hay mucha gente en un lugar. En otros países hispanos, como México, Chile y Argentina, significa tener miedo.

¿Qué aprendiste?

1. ¿En qué detalles se nota que el contacto físico entre los hispanos es importante?

2. Cuando dos amigas hispanas se encuentran, ¿cómo se saludan? ¿y dos hombres hispanos que son amigos? ¿y dos que no se conocen?

3. ¿Para quiénes, en particular, es importante conocer los saludos y gestos hispanos?

Actividad cultural

1. Ahora, tu compañero/a y tú hacen los siguientes papeles: **(a)** una persona que saluda *"a la hispana"* a una amiga que encuentra por la calle; **(b)** una persona que saluda a un compañero de trabajo.

2. Usa gestos hispanos para decirle a tu compañero/a lo siguiente: **(a)** que alguien es tacaño/a; **(b)** que le aseguras que cierta persona es muy inteligente y **(c)** que hay mucha gente en un lugar. Túrnense.

Contraste cultural

Hablen de las maneras de saludarse y del contacto físico en su cultura. Incluyan saludos entre sólo mujeres, sólo hombres, hombres y mujeres y personas que se conocen bien o no. ¿Cuáles de los saludos son similares a los hispanos y cuáles son diferentes?

[1]assure

Situaciones de emergencia

Escena **3**

En ¹el lugar del accidente

En ¹²la sala de emergencias

En el quirófano*

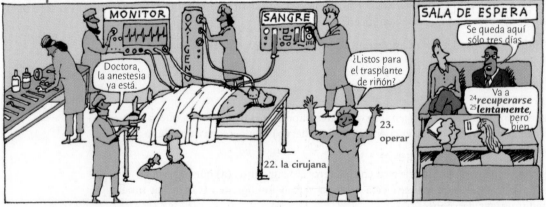

1. The scene/ place of the accident 2. Help! 3. to yell, scream 4. to crash 5. to hurt oneself 6. paramedic (*m.*); **la paramédica** (*f.*)
7. stretcher 8. to be in a hurry 9. injured (male); **la herida** (*f.*) 10. to be careful 11. He is unconscious. **estar inconsciente** to be
unconscious 12. emergency room 13. I fell. **caer(se)** to fall 14. wound 15. bandage 16. to fracture, break 17. cast 18. crutches
19. Do not move. **mover(se)** to move (oneself) 20. to have a heart attack 21. Don't worry. **preocupar(se)** to worry 22. surgeon
(*f.*) **el cirujano** (*m.*) 23. to operate 24. to recuperate 25. slowly

* **En el quirófano** *In the operating room*

¡En acción!

 ## 9-18 ¿Es así o no?

Observa la escena de la página 314 e indica si las afirmaciones son ciertas o falsas. Si son falsas, da la oración correcta.

MODELO

C   F

☐   ☑   Alguien grita «¡Un accidente!». *Falso. Alguien grita «¡Socorro!».*

☐   ☐   **1.** Un paramédico se lastimó.

☐   ☐   **2.** El herido que llevan en la camilla a la ambulancia está inconsciente.

☐   ☐   **3.** El señor que está en la sala de emergencias sufrió un ataque de nervios.

☐   ☐   **4.** Las muletas de la chica le sirven de ayuda para caminar.

☐   ☐   **5.** Una enfermera pone un yeso en la herida de una paciente.

☐   ☐   **6.** La cirujana está lista para poner la anestesia al paciente.

☐   ☐   **7.** Según la persona de la sala de espera, el paciente va a recuperarse rápidamente.

9-19 Situaciones de emergencia

¿Qué pasó? ¿Hubo heridos? ¿Los llevaron al hospital? Para saberlo, observen las escenas de la página 314 y contesten las preguntas.

1. En el lugar del accidente, ¿cuántos carros chocaron? ¿Qué grita el señor que viene corriendo del otro lado de la carretera?

2. ¿Qué le pasó al señor de la corbata azul?

3. ¿Quiénes tienen prisa?

4. ¿Por qué tienen cuidado los paramédicos que ponen la camilla en la ambulancia?

5. En la sala de emergencias, ¿por qué está allí cada una de las tres personas?

6. ¿Qué hacen las tres enfermeras? ¿Qué dicen dos de ellas?

7. En el quirófano ¿qué va a hacer la cirujana? ¿Qué clase de operación es? ¿Y qué dice el anestesista?

8. En la sala de espera, ¿qué pronostica una de las señoras? ¿Cuánto tiempo va a quedarse el paciente en el hospital?

9-20 Accidentes y emergencias

 Paso 1. ¿Qué les pasó a tus compañeros/as alguna vez[1]? Camina por la clase y hazles preguntas para saberlo. Apunta en el espacio en blanco (pág. 316) el nombre de cada estudiante que responda *afirmativamente*.

MODELO

E1: *Alguna vez, ¿tuviste que hacer rehabilitación o terapia física?*

E2: *Sí, tuve que hacer terapia física hace dos años.*

E1: (Apunta el nombre del/ de la estudiante. Si la respuesta es negativa, haz otra pregunta.)

[1]**alguna...** at some time

Alguna vez,...

_____ **1.** ...¿tuviste una operación? ¿Te pusieron anestesia?

_____ **2.** ...¿te caíste? ¿Te lastimaste?

_____ **3.** ...¿te fracturaste la pierna o el brazo? ¿Te pusieron un yeso?

_____ **4.** ...¿te torciste el tobillo?

_____ **5.** ...¿tuviste un accidente en bicicleta, en motocicleta o montando a caballo? ¿Tuviste heridas?

_____ **6.** ...¿estuviste inconsciente?

Paso 2. Comparte la información obtenida con otro/a compañero/a: ..._tuvo una operación._

¡A escuchar! Situaciones de emergencia

Paso 1. Escucha las conversaciones de varias situaciones de emergencia.

Paso 2. Escucha de nuevo. Marca la respuesta correcta.

1. Dos carros chocaron y...

☐ no hay heridos ☐ hay heridos

2. Los paramédicos vienen...

☐ inmediatamente ☐ más tarde

3. Uno de los heridos...

☐ tiene prisa ☐ está inconsciente

4. En la sala de emergencias hay un niño. Le duele...

☐ la pierna ☐ el brazo

5. La enfermera le pone...

☐ una herida ☐ una venda

6. En el quirófano hay un paciente que sufrió...

☐ un ataque al corazón ☐ heridas muy graves

The verb haber

Había (imperfect) _There was, there were_ (existing state or condition)

Hubo (preterit) _There was_ (occurred), _there were_ (completed action or event)

Había mucho tráfico y **hubo** un accidente.
There **was** a lot of traffic and there **was** an accident.

¡Manos a la obra!

Piecing together the past: The preterit and the imperfect

3

You have been using the preterit and the imperfect tenses to refer to the past. Study the contrasts in their meanings in the following chart.

Imperfect		Preterit	
1. Describes a past action or condition that was *in progress,* with no emphasis on the beginning or end.	El paciente **dormía** tranquilamente. **Estaba** muy enfermo.	**1.** Indicates a single past action, generally quickly *completed,* or a series of actions in the past.	Tere **llamó** al médico. La enfermera le **tomó** la presión, le **sacó** sangre y le **puso** la inyección.
2. Describes a past action that was repeated or *habitual* over an indefinite period of time.	La familia **visitaba** al abuelo todos los domingos. Siempre le **llevaban** un regalo.	**2.** Focuses on a past action or condition with an evident *beginning, end,* or *time frame.*	Juan **se lastimó** ayer. **Pasó** tres horas en la sala de emergencias. **Se sintió** mal todo el día.
3. *Describes the background,* often setting the stage for other actions or events to take place. Includes: • the date or the season • the time • the weather • a description of the scene	**Era** el 16 de junio. **Era** verano. **Eran** las cinco de la tarde. **Llovía** y **había** mucho tráfico en la carretera.	**3.** Indicates an action that *interrupts* an ongoing scene, action, or condition described in the imperfect.	Tina **manejaba** al centro cuando **chocó** con el autobús. Cuando **llegó** el paramédico, el herido **estaba** inconsciente.
4. Describes people: • age • physical and personality traits • mental or emotional states, conditions, or attitudes	La cirujana **tenía** 52 años. **Era** muy competente. **Estaba** preocupada por su paciente.	**4.** Indicates a sudden, unexpected *change of condition or attitude.*	La enfermera **se preocupó** cuando vio al niño. El niño **tuvo** miedo cuando vio la inyección.

ADVERBIOS ÚTILES

mientras *while*   mientras tanto *meanwhile*   por fin *finally*   de repente *suddenly*

Mario está en la sala de emergencias. Allí se encuentra con Mabel que es enfermera del hospital.

Mario, ¿qué haces aquí en la sala de emergencias?

Creo que me rompí el tobillo... Estaba en el parque jugando al fútbol y otro jugador chocó conmigo.

A ver, el tobillo... No te lo rompiste, pero sí te lo lastimaste. Necesitas una venda y unas muletas.

¡Qué buena enfermera eres! ¿Cuándo tengo que regresar?

Dentro de dos semanas, pero si quieres, el sábado vamos al cine y yo manejo...

¡En acción!

¡Oye! Lo que le pasó a Juan

Escucha la narración, y luego contesta las preguntas.

9-21 Un mal día para Jorge y Zacarías

Un/a narrador/a lee el relato de forma dramática, haciendo pausas donde haya //, para que los actores sepan cuando les toca actuar. Los actores siguen las instrucciones que escuchan y las representan con mímica.

Actores y actrices en orden de aparición:

Narrador/a; Jorge; Zacarías; dos paramédicos. *En la sala de emergencias:* grupo de personas que mira la televisión; grupo que lee revistas; grupo que habla; persona que está resfriada; persona con dolor de estómago; persona con tos; dos mujeres embarazadas, a punto de dar a luz (*give birth*); dos niños; la médica.

Narrador/a:

Todos los días, Jorge y su amigo Zacarías **jugaban** al vólibol // y **montaban** en bicicleta, // pero el sábado pasado, Jorge **se cayó** de la bicicleta // y **se fracturó** una pierna. Inmediatamente, Zacarías **llamó** al 911 por el celular, // y los paramédicos **llegaron** poco después. // Rápidamente, **pusieron** a Jorge en la camilla // y lo **llevaron** al hospital. //

En la sala de emergencias había mucha gente. Unas personas **miraban** la televisión, // otras **leían** revistas // y otras **hablaban.** // Una persona **estaba** resfriada; // otra **tenía** dolor de estómago; // y otra, mucha tos. // **Había** incluso, dos mujeres embarazadas a punto de dar a luz. Cada cinco minutos, **decían** «¡¡¡Ay!!!, ¡¡¡Ay!!!». // Dos niños **corrían** por todas partes, // y Jorge, en su silla de ruedas, no **estaba** nada contento.

De repente, uno de los niños **corrió** hacía Jorge y **chocó** contra[1] su pierna rota. // «¡¡¡Ay!!! ¡Dios mío!» **gritó** Jorge. // En ese momento **entró** la médica // y lo **llevó** a un cuarto. // Zacarías los **acompañó.** // La médica le **tomó** la temperatura // y la presión a Jorge, y luego le **sacó** unas radiografías. // Por último, le **puso** un yeso, // le **dio** unas pastillas para el dolor y unas muletas. //

Jorge y Zacarías **regresaron** a casa, caminando muy lentamente. // Al llegar, **estaban** bien cansados. Fue un mal día.

[1]against

9-22 Malestares, remedios y resultados

Escoge *tres* malestares de la primera columna que tuviste en alguna ocasión. Luego, dile a tu compañero/a **(a)** el malestar que tenías (imperfecto); **(b)** lo que hiciste para remediarlo (pretérito); y **(c)** el resultado obtenido (presente). ¡Usa la imaginación! Túrnense.

MODELO

Antes, **tenía** *problemas digestivos. Un día,* **dejé de** *comer comida «rápida», y ahora no* **tengo** *problemas.*

Malestares *Antes,...*	Remedios *Un día,...*	Resultados *...y ahora,...*
1. tener problemas digestivos	*dejé de...*	...
2. tener dolores de cabeza frecuentes	*tomé.../ dejé de...*	...
3. dolerme la espalda	*fui a un/a...*	...
4. dormir mal y sentirme cansado/a	*empecé a...*	...
5. estar estresado/a	*decidí...*	...
6. tener el colesterol alto	*dejé de...*	...

9-23 Noticias de última hora

Paso 1. ¿Sabes lo que pasó ayer? Lee el artículo y <u>subraya</u> los verbos que están en pretérito.

Noticias de última hora: Diario local

¡Un bebé nació en un taxi!

Ayer domingo, a las dos de la mañana, doña Eugenia Pérez dio a luz[1] en un taxi a un precioso bebé de 3 kilos y medio. El taxi no pudo llegar al hospital a tiempo a causa de la tormenta de nieve. Las personas que asistieron a la embarazada en el parto[2] fueron su esposo José, el conductor del taxi y una enfermera. La enfermera, llamada Lola, casualmente pasaba por allí y al oír los gritos de socorro provenientes del taxi, corrió a ayudarles. Los bomberos y la ambulancia llegaron demasiado tarde, pero gracias a la eficacia de la enfermera y al valor de los dos hombres que la asistieron, el evento tuvo un final muy feliz. Los padres del bebé ya tienen otros cinco hijos, y dijeron que éste va a ser el último, y que lo van a llamar Benjamín, alias «el intrépido»[3].

Paso 2. Ahora, escojan la forma correcta de cada verbo para narrar lo que Lola les contó a sus compañeros/as al llegar al hospital.

Eran/ Fueron la dos de la mañana y yo ***manejaba/ manejé*** al hospital con gran dificultad porque afuera ***nevaba/ nevó*** mucho. De repente, ***oí/ oía*** unos gritos provenientes de un taxi que ***estaba/ estuvo*** estacionado cerca. Un hombre desde el taxi me ***decía/ dijo***: «¡¡Por favor, venga, necesitamos su ayuda!!». ***Salía/ Salí*** inmediatamente y ***veía/ vi*** a una mujer embarazada que ***estaba/ estuvo*** dando a luz en ese momento. ***Sacaba/ Saqué*** alcohol y unas toallas de mi bolsa, ***me limpiaba/ me limpié*** las manos y le ***decía/ dije*** a la señora: «No se preocupe. Me llamo Lola, soy enfermera y todo va a salir bien.» El bebé ***venía/ vino*** al mundo a gran velocidad. Lo ***tomaba/ tomé*** por los pies, le ***daba/ di*** suavemente unas palmaditas y el recién nacido ***empezaba/ empezó*** a llorar. Lo ***ponía/ puse*** en los brazos de su madre en una cobija[4] que me ***daba/ dio*** el taxista y finalmente, los cuatro nos ***abrazábamos/ abrazamos*** con gran alegría. ***Era/ Fue*** un día que todos vamos a recordar[5].»

[1]**dio...** gave birth, [2]birthing, [3]fearless, [4]blanket [5]remember

In the present and in the imperfect, the verbs **saber, querer,** and **poder,** which change meaning in the preterit, retain the meaning of the infinitive (*to know, want, be able*).

Sé / Sabía / Supe la fecha de la operación.
I know / I knew / I found out the date of the operation.

Quiero / Quería / Quise ayudarlos.
I want / I wanted / I tried (but failed) to help them.

Puedo / Podía / Pude hacerlo.
I can, am able to do it. / I could, was able to do it. / I succeeded in doing it.

9-24 ¿Ya lo sabías o lo supiste hoy?

Paso 1. ¿Quieren conocer detalles curiosos relativos al cuerpo y la salud de algunos presidentes de EE.UU.? Completen las siguientes oraciones con las formas del imperfecto o del pretérito según corresponda. Luego, indiquen si es cierto o no lo que se dice en cada una de ellas.

C F

☐ ☐ **1.** Cuando George Washington (*ser*) ___era___ presidente, solamente (*tener*) _____ un diente. Sus dientes postizos[1] (*estar*) _____ hechos de dientes de elefante, hipopótamo, vaca[2] y dientes humanos.

☐ ☐ **2.** George Washington (*pensar*) _____ que bañarse no era sano[3] y lo (*hacer*) _____ con poca frecuencia.

☐ ☐ **3.** Thomas Jefferson (*comer*) _____ tomates, cuando en el resto del país se (*creer*) _____ que eran venenosos[4].

☐ ☐ **4.** El 4 de marzo de 1841 William Harrison (*dar*) _____ el discurso inaugural más largo de la historia de EE.UU. (*Hablar*) _____ unas dos horas y no (*ponerse*) __ _____ el abrigo. (*Morir*) _____ de neumonía treintaiún días después.

☐ ☐ **5.** A Grover Cleveland le (*operar*) _____ en un barco por la noche. (*Tener*) _____ cáncer de mandíbula[5], pero (*querer*) _____ mantenerlo en secreto. Nadie lo (*saber*) _____ hasta después de su muerte.

☐ ☐ **6.** Franklin Delano Roosevelt (*usar*) _____ una silla de ruedas porque (*estar*) _____ paralítico a causa de la polio. A veces (*bromear*[6]) _____ sobre su discapacidad diciendo «Bueno, tengo que salir corriendo.»

Paso 2. Ahora díganse cuáles de estas cosas ya sabían y cuáles supieron hoy después de leer la información anterior. Comenten también las dos que les parecen más curiosas.

Respuestas: 1. C 2. C 3. C 4. C 5. C 6. C

[1]false, [2]cow, [3]healthy, [4]poisonous, [5]jaw, [6]to joke

9-25 Un día en el parque

Paso 1. ¿Qué les pasó a una señora y a su perrita, Bolita, hace una semana? Para saberlo, pon en orden cronológico los seis dibujos que describen la historia. Para ordenarlos, escucha la narración y pon el número correspondiente a cada dibujo (del 1 al 6). Sigue el modelo. Tu profesor/a lo va a leer dos veces.

MODELO

Profesor/a: 1. Era primavera y hacía sol. Una señora muy elegante caminaba por el parque con su perrita.

Tú: (marcas __1__ c.)

Paso 2. Ahora, según la secuencia establecida (del 1 al 6), cuenten la historia. Usen los verbos que siguen y otros, en imperfecto o pretérito según corresponda. Digan como mínimo *tres* cosas en cada escena.

atacar	encantar	haber	irse	llevar	sentirse	tomar	ver
caminar	gritar	hacer	llamar	ponerle	ser	venir	volver

MODELO

E1:   Era primavera y hacía sol.

E2:   Una señora muy elegante caminaba por el parque con su perrita.

9-26 Algo personal

Paso 1. ¿Tuviste un accidente o un incidente grave de niño o de joven? Descríbelo en *ocho* oraciones. Incluye lo siguiente:

* cuándo ocurrió (mes y año) y cuántos años tenías
* la hora del día, dónde estabas y qué tiempo hacía
* qué hacías cuando ocurrió
* qué pasó y cómo te sentiste después

Paso 2. En grupos de cinco, léanse sus relatos y decidan cuál es el más original. Luego, esa persona se lo lee a la clase.

Tu mundo cultural

La diversidad racial de los hispanos

Cuando usamos el término *hispano,* ¿nos referimos a una raza?

El término *hispano* no denota la entidad racial, sino la entidad cultural de una persona. La composición racial de los hispanos es muy variada, tal como se ve en las siguientes fotografías. Esa misma diversidad racial se observa entre los hispanos que residen en EE.UU.

Con la conquista de América, los europeos se mezclaron[1] con los indígenas americanos y los esclavos africanos y surgieron[2] nuevas razas. Este proceso continuó con la emigración de europeos a Latinoamérica. En la actualidad, debido a la emigración de latinoamericanos a España, el fenómeno continúa.

Muchos mexicanos tienen antepasados[3] de los indígenas que habitaron su territorio.

Hay mexicanos descendientes de europeos que tienen la piel, los ojos y el pelo claros[4].

Los descendientes de los mayas en la península de Yucatán y Guatemala tienen rasgos[5] muy característicos. Guatemala es el país hispano con más alto porcentaje de indígenas. Su población se compone de 54% de indios maya-quiché, 43% de mestizos (mezcla de indios nativos y europeos) y solamente 3% de blancos.

Los países del Caribe como[6] Cuba (12%), República Dominicana (12%), Panamá (10%) y Venezuela (8%) tienen población de raza negra. Hay también minorías de raza negra en Colombia y Ecuador.

[1]mixed, [2]emerged, [3]ancestors, [4]light colored, [5]features, [6]like.

En los países andinos como Ecuador, Perú y Bolivia, gran parte de la población conserva los rasgos de sus antepasados incas. En Paraguay tienen rasgos de los nativos guaraníes.

Además de en España, en países como Costa Rica, Argentina, Uruguay y Chile, la población es de origen predominantemente europeo. Chile y Argentina tienen mucha población de origen alemán e italiano.

En países de la costa del Caribe como República Dominicana (59%), Cuba (51%) y Colombia (18%) hay población de raza mulata, resultado de la mezcla de los europeos con los esclavos procedentes de África.

Este joven es de Honduras, país donde un alto porcentaje de la población es mestiza (90%). Lo mismo ocurre en otros países de América Central y del Caribe, como por ejemplo: El Salvador (85%), Nicaragua (74%) y Panamá (70%).

¿SABES QUE...?

Spanish-speaking countries are not only racially diverse but also linguistically diverse. Although Spanish is the official language of 21 countries, in most of them other languages are also spoken, and some of these are official languages. For example, in **Bolivia,** Spanish, Quechua, and Aymara are all official languages. In **Mexico,** 62 indigenous languages and 100 dialects are spoken along with Spanish. In **Paraguay,** Spanish and Paraguayan Guaraní are official languages, but 20 indigenous languages are also spoken. In **Spain,** Castilian Spanish is the official language, with Basque, Galician, and Catalan each official in their respective regions.

¿Qué aprendiste?

1. ¿Qué denota el término *hispano*?

2. ¿Qué razas se mezclaron con la conquista?

3. En el mundo hispano, ¿dónde hay más población de raza indígena, mestiza, mulata, africana y blanca? Den ejemplos concretos.

Actividad cultural

En grupos de tres, entrevístense para obtener la siguiente información: el lugar de origen de sus antepasados y su composición racial.

Contraste cultural

Comenten sobre la diversidad racial en su *college,* universidad o comunidad. Indiquen qué razas predominan y las razones que explican su presencia.

¿SABES QUE...?

Evo Morales, the president of Bolivia (elected 2006), is a native Aymara. He is the first indigenous president of his country.

Tu mundo en vivo

¡Video en acción!

9.1–9.2 Una visita al médico/Una visita al herbolario

1. Antes de ver los videos

   a. ¿Te gusta ir al médico? ¿Por qué?

   b. ¿Usas la medicina alternativa? Explica.

2. Mientras ves los videos   Marca **C** (Cierto) o **F** (Falso).

   a. _____ Renato tiene seguro médico.

   b. _____ Vomitó anoche.

   c. _____ Fue a un restaurante y pidió langosta.

   d. _____ El diagnóstico es una intoxicación.

   e. _____ En el mercado se venden hierbas medicinales.

   f. _____ La menta se usa para problemas circulatorios.

   g. _____ La caña de jabalí se usa para problemas de los riñones.

   h. _____ Para algunos remedios se combinan varias hierbas.

menta

caña de jabalí

combinación de hierbas

3. Comenta con la clase

   a. ¿Hay diferencias entre la visita de Renato y tus visitas al médico? Explica.

   b. En tu pueblo o ciudad, ¿hay lugares donde se venden hierbas medicinales?

9.3 ¿Qué significa ser hispano?

1. Antes de ver el video

   Para ti, ¿qué significan los términos «hispano» y «latinoamericano»?

2. Mientras ves el video

   Según la antropóloga:

   a. El término «hispano» se usa en _____.
   i. España   ii. Latinoamérica   iii. EE.UU.

   b. Las personas de Latinomérica se identifican como _____.
   i. hispanos   ii. latinos   iii. americanos

   c. Uno de los aspectos que identifica a los latinoamericanos es que comparten la cultura europea, africana, asiática, y la cultura _____.
   i. nativa   ii. mexicana   iii. argentina

   d. No hay diferentes razas, hay diferentes _____.
   i. culturas   ii. idiomas   iii. etnias

3. Comenta con la clase

   Al final del video, una señora mexicana dice que está orgullosa de ser:

   _____, _____ y _____.

¡Lectura en acción! Un día para vestirse de rojo

Reading Strategy

Este anuncio de la organización *American Heart Association* se publicó en varias revistas hispanas. El que van a leer apareció en *Selecciones*, una publicación en español de la revista *Reader's Digest*.

Read, look up, and describe

While actively reading a passage, frequently stop, look away from the text, and describe, in your own words, what you just read. This is a quick and effective way to check that you understand a reading and to identify sections that you don't fully understand. Additionally, it helps you to remember more about what you've just read.

Paso 1. Al leer el texto que sigue, piensa en otra manera de expresar las mismas ideas en tus propias palabras. Es más efectivo si, después de cada línea o sección, haces una pausa y piensas en cómo expresarías las mismas ideas con palabras diferentes.

¿Y en tu corazón, cuántas personas caben?

Cuidando tu corazón, también cuidas de ellos.

Reduzcamos juntas la causa de muerte principal entre las mujeres hispanas.

Vístete de rojo y únete a la causa. 2 de febrero de 2007.

National Wear Red Day
Día Nacional de Vestir de Rojo

American Heart Association.
Aprenda y Viva Más

Infórmate. Llama al 1-877-TU-SALUD (1-877-787-2583) y aprende a vivir sano.
SRD-FEB-AHA

Paso 2. Después de leer el anuncio, escribe aquí abajo tu explicación de cada sección del texto.

En el anuncio se dice:	Tú dices:
• ¿Y en tu corazón, cuántas personas caben? • Cuidando tu corazón, también cuidas de ellos. • Reduzcamos juntas la causa de muerte principal entre las mujeres hispanas. • Vístete de rojo y únete a la causa, el 2 de febrero de 2007 • Infórmate. Llama al 1-877-TU-SALUD y aprende a vivir sano. • Aprenda y Viva Más	• • • • • •

Paso 3. Ahora, sin mirar el anuncio ni tus explicaciones, responde a las siguientes preguntas para ver si recuerdas la información más importante.

1. ¿Cuándo fue el Día Nacional de Vestir de Rojo?

2. ¿Quién patrocinó[1] el evento?

3. ¿Por qué lo patrocinó?

[1]sponsored

♪ Vocabulario activo y pasivo: Capítulo 9

Escena 1

La salud *Health*
la cita *appointment, date*
el consultorio médico *doctor's office*
la cura *cure*
el/la discapacitado/a *disabled*
la enfermedad *illness, disease*
el/la paciente *patient*
la pastilla *pill*
la piel *skin*
la radiografía *X-ray*
la receta *prescription*
la sala de espera *waiting room*
el seguro médico *medical insurance*
el SIDA *AIDS*
la silla de ruedas *wheelchair*
el termómetro *thermometer*

Verbos y expresiones verbales *Verbs and verbal expressions*
cuidarse *to take care of oneself*
dejar de + *infinitivo* *to stop doing something*
doler (ue) *to hurt*
enfermarse *to get sick*
estar congestionado/a *to be congested*
estar embarazada *to be pregnant*
estar resfriado/a *to have a cold*
examinar *to examine*
fumar *to smoke*
morir(se) (ue, u) *to die*
poner una inyección *to give a shot*
quedarse *to stay, remain*
quejarse *to complain*
sacar sangre *to take blood*
tomar la presión *to take one's blood pressure*
tomar la temperatura *to take one's temperature*
torcerse (ue) el tobillo *to twist/ sprain one's ankle*

tener dolor de cabeza *to have a headache*
tener dolor de estómago *to have a stomachache*
tener fiebre *to have a fever*
tener gripe *to have the flu*
tener miedo *to be afraid*
tener tos *to have a cough*
tener vómitos *to be vomiting*

Me duele la garganta. *My throat hurts.*

Escena 2

El cuerpo humano *The human body*
la boca *mouth*
el brazo *arm*
la cara *face*
el cerebro *brain*
el corazón *heart*
el cuello *neck*
el dedo *finger*
el dedo del pie *toe*
la espalda *back*
el hígado *liver*
el hombro *shoulder*
el hueso *bone*
el intestino *intestine*
el labio *lip*
la lengua *tongue*
la mano *hand*
la nariz *nose*
el oído *inner ear*
el ojo *eye*
la oreja *ear*
el pecho *chest*
el pie *foot*
la pierna *leg*
el pulmón *lung*
el riñón *kidney*
la rodilla *knee*

Escena 3

Las emergencias *Emergencies*
la camilla *stretcher*
el/la cirujano/a *surgeon*
la herida *wound*
el/la herido/a *wounded person (m./f.)*
el lugar del accidente *scene/ place of the accident*
las muletas *crutches*
el/la paramédico/a *paramedic*
la sala de emergencias *emergency room*
la venda *bandage*
el yeso *cast*
¡Socorro! *Help!*

Otras expresiones útiles *Other useful expressions*
de repente *suddenly*
lentamente *slowly*
mientras *while*
mientras tanto *meanwhile*
por fin *finally*

Verbos y expresiones verbales *Verbs and verbal expressions*
caerse *to fall*
chocar *to crash*
estar inconsciente *to be unconscious*
fracturarse/ romperse *to fracture, break*
gritar *to scream, yell*
lastimarse *to hurt oneself, injure oneself*
mover(se) *to move (oneself)*
operar *to operate*
preocuparse *to worry*
recuperarse *to recuperate*
sufrir un ataque al corazón *to have a heart attack*
tener cuidado *to be careful*
tener prisa *to be in a hurry*

Autoprueba y repaso: Capítulo 9 WILEY PLUS ✓

Escena 1
En el consultorio médico

A. Combina las palabras o expresiones de la primera columna con las que mejor les corresponden de la segunda. No se repiten respuestas.

__ **1.** las pastillas	**a.** el bebé
__ **2.** la enfermedad	**b.** la cura
__ **3.** el discapacitado	**c.** la receta
__ **4.** estar embarazada	**d.** tener dolor de cabeza
__ **5.** estar resfriado/a	**e.** tener dolor de estómago
__ **6.** tomar la temperatura	**f.** estar congestionado/a
__ **7.** comer demasiado	**g.** la silla de ruedas
__ **8.** estar estresado/a, dormir mal	**h.** tener fiebre

B. Pon las siguientes oraciones en orden cronológico para contar lo que te pasó.

___ La médica me examinó.
___ Le mostré la tarjeta del seguro médico a la recepcionista.
___ Salí del consultorio y volví a casa.
___ Hice una cita con la médica.
_1_ Me enfermé.
___ El enfermero me tomó la presión y la temperatura.
___ Fui al consultorio médico.
___ Una enfermera me puso una inyección.
___ Me quedé en la cama dos días.
___ Leí revistas en la sala de espera.

I. The preterit of stem-changing verbs

C. Completa las oraciones para contar lo que les pasó a Guillermo y Lucinda. Usa la forma correcta del verbo entre paréntesis.

1. El viernes a las ocho de la noche, Guillermo y Lucinda (*vestirse*) ___ _____ para ir a la fiesta de Óscar.
2. Los dos (*divertirse*) ___ _____ mucho con sus amigos.
3. Lucinda (*morirse*) ___ _____ de risa al oír los chistes (*jokes*) de Óscar, y Guillermo también (*reírse*) ___ _____ mucho.
4. Óscar (*servir*) _____ tapas de mariscos y un ponche muy exótico.
5. Al día siguiente, Guillermo y Lucinda (*dormir*) _____ hasta las once de la mañana. Al despertarse, no (*sentirse*) ___ _____ bien. ¿Fue a causa de los mariscos o el ponche? Quién sabe.
6. Ellos (*llamar*) _____ al médico. (*Seguir*)

_____ las instrucciones que les dio, y (*recuperarse*) ___ _____ bastante rápido.
7. El sábado por la noche no (*repetir*) _____ lo del viernes. (*Preferir*) _____ quedarse en casa viendo videos y descansando.

En resumen

Contesta las preguntas con oraciones completas.
1. ¿Te enfermas fácilmente?
2. Cuando tienes gripe, ¿cuáles son los síntomas que tienes?
3. Generalmente, ¿te gusta seguir una dieta saludable? La última vez que fuiste a un restaurante con tu pareja o mejor amigo/a, ¿qué pidieron Uds.?
4. ¿Saliste con tu familia o con tus amigos el fin de semana pasado? ¿Se divirtieron Uds.? ¿Qué hicieron?

Escena 2
El cuerpo humano

D. Haz un círculo alrededor de las dos palabras que más se asocian.

1. la pierna	el hombro	la rodilla
2. la boca	la lengua	el cuello
3. el labio	la oreja	el oído
4. el brazo	el dedo	la uña
5. el pie	la garganta	la mano
6. el pecho	la cara	la nariz
7. el pulmón	la espalda	el corazón
8. los dientes	el estómago	el intestino

II. The imperfect

E. Completa las oraciones usando el imperfecto del verbo entre paréntesis.

1. Cuando yo (*tener*) _____ ocho años, Julio (*ser*) _____ mi mejor amigo.
2. Su familia (*vivir*) _____ en una casa al lado de la nuestra.
3. Julio (*tener*) _____ un gran corazón; todos sus amigos lo (*querer*) _____ mucho.
4. Nosotros (*jugar*) _____ todos los días, y siempre (*divertirse*) ___ _____.
5. El único conflicto que a veces (*tener*) _____ nosotros es que yo (*querer*) _____ jugar afuera, y él, dentro.
6. Cuando yo (*estar*) _____ enfermo, él y su familia (*venir*) _____ a visitarme.
7. Cuando (*haber*) _____ alguna emergencia en su casa, mis padres y yo (*ir*) _____ a ayudarles.

8. Cuando tú (*ser*) _____ niño/a, ¿(*tener*) _____ un amigo o una amiga como Julio?

En resumen

Contesta las preguntas con oraciones completas.

1. ¿Haces ejercicio? ¿Qué músculos del cuerpo quieres tener más fuertes?
2. Describe tu cara y tu cuerpo. ¿Cómo son?
3. Cuando eras adolescente, ¿te preocupabas por tu «imagen»? ¿Qué aspectos de tu cuerpo querías cambiar?
4. ¿Te enfermabas frecuentemente cuando eras niño/a? ¿Qué hacían tus padres para cuidarte?

Escena 3
Situaciones de emergencia

F. Haz un círculo alrededor de las dos palabras que más se asocian.

1. el paramédico	la camilla	el yeso
2. gritar	operar	la cirujana
3. la venda	el ataque al corazón	la herida
4. las muletas	el yeso	la camilla
5. chocar	tener prisa	tener cuidado
6. caerse	fracturarse	recuperarse
7. moverse	lastimarse	la herida
8. gritar	estar inconsciente	¡Socorro!

III. The preterit and the imperfect

G. Completa las oraciones para decir lo que le pasó a Felipe. Cambia el verbo entre paréntesis al pretérito o al imperfecto según la situación.

1. (*Ser*) _____ el quince de noviembre y (*llover*) _____.
2. (*Ser*) _____ las nueve cuando Felipe (*despertarse*) _____ _____.

✓ Additional **Autopruebas** online.

3. No (*sentirse*) ____ _____ nada bien.
4. Por eso, (*llamar*) _____ al consultorio de su doctor y (*hablar*) _____ con la recepcionista.
5. Ella (*decirle*) ___ _____ que (*estar*) _____ muy enfermo.
6. Ella (*preguntarle*) ___ _____ qué síntomas (*tener*) _____.
7. Él (*explicarle*) ___ _____ que (*dolerle*) ___ _____ todo el cuerpo.
8. Ella también (*querer*) _____ saber si (*tener*) _____ fiebre.
9. Felipe (*contestarle*) ___ _____ que probablemente sí.
10. La recepcionista (*darle*) ___ _____ una cita para las tres de la tarde.
11. Después de la llamada, Felipe (*dormirse*) ____ _____ otra vez.
12. A las dos de la tarde su amigo (*llegar*) _____ y (*llevarlo*) ___ _____ al médico. Ya no (*llover*) _____; (*hacer*) _____ buen tiempo.

En resumen

Contesta las preguntas con oraciones completas.

1. ¿Tuviste un accidente de carro alguna vez? ¿Cuándo?
2. ¿Tuviste una operación cuando eras niño/a? ¿Cuántos años tenías? ¿En qué hospital estuviste?
3. ¿Alguien de tu familia se fracturó un brazo o una pierna alguna vez? ¿Quién? ¿Cómo ocurrió?
4. ¿Qué síntomas tenías la última vez que te enfermaste? ¿Fuiste al médico o a la médica? ¿Qué hizo él/ella?

Answers to the *Autoprueba y repaso* are found in **Apéndice 2**.

El barrio

La vida en ¹el barrio

1. neighborhood
2. neighbors
3. to hang
4. remember . . . ; **acordarse (ue) de** to remember
5. soap opera
6. I won't forget; **olvidarse de** to forget . . .
7. mailman
8. to go down/ pass by . . .
9. sidewalk
10. porter, concierge
11. to move (from house to house)
12. to pick up, gather
13. garbage truck
14. fire
15. to burn oneself, burn down
16. smoke
17. Fire!
18. *Don't jump!* **saltar** to jump
19. (newspaper) delivery person
20. to greet
21. to obey
22. They have just . . . ; **acabar de + inf.** to have just done something
23. owner (*m.*); **la dueña** (*f.*)
24. tow truck
25. vote; **votar** to vote
26. party (political)
27. prejudices
28. vendor (*f.*); **el vendedor** (*m.*)
29. sweets, candies (*m.*)
30. chewing gum
31. to relax
32. boys; **las muchachas** girls
33. citizen (*m.*); **la ciudadana** (*f.*)
34. town, people

*recoger (presente): recojo, recoges,...
**obedecer (presente): obedezco, obedeces...

¡En acción!

10-1 En el barrio

¿Qué pasa en el barrio? Empareja las dos columnas para describir lo que ocurre en la escena de las páginas 330–331.

1. Las dos vecinas que están en el balcón...	a. se muda a dos cuadras de allí.
2. Una familia del barrio...	b. quiere que su perro obedezca.
3. El camión del Servicio Municipal...	c. acaba de llevarse un carro.
4. Una mujer grita «¡Socorro!»...	d. acaba de recoger la basura.
5. El Servicio de Grúas...	e. los ciudadanos voten.
6. La mujer que cruza la calle...	f. dulces y chicles a los niños.
7. Los anuncios del barrio piden que...	g. cuelgan la ropa.
8. La vendedora del parque les vende...	h. porque hay un incendio en su edificio.

10-2 ¡Qué vitalidad hay en el barrio!

Observen el dibujo de las páginas 330–331 y usen el vocabulario de la escena para describir: **(a)** lo que hacen y dicen las personas en los siguientes lugares; **(b)** lo que pasa en cada lugar; **(c)** las tiendas, negocios o anuncios que hay allí.

- en la calle Sol
- en la calle Luna
- en la calle Estrella
- en las esquinas y proximidades de la calle Luna y la calle Estrella
- en el parque y cerca de allí

10-3 Conversaciones

Hagan los papeles de las siguientes personas de la escena (págs. 330–331). Hablen durante un minuto para cada situación y usen las palabras que se incluyen como guía. Cambien de pareja después de cada conversación.

1. **vecina nº 1 y vecina nº 2, de balcón a balcón:**

   las telenovelas/ los esposos/ los hijos/ otros vecinos/ la comida/ la casa...

2. **señora que riega las plantas en la ventana y empleado de las Mudanzas López:**

   mudarse/ quién/ adónde/ cuándo/ por qué/ qué muebles y cosas...

3. **empleado del servicio de grúas y dueño del carro:**

   adónde/ por qué/ cuánto/ cuándo...

4. **señor nº 1 y señor nº 2, al saludarse en la esquina:**

   el clima/ la familia/ el trabajo/ la política/ el tráfico...

5. **persona que entra a la farmacia y farmacéutico/a:**

   los síntomas de la persona/ los consejos/ las recetas...

10-4 En caso de incendio

Paso 1. ¿Quieres familiarizarte con el trabajo de los bomberos de tu barrio y saber qué precauciones tomar en caso de incendio? Primero lee el folleto[1].

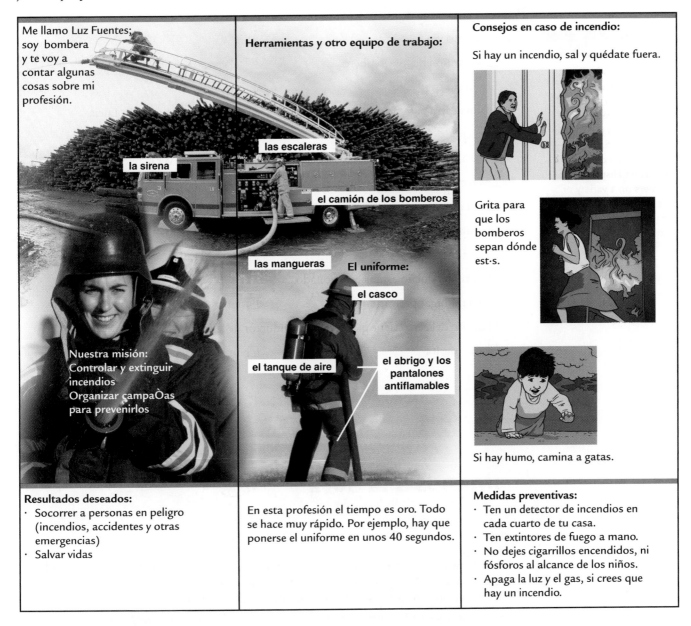

Me llamo Luz Fuentes; soy bombera y te voy a contar algunas cosas sobre mi profesión.

la sirena

el camión de los bomberos

las escaleras

las mangueras

El uniforme:

el casco

el tanque de aire

el abrigo y los pantalones antiflamables

Nuestra misión:
Controlar y extinguir incendios
Organizar campaÒas para prevenirlos

Herramientas y otro equipo de trabajo:

Consejos en caso de incendio:

Si hay un incendio, sal y quédate fuera.

Grita para que los bomberos sepan dónde est·s.

Si hay humo, camina a gatas.

Resultados deseados:
· Socorrer a personas en peligro (incendios, accidentes y otras emergencias)
· Salvar vidas

En esta profesión el tiempo es oro. Todo se hace muy rápido. Por ejemplo, hay que ponerse el uniforme en unos 40 segundos.

Medidas preventivas:
· Ten un detector de incendios en cada cuarto de tu casa.
· Ten extintores de fuego a mano.
· No dejes cigarrillos encendidos, ni fósforos al alcance de los niños.
· Apaga la luz y el gas, si crees que hay un incendio.

Paso 2. Contesten las preguntas. Túrnense.

1. ¿Qué cosas importantes hacen los bomberos?
2. ¿Por qué se dice que «el tiempo es oro» para ellos?
3. ¿Qué cosas utilizan los bomberos para los incendios? ¿y para protegerse?
4. En caso de incendio, ¿qué consejos se deben seguir?
5. ¿Cuáles de los consejos mencionados sigues en tu casa o apartamento?
6. ¿Hubo alguna vez un incendio en tu casa o apartamento? ¿Qué pasó?

[1]brochure

¡A escuchar! Conversaciones de barrio

Paso 1. Escucha las conversaciones de varias personas en el barrio: el cartero y un portero; dos vecinas en la calle Luna; el conductor de la grúa y el dueño del carro.

Paso 2. Escucha de nuevo y marca la respuesta correcta.

1. El cartero vio...

   ☐ el camión de los bomberos   ☐ el camión de la basura

2. El cartero trajo...

   ☐ una carta para doña Lucía   ☐ un paquete para doña Lucía

3. La vecina...

   ☐ se acordó de ver la telenovela   ☐ se olvidó de ver la telenovela

4. Los vecinos del 15 se mudan a...

   ☐ un apartamento moderno   ☐ un apartamento viejo

5. El apartamento de los vecinos del 15...

   ☐ se alquila   ☐ se vende

6. El carro del dueño estaba estacionado...

   ☐ en un lugar permitido   ☐ en un lugar prohibido

7. El dueño del carro tiene que pagar al conductor de la grúa...

   ☐ una multa   ☐ unas pastillas

GRAMÁTICA

¡Manos a la obra!

1

Expressing subjective reactions: The subjunctive mood and formation of the present subjunctive

The tenses or verb forms you have studied to this point (the present, the preterit, and the imperfect) belong to the *indicative mood*. This mood is used to objectively convey information perceived as real or factual, or to ask questions.

> **Conozco a los nuevos vecinos.**   *I know the new neighbors.*

The *subjunctive mood*, in contrast, is used to express the speaker's wishes, desires, hopes, doubts, fears, and other emotional reactions to events and to the actions of *others*.

> **Quiero que *conozcas* a mi vecina Ana.**   *I want **you** to meet my neighbor Ana.*

The present subjunctive and the present indicative have the same English equivalents, though the subjunctive can also have the meaning of *will*.

> Dudo que mis amigos **vayan** a la fiesta.   *I doubt my friends **will go** to the party.*

Later in this chapter you will be introduced to several concepts and uses of the present subjunctive. First, you will practice its formation.

The present subjunctive–formation of regular verbs

You have already used some present subjunctive forms—in the **Ud./Uds.** commands (**Venga** aquí, por favor) and in the **tú** negative commands (**No vayas** al cine).

To form the present subjunctive of regular verbs:

- Take the **yo** form of the present tense;
- drop the **-o** ending;
- add the subjunctive endings, as shown below.

Note that the present subjunctive endings for **-er** and **-ir** verbs are the same.

infinitive	present (yo)	drop the -o	-ar endings	present subjunctive	
pasar	paso	pas-	-e	pase	
			-es	pases	
			-e	pase	
			-emos	pasemos	
			-éis	paséis	
			-en	pasen	
			-er/ir endings		
poner	pongo	pong-	-a	ponga	diga
decir	digo	dig-	-as	pongas	digas
			-a	ponga	diga
			-amos	pongamos	digamos
			-áis	pongáis	digáis
			-an	pongan	digan

The spelling changes that some verbs undergo in the **yo** form of the preterit also take place in the present subjunctive:

-car	c → qu	to**car**	to**que**, to**ques**...
-gar	g → gu	lle**gar**	lle**gue**, lle**gues**...
-zar	z → c	cru**zar**	cru**ce**, cru**ces**...

When saying good-bye or ending a conversation, people commonly express good wishes to the person with whom they are speaking. This is how to say it in Spanish: ¡**Que** + *present subjunctive*...!

Situation: Your neighbors are leaving on a trip.

You say: ¡**Que lo pasen bien!** *Have a good time!*

(See *Actividad 10-5*)

¡En acción!

¡Oye! En nuestro barrio

Imagínate que tu profesor/a y tú viven en el mismo barrio. Escucha lo que propone él/ella y responde **sí** o **no** para indicar si estás de acuerdo.

10-5 Lo que se dice en las despedidas

En las despedidas es importante saber decir lo apropiado. Empareja cada situación con la burbuja correspondiente para indicar lo que les dices a las siguientes personas al despedirte.

MODELO

Tu vecina tiene gripe. → *¡Que te mejores pronto!*

¡Que pase un buen fin de semana!

¡Que se diviertan!

¡Que te mejores pronto!

¡Que saques una buena nota!

¡Que les vaya muy bien en su nueva casa!

¡Que sean muy felices!

¡Que tenga buen viaje!

¿Qué dices al despedirte en estas situaciones?

1. Dos de tus vecinos van a la fiesta del barrio.
2. Te encuentras con un vecino que se va a la estación de tren.
3. Dos de tus vecinos se mudan de casa.
4. Es sábado y te despides del cartero hasta el lunes.
5. Ves a tu sobrino en el cibercafé y al salir le deseas suerte en el examen.
6. Tus amigos recién casados se van de luna de miel.

10-6 Lo quiere el presidente de la asociación

El presidente de la asociación de vecinos les comunica a ocho vecinos que no respetan las normas lo que **quiere** o **no quiere** que hagan. Haz el papel de presidente.

MODELO

cortar el césped de su jardín

Presidente a un vecino: *Quiero que Ud.* **corte** *el césped de su jardín.*

1. venir a las reuniones de la asociación con más frecuencia
2. limpiar y barrer su parte de la escalera
3. dejar el cubo de la basura delante de su casa toda la semana *No...*
4. invitar a grupos de hard rock a acampar en su jardín
5. asistir a la fiesta del barrio
6. permitirle a su perro hacer sus necesidades en los jardines de los vecinos
7. poner música por la noche a todo volumen
8. tener fiestas hasta las cuatro de la mañana

Stem-changing verbs in the present subjunctive

Just as in the present indicative, stem-changing verbs ending in **-ar** and **-er** *do not* undergo a change in the stem in the **nosotros** and **vosotros** forms of the present subjunctive.

cerrar (e → ie)	**cie**rre, **cie**rres, **cie**rre, cerremos, cerréis, **cie**rren
volver (o → ue)	**vue**lva, **vue**lvas, **vue**lva, volvamos, volváis, **vue**lvan

Verbs ending in **-ir** *do* undergo a stem change in the **nosotros** and **vosotros** forms. The change—**e → i, o → u**—is the same as in the present participle (**pi**diendo, **si**ntiendo, **du**rmiendo), which you have already learned.

pedir (e → i, i)	**pi**da, **pi**das, **pi**da, **pi**damos, **pi**dáis, **pi**dan
sentir (e → ie, i)	**sie**nta, **sie**ntas, **sie**nta, **si**ntamos, **si**ntáis, **sie**ntan
dormir (o → ue, u)	**due**rma, **due**rmas, **due**rma, **du**rmamos, **du**rmáis, **due**rman

Irregular verbs: Only six verbs have irregular forms in the present subjunctive, and you have already used several of these in **Ud./Uds.** and negative **tú** commands (see pages 222 and 208).

dar	dé, des, dé, demos, deis, den
estar	esté, estés, esté, estemos, estéis, estén
haber	haya, hayas, haya, hayamos, hayáis, hayan
ir	vaya, vayas, vaya, vayamos, vayáis, vayan
saber	sepa, sepas, sepa, sepamos, sepáis, sepan
ser	sea, seas, sea, seamos, seáis, sean

10-7 Todos queremos algo de los otros, ¿no?

Paso 1. Un **novio** quiere cuatro cosas de su novia; una **madre** quiere cuatro cosas de sus hijos pequeños; y una **esposa,** otras cuatro para ella y su marido. Escriban en los espacios en blanco quién quiere cada cosa.

1. _____	*vestirse* más rápido por la mañana	7. _____	*estar* conmigo las 24 horas del día
2. _novio_	*ir* conmigo a bailar a la discoteca	8. _____	*darnos* regalos por nuestro aniversario de 25 años de casados
3. _____	*dormir* más; ya no somos jóvenes	9. _____	*saber* que ¡¡te quiero con pasión!!
4. _____	*probar* toda la comida que les preparo	10. _____	*jugar* al golf con nuestros hijos
5. _____	*ser* la madre de mis hijos	11. _____	*acostarse* a las 8:30 de la noche
6. _____	*acordarse* de cepillarse los dientes	12. _____	*divertirnos* más y *trabajar* menos, como cuando éramos jóvenes

Paso 2. Ahora, digan lo que quieren los tres. Completen las oraciones.

Novio: Mi amor, quiero que (tú) *vayas conmigo a bailar a la discoteca; quiero que…*

Madre: Niños, quiero que (Uds.)…

Esposa: Querido, quiero que a partir de ahora, (nosotros)…

¡Manos a la obra!

2

As you have noticed in the previous activities, the subjunctive mood is used with expressions of *influence*—when one person wishes to influence the actions of another. A sentence that expresses a desire to influence consists of two clauses joined by **que.**

expression of a desire to influence	**+ que +**	action influenced
(*present indicative*)		(*present subjunctive*)

- With the subjunctive, therefore, each sentence has *two* different subjects—the person influencing and the person influenced.

Quiero que **votes** en las elecciones.	*I want **you** to vote in the election.*
Preferimos que no **vayas** al parque.	*We prefer that **you** not go to the park.*

- If there is only one subject, the infinitive, not the subjunctive, is used.

Queremos votar en las elecciones.	*We want to vote in the election.*
Preferimos no ir al parque.	*We prefer not to go to the park.*

- A number of verbs you already know (those in the first column) are commonly used to express the wish to influence. The other verbs and expressions are new.

querer (ie)	aconsejar	*to advise*	es necesario	*it is necessary*
desear	insistir (en)	*to insist (on)*	es importante	*it is important*
preferir (ie)	recomendar (ie)	*to recommend*	es mejor	*it is better*
pedir (i)				

- The indirect object pronouns (**me, te, le, nos, os, les**) are used with the verbs **pedir** and **aconsejar,** and commonly with **recomendar.** These precede the verb:

Me piden que les ayude.	*They are asking me to help them.*
Les recomiendo que lo compren.	*I recommend that they buy it.*

- **Le** and **les** are commonly used even when the person *to whom* one is asking, advising, or recommending is mentioned.

  Les aconsejamos **a los vecinos** que resuelvan sus propios problemas.
  We advise the neighbors to resolve their own problems.

Ysenia y Mabel visitan el barrio donde vivieron los abuelos de Ysenia.

Antes este barrio era muy bonito, pero ahora está muy mal. Mucha gente se está mudando.

¡Qué lástima! Es necesario que informemos a los políticos. Es importante que ayuden a este barrio.

Sí, y lo mejor es que todos los vecinos sepan que es posible hacerlo. Voy a escribir un artículo acerca de este asunto.

¡Qué buena idea! Te aconsejo que hables con los vecinos y les pidas su opinión.

Sí, es necesario que hagamos algo por un barrio con tanta historia.

¡Que te vaya bien con el artículo! Yo voy a recoger firmas de apoyo.

¡En acción!

¡Oye! Consejos de un padre

Dos hermanos de diez y doce años van a salir a la calle, pero antes su padre les da los *ocho* consejos que vas a escuchar. Di si son razonables o no.

PARA HABLAR DE TELENOVELAS

(no) llevarse bien con...	*to (not) get along well with*
enamorarse	*to fall in love*
comprometerse	*to get engaged*
casarse	*to get married*
divorciarse	*to get divorced*

10-8 Una telenovela: *El amor lo puede todo*

¡LA SENSACIÓN DEL AÑO! *El amor lo puede todo* se transmite todos los jueves por televisión. Cuenta la vida de dos familias, una muy rica, los Castillo, y otra pobre, los Soto. Los ricos viven en un castillo en las afueras del pueblo, y los pobres, en un pequeño apartamento de un barrio humilde. Conozcan a los personajes principales:

los Castillo (los ricos)

Don Aureliano Castillo
62 años
esposo de Josefina y padre
  de Víctor
director del banco
quiere divorciarse de su
  esposa

Doña Josefina Castillo
61 años
esposa de don Aureliano y
  madre de Víctor
dominante y celosa[1]

Víctor Castillo
28 años
hijo de Aureliano y Josefina
guapo, inteligente y compasivo[2]
médico y voluntario
está muy enamorado de Angelita
quiere comprometerse y casarse

los Soto (los pobres)

Angelita Soto
21 años
hija de Pascual y Rosa
bella
se lleva bien con todos
maestra en la guardería infantil
está muy enamorada de Víctor

Pascual Soto
41 años
esposo de Rosa y padre de
  Angelita
guapo, muy trabajador, buen
  padre y esposo
policía y bombero voluntario

Rosa Soto
39 años
esposa de Pascual y madre
  de Angelita
simpática e inteligente
trabaja en la farmacia

¿SABES QUE...?

In Spanish-speaking countries and among Hispanics in the United States, **telenovelas** are very popular, especially those produced in Colombia. Venezuelan and Mexican soaps also have a large following.

[1]jealous, [2]kind-hearted

Paso 1. En grupos de cinco, hagan los papeles de doña Josefina, Víctor, Angelita, Pascual y Rosa como si fueran actores de telenovela. Pongan los verbos que están entre paréntesis en presente de subjuntivo, cuando sea necesario.

1.

Dª Josefina: Víctor, tu padre y yo insistimos en que no **(ver)** a Angelita nunca más. Queremos que **(conocer)** a personas de la clase alta, como nosotros, no de clase humilde como la de ella.

Víctor: ¡Pero, mamá! Para mí su clase social no es problema, pero sí es importante que **(ser)** sincera y compasiva.

2.

Dª Josefina: No quiero que me **(hablar)** de tus amores. Te aconsejo que me **(escuchar)** y que **(poner)** atención a lo que te voy a decir. Y no quiero que te **(olvidar)** de algo muy importante: tu herencia.

Víctor: No **(ser)** tan fría y calculadora, mamá. ¿Cómo puedes pedirme que no **(pensar)** en el amor de mi vida? Me enamoré de ella en el momento en que la vi.

3.

Dª Josefina: Y en cuanto a las personas sin hogar[1], prefiero que no **(trabajar)** con ellas. Tenemos asuntos mucho más importantes, por ejemplo, aumentar nuestra fortuna.

Víctor: Mamá, sólo quiero que las personas sin hogar **(tener)** lo suficiente para comer, y que no se **(morir)** de hambre y frío.

Luego...

4.

Víctor: ¡Amor de mi vida! ¡Quiero que te **(casar)** conmigo hoy! ¡No puedo esperar ni un día más!

Angelita: ¡Ay, cariño! Bien sabes que tus padres no quieren que nos **(casar)**. Y es mejor que no **(perder)** el apoyo de tu familia.

5.

Angelita: Víctor, corazón mío, te pido que me **(olvidar)**. Quiero que **(tener)** una vida sin problemas; en otras palabras, sin mí.

Víctor: ¡No digas eso! ¡Lo único que yo deseo es que tú **(estar)** siempre conmigo y que me **(besar)** y me **(abrazar)**!

Más tarde...

6.

Pascual: Rosa, querida, te pido que no **(trabajar)** tanto; siempre estás tan cansada.

Rosa: Mi amor, quiero **(ganar)** lo suficiente para poder comprar una casita algún día. Y también deseo que tú **(dejar)** de trabajar tanto y que **(descansar)**.

Continuará...

 Paso 2. Escribe *dos* consejos para dos personajes de la telenovela. Usa las expresiones que siguen. Luego, compártelos con la clase.

Le recomiendo a... que...	Le aconsejo a... que...	Le pido a... que...
Insisto en que...	Es importante que...	Es mejor que...

[1]**personas...** homeless

10-9 *El amor lo puede todo:* continuación

Contribuyan a escribir el siguiente episodio de la telenovela. ¡Usen la imaginación! En las líneas continuas, escriban la forma correcta del verbo. En las discontinuas (_ _ _), incluyan algo de su invención. Al terminar, léanles los diálogos a otra pareja y/o a la clase.

1. **En la farmacia: Doña Josefina y Rosa**

    Dª Josefina: Buenos días, Rosa. Quiero que me (*dar*) _____ algo para los nervios.

    Rosa: Le recomiendo que (*tomar*) _____ _ _ _ (*Rosa le da un medicamento demasiado fuerte por error.*)

    Dª Josefina: Sufro ataques de nervios constantes porque mi hijo Víctor _ _ _ y su hija Angelita _ _ _.

    Rosa: Lo siento mucho, doña Josefina. Ese medicamento le va a ayudar.

2. **En una reunión de la asociación de vecinos: Pascual, Rosa y Víctor**

    Pascual: Queremos que los pobres de este barrio (*tener*) _____ _ _ _.

    Rosa: Y para nuestros hijos queremos _ _ _.

    Víctor: Debemos insistir en que (*haber*) _____ seguro médico para ricos y pobres, y decirle al alcalde[1] que _ _ _.

3. **En la guardería infantil: Angelita, los bomberos, los niños**
    (*Hay un pequeño incendio en la guardería infantil y llegan los bomberos.*)

    Angelita: Niños, les pido que (*escuchar*) _____ con mucha atención las instrucciones de los bomberos.

    Bombero: Insistimos en que todos _ _ _ y que _ _ _.

    Niño: ¿Prefieren que nosotros _ _ _?

    Bombero: _ _ _.

4. **En el parque: Angelita y Víctor**
    (*Después del incidente*)

    Víctor: ¡Ay, mi amor! Cuando oí lo del incendio, _ _ _.

    Angelita: _ _ _.

    Víctor: Ahora quiero que nosotros _ _ _.

    Angelita: _ _ _.

Continuará...

10-10 Preparativos para una visita

Un estudiante mexicano que conociste en un viaje a México va a visitar tu pueblo o ciudad este año, y te llama por teléfono con varias preguntas. Contéstale, dándole tus recomendaciones. Hagan los dos papeles.

E1:	E2:
¿Dónde puedo quedarme? →	Te aconsejo que *te quedes*...
¿Qué ropa debo llevar? →	Te recomiendo que...
¿Qué lugares hay para ver o visitar? →	Es importante que...
¿Adónde puedo ir de compras? →	Es mejor que... en... porque...
¿Tienes algún consejo más? →	Te aconsejo que...

[1]mayor

Tu mundo cultural

El barrio en EE.UU.

¿Hay un barrio hispano en tu pueblo o ciudad? La existencia de barrios hispanos en casi todas las ciudades estadounidenses confirma la presencia, cada vez más evidente, de los hispanos en EE.UU. Algunos son como auténticos barrios mexicanos, cubanos, puertorriqueños o dominicanos, otros son ya historia. Y con la continua emigración de hispanos a EE.UU. están apareciendo nuevos barrios, algunos en lugares donde tradicionalmente no había hispanos.

Olvera Street (1700) está situada en *El Pueblo de los Ángeles Historic Monument,* el barrio más antiguo de Los Ángeles. Fue territorio de México hasta que en 1848 pasó a formar parte de EE.UU. Muchos mexicanos y otros grupos étnicos emigraron allí en busca de oportunidades económicas. Pasear por *Olvera Street* recuerda a los barrios de México, con sus restaurantes y puestos de la calle donde sirven especialidades mexicanas. Los fines de semana, los mariachis tocan en la plaza, y durante el año se celebran allí El Día de los Muertos y Las Posadas.

"El Barrio", en Nueva York. Es también conocido por el nombre de *Spanish Harlem*, y ocupa una parte de Manhattan de mayoría puertorriqueña y afro-americana. Los puertorriqueños que llegaron en busca de oportunidades económicas se establecieron en ese barrio donde sus restaurantes sirven, entre otros platos, el típico arroz con pollo y burritos puertorriqueños. Allí está el Museo del Barrio, el único museo de EE.UU. dedicado al arte latinoamericano y en particular, al puertorriqueño. El museo organiza festivales y eventos culturales y sirve de punto de conexión entre el Upper East Side, la sección más adinerada[1] de Manhattan, y "El Barrio" con su rica herencia cultural. «El Barrio» tiene también su propia orquesta.

[1]wealthy

La Calle Ocho, en *Little Havana*. En el corazón de Miami está el barrio conocido por el nombre de "Little Havana", donde se encuentran desde puros[1] enrollados a mano hasta fruterías, mercados, herbolarios y cafés al aire libre. Es el barrio donde residen muchos exiliados cubanos llegados después de la instauración del régimen comunista en Cuba, y también inmigrantes de otros países hispanos. El español es la lengua predominante y muchos de sus residentes no hablan inglés. Hay restaurantes con auténtica comida cubana y tiendas de toda clase. El Carnaval de la Calle Ocho tiene fama internacional.

¿Qué aprendiste?

1. ¿Qué indica la existencia de barrios hispanos en casi todas las ciudades de EE.UU.? ¿Qué está ocurriendo actualmente?

2. ¿Quiénes residen en cada unos de los tres barrios mencionados?

3. ¿Qué cosas interesantes ofrece cada uno de ellos?

Actividad cultural

Un/a estudiante va a hacer de turista y otro/a, de residente de uno de los barrios mencionados. Túrnense para preguntar y dar información acerca del barrio: quiénes y por qué se establecieron en él; la cultura que representa; tiendas/ museos/ edificios que hay; y lo que se puede hacer allí.

Contraste cultural

Hablen de los barrios étnicos que Uds. conocen. ¿De dónde proceden sus residentes? ¿Qué los caracteriza? ¿Por qué se establecieron allí?

[1]cigars

Escena 2 — Actividades del barrio

En la asociación de vecinos

1. reunirse
2. discutir
3. organizar
¡No!
¡Sí!
¡Vamos a ⁴*tratar de* organizarnos!
¡Tenemos la solución!
Tenemos que ⁵ahorrar tiempo.
6. resolver (ue)
¡Sí!
No hay problema.
No hay problema.
7. estar de acuerdo

En la fiesta del barrio

8. la banda
9. el alcalde
Aplausos para la banda...
HELADERÍA
¡Quiero un globo!
¹¹*Te invito a* un helado.
10. aplaudir

Durante la fiesta...

Joyería Ortiz
13. la violencia
12. el crimen
16. robar
¡No me ¹⁴*mate*!
15. el arma
17. la víctima
18. el ladrón

En trabajos voluntarios

RESIDENCIA DE ANCIANOS
¹⁹*Extraño* a mi familia.
20. atender (ie)

IGLESIA DE SANTA ANA
SOY POBRE, AYÚDEME, POR FAVOR.
21. donar

CAMPAÑA DE ALFABETIZACIÓN
bebe vive lee escribe
22. enseñar
23. la voluntaria

PARROQUIA DE SAN MIGUEL
24. dar de comer
25. las personas sin hogar

ALCOHÓLICOS ANÓNIMOS
²⁶*bebidas alcohólicas...*
²⁷*Emborracharse* es un error.

HÁBITAT PARA LA HUMANIDAD
28. construir*

---

1. to meet (get together) 2. to argue 3. to organize 4. to try to (do something); **tratar** + **de** + *infinitive* 5. to save (time, money) 6. to solve, resolve 7. to agree 8. the band 9. mayor; **la alcaldesa** (*f.*) 10. to applaud 11. I'll treat/ invite you to...; **invitar a** to invite... 12. crime 13. violence 14. kill; **matar** to kill 15. weapon (*f.*) 16. to rob 17. victim (*m./f.*); 18. thief, robber; **la ladrona** (*f.*) 19. to miss 20. to look after, tend 21. to donate 22. to teach, show 23. volunteer (*f.*); **el voluntario** (*m.*) 24. to feed 25. homeless people 26. alcoholic drinks 27. to get drunk 28. to build

**construir* (presente): construyo, construyes, construye, construimos, construís, construyen
       (pretérito): construí, construiste, construyó, construimos, construisteis, construyeron

¡En acción!

10-11 ¿Hay otra forma de decirlo?

Empareja los verbos o expresiones de la columna A con los que les corresponden de la columna B.

A. 1. resolver
    2. emborracharse
    3. atender a alguien
    4. discutir
    5. enseñar
    6. mudarse
    7. ahorrar
    8. estar de acuerdo

B. a. compartir la misma opinión
    b. cambiarse de casa
    c. cuidar a una persona
    d. solucionar
    e. beber alcohol en exceso
    f. educar
    g. manifestar opiniones contrarias
    h. guardar parte de lo que se gana

10-12 ¡Qué barrio tan activo!

Observen los dibujos de la página 344 y describan lo siguiente.

- En la asociación de vecinos: lo que hacen y dicen las personas
- En la fiesta del barrio: lo que pasa y lo que dicen las personas
- Durante la fiesta: lo que pasa en la joyería Ortiz
- En trabajos voluntarios: quiénes son y qué hacen esas personas

10-13 Para mejorar nuestro barrio

Uds. están en una reunión de la asociación de vecinos de su barrio. En grupos de cuatro, hablen de sus planes para mejorar su barrio o pueblo. Den como mínimo *seis* ideas relacionadas con lugares públicos (restaurantes, parques, museos,...), y actividades o diversiones. Un/a secretario/a apunta las ideas para luego informarle a la clase.

¡A escuchar! Trabajos voluntarios

Paso 1. Escucha la conversación entre los cuatro miembros de la familia García que hablan de los trabajos voluntarios.

Paso 2. Escucha de nuevo y completa los espacios en blanco.

1. Los señores García creen que todos los miembros de su familia deben hacer más
   _____ _____.

2. Los padres están planeando hacerse miembros de Hábitat para la Humanidad porque quieren _____ a construir casas para los que las necesitan.

3. El hijo dice que su clase va a visitar una _____ de _____.

4. El hijo dice también que va a _____ dinero para comprarles _____ a los ancianos.

5. La hija quiere ser voluntaria para _____ a leer y a escribir a las personas analfabetas.

6. Las personas analfabetas son las que no saben _____ ni _____.

¡Manos a la obra!

Expressing emotional reactions and feelings: The subjunctive with expressions of emotion

3

Another common use of the subjunctive is with expressions of *emotion*—when a person expresses emotional reactions and feelings (joy, hope, sorrow,...) about the actions, state, or condition of another person or thing.

expression of emotion	**+ que +**	action or condition of another person or thing
(present indicative)		*(present subjunctive)*

You already know some verbs and expressions that convey feelings or emotions: **gustar, encantar, preocupar*, tener miedo.** Here are a few others:

alegrarse (de)	*to be glad/ happy (about)*	**es una lástima**	*it is a shame*
esperar	*to hope, expect*	**es ridículo**	*it is ridiculous*
sentir (ie, i)	*to be sorry, regret, feel*	**es increíble**	*it is incredible*

• As with expressions of influence (see page 338), each sentence contains *two* subjects: the person expressing the emotion and the person or thing that triggers the emotional reaction.

> **Me preocupa** que el alcalde no **hable** con los ciudadanos.
> *It worries me that the mayor does not speak with the citizens.*

> **Me alegro de** que **haya** una fiesta del barrio todos los años.
> *I'm glad that there is a neighborhood party every year.*

> **Es una lástima** que no **puedas** ir a la fiesta.
> *It is a shame that you cannot go to the party.*

• If no change of subject occurs after the expression of emotion, the infinitive is used.

> **Siento** no poder ir a la fiesta.   *I regret not being able to go to the party.*
> **Es una lástima** no poder ir.   *It is a shame not to be to able to go.*

*The verb **preocupar** functions like **gustar** and **encantar**: indirect object + **preocupa/n**.
Nos preocupa que no haya voluntarios. *It worries us that there are no volunteers.*

Ysenia, Mabel y Jennifer están hablando en la cafetería del éxito[1] que tuvo el artículo de Ysenia.

¿Qué tal el artículo Ysenia?

¡Muy bien! Se va a organizar una asociación de vecinos en el barrio. Muchos quieren hablar de sus problemas con el alcalde.

Entonces hiciste buenas entrevistas, ¿verdad?

Sí, y los jóvenes, especialmente, se alegran mucho de que la situación se haga pública; me dieron mucha información.

Espero que el alcalde ayude a las personas sin hogar y termine con la delincuencia en el barrio.

Yo también. ¿Saben? Me encantó esta experiencia. ¡Es posible que en el futuro sea reportera!

[1]success

¡En acción!

¡Oye! Trabajos voluntarios

Un/a estudiante tiene una hoja con una sonrisa ☺ y otra, con una cara triste ☹. Cuando la respuesta a lo que pregunta el/la profesor/a debe ser positiva, el/la estudiante muestra la hoja con la sonrisa; cuando debe ser negativa, muestra la de la cara triste. Luego, la clase contesta las preguntas con «**Nos alegramos de que...** » o «**Sentimos que...**».

10-14 ¡Reacciona!

Coméntale a la clase un aspecto positivo o negativo de tu vida actual. Luego, otro/a estudiante reacciona diciendo «**Me alegro de que...** » o «**Siento que...**»

MODELO

E1: *¡Tengo un carro nuevo!*   *(o) Hoy estoy cansadísimo/a.*

E2: *Me alegro de que tengas un carro nuevo.*   *(o) Siento que estés cansadísimo/a.*

10-15 Observa la vida

Reaccionen ante las situaciones de los dibujos. Usen las expresiones y los verbos que siguen.

Me alegro de que...	Es una lástima que...	Me gusta que...
Espero que...	Es ridículo que...	Me encanta que...
Siento que...	Es increíble que...	Me preocupa que...

MODELO

E1: *Siento que haya pobres en el mundo.*

E2: *Es una lástima que el hombre tenga que pedir dinero.*

E3: *Me alegro de que muchos donen dinero.*

haber, tener que, donar

estar en, atender, extrañar

construir, ayudar,
haber voluntarios

haber analfabetos,
enseñar, aprender

quemarse, saltar,
venir los bomberos

relajarse, jugar,
disfrutar de

10-16 *El amor lo puede todo*: continuación

 Paso 1. Observen las fotos de los personajes. ¿Quiénes son nuevos en este episodio? Luego, en parejas, completen el diálogo de la escena que su profesor/a les asigne; es para el nuevo episodio de la telenovela. En las líneas continuas, escriban la forma correcta del verbo. En las disontinuas, incluyan algo de su invención.

Don Aureliano Castillo, el rico del pueblo

Dª Josefina Castillo, su esposa

Víctor Castillo, su hijo

Angelita Soto, la novia de Víctor

Pascual Soto, su padre

Rosa Soto, su madre

El alcalde

Carlitos, huérfano[1]

1. **Angelita y Doña Josefina**

   (Angelita visita a doña Josefina, que está muy mal a causa del medicamento fuerte que le dio Rosa por error.)

   Angelita: Buenas tardes, doña Josefina. Siento mucho que Ud. (*estar*) _____ así. Mi madre está muy preocupada.

   Dª Josefina: Mira, Angelita, vamos a ser sinceras. Es increíble que (*decir*) _____ eso, porque creo que tu madre _ _ _.

   Angelita: ¡Pero, doña Josefina!, no diga eso, por favor. Mi madre no _ _ _.

   Dª Josefina: Bueno, bueno. Eso no cambia nada; tú no eres de nuestra clase social y queremos que nuestro hijo, un hombre con un futuro brillante, (*casarse*) ___ _____ con _ _ _. Te recomiendo que _ _ _.

   Angelita: Es una lástima que Ud. no (*entender*) _____ que Víctor y yo _ _ _.

2. **Doña Josefina y don Aureliano**

   (Doña Josefina habla con don Aureliano, su esposo, que es dueño del apartamento de los Soto.)

   Dª Josefina: Aureliano, insisto en que (*echar*)[2] _____ a los Soto de su apartamento inmediatamente.

   Don Aureliano: Josefina, me preocupa que (*haber*) _____ leyes que lo prohíban, pero puedo hablar con mi amigo el alcalde. Estoy seguro[3] de que tiene que haber alguna manera de resolverlo.

   Dª Josefina: Pues, hazlo hoy. Y ahora, otra cosa. No me gusta nada que tú (*salir*) _____ todas las noches. ¿Adónde vas?

   Don Aureliano: _ _ _.

   Dª Josefina: _ _ _.

3. **Don Aureliano y el alcalde**

   (Hablan por teléfono.)

   El alcalde: Buenas tardes, don Aureliano. ¿En qué puedo servirle?

   Don Aureliano: Pues, Ud. sabe que mi hijo Víctor _ _ _ y que_ _ _.

   El alcalde: Sí, siento mucho que _ _ _.

[1]orphan, [2]to evict, [3]sure

Don Aureliano:	Y mi esposa insiste en que yo (*echar*) _____ a los Soto _ _ _.
El alcalde:	A ver, _ _ _.
Don Aureliano:	Muchísimas gracias. Me alegro mucho de que Ud. (*poder*) _____ _ _ _ y es urgente que _ _ _.
El alcalde:	Ya sabe Ud. que estoy siempre a su disposición, don Aureliano.

4. Angelita y Carlitos

(Angelita hace de voluntaria con los niños de la Parroquia de San Miguel. Un día aparece Carlitos, un huérfano de siete años.)

Angelita:	Carlitos, me alegro que te (*gustar*) _____ dibujar. ¡Qué lindo es este dibujo!
Carlitos:	Gracias. Es mi papá.
Angelita:	¿De veras[1]? ¿Cómo se llama?
Carlitos:	Don Aureliano.
Angelita:	(*Ella piensa*: ¡Ay de mí! ¡Tengo miedo de que (*ser*) _____ el señor don Aureliano que yo conozco!) Carlitos, cuéntame de tu padre.
Carlitos:	_ _ _.
Angelita:	_ _ _.

5. Víctor y Angelita

(Víctor y Angelita se encuentran en la fiesta del barrio.)

Víctor:	¡Angelita! Me acaban de ofrecer la oportunidad de trabajar en un hospital en el interior del país.
Angelita:	Me alegro muchísimo de que (*tener*) _____ esa oportunidad. Cuéntame.
Víctor:	_ _ _.
Angelita:	Entiendo, Víctor, pero me preocupa que _ _ _ y siento que _ _ _.
Víctor:	Y en cuanto a[2] nuestro futuro, quiero que nosotros (*comprometerse*) _____ _ _ _.
Angelita:	_ _ _.

Fin

Paso 2. Ahora, cinco parejas representan los cinco episodios para la clase, y luego, otras cinco hacen lo mismo. A ver qué grupo gana el Óscar.

10-17 Las personas importantes de mi vida

Digan lo que hacen o les pasa a varias de las siguientes personas. Usen los verbos de la primera columna para referirse a *cuatro* personas de su elección de la tercera columna. Túrnense.

alegrarse de/ sentir		mi novio(a)/ pareja/ esposo(a)/ mi ex
esperar		mi mejor amigo(a)
gustar (*me...*)/ encantar (*me...*)	+ que +	mi hijo(a)/ nieto(a)
preocupar (*me...*)		mi hermano(a) mayor/ menor
querer		mi madre/ padre/ abuelo(a)
es increíble/ ridículo		mi jefe(a)
es una lástima		mi compañero(a) de trabajo

MODELO

E1: *Me alegro de que mi hermano mayor tenga un carro nuevo.*

E2: *Y yo me alegro de que....*

[1]**De...** Really, [2]**en...** regarding

Tu mundo cultural

Voluntarios dentro y fuera de EE.UU.

¿Quieres conocer a gente hispana y su cultura y al mismo tiempo practicar español? Hazte voluntario. Los trabajos voluntarios son además, experiencias enriquecedoras[1]. A continuación, vas a informarte de varias opciones de voluntariado en EE.UU. y en países hispanos.

Trabajos voluntarios en las comunidades hispanas de EE.UU.

Cada vez son más las personas en este país que hacen trabajos voluntarios con hispanos. Y también, son más los *colleges* y universidades estadounidenses que ofrecen a sus alumnos la oportunidad de obtener créditos mediante lo que se llama *service learning*, a cambio de trabajos voluntarios realizados en la comunidad.

Julia, una voluntaria, de excursión con dos niñas de la comunidad mexicana. Ella, como otros estudiantes de español de la Universidad de Richmond, en Virginia, trabaja con familias hispanas, haciendo de tutora e intérprete. De esta forma, practica español, conoce una cultura diferente y hace amigos.

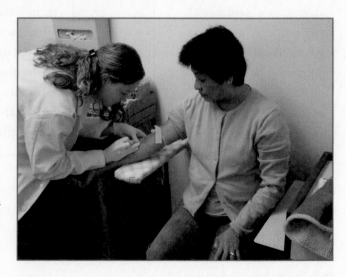

Rachel, voluntaria de *Loyola University Chicago Stritch School of Medicine,* sacándole sangre a una paciente hispana. En esta facultad de medicina y en otras, los estudiantes voluntarios atienden a pacientes hispanos en clínicas que se dedican a ayudar a los que no tienen seguro médico.

[1]enriching

Trabajos voluntarios en países hispanos

Si recuerdas los efectos devastadores del huracán Katrina en EE.UU en el año 2005, puedes entender por qué en tantos países de América Central donde los huracanes, terremotos[1] e inundaciones[2] son muy frecuentes, es tan necesaria la labor de las organizaciones humanitarias.

Muchos voluntarios de EE.UU., Canadá y Europa trabajan para organizaciones humanitarias en países de América Central ayudando en el cuidado y educación de los niños huérfanos[3], abandonados o con discapacidades físicas o mentales. Jeanne, voluntaria estadounidense, trabaja como terapeuta del lenguaje con niños en el Centro Maya Xe´Kiyqasiiwaan de San Juan de la Laguna, en Guatemala. Como se aprecia abajo en la fotografía, a los niños de la organización NPH se les ve felices en el rancho, donde son muy bien atendidos por los voluntarios.

¿Qué aprendiste?

1. ¿Cómo se benefician los estudiantes que hacen trabajos voluntarios con hispanos? ¿Qué ejemplos se mencionan?

2. ¿A qué niños ayudan muchos voluntarios extranjeros (foreign) en América Central?

3. ¿Qué ofrece la organización Nuestros Pequeños Hermanos para niños y voluntarios?

Actividad cultural

Un/a estudiante hace el papel de director/a de una organización humanitaria y explica las cualidades que busca en los voluntarios. Otro/a estudiante hace de voluntario/a e indica las cualidades y talentos que le hacen buen/a candidato/a y qué clases de trabajos le gustaría hacer.

NUESTROS PEQUEÑOS HERMANOS

América Central: Honduras, Nicaragua, Guatemala, El Salvador, Belice; América del Sur: Bolivia, Perú

Misión: La organización **NPH** ayuda a niños y jóvenes huérfanos o abandonados. La misión es proveerles de hogar, comida, ropa, cuidados médicos y educación: escuela primaria y talleres[4] vocacionales. No se separa a los niños de sus hermanos y no se dan en adopción. Los niños están en un ambiente seguro y de amor, donde aprenden los valores del trabajo, responsabilidad y a compartir.

Voluntarios y sus responsabilidades: En los voluntarios se busca a personas trabajadoras, flexibles, con actitud positiva y sentido del humor, que quieren ayudar a los niños y compartir con ellos sus talentos y conocimientos. Se necesitan voluntarios para cuidar a los niños o darles clases de inglés. También se necesitan profesores de educación especial, coordinadores de voluntarios, médicos y bibliotecarios.

¿Cómo puede ayudarnos? Dé un donativo, hágase padrino o madrina de un niño o niña, o sea voluntario.

Póngase en contacto con nosotros:
www.nphamigos.org

Contraste cultural

Hablen de sus experiencias como voluntarios y de las oportunidades para hacer trabajos voluntarios en su pueblo o ciudad.

---

[1]earthquakes, [2]floods, [3]niños... orphans, [4]workshops

VOCABULARIO

En ¹la manifestación

En ¹⁰la campaña electoral

En el templo

1. demonstration 2. justice 3. equality (f.) 4. laws (f.) 5. reporter (m.); **la reportera** (f.) 6. we fight for...; **luchar por** to fight for
7. human rights 8. war 9. peace (f.) 10. electoral campaign 11. taxes 12. candidate (m.); **la candidata** (f.) 13. the conservatives;
conservador/a 14. Are you in favor...? **estar a favor de** to be in favor of 15. against 16. dangerous 17. national security
18. cathedral 19. Catholic 20. Protestant 21. to pray 22. Muslim 23. mosque 24. synagogue 25. Jewish 26. God 27. atheist
28. agnostic

*Asuntos *matters*

¡En acción!

10-18 ¿Qué pasa en la calle?

Observa las escenas de la página 352 y di si es cierto o falso lo siguiente. Si es falso, da la información correcta.

C   F

- ☐ ☐ **1.** En la manifestación hay mucha gente protestando.
- ☐ ☐ **2.** Unas personas no quieren la guerra; están a favor de la paz.
- ☐ ☐ **3.** Un vecino informa acerca de lo que pasa en la manifestación.
- ☐ ☐ **4.** La candidata Mora está a favor de las centrales nucleares.
- ☐ ☐ **5.** El candidato Trujillo quiere que los ciudadanos paguen menos impuestos.
- ☐ ☐ **6.** Unos católicos rezan cerca de la mezquita mirando en dirección a La Meca.
- ☐ ☐ **7.** Los judíos rezan en la sinagoga.
- ☐ ☐ **8.** Los ateos no creen en Dios.

10-19 Asuntos sociales, políticos y religiosos

¿Todos hacen y piensan lo mismo? Para saberlo, observen las escenas de la página 352 y describan lo siguiente:

- lo que hace el reportero y sobre qué está informando
- por qué luchan y qué piden las personas que protestan en la manifestación
- qué prioridades tiene cada uno de los candidatos
- las religiones representadas por los tres edificios de la escena; y qué hacen o dicen las personas en ella

Oaxaca. Festividad de la Virgen de Guadalupe, patrona de los mexicanos. En toda ciudad mexicana hay una iglesia dedicada a ella. El día antes de la festividad, el 12 de diciembre, los niños y bebés van a la catedral en procesión para hacerle ofrendas[1] a la virgen y pedirle protección.

Antigua, Guatemala. La Semana Santa[2] de Antigua es famosa por las magníficas alfombras florales con las que sus habitantes decoran las calles para la procesión religiosa.

[1]offerings [2]**Semana...** Holy Week

You have already learned two pairs of indefinite/ negative words: **algo/ nada** and **alguien/ nadie.** Here is another pair:

alguno/a/os/as *any, some, someone*   **ninguno/a** *no (not a single), none, not any*

* Just as **uno** shortens to **un** before a masculine singular noun, **alguno** and **ninguno** become **algún** and **ningún:**

> **Ningún** ciudadano está a favor de esa ley. **Algún** día todos van a quejarse.
> *No (not a single) citizen is in favor of that law. Some day they are all going to complain.*

* Because **ninguno/a** means *not a single (one)*, it does not have a plural form.

> —¿Van a votar **algunos** estudiantes?   —No, **ninguno** va a votar.

 ## 10-20 No todo lo que se dice es siempre verdad

Observen las tres escenas de la página 352 y digan si la siguiente información es cierta o falsa. Si es falsa, corríjanla. Túrnense.

MODELO

E1: *Algunas personas de la manifestación están a favor del terrorismo.*

E2: *Falso.* **Ninguna** *persona de la manifestación está a favor del terrorismo.*

C   F

☐ ☐ **1.** Algunos ciudadanos luchan por los derechos humanos.

☐ ☐ **2.** Algunos dicen que respetar las leyes es importante.

☐ ☐ **3.** Ningún ciudadano lucha por la paz.

☐ ☐ **4.** Ningún candidato de la campaña electoral habla de la guerra.

☐ ☐ **5.** Algunos tienen como prioridad la seguridad nacional.

☐ ☐ **6.** Ninguno quiere reducir los impuestos.

☐ ☐ **7.** Algunas personas rezan fuera de la mezquita.

☐ ☐ **8.** Ningún edificio de la escena representa la religión budista.

☐ ☐ **9.** No hay ninguna persona atea en la escena.

La nicaragüense Bianca Jagger, ex-esposa de Mick Jagger de los *Rolling Stones,* y el biólogo argentino Raúl Montenegro (no aparece en la foto) recibieron el *Right Livelihood Award* (Premio al Correcto Modo de Vida), en reconocimiento a su activismo en defensa de los derechos humanos en el mundo y su defensa de los recursos naturales en América Latina. ¿Conoces a otros famosos dedicados a causas humanitarias?

10-21 Un sondeo

Paso 1. Camina por la clase y pregúntales a *ocho* personas diferentes si están *a favor* o *en contra de* lo siguiente. Marca la respuesta (**A favor** o **En contra**) y el nombre de cada persona que responde.

MODELO

E1: *Ana, ¿estás **a favor** o **en contra** de las leyes para proteger el medio ambiente?*

E2: *Estoy a favor.*

	A favor de	En contra de	Nombre	
S O N D E O	☐	☐	_____	1. las leyes para proteger el medio ambiente[1]
	☐	☐	_____	2. los programas de «Acción afirmativa»
	☐	☐	_____	3. el seguro médico universal
	☐	☐	_____	4. el matrimonio entre personas del mismo sexo
	☐	☐	_____	5. la pena de muerte[2]
	☐	☐	_____	6. el derecho a llevar armas
	☐	☐	_____	7. subir los impuestos para reducir el déficit nacional
	☐	☐	_____	8. reducir la edad a la que se permite consumir bebidas alcohólicas

Paso 2. Al terminar, compartan con la clase algunas de las opiniones de sus compañeros/as. Luego, voten todos *a favor* o *en contra de* cada categoría.

¡A escuchar! Elecciones presidenciales

Paso 1. Escucha las entrevistas[3] de una reportera.

Paso 2. Escucha de nuevo y marca la respuesta apropiada.

1. La reportera está informando sobre las elecciones presidenciales...

   ☐ de hoy   ☐ de la próxima semana

2. Las cuestiones que más preocupan a los ciudadanos son...

   ☐ la economía y la seguridad del país   ☐ los derechos humanos y la igualdad

3. Una señora va a votar por el candidato que tenga como prioridad...

   ☐ la paz   ☐ la guerra

4. Un señor dice que lo más importante es...

   ☐ crear puestos de trabajo   ☐ reducir los impuestos

5. Un joven dice que para él lo más importante son...

   ☐ los derechos humanos   ☐ las centrales nucleares

[1]**medio...** environment, [2]**pena...** capital punishment, [3]interviews

¡Manos a la obra!

Expressing uncertainty or denial: The subjunctive with expressions of doubt or negation

4

Another common use of the subjunctive is with expressions of *doubt* or *negation*—when a person expresses doubt or disagreement about the actions, condition, or status of another person or thing. As before, each sentence has two clauses, with the subjunctive in the second clause.

expression of doubt or negation *(present indicative)*	**+ que +**	action or condition of another person or thing *(present subjunctive)*

Some verbs and expressions that convey doubt, uncertainty, disbelief, or negation are:

Doubt and uncertainty		*Disbelief or negation*	
dudar	*to doubt*	**no creer**	*not to believe*
no estar seguro/a (de)	*not to be sure*	**no es verdad**	*it's not true*
es posible	*it is possible*	**es imposible**	*it's impossible*
es probable	*it is probable*	**es improbable**	*it's improbable*

Once again, each sentence has *two different* subjects: the person expressing the doubt or negation and the person or thing toward which the doubt or negation is directed.

> **Dudo** que los conservadores **ganen** las elecciones.
> *I doubt the conservatives will win the election.*

> Los candidatos **no creen** que los ciudadanos **estén** a favor de la nueva ley.
> *The candidates do not believe that the citizens are in favor of the new law.*

Because the verbs **creer** and **saber,** and the expressions **estar seguro/a** and **ser verdad,** express certainty, they are used with the indicative.

> Los reporteros **creen/ están seguros** que todos **van** a votar.
> *The reporters believe/ are sure that everyone is going to vote.*

Al volver del supermercado, Ernesto y Fabio ven en su barrio un mural acerca de la tolerancia religiosa.

¡En acción!

¡Oye! ¿Están de acuerdo o no?

Vas a escuchar ocho opiniones. Apunta si estás de acuerdo o no con cada una.

10-22 Opiniones opuestas

Paso 1. Lee las siguientes opiniones y marca tus reacciones.

1. En nuestro país hay justicia e igualdad para todos.

   ☐ Creo que hay...   ☐ Dudo que haya...

2. La mayoría de los ciudadanos de este país hacen trabajos voluntarios.

   ☐ Creo que muchos hacen...   ☐ No estoy seguro/a de que muchos hagan...

3. Las centrales nucleares son peligrosas.

   ☐ Estoy seguro/a de que son...   ☐ No creo que sean...

4. Hay suficiente trabajo y suficientes viviendas para las personas sin hogar.

   ☐ Sé que hay...   ☐ Dudo que haya...

5. Las personas que trabajan con el presidente están de acuerdo con él.

   ☐ Creo que están...   ☐ Es improbable que estén...

6. En este país, muchos judíos, cristianos y musulmanes se entienden bien.

   ☐ Es verdad que se entienden...   ☐ Dudo que un gran número se entiendan...

Paso 2. Comparte tus reacciones con la clase. Usa oraciones completas. Luego, decidan entre todos si los estudiantes de la clase son, por lo general, optimistas, pesimistas o realistas.

El catolicismo es todavía la religión predominante entre los hispanos. Las innumerables y magníficas iglesias y catedrales edificadas por todo el mundo hispano, como la catedral de Quito (siglo XVI) en Ecuador, dan testimonio de ello. Este altar es de pan de oro[1].

[1]**pan...** gold leaf

Interior de la sinagoga Gran Templo de Paso de Buenos Aires, en Argentina. Se calcula que en Argentina hay unos 395.000 judíos, la mayoría de los cuales residen en Buenos Aires, lo que constituye la comunidad judía más grande del continente americano después de las de EE.UU. y Canadá.

El Imán de la mezquita de Fuengirola, en Málaga, reza en memoria de las víctimas del ataque terrorista en la estación de Atocha de Madrid (11 de marzo de 2004). Se calcula que hay unos cuatrocientos mil musulmanes en España; y el número va en aumento. La mezquita de Madrid es una de las más grandes de Europa.

10-23 Tres religiones: ¿Cuánto saben?

Vamos a ver qué saben Uds. sobre tres religiones que han tenido y todavía tienen gran influencia en el mundo hispano: la cristiana (católica y protestante), la judía y la musulmana.

Primero, cada uno/a marque **Cierto** o **Falso** para indicar si las siguientes afirmaciones son ciertas o no. Luego, díganse si **creen** o **no** lo que se dice en ellas. Túrnense. Al terminar, verifiquen sus respuestas.

MODELO

E1: *La Biblia es un libro sagrado para los musulmanes.*

E2: *(E2 marcó la* **F***.)* **No creo** *que la Biblia* **sea** *un libro sagrado para los musulmanes. ¿Y tú?*

E1: *Estoy de acuerdo.*

o: *(E2 marcó la* **C***.) Yo* **creo** *que la Biblia* **es** *un libro sagrado para los musulmanes.*

C F

1. Uno de los símbolos de la religión cristiana *es* la estrella de David.

2. El nombre Cristo *viene* del griego y *significa* Mesías, Salvador.

3. El cristianismo *es* la religión con más seguidores en el mundo.

4. La religión judía y la musulmana *permiten* comer carne de cerdo.

5. Casi la mitad[1] de los 14 millones de judíos del mundo *vive* en EE.UU.

6. Las religiones judía y musulmana *prohíben* representar la imagen de Dios, o de figuras humanas o de animales en las sinagogas y mezquitas.

7. El Islam *es* la segunda religión con más seguidores en el mundo.

8. El Corán (612–632) *es* el libro sagrado de los musulmanes; *contiene* la revelación transmitida a Mahoma por Alá (Dios).

9. Durante el Ramadán, los musulmanes adultos, incluso los enfermos y las mujeres embarazadas, no *comen* ni *beben* de sol a sol[2].

10. Los musulmanes *rezan* mirando en dirección a La Meca.

[1]half, [2]**de...** from sunrise to sunset

Modelo. F. La Biblia es el libro sagrado de los cristianos. 1. F. Es el símbolo de la religión judía. La cruz y el pez son símbolos de la religión cristiana. 2. C 3. C 4. F. No lo permiten. 5. C 6. C 7. C 8. C 9. F. Los enfermos y las mujeres embarazadas son la excepción. 10. C

10-24 ¡Vota por mí!

Palabras útiles
apoyar *to support*
controlar *to control*
elegir(i) *to elect*
eliminar *to eliminate*
prometer *to promise*
reducir *to reduce*
(pres.) reduzco,
reduces,...

 Paso 1. Imagínate que eres candidato/a para el puesto de gobernador/a de tu estado. Escribe tres cosas que vas a hacer si los ciudadanos te eligen: *Si me eligen, voy a reducir los impuestos, voy a...*

 Paso 2. En grupos de tres, hagan los papeles de candidato/a y dos reporteros. El/La candidato/a habla de lo que va a hacer; los reporteros toman apuntes y luego reaccionan a lo que dice, usando las expresiones que siguen. Túrnense.

Dudo que Ud....	Es improbable que Ud....	Es imposible que Ud....
No creo que Ud....	Es posible que Ud..., pero...	Estoy seguro/a que Ud...(*indicativo*)

MODELO

Reportero/a 1: Señor/Señora..., ¿qué va a hacer Ud. si los ciudadanos lo/la eligen?

Candidato/a: Voy a reducir los impuestos.

Reportero/a 2: Yo **dudo** que Ud. **reduzca** los impuestos. ¿Tiene algo más que decir?

10-25 Mensajes con deseos, emociones y dudas

 Paso 1. Haz el papel de Julia. Lee los mensajes y escribe lo que vas a contestar a las personas que llamaron. Usa los verbos que siguen y otros en tus respuestas.

aconsejarte	alegrarse de	sentir	esperar	dudar	creer	es una lástima	es probable

MODELO
Respuesta al mensaje nº 1:

*1. Hola, Pili. Soy Julia. No te preocupes, **dudo** que haya un examen de inglés mañana.*

3. Hija, soy mamá. No puedo ir a tu casa porque hay huelga de transporte público y mi carro no funciona.

2. Julia, cariño, soy Paco. La entrevista acaba de terminar; tengo el trabajo que quería. ¡Soy el nuevo abogado del alcalde!

4. Señorita Julia Bravo, aquí Tecnología Siglo XXI. Su computadora ya está reparada. Díganos cuándo va a pasar a recogerla.

5 MENSAJES

1. Julia, ¿sabes si hay examen de inglés mañana? Llámame. Soy Pili.

5. Julia, soy Fernando. Hoy me robaron la billetera con el dinero, la tarjeta de crédito, la licencia de manejar...; no sé que hacer.

 Paso 2. Uno/a de Uds. hace el papel de la persona que deja el mensaje para Julia, y el/la otro/a hace el papel de Julia que devuelve la llamada y deja otro mensaje. Túrnense.

Tu mundo cultural

Los murales en los barrios de EE.UU.

¿Hay murales en las calles de tu pueblo o ciudad? ¿Son hispanos los artistas?

La pintura muralista tiene una larga tradición en México. En el pasado, los grandes maestros como Rivera (1886–1957), Orozco (1883–1949) y Siqueiros (1896–1974) promocionaron el arte mural para concientizar al pueblo de los problemas sociales y políticos. Esta tradición continúa en los barrios mexicanos de EE.UU. donde se pintan murales en las calles y edificios para concientizar a la comunidad de las preocupaciones sociales y políticas más urgentes. Son patrocinados[1] por compañías y organizaciones de la comunidad y en ellos participan jóvenes locales. A continuación, observa tres murales que se encuentran en El Paso, Texas.

"NUESTRA HERENCIA" de Carlos Flores (1992), El Paso. Las tres caras representan la herencia mexicana: la indígena (a la izquierda), la española (a la derecha) y en el centro, el mestizo, combinación de las dos primeras. Este mural refleja la diversidad cultural que hay en la frontera entre México y EE.UU.

"AIDS" de Carlos Callejo y sus estudiantes (1988), situado detrás de la Clínica La Fe en El Paso. Es una de las tres pinturas que forman un mural pintado para concientizar de los peligros[2] del SIDA. El tornado representa la epidemia que transmite la enfermedad y devasta la tierra. Una mujer expresa su dolor porque el hijo que espera va a nacer[3] con el SIDA.

[1]sponsored, [2]dangers, [3]be born

Mural sin título, pero que se conoce por el nombre de "LÁGRIMAS[1]". El mural expresa el malestar de los residentes de Chihuahuita en 1975, por la decisión del departamento de carreteras del estado de Texas de hacer pasar la autopista de la frontera por allí. A los residentes les preocupaban las consecuencias negativas que eso tendría para su pueblo.

¿Qué aprendiste?

1. ¿Qué clase de pintura tiene larga tradición en México? Da ejemplos.

2. ¿Dónde se pintan murales en EE.UU.? ¿Con qué propósito? ¿Quiénes los pintan y quiénes los patrocinan?

3. ¿Qué representa cada uno de los tres murales? Explícalo.

Actividad cultural

Uds. van a encargar[2] a un grupo de artistas un mural que represente un problema o una preocupación de su barrio, *college* o universidad. En grupos de tres, hagan una lista de los elementos e imágenes que Uds. quieren que aparezcan en el mural, y si quieren, hagan también un bosquejo[3] del mural.

Contraste cultural

Hablen de los murales y otras manifestaciones artísticas (monumentos, edificios, etc.) que representen la herencia histórica y cultural o las preocupaciones sociales de su ciudad. Digan de qué temas tratan y qué símbolos o imágenes usan.

[1]Tears, [2]to commission, [3]sketch

Tu mundo en vivo

¡Video en acción!

10.1 CLUES ayuda a inmigrantes hispanos

1. **Antes de ver el video**

   a. ¿Hay organizaciones en dónde tú vives que ayuden a la comunidad hispana?

   b. ¿Cuáles crees que son las prioridades de esas organizaciones?

2. **Mientras ves el video**

   a. Apunta *tres* programas que tiene CLUES para la comunidad hispana.

   _____

   b. Apunta *tres* obstáculos que tienen algunos clientes o inmigranes latinos.

   _____

3. **Míralo otra vez** Relaciona las fotos con lo que dice cada persona.

   A   B   C

   ___ «Hoy tengo una cita con una persona que me va a ayudar a conseguir un trabajo.»

   ___ «Lo que le aconsejo a un latino es... clases de inglés. »

   ___ «Tenemos talleres que tratan de cómo tener una entrevista exitosa.»

10.2 Un muralista con conciencia

1. **Antes de ver el video**

   ¿Hay murales en tu barrio? ¿Dónde? ¿Qué representan?

2. **Mientras ves el video** Relaciona cada mural con el comentario que le corresponde.

   A   B   C

   ___ En sus murales, Xavier Cortada trata también temas relacionados con la familia.

   ___ A Cortada le preocupa la destrucción de los manglares, plantas acuáticas de Florida.

   ___ Miami se creó como resultado de la integración de razas y culturas diferentes.

3. **Comenta con la clase**

   ¿Cuáles de los temas de los murales de Cortade te interesan más?

¡Lectura en acción!

Empresa[1] modelo por sus servicios voluntarios

A continuación vas a leer un artículo acerca de una empresa de Costa Rica que ha recibido varios premios por sus actividades en múltiples áreas de la comunidad.

Paso 1. Antes de leer el artículo, sigue los siguientes pasos para concentrarte en las palabras más difíciles.

1. Es posible que no conozcas las dos siguientes palabras: **promueve** y **reconocimiento**. Analiza los prefijos y la raíz[2] de cada una. ¿Puedes deducir su significado o identificar palabras con las que se relacionen?

2. ¿Puedes identificar palabras que se relacionen con las tres siguientes? Presta atención a la raíz y también a su terminación y escribe una palabra que se asocie con cada una.

voluntariado	
premió	
comunitarios	

Paso 2. Ahora lee el artículo. Piensa en las palabras que has asociado con las que están en negrita[3]. Luego, teniendo en cuenta el contexto, decide si tus asociaciones son correctas.

> **Reconocimiento al programa *Intel Activo en la Comunidad***
>
> *Intel Activo en la Comunidad* es el programa a través del cual *Intel Costa Rica* **promueve** el **voluntariado** y la participación de sus empleados en programas y proyectos **comunitarios**.
>
> La Cámara Costarricense - Norteamericana de Comercio (AMCHAM) **premió** a *Intel* con el mayor **reconocimiento** por su proyección comunitaria y sentido de responsabilidad social en varias ocasiones, siendo la última a finales del año 2005. Igualmente, *Intel Costa Rica* recibió en el año 2005 el *Premio de Responsabilidad Social Corporativa* otorgado por la Cámara Costarricense de Comercio.
>
> *Componentes Intel de Costa Rica recibió* el premio que se otorga a empresas que de manera consistente desarrollan programas de proyección comunitaria en el área social, de educación y medio ambiente, en beneficio de su comunidad y del país. Ésta es la primera vez que AMCHAM otorga el premio, en todas las categorías, a una sola empresa.
>
> El honor que le ha correspondido a *Intel Costa Rica* es el resultado de una clara filosofía y política de responsabilidad social, con respecto al papel que deben jugar las empresas privadas en el desarrollo de la sociedad moderna.

Paso 3. Ahora, responde a las siguientes preguntas para ver si entendiste la información más importante.

1. ¿Quiénes participan en los programas y proyectos comunitarios?

2. ¿Qué organización ha premiado a *Intel* por su activismo ambiental y social?

3. ¿Por qué es notable el premio?

4. ¿Qué factores contribuyeron a que *Intel* ganara el premio?

[1]Company, [2]root, [3]boldface

Reading Strategy

Recognizing word families

When presented with a reading passage with numerous unfamiliar words, pay attention to their prefixes, suffixes, and root words to help you clarify or decipher their meaning.

Vocabulario activo y pasivo: Capítulo 10

Escena 1

En el barrio *In the neighborhood*
la acera *sidewalk*
el camión de la basura *garbage truck*
el cartero *mailman*
el chicle *chewing gum*
el/la ciudadano/a *citizen*
el/la dueño/a *owner*
el dulce *sweet, candy*
la grúa *tow truck*
la muchacha *girl*
el muchacho *boy*
el partido *party (political)*
el portero *porter, concierge*
el prejuicio *prejudice*
el pueblo *town, people*
el repartidor (de periódicos) *(newspaper) delivery person*
el/la vecino/a *neighbor*
el/la vendedor/a *vendor*

El incendio *The fire*
el fuego *fire*
el humo *smoke*

Las telenovelas *Soap operas*
casarse *to get married*
comprometerse *to get engaged*
divorciarse *to get divorced*
enamorarse *to fall in love*
(no) llevarse bien con *to (not) get along well with*

Verbos y expresiones verbales *Verbs and verbal expressions*
acabar de + *infinitivo* *to have just done something*
aconsejar *to advise*
acordarse (ue) de *to remember*
colgar (ue) *to hang*
insistir (en) *to insist (on)*
mudarse *to move (from house to house)*
obedecer *to obey*
olvidarse de *to forget...*
pasar por *to go down/ pass by*
quemarse *to burn oneself, burn down*
recoger *to pick up, gather*
recomendar (ie) *to recommend*
relajarse *to relax*
saltar *to jump*
saludarse *to greet*
votar *to vote*

es importante *it is important*
es mejor *it is better*
es necesario *it is necessary*

Escena 2

En el barrio *In the neighborhood*
el alcalde/ la alcaldesa *mayor*
el arma (f.) *weapon*
la banda *the band*
la bebida alcohólica *alcoholic drink*
el crimen *crime*
el ladrón/ la ladrona *thief, robber*
la persona sin hogar *homeless person*
la víctima *victim*
la violencia *violence*
el/la voluntario/a *volunteer*

Verbos y expresiones verbales *Verbs and verbal expressions*
ahorrar *to save (time, money)*
alegrarse (de) *to be glad/ happy (about)*
aplaudir *to applaud*
atender (ie) *to look after, tend*
construir *to construct*
dar de comer *to feed*
discutir *to argue*
donar *to donate*
emborracharse *to get drunk*
enseñar *to teach, show*
esperar *to hope, expect*
estar de acuerdo *to agree*
extrañar *to miss*
invitar a *to invite*
matar *to kill*
organizar *to organize*
robar *to rob, steal*
resolver (ue) *to solve, resolve*
reunirse *to meet (get together)*
sentir (ie, i) *to be sorry, regret, feel*
tratar de + *infinitive* *to try to (do something)*

es increíble *it is incredible*
es ridículo *it is ridiculous*
es una lástima *it is a shame*

Escena 3

Los asuntos sociales y políticos *Social and political matters*
la campaña electoral *electoral campaign*
el/la candidato/a *candidate*

los derechos humanos *human rights*
la guerra *war*
la igualdad *equality*
los impuestos *taxes*
la justicia *justice*
la ley *law*
la manifestación *demonstration*
la paz *peace*
el/la reportero/a *reporter*
la seguridad nacional *national security*

el/la conservador/a *conservative*
peligroso/a *dangerous*

Los asuntos religiosos *Religious matters*
la catedral *cathedral*
la mezquita *mosque*
la sinagoga *synagogue*

Dios *God*
agnóstico/a *agnostic*
ateo/a *atheist*
católico/a *Catholic*
judío/a *Jewish*
musulmán/ musulmana *Muslim*
protestante *Protestant*

Palabras afirmativas y negativas *Affirmative and negative words*
alguno/a/os/as *any, some, someone*
ninguno/a *no (not a single), none, not any*

Verbos y expresiones verbales *Verbs and verbal expressions*
dudar *to doubt*
estar a favor de/ en contra de *to be in favor of/ against*
luchar por *to fight for*
no creer *not to believe*
no estar seguro/a (de) *not to be sure*
rezar *to pray*

es imposible *it is impossible*
es improbable *it is improbable*
es posible *it is possible*
es probable *it is probable*
no es verdad *it is not true*

Autoprueba y repaso: Capítulo 10 WILEY PLUS ✓

Escena 1
La vida en el barrio

A. Combina las acciones de la primera columna con las referencias de la segunda que mejor les corresponden.

___ 1. colgar	a. el fuego, el incendio
___ 2. acordarse de	b. el parque
___ 3. mudarse	c. la ropa
___ 4. quemarse, saltar	d. el candidato
___ 5. saludarse	e. decir «¡Buenos días!»
___ 6. obedecer	f. olvidarse de
___ 7. votar	g. el camión de la basura
___ 8. relajarse	h. seguir órdenes
___ 9. recoger	i. cambiarse de casa

I. The subjunctive mood and the formation of the present subjunctive

B. Cambia los verbos a la forma correcta del presente de subjuntivo, para indicar lo que quieren las siguientes personas.

MODELO

El alcalde quiere que los ciudadanos...

votar → *Quiere que voten.*

El alcalde quiere que todos...
1. ver las comedias que se dan en el parque
2. hacer trabajos voluntarios
3. acordarse de ir a las reuniones

Mi vecino quiere que él y yo...
4. almorzar en el restaurante El Quijote
5. pedir paella
6. ir al concierto esta noche

La abuela quiere que su nieto...
7. ser obediente cuando vayan de paseo
8. estar atento al cruzar la calle
9. sentarse en el banco del parque para almorzar

II. The subjunctive with expressions of influence

C. Indica lo que pasa en la telenovela *El amor lo puede todo*. Completa las oraciones usando los verbos entre paréntesis en el presente de indicativo y presente de subjuntivo.

1. Josefina (*pedirle*) ___ _____ a Víctor que no (*casarse*) ___ _____ con Angelita.
2. Los padres de Víctor (*aconsejarle*) ___ _____ que (*salir*) _____ con chicas de clase alta.
3. Ellos también (*preferir*) _____ que no (*trabajar*) _____ con las personas sin hogar.
4. Víctor es muy independiente; (*insistir*) _____ en que sus padres no (*controlar*) _____ su vida.
5. Para él, (*ser*) _____ importante que los dos (*comprometerse*) ___ _____ muy pronto.

En resumen

Contesta las preguntas con oraciones completas.
1. ¿Te gusta vivir en tu barrio? ¿Quieres mudarte?
2. ¿Quieres que construyan más escuelas y hospitales en tu barrio? ¿y que les paguen más a los maestros?
3. ¿Hay en tu barrio lugares para relajarse y divertirse? Explica.
4. ¿Qué les aconsejas a tus vecinos?
5. ¿Qué recomiendas que hagan algunas personas de tu familia?

Escena 2
Actividades del barrio

D. ¿Qué pasa en el barrio? Completa las oraciones usando los verbos que siguen. A veces se conjuga el verbo en el presente, y otras se usa el infinitivo.

aplaudir	atender	construir	discutir	donar
emborracharse	enseñar	organizar	resolver	reunirse

1. La Asociación de Vecinos se _____ para _____ la fiesta del barrio.
2. En las reuniones, dos de los vecinos nunca están de acuerdo. Siempre _____, pero luego tratan de _____ las diferencias.
3. En la fiesta del barrio, la banda toca en el parque y la gente _____ porque le gusta la música.
4. En la residencia de ancianos, la joven _____ a la anciana.
5. A la entrada de la iglesia, una persona _____ dinero para ayudar a los pobres.
6. En la escuela, la voluntaria les _____ a los niños a leer y a escribir.
7. En la reunión de Alcohólicos Anónimos una persona piensa que _____ es un error.
8. Algunos voluntarios _____ casas para las personas sin hogar.

III. The subjunctive with expressions of emotion

E. Indica lo que pasa en la primera cita de Víctor y Angelita, en la telenovela *El amor lo puede todo*. Escribe oraciones con las palabras indicadas, usando el presente de indicativo y el presente de subjuntivo.

1. Víctor / *alegrarse de* / que / ellos / *tener* una cita esta noche
2. Angelita / *esperar* / que / Víctor / *ser* muy sincero
3. A Víctor / *encantarle* / que / Angelita / *hacer* trabajos voluntarios
4. Angelita / *esperar* / que / Víctor y ella / *poder* comunicarse bien
5. Victor / *sentir* / que / sus padres / *estar* en contra de la relación
6. Víctor / *alegrarse* de / que / Angelita / *querer* salir con él otra vez

En resumen

Contesta las preguntas con oraciones completas.

1. ¿Haces trabajos voluntarios? ¿De qué clase? ¿Dónde? ¿Cuándo?
2. Después del trabajo, ¿normalmente vuelves a casa, o les invitas a tus amigos a ir contigo a algún lugar? ¿Adónde van?
3. Los fines de semana, ¿qué esperas que hagan tus amigos o familiares?
4. ¿Te alegras o sientes que *todos* los miembros de tu familia no vivan en el mismo barrio?

Escena 3
Asuntos sociales, políticos y religiosos

F. Combina las palabras o expresiones de la primera columna con las que mejor les corresponden de la segunda. No se repiten respuestas.

___ 1. la mezquita	a. el candidato
___ 2. la sinagoga	b. la igualdad
___ 3. el reportero	c. la paz
___ 4. la justicia	d. las noticias
___ 5. la guerra	e. los judíos
___ 6. la campaña electoral	f. en contra de
___ 7. la manifestación	g. los musulmanes
___ 8. los impuestos	h. pagar

✔ Additional **Autopruebas** online.

IV. The subjunctive with expressions of doubt or negation

G. Escribe tus reacciones. Usa el presente de indicativo y el presente de subjuntivo en las oraciones.

MODELO

dudar / que / todos los candidatos / decir la verdad

Dudo que todos los candidatos **digan** la verdad.

1. no *estar* seguro/a de / que / *haber* elecciones este mes
2. no *creer* / que / muchos ciudadanos / *participar* en la manifestación
3. *dudar* / que / los reporteros / *ser* siempre objetivos
4. *ser* improbable / que / todos los ciudadanos / *respetar* las leyes
5. *ser* imposible / que / todos / *estar* a favor de las centrales nucleares

H. Contesta las preguntas. Usa el subjuntivo sólo para expresar duda.

MODELO

¿Hay muchas personas en la catedral? (creer)

Creo que hay muchas.

¿Es la misa en español? (no creer)

No creo que sea en español.

1. ¿Rezan los musulmanes tres veces al día? (creer)
2. ¿Hay un concierto en la iglesia hoy? (no creer)
3. ¿Son todos los estudiantes ateos? (dudar)
4. ¿Van los judíos a la sinagoga una vez por semana? (no estoy seguro/a de)
5. ¿Es antigua la catedral de Toledo? (estoy seguro/a de)

En resumen

Contesta las preguntas con oraciones completas.

1. ¿Por qué causas deben luchar los candidatos políticos?
2. ¿Estás a favor o en contra de aumentar la seguridad nacional? ¿y los impuestos?
3. ¿Qué dudas que hagan los líderes de nuestra nación?
4. ¿Es probable que haya más (menos) guerras en el futuro? ¿Por qué?
5. ¿Esperas que las diferencias políticas y religiosas entre países de culturas diferentes se puedan resolver? Explica.

Answers to the *Autoprueba y repaso* are found in **Apéndice 2.**

11 En el trabajo

WILEY
PLUS

Additional activities and
Autopruebas for each
Escena available online.

Escena 1
En la oficina
- Talking about what has happened:
  The present perfect

TU MUNDO CULTURAL
La etiqueta en los negocios

Escena 2
En la empresa
- Talking about what will happen:
  The future tense

TU MUNDO CULTURAL
Modelo de empresa indígena

Escena 3
En la fábrica
- *Por* and *para*, a summary

TU MUNDO CULTURAL
Las maquiladoras de la frontera mexicana

TU MUNDO EN VIVO

✓ AUTOPRUEBA

En la oficina

¿Desea trabajar para esta compañía?

Sí, tres ¹**cartas de recomendación**.

...²**el gerente de ventas**...

Sí, y es ³**un puesto de trabajo** estupendo.

COMPAÑÍA CON BRÍO

5. el maletín

4. los ejecutivos

10. el cubículo

SE NECESITA PROGRAMADOR
12. DE TIEMPO PARCIAL
13. DE TIEMPO COMPLETO

21. ENVIAR	CORTAR	22. COPIAR	23. BORRAR	AYUDA

24. arroba

Para: juv@une.com

25. Asunto: **puesto de gerente**

26. Anexo: _____

27. Estimado **señor Verdú:**
Le escribo para confirmar la fecha de su entrevista...

28. Atentamente,
Luis Roca Lara

29. Jefe de Personal

Vacaciones del jefe 11. 1→15 de agosto

14. la llamada de larga distancia

15. el código de área

16. marcar

314

17. GUÍA TELEFÓNICA

18. ARCHIVOS

19. SOLICITUDES DE EMPLEO

20. CURRÍCULOS

30. el sobre

31. la dirección

1. letters of recommendation
2. sales manager (*m.*) **la gerente...** (*f.*)
3. position, job
4. executives
5. briefcase
6. Hello?
7. to save
8. to reply, answer
9. *By when?*
10. cubicle
11. boss (*m.*) **la jefa** (*f.*)
12. part time
13. full time
14. long distance call
15. area code
16. to dial
17. telephone book
18. files
19. job applications
20. résumés
21. to send
22. to copy
23. to delete, erase
24. @
25. subject
26. attachment
27. Dear... (*formal, m.*) **Estimada...** (*f.*)
28. Truly yours
29. director of human resources
30. envelope
31. address
32. printer
33. scissors
34. to photocopy
35. photocopier
36. *I'm not going to be bored* **aburrirse** to get bored

¡En acción!

11-1 ¿Qué hay y qué se hace en la oficina?

Primero, escriban una lista de los aparatos y objetos que hay en la oficina (págs. 368–369). Tienen dos minutos. Luego, escriban todas las acciones que asocien con cada uno. Tienen dos minutos más. La pareja con la lista más larga de objetos y acciones se la lee a la clase.

Aparatos y objetos	Acciones
el contestador automático	dejar mensajes

Here are two uses of **para** that are helpful in the workplace:

trabajar para *to work for* (a company, a person, etc.)   Trabaja **para** una compañía multinacional.

para + *deadline* by, for (a specified future time)   Téngalo listo **para** mañana.

11-2 En la oficina

¿Cómo es un día típico allí? Observen con mucha atención la escena de las páginas 368–369. Luego, digan: **(a)** lo que están haciendo y diciendo las siguientes personas, y **(b)** los objetos y aparatos que hay cerca de ellas. Usen todas las palabras del vocabulario.

MODELO

La secretaria que lleva gafas está hablando por teléfono acerca de...

- la secretaria que lleva gafas
- los otros dos empleados que están en sus cubículos
- los ejecutivos
- el empleado que está al lado de la fotocopiadora
- la señorita López Rubio, secretaria del jefe de personal (mencionen lo que vean en el escritorio, en la pantalla y en el resto del cubículo)

11-3 Mi primer día de trabajo

Acabas de empezar a trabajar en una oficina. Como eres nuevo/a, cada vez que quieres saber dónde está algo se lo preguntas a tu colega Juana. Ella está en el cubículo de al lado, y te contesta detalladamente, con varias preposiciones. Usen el plano de la oficina. Hagan los dos papeles y túrnense.

MODELO

hablar con el director

Yo: *Quiero hablar con el director. ¿Dónde está su oficina?*

Juana: *Está **en** la esquina, **al lado de** la oficina de la jefa de personal, **enfrente del** cubo de reciclaje.*

Quiero...

1. hablar con la jefa de personal

2. imprimir un documento de 20 páginas

3. reciclar unas hojas de papel usado

4. prepararme un café

5. ir al baño

6. buscar un número de teléfono

7. *escanear* el plano de la oficina

8. poner cartas en los sobres

9. mandar un fax

10. hacer fotocopias

11. ... (uno de tu invención)

12. ... (uno de tu invención)

Palabras útiles

encima de/ debajo de

enfrente de

delante de/ detrás de

al lado de

entre

cerca de/ lejos de

a la derecha/ a la izquierda

pared norte, sur, este, oeste

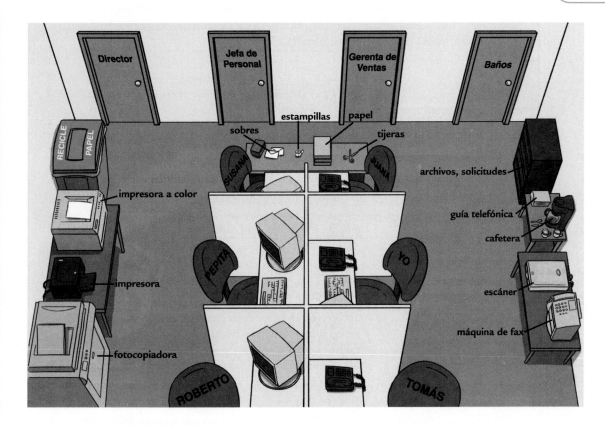

¡A escuchar! En la oficina

Palabras útiles

entrevista *interview*

Paso 1. Escucha la conversación entre dos secretarias en una oficina.

Paso 2. Escucha de nuevo y marca si es cierto o no.

1. Las dos secretarias se quejan de la cantidad de trabajo que tienen. ☐ Sí ☐ No

2. Julia puede ayudar a Serena porque su jefe está de vacaciones. ☐ Sí ☐ No

3. La semana próxima, Julia va a tener vacaciones. ☐ Sí ☐ No

4. El jefe le dice a Julia que no haga llamadas de larga distancia. ☐ Sí ☐ No

5. Serena escribe la siguiente dirección electrónica: *atorres@tecnonet.com* ☐ Sí ☐ No

6. Julia le dice a Serena que el código de área de *Tecnonet* es el 339. ☐ Sí ☐ No

7. Julia está contenta de que su jefe regrese mañana. ☐ Sí ☐ No

¡Manos a la obra!

1

Talking about what has happened: The present perfect

In Spanish, as in English, the present perfect describes an action that *has happened*. It usually refers to the recent past. It is a compound tense, formed by combining the present tense of the verb *to have* and a past participle. In this construction, the Spanish equivalent of *to have* is **haber,** not **tener.**

—¿**Has hablado** con el jefe? — *Have you **spoken** with the boss?*
—Sí, **he ido** a su oficina dos veces. — *Yes, I **have gone** to his office twice.*

present tense of haber + *past participle*				
(yo)	**he**		*I have*	
(tú)	**has**		*you have*	
(Ud., él, ella)	**ha**	**+ llegado**	*you/ he/ she has*	*+ arrived*
(nosotros/as)	**hemos**	**+ comido**	*we have*	*+ eaten*
(vosotros/as)	**habéis**	**+ salido**	*you have*	*+ left*
(Uds., ellos, ellas)	**han**		*you/they have*	

To form the past participle in Spanish, **-ado** is added to the stem of **-ar** verbs and **-ido** is added to the stem of **-er** and **-ir** verbs.

infinitive	*stem*	*add ending*	*past participle**
reserv**ar**	reserv-	**ado**	**reservado**
respond**er**	respond-	**ido**	**respondido**
dorm**ir**	dorm-	**ido**	**dormido**

* Pronouns (direct, indirect, and reflexive) precede **he, has, ha,...**
    (*direct*)   ¿Y las soluciones? **Las hemos** encontrado.
    (*indirect*)   **Le he** pedido al jefe de personal que asista a la reunión.
    (*reflexive*)   **Nos hemos** reunido para hablar de los problemas.

* In a negative statement, **no** precedes **he, has, ha...** and a pronoun, if included.
    No he comprado los boletos. **No los he** comprado porque no tengo dinero.

*The past participles of **caer(se), leer,** and **oír** have an accent on the **í: caído, leído, oído.**

Jennifer tiene una entrevista con la jefa de personal para un puesto en una compañía.

Dígame, ¿por qué quiere ser recepcionista?

He solicitado un puesto de recepcionista de tiempo parcial porque me gusta el contacto directo con la gente.

¿Por qué cree que puede hacerlo bien?

Ya he trabajado antes en puestos similares y mis jefes siempre han estado muy satisfechos con mi trabajo. ¿Ha leído las cartas de recomendación?

Sí, son excelentes. ¿Y ha usado programas de *software*?

Sí, he tomado varios cursos de computación.

¿Ha estudiado idiomas?

Hablo español e inglés y he estudiado chino.

¡En acción!

¡Oye! ¿Es bueno el jefe o no?

Escucha lo que ha hecho tu jefe y reacciona diciendo si es algo **buenísimo** o **malísimo.**

11-4 Un día en una compañía

Paso 1. Hoy el presidente de la compañía está preparando la reunión[1] que tiene anualmente con los ejecutivos de su compañía. La jefa de personal está organizando un almuerzo para celebrar el día de la secretaria. Indica las tareas de la lista que va a hacer el presidente (**P**) y las que va a hacer la jefa de personal (**J**).

P	J	
☐	☐	**a.** decidir lo que va a incluir en la agenda de la reunión
☐	☐	**b.** comprar flores para las secretarias
☐	☐	**c.** preparar un cuestionario para todos los ejecutivos
☐	☐	**d.** invitar a las secretarias al almuerzo
☐	☐	**e.** planear su presentación acerca del futuro de la compañía
☐	☐	**f.** pedir a su secretaria que reserve la sala de conferencias
☐	☐	**g.** decidir el menú para el almuerzo
☐	☐	**h.** ir al restaurante una hora antes para ver si todo está listo

Paso 2. Ahora, uno/a de Uds. hace de presidente de la compañía y otro/a de jefa de personal. Con la información anterior, cada uno/a escribe *cuatro* cosas que ha hecho hoy. Luego, compártanlas.

Presidente de la compañía	Jefa de personal
1. *He decidido lo que voy a incluir en la agenda de la reunión.*	1. ...

11-5 ¡Hay tanto que hacer!

La jefa quiere saber si su secretario ya ha hecho ciertas cosas. Él responde usando **lo/la/los/las** + *el presente perfecto* de los verbos que siguen. Hagan los dos papeles y túrnense.

MODELO

Jefa: ¿Y los sobres que necesitas?

Secretario: *Ya **los** he comprado.*

borrar	**comprar**	**contestar**	**enviar**	**fotocopiar**
guardar	**leer**	**pedir**	**reparar**	

(continúa)

[1]meeting

1. ¿Y las solicitudes de empleo?

2. ¿Y las llamadas de los que se interesan por el nuevo puesto?

3. ¿Y el paquete con los documentos?

4. ¿Y las instrucciones que mandó el gerente?

5. ¿Y la agenda para la reunión de hoy?

6. ¿Y los mensajes antiguos *(old)* del contestador automático?

7. ¿Y la impresora que no funciona?

8. ¿Y los sándwiches para el almuerzo?

 ## 11-6 ¿Qué ha hecho ya?

El señor Pérez ya está listo para empezar un nuevo día de trabajo en la oficina. Basándose en los dibujos, digan como mínimo *ocho* cosas que ha hecho entre las 6:30 y las 7:30 de la mañana.

MODELO

El señor Pérez se ha levantado.

A las 6:30 de la mañana.

A las 7:30 de la mañana.

The verbs below have irregular past participles (**imprimir** and **romper** are new to you).

abrir	**abierto**	*opened, open*
decir	**dicho**	*said, told*
escribir	**escrito**	*written*
hacer	**hecho**	*done*
imprimir *to print*	**impreso**	*printed*
morir	**muerto**	*died, dead*
poner	**puesto**	*put, placed*
romper *to break*	**roto**	*broken*
ver	**visto**	*seen*
volver	**vuelto**	*returned*
devolver	**devuelto**	*returned (something)*
resolver	**resuelto**	*resolved*

11-7 Acciones recientes

Paso 1.   En la columna que dice **Yo,** marquen lo que cada uno/a ha hecho o no *recientemente.* Luego, háganse preguntas para saber qué ha hecho el/la otro/a. Apunten las respuestas en la segunda columna. Túrnense.

MODELO

E1:   ¿*Has abierto* una cuenta en el banco recientemente?

E2:   *Sí, (No, no) he abierto una cuenta. ¿Y tú?*

Yo			Mi compañero/a	
Sí	**No**		**Sí**	**No**
☐	☐	**1.** abrir una cuenta en el banco	☐	☐ ha abierto...
☐	☐	**2.** devolver un libro a la biblioteca	☐	☐ ...
☐	☐	**3.** ver una película interesante ¿Qué película?	☐	☐ ...
☐	☐	**4.** volver a casa muy tarde ¿A qué hora?	☐	☐ ...
☐	☐	**5.** resolver un problema	☐	☐ ...
☐	☐	**6.** escribir un e-mail o una carta ¿A quién?	☐	☐ ...
☐	☐	**7.** decir una mentira ¿Qué mentira?	☐	☐ ...
☐	☐	**8.** imprimir un trabajo escrito ¿Para qué clase?	☐	☐ ...
☐	☐	**9.** romper algo ¿Qué?	☐	☐ ...
☐	☐	**10.** hacer algo interesante ¿Qué?	☐	☐ ...

Paso 2.   Compartan con la clase *una* cosa que los dos han hecho o no: *...y yo **hemos** impreso los trabajos escritos para las clases de historia y economía. (o) Ni... ni yo **hemos** resuelto un problema recientemente.*

> **Palabras útiles**
> **ni... ni** *neither... nor*

11-8 ¿Qué han hecho los empleados?

La jefa no ha venido a la oficina esta semana, y en su ausencia han pasado toda clase de cosas. En grupos de tres, escriban *ocho* cosas que han hecho los empleados. Usen los verbos que siguen y la imaginación.

abrir	cancelar	comprar	encontrar	escribir	escuchar	examinar
fotocopiar	hablar	jugar	navegar	pedir	poner	responder

MODELO

Han cancelado todas las citas con los clientes.

Tu mundo cultural

La etiqueta en los negocios

Nunca se sabe. Quizás en un futuro próximo, tengas que ir de viaje de negocios a un país hispano, y si eso ocurre, ¿estás preparado/a? Lee lo que sigue. Tal vez un día te pueda ser muy útil[1].

Hacer negocios en un país extranjero es siempre un reto[2] porque requiere conocer un idioma[3], una cultura y un sistema legal diferente. Para tener éxito[4] en las relaciones comerciales con los países hispanos, conviene conocer la etiqueta o protocolo que siguen en los negocios. Es cuestión de estar preparado.

Las relaciones personales son la base del éxito en los negocios con los hispanos. Lo primero que hay que hacer es crear una relación personal y amistosa y luego, vienen los negocios.

En los negocios, como en el resto de la vida hispana, la proximidad física es algo normal, tanto en los saludos como durante la conversación y negociación.

El almuerzo es para los hispanos una ocasión para entablar[5] relaciones personales y conocerse, y no necesariamente para hacer negocios. En ocasiones, el almuerzo puede durar de 1:30 a 3:00 de la tarde o incluso más.

[1]useful, [2]challenge, [3]language, [4]**tener...** to be successful, [5]to initiate

Guía práctica para hacer negocios en los países hispanos

Saludos y presentaciones

Acuérdese siempre de saludar a cada persona (Buenas tardes, etc.) y peguntarle cómo está.

Nombres y títulos

Use el título de la persona (ingeniero, licenciado) o señor, señora, señorita y el apellido, al menos que se le indique lo contrario.
Use Ud., no tú.

La puntualidad

En los países hispanos el concepto del tiempo es menos rígido que entre los anglosajones y llegar treinta minutos tarde es algo aceptable. Pero cuando un hispano dice «*Nos vemos a las 8, hora inglesa*», lo que quiere decir es que la cita es a las ocho en punto, y no más tarde.

La ropa

Los hispanos en general ponen mucha atención a la ropa. Eso es también el caso cuando se trata del mundo de los negocios.

Lo que se debe evitar:

- Llamar por el nombre de pila[1] a la otra persona.

- Hablar de negocios durante el almuerzo, al menos que lo haga el anfitrión[2].

- Tomar el café durante el almuerzo; se toma al final.

- Insistir en pagar el almuerzo de negocios a medias[3]; no es costumbre. Generalmente lo paga la persona que hace la venta.

- Hacer el gesto de "OK" con los dedos; se considera vulgar.

- Llevar pantalones cortos o zapatos de tenis a reuniones de negocios.

- Pedir leche o refrescos en un almuerzo de negocios. Pida agua o una buena botella de vino.

¿Qué aprendiste?

1. ¿Qué es importante conocer cuando se hacen negocios en países extranjeros? ¿Y con los hispanos, en particular, que se recomienda hacer primero?

2. En tu opinión, ¿cuáles son las tres cosas más importantes para tener éxito en los negocios con hispanos? ¿Y cuáles son las tres que más se deben evitar?

3. ¿Cuáles de las normas de etiqueta hispanas encuentras más extrañas? ¿Y a cuáles te va a costar más trabajo adaptarte? Explica.

Actividad cultural

Paso 1. Uds. están preparando un DVD para educar a los hombres y mujeres de negocios de su país sobre las normas de etiqueta en los negocios con hispanos. En grupos de tres, escriban un bosquejo[4] de la conversación entre un hombre o una mujer de negocios estadounidense y dos ejecutivos de una compañía latinoamericana. Decidan:

- dónde (oficina, restaurante,...)

- de qué van a hablar (productos, ventas,...)

- los errores de etiqueta que van a hacer

Paso 2. Represéntenlo para la clase. Luego, los otros estudiantes comentan lo que *se debe hacer o no*, según lo que vieron.

Contraste cultural

Tomando como inspiración la guía anterior, escriban una lista de consejos prácticos para las personas extranjeras que vayan de negocios a su país.

[1]first name, [2]host, [3]**pagar...** Dutch treat, [4]outline

VOCABULARIO

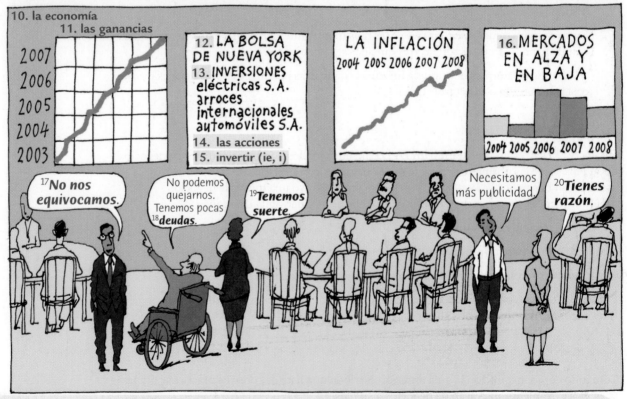

1. corporation 2. to succeed, be successful 3. budget 4. employee (*f.*) **el empleado** (*m.*) 5. colleague (*m.*) **la colega** (*f.*) 6. interview 7. experience 8. promotion 9. to earn 10. economy 11. profits 12. stock market 13. investments 14. shares 15. to invest 16. bull (up) and bear (down) markets 17. We weren't mistaken. **equivocarse** to be mistaken, make a mistake 18. debts 19. We are lucky. **tener suerte** to be lucky 20. You are right. **tener razón** to be right

¡En acción!

11-9 ¿Hay otra forma de decirlo?

Empareja cada palabra o expresión de la columna A con la que le corresponde de la columna B.

A.
1. la solicitud
2. el presupuesto
3. el/la colega
4. tener éxito
5. la entrevista
6. tener razón
7. quejarse
8. deuda
9. equivocarse

B.
a. expresar dolor o resentimiento
b. hacer un error
c. débito
d. estar en lo cierto
e. compañero/a de trabajo
f. papel que se completa para solicitar un trabajo
g. gastos que se anticipan
h. triunfar, obtener lo que se busca
i. conferencia entre dos o más personas

11-10 En la empresa

¿Es un día muy activo? Observen las escenas de la página 378 y digan **(a)** qué hay, **(b)** qué pasa y **(c)** de qué se habla en los siguientes lugares. Usen todas las palabras del vocabulario.

MODELO

En la oficina del gerente hay una ventana grande por donde se ven unos rascacielos,...

- En la oficina del gerente
- En la oficina de al lado
- En la sala de conferencias: las estadísticas, las preocupaciones de los empleados,...

11-11 Una entrevista

La jefa de personal de la empresa donde tú solicitas un puesto quiere saber cómo es tu personalidad antes de ofrecerte el trabajo. Hagan los papeles de jefa de personal y candidato/a durante una entrevista. Usen la forma de **Ud.** e incluyan lo siguiente:

Jefa de personal	Candidato/a
1a. Saluda al/a la candidato/a. →	1b. Saluda a la jefa de personal.
2a. Quiere saber: • de dónde es y cuál es su especialización • los tres adjetivos que mejor lo/la describen • su experiencia en trabajos previos • si se considera líder o seguidor/a, y por qué • si trabaja bien o no en equipo	2b. Quiere información acerca de: • el horario de trabajo • sus responsabilidades en el puesto • los beneficios y las vacaciones • los sueldos y las promociones • la frecuencia de los viajes de negocios
3a. Se despide del/de la candidato/a.	3b. Se despide de la jefa de personal.

LOS NÚMEROS ORDINALES

primer, primero/a	*first*	sexto/a	*sixth*
segundo/a	*second*	séptimo/a	*seventh*
tercer, tercero/a	*third*	octavo/a	*eighth*
cuarto/a	*fourth*	noveno/a	*ninth*
quinto/a	*fifth*	décimo/a	*tenth*

- Ordinal numbers are adjectives, and like other adjectives in Spanish, they agree in gender and number with the nouns they modify.
- **Primero** and **tercero** become **primer** and **tercer** when they immediately precede a masculine singular noun.

  El ascensor está en el tercer piso. *The elevator is on the third floor.*
- In Spanish, ordinal numbers can be abbreviated as follows: 1°, 2°, 3°,... or 1ª, 2ª, 3ª,... when referring to a feminine noun.

 11-12 ¿En qué piso está?

Hoy es el primer día de trabajo para muchos empleados de la empresa *Tecnomundo*. Por eso, quieren saber en qué piso están los distintos lugares o servicios de la empresa, y se lo preguntan a los recepcionistas. Tu profesor/a asigna a cinco estudiantes el papel de recepcionistas y al resto, el de empleados que hacen fila para preguntar. Después de tres minutos, cambien de papel.

EMPRESA TECNOMUNDO	
Garaje	Sótano
Recepción – Guardería infantil	Planta baja
Gimnasio	1°
Biblioteca	2°
Recursos humanos[1]	3°
Departamento de ventas	4°
Oficina del gerente	5°
Salas de reuniones	6°
Cafetería – Restaurante	7°
Peluquería	8°
Terraza de descanso	9°
Piscina[2]	10°

[1]**Recursos...** Human resources, [2]Swimming pool

MODELO

desayunar

Empleado: *Perdón. Quisiera desayunar. ¿En qué piso está la cafetería?*

Recepcionista: *Está en el séptimo piso. Allí está el ascensor.*

Palabras útiles
el ascensor *elevator*

El/La empleado/a quiere:

1. dejar a los hijos en la guardería
2. hablar con el jefe de personal
3. asistir a una reunión
4. nadar
5. hablar con el gerente
6. almorzar

7. consultar libros técnicos
8. hacer ejercicio
9. cortarse el pelo
10. estacionar el carro
11. descansar al aire libre
12. confirmar unos precios

¡A escuchar! En la empresa: una entrevista

Paso 1. Escucha la entrevista que tiene lugar en una empresa.

Paso 2. Escucha de nuevo y marca la respuesta correcta.

1. La jefa de personal habla de...

   ☐ una colega   ☐ una solicitud

2. La candidata dice que su especialidad es...

   ☐ la economía   ☐ la Bolsa

3. A la jefa de personal le impresiona que la candidata...

   ☐ hable seis lenguas   ☐ viaje por todo el mundo

4. El padre de la candidata dice que ella...

   ☐ va a tener buenas oportunidades de trabajo   ☐ necesita más experiencia

5. La jefa de personal dice que la candidata puede conseguir...

   ☐ una promoción   ☐ una buena experiencia

6. La candidata quiere saber si los empleados reciben como compensación económica...

   ☐ acciones   ☐ impuestos

7. La jefa de personal dice que el gerente quiere...

   ☐ conocer a la candidata   ☐ ver el currículo de la candidata

¡Manos a la obra! 🖐 Quia

2

Talking about what will happen: The future tense

You have been using **ir + a + *infinitive*** to talk about actions that are *going to happen.*

Voy a hablar con mi colega.   *I am going to speak to my colleague.*

The future tense tells what *will happen,* and is formed by adding the same set of endings to the infinitive of all **-ar, -er,** and **-ir** verbs.

Infinitive + **-é, -ás, -á, -emos, -éis, -án**

—¿**Invertirás** todo el dinero?   *Will you invest all the money?*
—**Invertiré** un poco y **ahorraré** lo demás.   *I will invest some and save the rest.*

	llamar	**volver**	**ir**
(yo)	llamaré	volveré	iré
(tú)	llamarás	volverás	irás
(Ud., él, ella)	llamará	volverá	irá
(nosotros/as)	llamar**emos**	volver**emos**	ir**emos**
(vosotros/as)	llamar**éis**	volver**éis**	ir**éis**
(Uds., ellos, ellas)	llamar**án**	volver**án**	ir**án**

The future tense may also be used to express wondering, guessing, or probability.

—¿A qué hora **será** la entrevista?   *I wonder what time the interview is?*
—No sé; **será** a las tres.   *I don't know; it will probably be at three.*

Irregular verbs

Some verbs add the future endings to irregular stems, not to the infinitive.

infinitive	*irregular stem*	*future forms*
decir	**dir-**	di**ré**, di**rás**, di**rá**, di**remos**, di**réis**, di**rán**
hacer	**har-**	haré, harás,...
poder	**podr-**	podré, podrás,...
poner	**pondr-**	pondré, pondrás,...
querer	**querr-**	querré, querrás,...
saber	**sabr-**	sabré, sabrás,...
salir	**saldr-**	saldré, saldrás,...
tener	**tendr-**	tendré, tendrás,...
venir	**vendr-**	vendré, vendrás,...

Saldremos de la oficina a las cinco.   *We will leave the office at five.*
Tendré que pedirle permiso a la jefa.   *I will have to ask the boss's permission.*

The future of **hay** (*there is, there are*) is **habrá** (*there will be*).

¿**Habrá** una reunión esta tarde?   *Will there be a meeting this afternoon?*

Es el primer día de trabajo de Jennifer y ahora habla con su jefa y con un compañero de trabajo.

Jennifer, como hoy es su primer día de trabajo le mostraremos la empresa y le presentaremos a sus colegas.

Tengo mucha suerte de trabajar aquí. Estoy segura de que tendré oportunidades para aprender muchísimo.

No lo dudo. También tendrá muchas oportunidades de promoción.

Así lo espero. Hoy celebraré mi primer día de trabajo.

¡En acción!

¡Oye! El trabajo del futuro

¿Cómo serán los puestos de trabajo dentro de diez años? Escucha las predicciones y responde diciendo: «**¡Es probable!**» o «**¡Es improbable!**».

11-13 ¿Quieres saber qué clase de inversor/a eres?

Paso 1. En la Bolsa, ¿eres conservador/a o te gusta el riesgo[1]? Recientemente han ocurrido ciertas cosas con tus finanzas. Marca la casilla ☐ apropiada para indicar lo que harás en cada caso.

1. **Has ganado 50.000 dólares en la lotería. ¿Qué harás con el dinero?**
   ☐ a. Iré al casino más cercano para triplicar mi capital.
   ☐ b. Lo invertiré en la Bolsa.
   ☐ c. Los guardaré debajo del colchón[2] de mi cama.

2. **Estás en un casino de Las Vegas jugando al *black jack*. Empezaste con 1.000 dólares y has perdido 400. ¿Cuánto arriesgarás[3] para recuperar los 600?**
   ☐ a. Jugaré más de 400 dólares.
   ☐ b. Jugaré 200 dólares.
   ☐ c. Nada, me iré a casa con los 600 dólares.

3. **Has decidido aprender a invertir tu dinero. ¿Cómo lo harás?**
   ☐ a. Investigaré y leeré antes de hacer la inversión.
   ☐ b. Lo consultaré con un amigo.
   ☐ c. Buscaré el consejo de un corredor de Bolsa[4].   (continúa)

[1]risk, [2]mattress, [3]will you risk, [4]**corredor...** stockbroker

4. **Vas a invertir tu dinero. ¿En qué lo invertirás?**

☐ a. Lo invertiré en acciones de una empresa de alta tecnología.

☐ b. Lo invertiré en un bono del Estado[1].

☐ c. Lo dejaré en el banco.

5. **Te han dicho que tus acciones han bajado un 20%. ¿Qué harás?**

☐ a. Invertiré más si los precios son bajos.

☐ b. Esperaré antes de vender.

☐ c. Venderé todo, guardaré el dinero en el banco y dormiré tranquilo/a.

6. **El mercado está en baja, pero milagrosamente tus acciones han aumentado un 50 por ciento. ¿Qué harás?**

☐ a. Compraré más acciones.

☐ b. Seguiré como estoy.

☐ c. Venderé todo y depositaré el dinero en el banco.

Paso 2. Háganse la preguntas y dense las respuestas en voz alta para ver los resultados. Finalmente, evalúen la clase de inversor/a que es la otra persona según los resultados. Si marcó cuatro veces o más la opción **(a)**, le gusta el riesgo; **(b)**, es un/a inversor/a medio/a; **(c)** es conservador/a.

11-14 Se busca gerente de ventas

Malena es una de las finalistas para el puesto de gerente de ventas en una empresa dedicada a la moda. El jefe de personal y la presidenta de la compañía hablan de ella. Hagan los dos papeles. Emparejen las oraciones de la columna **A** con las correspondientes de la columna **B** y usen los verbos en futuro. Cambien de papel después del n.º 3.

A. El jefe de personal dice:	B. La presidenta de la compañía añade[2]:
1. Malena parece[2] ser una mujer ambiciosa, disciplinada y lista. Por eso...	a. todos (saber) _____ exactamente lo que ella espera de ellos.
2. Creo que es muy trabajadora y puntual. Por eso...	b. (tener) _tendrá_ mucho éxito y (poder) _____ avanzar en su vida profesional.
3. Dice que con sus empleados le gusta ser muy directa, y a veces, incluso autoritaria. Por eso...	c. seguramente, (invertir)_____ bien y (ganar) _____ mucho dinero.
4. Malena sabe mucho acerca de la Bolsa. Por eso...	d. siempre (llegar) _____ a su oficina a tiempo y (salir) _____ tarde.
5. Es una mujer con estilo. Por eso...	e. (ir) _____ al gimnasio todos los días y (dar) _____ buena imagen.
6. A Malena le gusta estar en buena forma. Por eso...	f. (llevar) _____ trajes de moda y (ponerse) _____ zapatos elegantes; (hacer) _____ buena publicidad de nuestra empresa.

[1]**bono...** government bonds, [2]seems

11-15 ¿Qué hará tu compañero/a?

Paso 1. Para saber lo que hará tu compañero/a, entrevístale con las preguntas de la primera columna. Luego, él/ella responde siguiendo los ejemplos de la segunda, y tú apuntas la información en la tercera. Después, cambien de papel.

Preguntas	Respuestas	Información escrita
1. ¿Qué tendrás que hacer esta noche? ¿y mañana?	Tendré que...	...tendrá que...
2. ¿Qué harás este fin de semana? ¿Con quién?	Iré,...	...irá,...
3. ¿Qué harás este verano?		
4. En el futuro, ¿qué clase de trabajo querrás tener?		
5. En ese trabajo, ¿ganarás más dinero que ahora? ¿Cuánto piensas ganar?		
6. ¿Harás algún viaje interesante? ¿Adónde?		

Paso 2. Dile a otro/a compañero/a o a la clase una cosa interesante o curiosa que hará la persona a quien entrevistaste, y otra que los dos harán: *...**hará** un viaje a Francia en el futuro. Él/Ella y yo **trabajaremos** este verano.*

11-16 La transformación de Casimiro

Casimiro tiene una entrevista con una compañía de gran prestigio. Ahora, está pensando en cómo cambiar su imagen para conseguir el puesto. Según el dibujo, digan que **hará** antes de la entrevista. Trabajen en grupos de tres y túrnense.

Casimiro

MODELO

E1: *Primero, se duchará.*

E2: *Luego,...*

E3: *Después,...*

11-17 La bola de cristal

Paso 1. ¿Quieres saber tu futuro? Un/a estudiante hace el papel de adivina que predice tu futuro usando la información que sigue, y tú reaccionas a lo que te dice. Luego, cambien de papel.

MODELO

Adivina: *Dentro de cinco años **trabajarás** para una compañía que vende...*

Tú: *¡No! Dentro de cinco años **trabajaré** en una universidad; **seré** profesor/a de...*

- **Dentro de cinco años:** para qué compañía o dónde trabajará
- **Dentro de diez años:** la clase de trabajo que hará
- **Dentro de veinte años:** dónde vivirá y cómo será su vida

Paso 2. Ahora, dile a la clase una predicción que la adivina ha hecho acerca de ti: *La adivina dice que dentro de diez años **viviré** en China.*

Tu mundo cultural

Modelo de empresa indígena

¿Has visto a los indígenas otavaleños vendiendo suéteres de lana y otra clase de mercancía en las calles o en los centros comerciales de tu pueblo o ciudad? Si todavía no los has visto, algún día tendrás la ocasión de hacerlo, ya que estos hombres y mujeres de negocios indígenas se mueven por todo el mundo.

Otavalo, situado en Ecuador en un valle rodeado de volcanes, es famoso por sus productos textiles desde la época preincaica. Su industria textil floreció durante la ocupación española y es ahora la base de la economía de la región. En la actualidad hay unas 6.000 empresas familiares en la región de Otavalo; éstas se dedican con éxito a la manufacturación de productos textiles que se venden por todo el mundo.

Otavalo, ECUADOR

El mercado de Otavalo, Ecuador, en plena actividad. La comunidad indígena de Otavalo ha sabido usar su habilidad para tejer[1] y su sentido de los negocios para crear una industria familiar que ha dado a sus miembros solvencia económica. Además, lo ha hecho sin renunciar a su tradición, algo que no muchas comunidades indígenas han conseguido. Los otavaleños están orgullosos[2] de su cultura y la promueven con éxito.

[1]weave, [2]proud

¿SABES QUE...?

In most Guatemalan communities, the majority of the households own a loom, since the textile industry is one of the main sources of family income. Children learn from their parents and grandparents the complex art of weaving, one that was introduced from Spain following ancient Arabic traditions. The skill of these family artisans can be observed by visiting local markets, located in each town's main plaza.

Los otavaleños son conocidos por su iniciativa, inteligencia y sentido del negocio. Son además personas muy dedicadas a sus hijos; y tanto los hombres como las mujeres administran las empresas familiares. Lo común es que mientras la mayor parte de la familia permanece en Otavalo produciendo prendas[1], uno de los miembros viaje al exterior con la mercancía para venderla.

 ## ¿Qué aprendiste?

1. ¿Dónde se encuentra Otavalo? ¿Por qué es famoso?
2. ¿Cuántas empresas hay en Otavalo? ¿Por qué tienen tanto éxito?
3. ¿Dónde venden sus productos?

 ## Actividad cultural

Imagínense que Uds. son una familia o un grupo de vecinos que desea iniciar un negocio. Teniendo en cuenta sus habilidades, talento y experiencia, formulen un plan para el negocio. Luego compártanlo con la clase.

Contraste cultural

¿Conocen empresas familiares en su comunidad? Digan de qué tamaño[2] son, si trabajan muchas horas a la semana y si tienen éxito.

[1]articles of clothing, [2]size

Escena 3

En ¹la fábrica

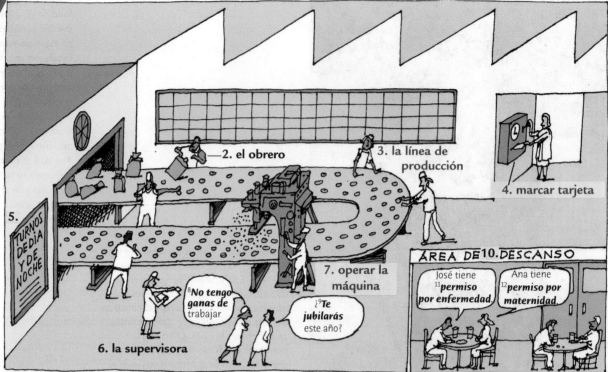

- 2. el obrero
- 3. la línea de producción
- 4. marcar tarjeta
- 5. TURNOS DE DIA Y DE NOCHE
- 7. operar la máquina
- ÁREA DE 10. DESCANSO
- José tiene ¹¹permiso por enfermedad.
- Ana tiene ¹²permiso por maternidad.
- ⁸No tengo ganas de trabajar
- ¿⁹Te jubilarás este año?
- 6. la supervisora

A veces en las fábricas... ¹³*se hace huelga*.

- NO MÁS 14. DESPIDOS
- 15. SINDICATO DE OBREROS
- TRABAJADORES UNIDOS
- 19. BENEFICIOS
- NO MÁS 20. DESEMPLEO
- QUEREMOS 16. SUELDOS MEJORES
- MÁS 17. DÍAS FESTIVOS Y MENOS 18. DÍAS LABORALES
- 21. AUMENTO DEL SALARIO MÍNIMO

1. factory 2. worker (*m.*) **la obrera** (*f.*) 3. production line 4. to punch in 5. day and night shifts 6. supervisor (*f.*) **el supervisor** (*m.*) 7. to operate the machine 8. I don't feel like... **tener ganas de + *infinitive*** to feel like doing something 9. Will you retire...? **jubilarse** to retire 10. break, rest 11. sick leave 12. maternity leave 13. there are strikes; **hacer huelga** to go on strike 14. layoffs 15. union 16. salaries 17. holidays 18. workdays 19. benefits 20. unemployment 21. (a) raise, increase (in salary, production, etc.)

¡En acción!

11-18 ¿Qué pasa en la fábrica de pan?

Observa las escenas de la página 388 y di si es cierto o falso lo siguiente. Si es falso, da la información correcta.

C   F

☐   ☐   **1.** Una obrera marca tarjeta al entrar.

☐   ☐   **2.** Hay varios supervisores en la línea de producción.

☐   ☐   **3.** Los obreros tienen turnos de día y de noche.

☐   ☐   **4.** No hay nadie en el área de descanso de la fábrica.

☐   ☐   **5.** Un obrero tiene permiso por enfermedad y una obrera, permiso por maternidad.

☐   ☐   **6.** En la huelga hay representantes del sindicato de obreros.

☐   ☐   **7.** Los obreros piden más días de trabajo.

☐   ☐   **8.** Los obreros piensan que sus sueldos son buenos.

☐   ☐   **9.** Los obreros que hacen huelga dicen que el salario mínimo es suficiente.

11-19 Dos días muy diferentes en la fábrica

Observen las escenas de la página 388 y comenten **(a)** lo que pasa allí y **(b)** las preocupaciones de los obreros. Usen todas las palabras del vocabulario.

- al entrar a la fábrica
- en el área de descanso
- en la fábrica
- fuera de la fábrica

11-20 ¡A escoger trabajo!

Paso 1. Indica el grado de importancia (A, B, C) que tienen para ti los siguientes aspectos a la hora de elegir un trabajo.

| A. muy importante | B. importante | C. menos importante |

___ sueldo

___ aumento de sueldo anual

___ un buen seguro médico

___ compensación por accidente de trabajo (*workman's compensation*)

___ guardería infantil en el lugar del trabajo

___ turnos flexibles

___ fondos para la jubilación (*retirement funds/ pension*)

___ días de vacaciones de tres semanas como mínimo

___ permiso por maternidad o paternidad

___ permiso por enfermedad y accidente

Paso 2. Habla con un/a compañero/a para comparar respuestas. ¿Coinciden Uds.? Luego, digan en cuáles han puesto una **A** y expliquen por qué.

MODELO

El sueldo es muy importante para mí porque tengo muchos gastos[1].

[1]expenses

¡A escuchar! En la fábrica

Paso 1. Escucha el reportaje de un reportero a la entrada de la fábrica de galletas *Buensabor*.

Paso 2. Escucha de nuevo y di si es cierto o no.

1. El reportero dice que los obreros han organizado una huelga. ☐ Sí ☐ No
2. Los obreros protestan por el despido de sus compañeros. ☐ Sí ☐ No
3. Los obreros piden un aumento salarial y más beneficios. ☐ Sí ☐ No
4. El primer obrero dice que tienen suficientes descansos. ☐ Sí ☐ No
5. La obrera trabaja en el turno de día. ☐ Sí ☐ No
6. El permiso por maternidad es de seis meses. ☐ Sí ☐ No
7. El otro obrero quiere jubilarse. ☐ Sí ☐ No
8. La supervisora le dice que puede jubilarse inmediatamente. ☐ Sí ☐ No

---

GRAMÁTICA

¡Manos a la obra!

3

Por and *para*, a summary

You have been using **por** and **para** throughout *¡Con brío!* You are already familiar with most of the uses below.

POR:

1. **Cause**, **reason**: *because (of), for*

   —¿**Por** qué no dijo nada?
   — **Por**que no quería perder su puesto.
   Lo hizo **por** su familia.

2. **Duration of time**: *in, during, for*

   Por la mañana tuvo reuniones y **por** la tarde, habló con los supervisores.
   Trabajó (**por**)* muchas horas.

3. **Exchange**: *for, in exchange for*

   Pagó cien dólares **por** cada acción; le gusta invertir en la Bolsa.

4. **Movement**: *by, through, around, alongside*

   El nuevo jefe pasó **por** todas las oficinas para conocer a los empleados.

PARA:

1. **Purpose or goal**: *in order to + infinitive*

   Los obreros hablaron con la supervisora **para** resolver el problema.

2. **Recipient**: *for (destined for, to be given to)*

   Esa empresa tiene una guardería **para** los hijos de sus empleados.

3. **Deadline**: *for, by (a specified future time)*

   ¿**Para** cuándo lo quiere? ¿**Para** el lunes?

4. **New! Destination**: *for, toward, to...*

   El ejecutivo sale en este momento **para** el aeropuerto.

5. **Employment**: *for...*

   Trabaja **para** una compañía multinacional.

****Por** is often omitted when the amount of time (minutes, hours, days, months, years) is stated.

Jennifer y Fabio pasean por la calle y hablan del primer día de trabajo de Jennifer.

¿Cómo te fue hoy?

Muy bien. Seré recepcionista. Trabajaré por las mañanas y me pagarán por semana.

¿Cuántos días festivos tendrás?

Tendré quince días festivos y dos semanas de vacaciones. ¡Me encanta trabajar para esta compañía!

Ese sueldo te servirá para pagar parte de tus estudios.

Sí, y tendré permiso por enfermedad y seguro médico. Y el trabajo me dará más experiencia para mi futuro profesional.

Bueno, con ese sueldo, y para celebrarlo, ¿pagarás tú la cena?... ¡Es un chiste!

¡En acción!

¡Oye! El dolor de cabeza de Sebastián

Escucha la historia de Sebastián. Luego, di si la información es cierta o falsa. Si es falsa, corrígela.

11-21 Periódico de la fábrica

Lee las siguientes noticias para informarte de lo que pasa en tu lugar de trabajo. Complétalas con **por** o **para**, según corresponda.

1. El presidente del sindicato se reunió ayer _____ la tarde con el gerente de la fábrica. El gerente aceptó pagar 12.000 dólares _____ un nuevo equipo de aire acondicionado _____ el área de descanso de los obreros.

2. Los obreros protestaron _____ los despidos. El sindicato de obreros terminará las negociaciones _____ el próximo lunes. El presidente del sindicato saldrá _____ Chicago al día siguiente.

3. Los supervisores que trabajan _____ esta fábrica están satisfechos _____ que tienen buenos sueldos. Varias veces al día, ellos pasan _____ las líneas de producción _____ supervisar el trabajo.

4. La supervisora está contenta porque hay suficientes voluntarios bilingües _____ hacer de intérpretes de los obreros que no hablan inglés. Un grupo de obreros ha donado dinero _____ comprar un regalo _____ la supervisora.

11-22 La vida académica y laboral

Hablen de la vida académica y laboral de cada uno/a. Usen las siguientes preguntas.

- ¿Trabajas? ¿Cuándo? ¿**Por** qué? ¿**Para** quién?
- ¿**Por** qué estudias?
- ¿Cuánto pagas **por** tus libros y matrícula?
- ¿**Para** qué título académico, especialidad o profesión te preparas?
- ¿**Para** cuándo piensas realizar tus planes académicos y profesionales?

Tu mundo cultural
Las maquiladoras de la frontera mexicana

Como sabes, el problema de la inmigración ilegal mexicana crea constante tensión en las relaciones entre México y EE.UU. Las maquiladoras, tal como se menciona a continuación, son un ejemplo de lo que se ha tratado de hacer para buscar una solución al problema.

Las maquiladoras son fábricas de manufacturación situadas en el norte de México y en América Central. Por lo general, usan materia prima que se importa a México, sin pagar impuestos, para fabricar productos que luego se exportan a EE.UU. Muchas compañías estadounidenses son dueñas de maquiladoras, de las que obtienen grandes beneficios. Las razones para ello son el bajo costo de la mano de obra[1] mexicana y la casi inexistencia de impuestos o tarifas, resultado del TLC (NAFTA). Actualmente hay unas 3.800 maquiladoras en México donde trabajan más de un millón de mexicanos.

Matamoros
Brownsville

LOS ESTADOS UNIDOS DE AMÉRICA

Tijuana
San Diego

Ciudad Juárez
El Paso

LOS ESTADOS UNIDOS DE MÉXICO

DriveLine

Una maquiladora en Matamoros, en la frontera con EE.UU. Las maquiladoras se originaron en los años sesenta y aumentaron rápidamente por toda la frontera. Producen sobre todo equipo electrónico, ropa, plásticos, muebles, aparatos y partes de automóvil. El 80% de lo que se produce en las maquiladoras se exporta a EE.UU.

[1]**mano...** labor

Trabajadoras de una maquiladora de México cosiendo[1] pantalones para exportarlos a EE.UU. Las maquiladoras ofrecen muchas ganancias a las compañías extranjeras y a la economía mexicana. Sin embargo, en muchas de ellas las condiciones de trabajo son malas, con sueldos bajos y pocos beneficios.

Vista de El Paso tomada desde Ciudad Juárez, al otro lado de la frontera. El Paso se ha beneficiado enormemente de los intercambios comerciales con México, y en particular, de las maquiladoras situadas en la vecina Ciudad Juárez. Allí, llegan inmigrantes procedentes del sur de México para trabajar en esas fábricas. Con las maquiladoras, se quiere contribuir a crear puestos de trabajo en México y a frenar la emigración hacia EE.UU.

¿Qué aprendiste?

1. ¿Por qué han comprado maquiladoras muchas compañías estadounidenses? ¿Qué acuerdo ha favorecido el negocio de las maquiladoras?
2. ¿Cuándo se originaron las maquiladoras? ¿Qué producen? ¿Adónde mandan sus productos?
3. ¿Cómo son las condiciones de trabajo en muchas de ellas?

Actividad cultural

Una reportera (E1) entrevista al gerente de una maquiladora (E2). La reportera le pregunta sobre las condiciones laborales en la maquiladora y las ventajas y desventajas que tienen estas fábricas fronterizas para México y EE.UU.

Contraste cultural

En grupos de cuatro, hablen de compañías de su país que, en su opinión, se benefician del trabajo de las maquiladoras de México o de fábricas similares en China. Digan qué productos venden.

[1]sewing

Tu mundo en vivo

¡Video en acción!

11.1 La jornada laboral[1] en dos países diferentes

1. Antes de ver el video

   ¿Crees que es muy diferente la jornada laboral en una compañía mexicana que en una de EE.UU? Explica.

2. Mientras ves el video   Completa las oraciones y contesta las preguntas.

   a. Los viernes, durante todo el año, salen a las _____ de la tarde.

   b. De lunes a jueves, el horario es de las _____ de la mañana a _____ de la tarde.

   c. ¿Cuánto tiempo tienen para almorzar? _____

   d. ¿Cómo se visten los hombres que trabajan en la oficina? _____

   e. ¿Se permite fumar en las compañías mexicanas? _____

   f. ¿Toman muchos descansos los empleados durante el día? _____

   g. ¿Cómo se saludan los empleados cuando llegan en la mañana? _____

3. Comenta con la clase

   Según lo que has observado, ¿hay diferencias entre el trabajo de un empleado de esta compañía y el de una compañía estadounidense? Explica.

11.2 Fábrica que protege el medio ambiente

1. Antes de ver el video

   ¿Conoces alguna compañía que haga productos que no dañen el medio ambiente? Explica.

2. Mientras ves el video   Marca **C** (Cierto) o **F** (Falso) según corresponda.

   a. ___ Freezetone es una compañía de México.

   b. ___ Hace productos para carros que no dañan el medio ambiente.

   c. ___ Sus productos se venden en Australia.

   d. ___ Gracias a Internet la compañía ha mejorado sus ventas.

   e. ___ El 80% de su producción es para la exportación.

   f. ___ Actualmente, la compañía tiene tres turnos de ocho horas cada uno.

   g. ___ Los trabajadores tienen seguro médico y muchos días festivos.

3. Comenta con la clase

   a. ¿Qué tipo de productos hace Freezetone?

   b. ¿Por qué crees que es una compañía con éxito?

   c. ¿Qué mensaje tiene el dueño de esa compañía para los líderes hispanos?

[1]**jornada...** workday

¡Lectura en acción!

Las mejores empresas

La organización *Great Place to Work* publica cada año una lista de las compañías de todo el mundo que, según sus criterios, ofrecen mayores atractivos para trabajar en ellas. En el artículo que sigue, vas a leer acerca de las empresas establecidas en México que ha incluido en su lista más reciente.

Paso 1. En Estados Unidos ¿cuáles son normalmente los beneficios que ofrecen las empresas a sus empleados? ¿Crees que en México las empresas ofrecen beneficios similares? Antes de leer el artículo, escribe una lista de 3 o 4 beneficios que crees se van a mencionar.

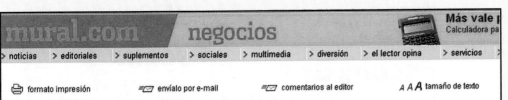

Definen a las mejores para trabajar

Promociones internas, becas escolares para los hijos, horarios flexibles y préstamos para adquirir bienes hacen de las empresas las mejores para trabajar

Arturo Rivero

Ciudad de México (4 mayo 2006).- Las cinco mejores empresas para trabajar en México son FedEx Express, McDonald's, British American Tobacco, Wyeth y Financiera Compartamos, revela un estudio de Great Place to Work.

Promociones internas, seguros de gastos médicos mayores para todos los empleados, becas escolares para hijos, club deportivo para la familia, horarios flexibles, salas de lactancia, pensiones vitalicias independientes del SAR, préstamos para adquirir computadoras, auto y vivienda, entre otras prestaciones, hacen de estas empresas las mejores compañías para trabajar.

Jorge Ferrari, presidente de Great Place to Work, aseguró que las empresas establecidas en México comienzan a adquirir una nueva visión sobre cómo hacer más rentables a sus empleados.

"Hoy las empresas saben que la motivación, el impulso al desarrollo de los empleados, el interés básico por éstos y sus familiares los harán más eficientes", dijo.

El estudio denominado "Las mejores empresas para trabajar en México 2006", realizado con el apoyo de Grupo Expansión, analizó a 234 empresas establecidas en territorio nacional, de las cuales sólo 60 fueron aprobadas.

Paso 2. Ahora, lee el artículo y responde a las siguientes preguntas para ver si entendiste la información más importante y si tus predicciones fueron correctas.

1. Según el artículo, ¿cuáles son las mejores compañías para trabajar en México? ¿Te sorprende la selección? Explica.

2. ¿Qué beneficios ofrecen estas empresas a sus empleados? ¿Fueron correctas algunas de tus predicciones?

3. ¿Qué beneficios te sorprende ver en la lista? ¿Por qué?

4. ¿A cuántas compañías analizaron para hacer la selección?

Reading Strategy

Making predictions about a text

It can be helpful to briefly brainstorm about the information you expect to see mentioned in a reading passage before you begin reading. This process helps you to activate your previous knowledge about the topic, as well as to predict information likely to be presented in the reading.

Vocabulario activo y pasivo: Capítulo 11

Escena 1

En la oficina *At the office*
el archivo *file*
el cubículo *cubicle*
la fotocopiadora *photocopier*
la impresora *printer*
el maletín *briefcase*
las tijeras *scissors*

Buscando empleo *Looking for a job*
el (trabajo) de tiempo parcial/de tiempo
   completo *part time/ full time (job/work)*
el currículo *résumé*
el/la ejecutivo/a *executive*
el/la gerente de ventas *sales manager*
el jefe/ la jefa *boss*
el jefe/ la jefa de personal *director of human
   resources*
el puesto de trabajo *position, job*
la solicitud de empleo *job application*

Cartas y documentos *Letters and
   documents*
el anexo *attachment*
(la) arroba *@*
el asunto *subject*
la carta de recomendación *letter of
   recommendation*
la dirección *address*
el sobre *envelope*

Estimado/a... *Dear...*
Atentamente *Truly yours*

Por teléfono *On the phone*
el código de área *area code*
la guía telefónica *telephone book*
la llamada de larga distancia *long distance
   call*
¿Aló? *Hello?*
¿Para cuándo? *By when?*

Verbos y expresiones verbales *Verbs
   and verbal expressions*
aburrirse *to get bored*
borrar *to delete, erase*
copiar *to copy*
enviar *to send*
fotocopiar *to photocopy*
guardar *to keep*
imprimir *to print*
marcar *to dial*
responder *to reply, answer*
romper *to break*

Escena 2

En la empresa *At the corporation*
la acción *share*
la Bolsa *stock market*
el/la colega *colleague*
la deuda *debt*
la economía *economy*
el/la empleado/a *employee*
la entrevista *interview*
la experiencia *experience*
la ganancia *profit*
la inversión *investment*
el mercado en alza y en baja *bull (up) and
   bear (down) market*
el presupuesto *budget*
la promoción *promotion*

Verbos y expresiones verbales *Verbs
   and verbal expressions*
equivocarse *to be mistaken, make a mistake*
ganar *to earn*
invertir (ie, i) *to invest*
tener éxito *to succeed, be successful*
tener razón *to be right*
tener suerte *to be lucky*

Números ordinales *Ordinal numbers*
primer, primero/a *first*
segundo/a *second*
tercer, tercero/a *third*
cuarto/a *fourth*
quinto/a *fifth*
sexto/a *sixth*
séptimo/a *seventh*
octavo/a *eighth*
noveno/a *ninth*
décimo/a *tenth*

Escena 3

En la fábrica *At the factory*
el aumento *raise, increase (in salary,
   production, etc.)*
los beneficios *benefits*
el descanso *break, rest*
el desempleo *unemployment*
los despidos *layoffs*
el día festivo *holiday*
el día laboral *workday*
la línea de producción *production line*
el/la obrero/a *worker*
el permiso por enfermedad *sick leave*
el permiso por maternidad *maternity leave*
el sindicato *union*
el sueldo *salary*
el supervisor/ la supervisora *supervisor*
el turno de día/ noche *day/ night shift*

Verbos y expresiones verbales *Verbs
   and verbal expressions*
hacer huelga *to strike*
jubilarse *to retire*
marcar tarjeta *to punch in*
operar la máquina *to operate the machine*
tener ganas de + *infinitivo* *to feel like doing
   something*

Autoprueba y repaso: Capítulo 11

WILEY PLUS ✓

Escena 1
En la oficina

A. Combina las palabras y expresiones de la primera columna con las que mejor les corresponden de la segunda columna.

___ 1. la llamada de larga distancia
___ 2. el director de ventas
___ 3. el gerente de la compañía
___ 4. la fotocopiadora
___ 5. las solicitudes de empleo
___ 6. los archivos
___ 7. la estampilla
___ 8. las tijeras
___ 9. el cubículo
___ 10. la guía telefónica
___ 11. eliminar
___ 12. mandar

a. las cartas de recomendación
b. el escritorio
c. el código de área
d. el sobre
e. el número de teléfono
f. el administrador principal
g. copiar
h. borrar
i. vender
j. guardar
k. enviar
l. cortar

I. The present perfect

B. Indica lo que han hecho las siguientes personas para prepararse para las entrevistas de trabajo. Cambia los verbos entre paréntesis al presente perfecto.

1. (*hablar*) El jefe de personal ___ha___ _____ con todos los candidatos.
2. (*pedir*) Los candidatos _____ _____ más información.
3. (*enviar*) Las secretarias _____ _____ la información a los candidatos.
4. (*leer*) Yo _____ _____ todas las cartas de recomendación.
5. (*fotocopiar*) Nosotros _____ _____ todas las solicitudes de empleo.
6. (*preparar*) Tú _____ _____ la agenda, ¿no?

C. Usa todos los verbos que siguen para indicar lo que ha ocurrido. Cámbialos al presente perfecto.

decir	escribir	hacer	imprimir
poner	resolver	ver	volver

1. Los empleados _____ _____ una carta con sus quejas al jefe de personal.
2. Ellos ____ _____ la lista de sus quejas con la nueva impresora y luego las _____ _____ en todas las paredes.
3. Ellos le ____ _____ al jefe que tiene que encontrar una solución para los problemas.
4. El gerente _____ _____ la lista de las quejas.

5. El gerente y el jefe de personal _____ _____ algunos cambios para mejorar las condiciones de trabajo.
6. Finalmente, los problemas se _____ _____ y los empleados _____ _____ a trabajar.

En resumen

Contesta las preguntas con oraciones completas.
1. ¿Cuales son las características del jefe o de la jefa ideal?
2. ¿Te gustaría trabajar en un cubículo todo el día? Explica.
3. ¿Has tenido un trabajo de tiempo parcial? ¿De tiempo completo? ¿Dónde?
4. ¿Qué cosas has hecho recientemente en tu trabajo?

Escena 2
En la empresa

D. Completa las oraciones con las palabras apropiadas del vocabulario.
1. Cuando las ganancias de una empresa aumentan rápidamente, se dice que la empresa tiene _____.
2. Las personas que trabajan contigo son tus _____.
3. La conversación entre la persona que busca empleo y el jefe o la jefa de una compañía es ____ _____.
4. Si un/a _____ tiene éxito y mucha experiencia, generalmente la compañía le da una promoción.
5. Cuando se invierte en la Bolsa, si se tiene buena _____ se _____ dinero, pero si no, se pierde.
6. Las familias y empresas normalmente controlan sus finanzas y el dinero que gastan a base de un _____.
7. Si compras muchas cosas con tu tarjeta de crédito y no puedes pagarlas, tienes _____.

II. The future tense

E. Escribe oraciones para indicar lo que pasará en el futuro.

MODELO

yo / solicitar / empleo en una compañía multinacional

Yo solicitaré empleo en una compañía multinacional.

1. (yo) / enviar / mi currículo a la jefa de personal
2. ella / leerlo / y luego / guardarlo
3. mis colegas / escribir / las cartas de recomendación
4. la jefa de personal / llamarme / para decidir la hora de la entrevista
5. ella y yo / hablar / y luego probablemente ella / ofrecerme / el puesto de trabajo

F. Escribe oraciones para indicar lo que pasará en el lugar de trabajo del futuro.

1. tú y yo / tener / seis semanas de vacaciones
2. las máquinas / hacer / todo el trabajo por nosotros
3. muchos de los empleados / poder / trabajar en sus casas
4. yo / saber / lo que está pasando en la compañía las 24 horas del día
5. tú / querer / estar conectado/a con personas de todo el mundo
6. nuestro jefe / venir / vestido informalmente a la oficina
7. él siempre / decirnos / que nuestro trabajo es excelente

En resumen

Contesta las preguntas con oraciones completas.

1. ¿Inviertes en la Bolsa? ¿Has ganado dinero con tus inversiones?
2. ¿Tienes muchas deudas? ¿Por qué?
3. ¿Has tenido varias entrevistas de empleo? ¿Con quién? ¿Cuándo?
4. En el futuro, ¿trabajarás para una empresa multinacional? ¿Harás trabajos voluntarios?
5. Según los planes que tienes ahora, ¿qué cosas interesantes o prácticas harás el año que viene?

Escena 3
En la fábrica

G. Completa las oraciones con las palabras apropiadas del vocabulario.

1. Algunos obreros de la fábrica trabajan en el _____ de día, y otros, en el de noche.
2. La persona que supervisa el trabajo de los obreros es el/la _____ .
3. Después de tres horas de trabajo en la línea de producción, hay un _____ para comer algo o ir al baño.
4. Una obrera no trabaja este mes; tuvo un bebé y ahora tiene permiso por _____ .
5. A otro obrero le operaron de apendicitis y le dieron permiso por _____ .
6. Cuando los obreros quieren un _____ de sueldo o salario, o mejores _____ (seguro médico, etc.), y no los obtienen, a veces hacen _____ .
7. Muchos obreros se organizan y forman un _____ para defender sus derechos.
8. Cuando la fábrica no tiene suficientes ganancias y no puede pagar a todos los obreros, hay _____ .
9. Cuando un obrero tiene 65 años, y ya no tiene _____ de trabajar, se _____ .

✔ Additional **Autopruebas** online.

III. *Por and para*, a summary

H. Completa los siguientes diálogos con las preposiciones **por** o **para**, según corresponda.

1. —¿____ qué te llamó el supervisor ayer?
   —Me llamó _____ hablar de un asunto personal.
2. —¿_____ cuándo necesitas el permiso _____ maternidad?
   —Lo necesito _____ el primero de junio.
3. —¿Te gusta trabajar _____ esta fábrica?
   —Sí, pero me gustaría no tener que trabajar _____ la noche.
4. —En ese caso, pídele al jefe que te lo cambie ____ el turno de día. Es una persona muy comprensiva.
   —Gracias _____ tu consejo. Voy a pasar luego _____ su oficina.

En resumen

Contesta las preguntas con oraciones completas.

1. ¿Qué aspectos del trabajo de una fábrica te gustarían y cuáles no?
2. ¿Qué condiciones de trabajo busca la mayoría de los obreros de una fábrica?
3. ¿En cuántos años te jubilarás, o ya estás jubilado/a?
4. Cuando te jubiles, ¿qué vas a hacer?
5. ¿Qué precauciones estás tomando para tener suficiente dinero cuando te jubiles?
6. Cuando seas viejo/a, ¿cómo podrán ayudarte tus hijos y familiares?

Answers to the *Autoprueba y repaso* are found in **Apéndice 2**.

12 Nuevos horizontes

WILEY PLUS

Additional activities and **Autopruebas** for each **Escena** available online.

Escena 1

De viaje por el mundo hispano

2. el paisaje

1. la naturaleza

Venezuela

Costa Rica

Guatemala

5. el volcán

Chile

4. el desierto

Acabo de ⁹**sacar el pasaporte**.

Pues, vamos a ¹⁰**reservar** los boletos.

¡¹¹**Conseguí** los boletos!

¿En qué ¹²**aerolínea**? ¿Y en qué ¹³**vuelo**?

...¹⁴**perder el avión**...

No me gusta ¹⁵**volar**.

16. hacer la maleta

17. AEROPUERTO

20. PUERTA DE EMBARQUE

19. la tarjeta de embarque

18. facturar el equipaje

3. la cordillera

Perú

6. la cascada

Colombia

7. la selva

Ecuador

Panamá

8. las plantas tropicales

1. nature
2. landscape
3. mountain range
4. desert
5. volcano
6. waterfall
7. jungle
8. tropical plants
9. to get a passport
10. to reserve
11. I got; **conseguir** to get, obtain
12. airline
13. flight
14. to miss the plane
15. to fly; **volar (ue)**
16. to pack
17. airport
18. to check the luggage/baggage
19. boarding pass
20. boarding gate
21. stewardess
22. flight attendant
23. passenger
24. aisle seat
25. window seat
26. customs
27. pilot

25. el asiento de ventanilla **24. el asiento de pasillo**

26. ADUANA SALIDA

23. el pasajero

21. la azafata **22. el auxiliar de vuelo**

27. el piloto

¡En acción!

12-1 Preparativos para un viaje

Paso 1. Los señores Domínguez encuentran una lista escrita por su hijo para su viaje a Lima. Es un chico organizado, pero como nunca ha volado, ni ha estado en el extranjero, tiene errores. Hagan el papel de los señores Domínguez y pongan la lista en orden cronológico.

___ hacer la maleta

_1_ sacar el pasaporte

___ conseguir el boleto por Internet

___ pasar por el control de seguridad

___ ir al aeropuerto

___ darle la tarjeta de embarque al empleado de la aerolínea

___ facturar el equipaje y recibir la tarjeta de embarque

___ sentarse y abrocharse el cinturón

___ ir a la puerta de embarque

___ tomar una bebida, relajarse y ver una película

___ subir al avión

___ poner el equipaje de mano en la cabina del avión

Hint: Before completing *Paso 2*, review the preterit of regular verbs (pages 222 and 226) and irregular verbs (pages 237 and 262). Can you identify the irregular verbs in the list in *Paso 1*?

Paso 2. Hagan del hijo que cuenta lo que hizo siguiendo el orden cronológico anterior. Usen el pretérito y palabras como **primero, luego, después, finalmente.** Cambien de papel después de completar del 1 al 6.

1. *Primero, saqué el pasaporte.*   7.

2.   8.

3.   9.

4.   10.

5.   11.

6.   12.

12-2 ¡De viaje!

¿Adónde van y qué hacen los viajeros? Para saberlo, observen la escena de las páginas 400–401 y describan:

- las fotos de la naturaleza

- lo que hace la pareja antes de llegar al aeropuerto

- las preocupaciones que tiene cada persona

- lo que pasa en el aeropuerto, en el avión y después

12-3 Un vuelo «inolvidable»

Tienes reservaciones en un vuelo procedente de Nueva York con escala[1] en Miami y destino a Caracas, capital de Venezuela. Para resolver los problemas que ocurren en tu viaje, habla con las personas indicadas. Tienes un minuto para cada conversación. Túrnense para hacer el papel de pasajero/a.

Problemas:

1. Llegas a la puerta de embarque tarde para subir al avión, pero **el empleado de la aerolínea** acaba de cerrarla. Habla con él.

2. Tienes reservado un asiento de ventanilla, pero encuentras a **otro pasajero** sentado en tu asiento. Habla con él.

3. **La azafata** te sirve una cena que no puedes comer porque eres vegetariano/a. Habla con ella.

4. Llegas a Caracas, recoges el equipaje, y sólo encuentras dos de las tres maletas que facturaste. Habla con **el empleado de la aerolínea.**

5. En el momento de pasar la aduana, no encuentras el pasaporte. Habla con **el agente de la aduana.**

¡A escuchar! Siempre corriendo

Paso 1. Escucha la conversación entre dos amigas, Belén y Pepa, en el aeropuerto.

Paso 2. Escucha de nuevo y marca las respuestas correctas.

> **Palabras útiles**
> darse prisa *to hurry up*

1. Belén y Pepa tienen dos horas para facturar el equipaje y pasar los controles de seguridad.
   - ☐ Sí   ☐ No

2. Pepa va a esperar en la fila y Belén va a estacionar el carro.
   - ☐ Sí   ☐ No

3. Por los altoparlantes se anuncia que todos los pasajeros del vuelo de Belén y Pepa tienen que ir a la puerta de embarque.
   - ☐ Sí   ☐ No

4. Belén y Pepa ya han reservado sus asientos de ventanilla.
   - ☐ Sí   ☐ No

5. El empleado les da las tarjetas de embarque con asientos de pasillo, y les dice que el vuelo está completo.
   - ☐ Sí   ☐ No

6. Belén y Pepa pierden el avión.
   - ☐ Sí   ☐ No

7. Belén piensa que lo van a pasar muy bien en la playa.
   - ☐ Sí   ☐ No

8. El capitán anuncia que van a salir ya y que los pasajeros tienen que abrocharse el cinturón de seguridad.
   - ☐ Sí   ☐ No

[1]stopover

¡Manos a la obra!

Talking about what would happen: The conditional

1

In our daily lives, we often express what *would potentially happen* in certain circumstances. It is the conditional tense that conveys this concept: *Would you fly around the world in a hot air balloon? I would!*

As with the future tense, the conditional of all regular **-ar, -er,** and **-ir** verbs, and most irregular verbs, is formed by adding the following endings to the infinitive. (The endings are the same as the imperfect tense endings for **-er** and **-ir** verbs.)

Infinitive + -ía, -ías, -ía, -íamos, -íais, -ían			
	volar	**volver**	**ir**
(yo)	volaría	volvería	iría
(tú)	volarías	volverías	irías
(Ud., él, ella)	volaría	volvería	iría
(nosotros/as)	volaríamos	volveríamos	iríamos
(vosotros/as)	volaríais	volveríais	iríais
(Uds., ellos, ellas)	volarían	volverían	irían

¿Viajarías allí solo?   **Would you travel** there alone?
Iría con un amigo.   **I would go** with a friend.

The conditional is also used to make polite requests: **Me gustaría...;**

Querría un...; Preferiría...; Podría Ud. darme un...

Irregular verbs

With some irregular verbs, the conditional endings are added not to the infinitive but to an irregular stem. These irregular stems are the same as those of the future.

infinitive	*irregular stem*	*conditional forms*
decir	**dir-**	diría, dirías, diría, diríamos, diríais, dirían
hacer	**har-**	haría, harías,...
poder	**podr-**	podría, podrías,...
poner	**pondr-**	pondría, pondrías,...
querer	**querr-**	querría, querrías,...
saber	**sabr-**	sabría, sabrías,...
salir	**saldr-**	saldría, saldrías,...
tener	**tendr-**	tendría, tendrías,...
venir	**vendr-**	vendría, vendrías,...

¿Harían Uds. un viaje de tres meses por Sudamérica?
Would you take a three-month trip through South America?

¿Podrían salir el primero de febrero?
Would you be able to leave on the first of February?

The conditional of **hay** (*there is, there are*) is **habría** (*there would be*).

El empleado dijo que no **habría** ningún problema al pasar por la aduana.
The employee said there would be no problem going through customs.

Ysenia se encuentra con Ernesto y él le cuenta que se va a Florida a visitar a su tíos.

¡En acción!

¡Oye! ¿Lo harías o no?

A ver si eres aventurero/a. Escucha las ocho preguntas de tu profesor/a y responde, apuntando **sí** o **no** en una hoja de papel.

12-4 El vuelo ideal

Paso 1. Describe cómo sería el vuelo perfecto. Usa el condicional.

MODELO

Los auxiliares de vuelo / *servir* comida a la carta y unos postres deliciosos

Los auxiliares de vuelo **servirían** *comida a la carta y unos postres deliciosos.*

___ **1.** los bebés / no *llorar* nada / y *dormir* durante todo el vuelo

___ **2.** los pasajeros / no *cansarse* / y las diferencias de horarios no les *afectar*

___ **3.** en el avión / *haber* peluquería y una sala para hacer ejercicio y yoga

___ **4.** ningún pasajero / *enojarse* con los auxiliares de vuelo / ni les *gritar*

___ **5.** todas las azafatas / *ser* simpatiquísimas y extremadamente corteses

___ **6.** los baños / *estar* limpísimos / y *tener* duchas e incluso sauna

___ **7.** no *haber* turbulencias ni ruido

___ **8.** el vuelo / *salir* y *llegar* puntualmente

___ **9.** en el vuelo / *poner* películas muy recientes / y *haber* iPods para todos los pasajeros

Paso 2. Ahora, marca las dos características del vuelo ideal que más te gustaron y compártelas con la clase. ¿Pueden Uds. añadir alguna cosa más que desearían en un vuelo ideal?

12-5 El hotel del futuro

Primero, lean el siguiente artículo. Luego, háganse preguntas para saber cuáles de las *siete* características que se mencionan escogería cada uno/a de Uds. para su habitación a la carta. Usen los siguientes verbos en el condicional.

escoger   gustar   pedir   poner   preferir   ser   tener   usar

MODELO

E1: *¿De qué color **te gustarían** las paredes y cortinas?*

E2: ***Pondría** paredes azules y cortinas verdes. ¿Y tú?*

E1: *Yo **escogería** paredes verdes y cortinas rojas.*

La habitación de hotel del futuro, *a la carta*
Una cadena de hoteles estadounidense quiere crear la habitación de hotel *a la carta*. Se calcula que dentro de 50 años el cliente será una persona con más estrés que ahora. Por eso, los ingredientes fundamentales serán: el *relax* y la ergonomía.

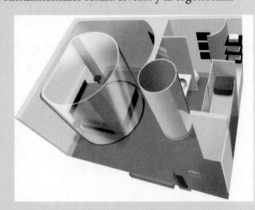

¡Estimula los cinco sentidos!

Los sentidos de la vista y el tacto
- *Las paredes y cortinas* serán transparentes. El cliente podrá escoger los colores y texturas
- *El techo:* con cielo estrellado, luna, o soleado,...
- *La pantalla de la televisión* proyectará el paisaje deseado: mar, montañas, desierto,...

El sentido del oído
- *Sonidos de la naturaleza:* pájaros, olas,...
- *Música de fondo:* clásica, rock, pop,...

El sentido del olfato
- *Perfumes deseados:* suaves para relajarse y estimulantes para despertarse.

El sentido del gusto
- *El mini-bar* tendrá las bebidas favoritas del cliente.

EN EL HOTEL

1. to check in 2. swimming pool 3. elevator 4. bellhop 5. double room; **...sencilla** single room 6. pillow 7. sheet 8. blanket 9. heating 10. air conditioning 11. room service

12-6 En el hotel Caribe

¿Quién llega? Observen las escenas de la página 406 y describan:

- lo que pasa en la recepción

- lo que hay en la habitación

- lo que pasa en la habitación

- y lo que va a ocurrir (usen la imaginación)

12-7 Hay días así

Hint: For *Actividad 12-7*, review the **Ud.** commands on page 222.

Hoy no es el mejor día en la historia del hotel Caribe, por eso el servicio deja mucho que desear. Hagan los papeles de huésped[1] y de recepcionista que recibe las llamadas. Tienen 30 segundos para resolver cada problema. El recepcionista debe usar mandatos de **Ud.** Túrnense.

MODELO

Huésped: *Estoy en el décimo piso y el ascensor no funciona.*

Recepcionista: *Ahora lo vamos a reparar. **Use** las escaleras, por favor.*

Problemas:

1. Hace 99 grados en la calle y no puedo apagar la calefacción de la habitación.

2. Las camas no tienen sábanas limpias.

3. Quiero ducharme, pero en el baño no hay jabón ni toallas para secarse.

4. Por la noche el aire acondicionado está muy alto y una cobija no es suficiente.

5. Somos dos personas en una habitación doble, pero sólo hay una almohada.

6. El agua de la piscina tiene tanto cloro que tenemos los ojos rojos.

12-8 Entrevista sobre un viaje

Paso 1. Entrevista a tu compañero/a para obtener información acerca de un viaje (real o imaginario) que hizo, y apunta lo que dice en la segunda columna. Usa el pretérito o el imperfecto según las preguntas. Luego, cambien de papel.

Hint: For *Actividad 12-8*, review the uses of the preterit and the imperfect on page 317.

Preguntas	Información de tu compañero/a
1. ¿Adónde fuiste y con quién?	*...fue a Chile con su pareja.*
2. ¿Cuándo fuiste y cuánto tiempo te quedaste?	
3. ¿Cómo fuiste (en carro, en avión,...)?	
4. ¿Dónde te quedaste y cómo era el lugar?	
5. ¿Qué atracciones históricas, culturales o naturales había allí?	
6. ¿Qué tal el clima de allí (hacía calor, frío,...)?	
7. ¿Qué hacías por la mañana, por la tarde,...?	
8. ¿Qué cosas especiales hiciste?	

Paso 2. Luego, cuéntale a otro/a compañero/a acerca del viaje de la persona que entrevistaste.

[1]guest

12-9 De turista por España y Argentina

Tus amigos y tú han ganado un viaje gratis a uno de los dos siguientes lugares. **(a)** Observen las fotos y los mapas y lean la información. **(b)** Decidan cuál de los dos viajes van a hacer. **(c)** Informen a la clase qué viaje escogieron y por qué.

Viaje A. ESPAÑA: Arquitectura de tres épocas

El museo Guggenheim de Bilbao (1997), uno de los más modernos del mundo, diseñado por F. Gehry. Después de visitarlo, pruebe la exquisita gastronomía vasca[1], asista a un partido de pelota vasca (Jai-Alai) y recorra la costa en cuyas playas se practica el surf.

Gastronomía

Pruebe...
las tapas
el gazpacho
la rica paella
la tortilla española
el pescadito frito
la empanada gallega
los vinos, quesos y
    dulces
el chocolate con
    churros

Mérida, pequeña Roma (año 25 antes de Cristo). Su teatro de más de 2.000 años sigue siendo escenario de obras teatrales. Allí hay también un circo, un anfiteatro, un acueducto, un templo, casas romanas y un museo donde se exhiben joyas y piezas de esa época.

El Palacio de la Alhambra (1338–1390), en Granada, ejemplo de la magnífica aquitectura árabe. Los jardines, con sus fuentes[2], son prueba de la fascinación que sentían estas gentes del desierto por el agua. Allí residieron los reyes moros hasta su expulsión en 1492. Desde la Alhambra (véase la foto →) se ve Sierra Nevada, donde se puede esquiar hasta el mes de abril.

[1]Basque, [2]fountains

Viaje B. ARGENTINA: Paisajes espectaculares

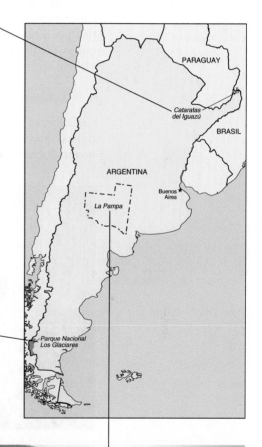

Las espectaculares Cataratas del Iguazú, en la frontera entre Argentina y Brasil. Hay 275 cataratas diferentes, y allí también se encuentran más de 21.000 variedades de plantas, 450 especies de aves, y además, reptiles, anfibios, peces y mariposas[1].

Parque Nacional Los Glaciares, en la Patagonia argentina.
Ha sido declarado Patrimonio de la Humanidad por la UNESCO por su belleza espectacular y el interés científico que despierta.
Las personas aventureras pueden disfrutar caminando por el glaciar Perito Moreno, navegando por el lago para observar el hielo azul o haciendo trekking por los montes Fitzroy y Torre.

La pampa argentina, tierra del gaucho. Allí el visitante puede disfrutar de los atractivos del turismo alternativo: hospedarse en una hacienda rural, respirar el aire puro, apreciar la variada flora y fauna y montar en los mejores caballos.

[1]butterflies

Tu mundo cultural

El ecoturismo

¿Quieres viajar a un lugar exótico donde hay conciencia del medio ambiente? ¿Quieres practicar toda clase de deportes y descansar en medio de la naturaleza?

Si eso es lo que buscas, el ecoturismo es para ti.

El ecoturismo consiste en viajar por áreas naturales causando mínimo impacto en el medio ambiente y cultura que se visita y generando ingresos[1] al mismo tiempo. Estos ingresos benefician a la población local que puede usarlos para conservar sus recursos[2] locales.

COSTA RICA

Costa Rica: modelo de ecoturismo

Costa Rica es un país pionero en ecoturismo y modelo para aquellos países que quieran atraer a turistas que busquen reencontrarse con la naturaleza y escapar del estrés urbano. Tiene 30 parques nacionales, numerosas reservas biológicas y forestales y una variedad increíble de flora y fauna.

El volcán Arenal, uno de los muchos volcanes activos de Costa Rica. Sus emisiones de lava incandescente son un gran espectáculo.

Jardín de mariposas. Costa Rica tiene 12.000 especies de mariposas diurnas y unas 4.000 nocturnas. Los jardines de mariposas y sus flores son espectaculares.

[1]income, [2]resources

Costa Rica tiene 850 especies de aves, y el programa de conservación medioambiental más avanzado de América. Por eso, no sorprende que la Universidad de Costa Rica ofrezca una especialidad de estudios en Turismo Ecológico.

En las costas del Caribe y del Pacífico, Costa Rica ofrece sus playas a los amantes del *surf* y de otros deportes acuáticos. En el interior del país se puede practicar el *rafting*, el piragüismo[1], el ciclismo, el montañismo, el camping y la equitación[2].

HOTEL CONSTRUIDO CON CONCIENCIA MEDIOAMBIENTAL
Costa Rica. En la localidad de Punta Uva se construyen alojamientos para turistas respetando el medio ambiente. En su construcción no se cortan árboles sino que se usan maderas[3] de árboles caídos[4], y para su transporte se utilizan bueyes[5] en vez de vehículos, para no alterar el medio. Son alojamientos para cuatro o cinco personas con vistas magníficas de los jardines botánicos y de la playa con sus palmeras y blanca arena.

¿Qué aprendiste?

1. ¿Cuál es una de las diferencias entre el turismo tradicional y el ecoturismo?

2. ¿Cómo se sabe que en Costa Rica se da mucha importancia al medio ambiente? Den ejemplos.

3. En el artículo de periódico sobre Punta Uva, ¿en qué se nota la conciencia del medio ambiente que existe en Costa Rica?

Actividad cultural

Imaginen que Uds. quieren hacer ecoturismo en Costa Rica. Hagan una lista de lo que quieren observar y de las actividades que desean hacer allí. Luego, compártanlo con otra pareja.

Contraste cultural

Hablen de las medidas que ya se han tomado, o que en su opinión, se deben tomar en su país o región para proteger la naturaleza y sus especies, y atraer al ecoturista.

[1]canoeing, [2]horseback riding, [3]lumber, [4]fallen, [5]oxen

2 La ciencia y la tecnología

LA MEDICINA

1. la investigación
CÁNCER
2. el invento
3. prevenir? ◆
4. evitar (enfermedades)
5. prolongar la vida

¿Conoces las últimas tecnologías para ⁶*diagnosticar* y curar enfermedades?

LAS ENERGÍAS RENOVABLES

7. la destrucción de la capa de ozono
ENERGÍAS LIMPIAS PARA 9. PROTEGER ◆◆
10. EL MEDIO AMBIENTE
HIDRÓGENO
BIODIESEL
8. la contaminación
11. el (carro) híbrido
12. la energía solar
13. la energía eólica (del viento)

¿Cuáles son ¹⁴*las ventajas* de estas energías? ¿Y ¹⁵*las desventajas*?

LA RED DE COMUNICACIONES

20. comunicarse
22. la prensa
EL DIARIO
NOTICIAS
21. el/la radio por satélite
la televisión por satélite/cable

¿Cuáles de estos medios de comunicación usas tú con más frecuencia?

EL ESPACIO

MARTE
16. la exploración espacial
¿Habrá pronto viajes de turismo a la Luna o a Marte?
17. la nave espacial

¿Te gustaría hacer un viaje espacial ¹⁸*alrededor de* ¹⁹*la Tierra*?

1. research 2. invention 3. to prevent 4. to avoid (illnesses) 5. to prolong life 6. to diagnose 7. destruction of the ozone layer 8. pollution 9. to protect 10. environment 11. hybrid (car) 12. solar energy 13. aeolic (wind) energy 14. advantages 15. disadvantages 16. space exploration 17. space ship 18. around 19. Earth 20. to communicate 21. satellite radio 22. press

◆ **Prevenir** is conjugated like **venir.** ◆◆ **Proteger** (presente): protejo, proteges, protege...

¡En acción!

12-10 Asociaciones

¿Por qué se relacionan? Combina las dos palabras que se asocian en cada serie y explica por qué.

MODELO

el síntoma, la investigación, el diagnóstico

El síntoma y el diagnóstico. El síntoma ayuda a determinar el diagnóstico de una enfermedad.

      1. curar, prevenir, evitar

      2. cortar, extender, prolongar

      3. la prensa, las noticias, el invento

      4. la energía eólica, el sol, el viento

      5. la contaminación, la capa de ozono, la deforestación

      6. la ventaja, el planeta, la nave espacial

12-11 Los avances científicos y tecnológicos

¿Están Uds. informados? Observen las escenas de la página 412 y comenten lo siguiente.

La medicina:
- clase de investigaciones e inventos que para Uds. serían importantes
- lo que se puede hacer para prevenir o evitar enfermedades
- ventajas y desventajas de prolongar la vida

Las energías renovables:
- ventajas y desventajas
- las que se usan en la región donde viven

El espacio:
- la exploración espacial
- sus respuestas a las preguntas que se hacen en la escena

La red de comunicaciones:
- para qué sirve cada medio de comunicación que se observa
- cuáles usan Uds. con más frecuencia y para qué

To express what *would happen* in a hypothetical or contrary-to-fact situation (*If I were a billionaire...*), you use: **Si** (*If*) + **imperfect subjunctive** + **conditional**

    Si **tuviera** un carro híbrido, **gastaría** menos en gasolina.

    If I had a hybrid car, I would spend less on gas.

The imperfect subjuctive of all verbs is formed by dropping the **-ron** from the **ellos** form of the preterit and adding **-ra, -ras, -ra, -ramos, -rais, -ran.** You will not be expected to actively produce this form, but rather, to recognize it. Can you understand the following phrases?

    Si fuera presidente/a,...   **Si pudiera,...**

    Si estuviera en África,...   **Si hubiera menos contaminación,...**

12-12 Preguntas para conversar

En grupos de cuatro, usen las siguientes preguntas para iniciar la conversación.

1. Si pudieras prolongar tu vida hasta los 150 años, ¿lo harías? ¿Cuáles serían dos ventajas y dos desventajas?
2. Si fuera posible encontrar la cura para sólo dos enfermedades, ¿cuáles escogerías?
3. Si el precio de la gasolina subiera a diez dólares el galón, ¿qué harías?
4. Si pudieras hacer dos cosas para proteger el medio ambiente, ¿qué harías?
5. Si pudieras hacer un viaje a la Luna en una nave espacial, ¿te gustaría hacerlo? ¿Por qué?
6. Si te encontraras con un extraterrestre, ¿qué dos preguntas le harías?
7. Si tuvieras que pasar un mes completamente solo/a, ¿qué tres cosas te llevarías? ¿Por qué?
8. Si pudieras reencarnarte en otra persona, ¿ en quién te reencarnarías? ¿Por qué?

Enfermedades

el cáncer
el SIDA
el Alzheimer
el Parkinson
la leucemia
la diabetes
la esclerosis múltiple

¡A escuchar! Nuevos inventos

Paso 1. Escucha las noticias acerca de algunos de los nuevos inventos.

Paso 2. Escucha de nuevo y di si es cierto o falso.

1. Hay un invento nuevo que sirve para diagnosticar problemas intestinales.
   ❑ Cierto   ❑ Falso

2. El paciente toma una cápsula y permanece en el hospital 8 horas.
   ❑ Cierto   ❑ Falso

3. La cápsula recorre el intestino delgado sacando miles de fotos.
   ❑ Cierto   ❑ Falso

4. Las ventajas de la cápsula son su precio y que se diagnostica rápidamente.
   ❑ Cierto   ❑ Falso

5. En la Patagonia, ya hay gasolineras que usan la energía del viento.
   ❑ Cierto   ❑ Falso

6. Ahora existe un vehículo que sirve de guía para turistas.
   ❑ Cierto   ❑ Falso

¿SABES QUE...?

A number of Latin American countries, including Mexico, Argentina, and Uruguay, are following Brazil's lead by launching new projects to produce *biodiesel,* a biodegradable and renewable source of energy obtained from agricultural products. Interestingly, Argentina is the world's leading consumer of clean fuel, with 15 percent of cars fueled by natural gas.

Mabel convence a Mario para que se haga voluntario de su organización ecológica.

¿Cómo te va de voluntaria?

Regular. Si hubiera más voluntarios, se haría mucho más.

Si tuviera otro compañero, organizaría una gran campaña de prensa para informar a la gente y enseñarle a prevenir y evitar tanta contaminación.

Es verdad. Si trabajara contigo, convenceríamos a muchos de las ventajas de usar carros híbridos.

¿Estás tratando de decirme algo?

Sí, que acabas de conseguir otro voluntario. Vamos a hacer grandes cosas juntos.

¡En acción!

12-13 La tecnología también ayuda a las personas ciegas[1]

Paso 1. Lee lo que sigue para conocer los inventos gracias a los cuales las personas discapacitadas, como los ciegos, pueden tener una mejor calidad de vida. Escoge los dos que, en tu opinión, serían más útiles si fueras ciego/a.

Aparatos disponibles en el mercado para las personas ciegas: Con ellos, una persona ciega puede hacer la rutina diaria: levantarse, desayunar, vestirse, orientarse, caminar por las calles, trabajar, cocinar y comunicarse por correo electrónico.

- **Despertador parlante:** Se aprieta un botón y una voz indica la hora.
- **Colorímetro:** Se pone al lado de la ropa, indica su color y ayuda a combinar los colores.
- **Microondas y estufa en Braille:** Cocinar es ya posible para una persona ciega.
- **Reloj en Braille:** Se levanta la cubierta y se pueden tocar las agujas[2] para saber la hora.
- **Agenda electrónica en Braille:** Para anotar fechas y citas.
- **Computadora con teclado en Braille y programa JAWS:** Lee lo escrito en voz alta y escribe lo que se dice.
- **Ojo electrónico:** Se pone en las gafas o lentes, y antes de cruzar la calle, una mini-cámara con computadora y sistema de voz indica el color del semáforo, la distancia entre las dos aceras y la presencia de peatones.
- **Bastones[3] telescópicos láser y con sensor:** Se usan para orientarse más fácilmente.

Y algo más:

Además de los aparatos, los perros guía les ayudan a las personas ciegas a caminar por las calles evitando los obstáculos. Son perros seleccionados y sometidos a un entrenamiento de dos años, lo que explica su precio. Cuestan unos 30.000 dólares.

Paso 2. Ahora, dile a la clase los dos inventos que has elegido y explícale cómo te ayudarían en tu rutina diaria si fueras una persona ciega.

MODELO

Si fuera ciego/a, tendría un colorímetro porque me gusta combinar bien los colores de mi ropa.

[1]blind *also* **invidentes,** [2]hands of the clock, [3]canes, walking sticks

La Organización Nacional de Ciegos Españoles (ONCE) y otras dos compañías presentaron en Madrid a *Braillín,* un muñeco diseñado por una profesora argentina. Se espera usarlo para fomentar la integración social y familiarizar a los niños, invidentes o no, con el código Braille. Al mismo tiempo, puede servir para enseñarles a respetar y aceptar la diversidad como algo enriquecedor[1].

12-14 Nuevos inventos: la casa del mañana

 Paso 1. Lean la información que sigue y escojan los dos inventos que, en su opinión, sean más útiles, y los dos que sean más interesantes. Expliquen por qué.

Hint: For *Actividad 12-14,* review the future tense on page 382.

LA CASA DEL FUTURO: INTUITIVA Y COMUNICATIVA

- **Llave:** La palma de la mano **servirá** de llave. Al ponerla en el escáner, la puerta se **abrirá** al reconocer a la persona.

- **Paredes: Proyectarán** la información que se pida (el clima, la hora, el tráfico y la condición de las carreteras,...).

- **Luces, música y cortinas:** Se **autorregularán** según cómo se sientan las personas que vivan allí.

- **Espejos: Ayudarán** a escoger la ropa sin abrir roperos ni cómodas.

- **Entretenimiento audiovisual centralizado:** Una pantalla plasma que **incluirá** televisión, música, cine, juegos y fotos digitales.

- **Cocina: Tendrá** electrodomésticos que **darán** recetas según los ingredientes disponibles, **indicarán** la mejor forma de preparar un plato en el microondas, o **harán** la lista de la compra.

- **Tablón de anuncios: Buscará** babysitters, **informará** sobre las ofertas y **pedirá** pizzas por Internet.

La llave de la casa será algo obsoleto; un escáner reconocerá la palma de la mano para abrir la puerta.

En esta casa, el espejo del futuro sabrá qué hay en el ropero, lo que está en la tintorería[2], o lo que va bien con la camisa que llevas.

 Paso 2. Imagínense que Uds. son multimillonarios. Diseñen su casa del futuro. Inventen y apunten *cuatro* características de la casa. Usen los verbos en futuro: *Mi casa* **tendrá...**

[1]enriching, [2]cleaners

12-15 Los viajes espaciales y submarinos

Paso 1. ¿Quieres saber acerca de viajes espaciales y submarinos? Lee la siguiente información.

TURISMO ESPACIAL

En el año 2004, la Fundación Premio X ofreció un premio de 10 millones de dólares al inventor que construyera una nave espacial comercial. Ya en 1927 Charles Lindbergh ganó un premio similar por volar solo a través del Atlántico, y a partir de aquel momento, los viajes en avión se multiplicaron por treinta. La Fundación Premio X espera que ocurra lo mismo con los viajes comerciales al espacio.

En la imagen, se observa el reflejo de los rayos del sol en el *SpaceShipOne* durante el vuelo 15P.

Los ganadores del premio han sido Burt Rutan y Paul G. Allen, creadores del *SpaceShipOne.* Y ahora, *Virgin Galactic,* la primera compañía de turismo espacial, va a usar el diseño de esta nave para construir el *SpaceShipTwo,* prototipo de vehículo para cinco pasajeros y un piloto.

¿Se lo imaginan? Desde un cómodo asiento, y sin pesar[1] nada, se podrá volar en la oscuridad del espacio observando las estrellas. Y de vuelta a la Tierra, será posible ver hasta una distancia de 1.000 millas en todas direcciones. Se calcula que los primeros vuelos estarán listos para fines del año 2009, y el precio de cada boleto será de 190.000 dólares. Un proyecto para más adelante son los cruceros espaciales que navegarán a un hotel situado en órbita.

LAS PROFUNDIDADES MARINAS

Otro espacio por descubrir son las profundidades marinas, adonde en el futuro, tal vez[2] se podrán hacer viajes organizados. En los últimos 25 años los científicos han investigado allí con submarinos y robots. Los descubrimientos más recientes son cientos de agujeros[3] termales en la profundidad del océano—unos géiseres, extremadamente calientes (hasta 757 grados Farenheit). En ellos, se han observado criaturas antes nunca vistas.

El Shinkai 6500, submarino japonés que en este momento es el que navega a más profundidad. Se usa para la investigación.

En las profundidades del océano habitan criaturas muy curiosas y apenas conocidas por los humanos.

Paso 2. Ahora, inspírense en las siguientes preguntas para conversar.

1. ¿Qué piensas de lo que hizo la Fundación Premio X? Explica.

2. ¿Te gustaría ser uno de los primeros pasajeros de la nave *SpaceShipTwo* si el viaje no costara nada? ¿Por qué?

3. ¿Invertirías dinero en cruceros espaciales o en hoteles situados en órbita? Explica. ¿Y en compañías que quisieran construir naves para viajar por las profundidades del mar? Explica.

4. ¿Te gustaría formar una comunidad en otro planeta? ¿Por qué?

5. ¿Te gustaría viajar en una nave submarina para ver los agujeros termales que están en el fondo del océano? ¿Por qué?

6. ¿Cuál de los tres peces de los dibujos te parece más curioso? ¿Por qué?

7. ¿Por qué crees que los humanos están siempre en busca de nuevos horizontes?

[1]weigh, [2]perhaps, [3]vents

Tu mundo cultural

Los desastres ecológicos

¿Qué sabes sobre la contaminación y los desastres ecológicos de tu país? A continuación, siguen unos ejemplos de problemas de Latinoamérica relacionados con el medioambiente.

La contaminación en México

La Ciudad de México tiene graves problemas de contaminación. El tráfico de los cuatro millones de vehículos que circulan diariamente por ella, unido a su ubicación en un valle rodeado de montañas, hacen de esta capital una de las ciudades más contaminadas del planeta. Entre su población, cada vez son más las personas que sufren enfermedades respiratorias. En el norte del país, la industria de las maquiladoras y el tráfico entre México y EE.UU., resultado del TLC, Tratado de Libre Comercio (NAFTA), son la causa principal de la contaminación en las ciudades de los dos lados de la frontera.

En la Ciudad de México el gobierno está creando soluciones innovadoras para combatir la contaminación. Las principales son: hacer obligatorio el uso de conversores catalíticos en los carros; reducir la cantidad de plomo[1] en la gasolina y el sulfuro en el diesel; modernizar el sistema de transporte de autobuses; y promover las energías renovables como la energía hidroeléctrica y solar, que tienen gran potencial en México.

La deforestación del Amazonas

Hay seis países que comparten la cuenca[2] del Amazonas, y todos, excepto Brasil, son hispanos: Venezuela, Colombia, Ecuador, Perú y Bolivia. Este grupo de países, llamado «el pulmón del mundo», cuenta con uno de los ecosistemas más diversos del planeta. Sin embargo, la deforestación está teniendo consecuencias tan graves en su medio ambiente, que muchas especies ya han desaparecido y otras están en peligro de extinción.

[1]lead, [2]basin

El exceso de población en la cuenca del Amazonas es una de las causas de los 19.000 km2 de deforestación anual. Se eliminan bosques para obtener tierras cultivables y beneficios para la industria maderera[1]. El potencial económico de la cuenca del Amazonas reside en las plantas, de las que se hacen medicamentos; en la madera, que se usa para muebles y en la construcción; y en la diversidad de especies terrestres y acuáticas. El gran reto al que se enfrentan estos países es mantener el crecimiento[2] económico, pero sin dañar[3] el medio ambiente.

Iquitos es una de las ciudades peruanas situadas en la cuenca del Amazonas. Esta ciudad, como tantas otras de esta región, ha experimentado gran crecimiento económico gracias a las riquezas naturales de la zona. Allí, como en el resto de los países del Amazonas, finalmente están empezando a tomar conciencia de la situación y a crear políticas para frenar la deforestación, preservar las especies y restituir la capa de ozono de la atmósfera.

¿Qué aprendiste?

1. ¿En qué áreas de México hay graves problemas de contaminación? ¿Y en qué otros lugares del mundo?

2. ¿Qué problema ecológico existe en los países de la cuenca del Amazonas? ¿Y en qué otras partes del mundo?

Actividad cultural

Completen el formulario según la información presentada.

lugar	problema	causas	posibles repercusiones	posibles soluciones
México				
Amazonas				

Contraste cultural

Hablen de lugares de su país o región que estén sufriendo daños medioambientales. Describan los daños, y hablen de las causas y de lo que se está haciendo para solucionarlos.

[1]lumber, [2]growth, [3]damaging

En busca de*
una vida mejor

VOCABULARIO

1. la frontera

8. integrarse a/en

WELCOME!

7. inmigrar

OFICINA DE INMIGRACIÓN

...más ²oportunidades para la niña.

...para ²mejorar nuestras vidas...

3. emigrar

5. el emigrante

6. el inmigrante

9. estar satisfechos

11. prosperar

10. contribuir♦

15. los países en desarrollo

LA COOPERACIÓN ENTRE 12.LOS GOBIERNOS DE LAS NACIONES ONU

14. el acuerdo de paz

13. el poder

16. eliminar el hambre y la pobreza

18. una vida sencilla

17. proveer agua potable

19. cultivar productos orgánicos

¡Con brío!

20. la diversidad

SOLIDARIDAD ARMONÍA RESPETO TOLERANCIA

VIVA LO LATINO

21. FIN

1. border 2. opportunities 3. to emigrate 4. to improve 5. emigrant (*m.*) **la emigrante** (*f.*) 6. immigrant (*m.*) **la inmigrante** (*f.*)
7. to immigrate 8. to adjust, integrate oneself 9. to be satisfied 10. to contribute 11. to prosper 12. governments 13. peace treaty
14. power 15. developing countries 16. to eliminate poverty and hunger 17. to provide potable water 18. a simple life 19. to grow
organic produce 20. diversity 21. The end (*m.*)

♦**Contribuir** is irregular in the present, the preterit, and the present subjunctive. See **Apéndice 1.**
***En busca de** *In search of*

¡En acción!

 12-16 ¡A emparejar!

A ver si los reconoces. Empareja los términos de la primera columna con los que mejor les corresponden de la segunda.

1.	el acuerdo de paz	**a.**	línea divisoria
2.	la diversidad	**b.**	prosperar, progresar
3.	la pobreza	**c.**	entrar a formar parte, unirse a
4.	la frontera	**d.**	estar contento
5.	el fin	**e.**	pacto para terminar la guerra
6.	el poder	**f.**	conclusión
7.	estar satisfecho	**g.**	dominio, supremacía
8.	integrarse	**h.**	variedad
9.	mejorar	**i.**	no tener lo necesario para vivir

12-17 En busca de una vida mejor

Describan y comenten las escenas de la página 420. Usen todo el vocabulario de la escena para hablar de:

- la familia que emigra

- la vida de la familia de inmigrantes en el nuevo país

- la reunión de las naciones del mundo, y cómo piensan Uds. que deben ejercer su poder

- la escena rural de los países en desarrollo

- la pareja que busca una vida sencilla y cómo piensan Uds. que será su vida

- las personas que representan la diversidad

Niña boliviana bebiendo agua. ¿Será potable? La Asamblea General de las Naciones Unidas ha declarado el 22 de marzo el Día Mundial del Agua. Su lema[1] es: *El agua es fuente de vida.* Cada día mueren cerca de 4.000 niños por beber agua no potable.

[1]slogan

12-18 ¿Quién lo ha hecho?

Paso 1. Camina por la clase y pregúntales a tus compañeros/as si han hecho lo siguiente. Apunta en el espacio en blanco el nombre de la primera persona que responda afirmativamente a la pregunta. Luego pasa a la siguiente pregunta.

Nombre

_____ 1. ¿Has cruzado la frontera entre EE.UU. y México? ¿Cuándo?

_____ 2. ¿Has experimentado alguna vez un «choque cultural» (*culture shock*)? ¿Cómo te sentiste?

_____ 3. ¿Has vivido en otro país? ¿En qué país? ¿Cuándo? ¿Te gustó?

_____ 4. ¿Hay personas de tu familia que sean inmigrantes? ¿De dónde son/eran?

_____ 5. Si trabajaras en el gobierno de tu país, ¿votarías por leyes a favor de los inmigrantes?

_____ 6. ¿Estás satisfecho/a con tu vida?

_____ 7. ¿Te gustaría vivir de forma más sencilla?

_____ 8. ¿Te gustaría ser voluntario/a en un país en desarrollo?

Paso 2. Ahora, según los nombres que tienes, dile a la clase quién ha hecho las cosas indicadas.

> Feminine nouns that begin with a stressed **a** (or **ha**), such as **agua, arma, ama de casa,** and **hambre,** are preceded by the masculine articles **el** or **un** *in the singular.* In the plural, they use the feminine articles: **el agua → las aguas; el arma → las armas; el ama de casa → las amas de casa;** (the plural of **hambre** is not used).
>
> Note the feminine adjective: **El agua** de esta playa está **limpia.**

¡A escuchar! Los inmigrantes

Paso 1. Escucha a Olivia y a Julio mientras charlan durante el almuerzo. Los dos son maestros de origen mexicano que trabajan en una escuela de Estados Unidos.

Paso 2. Escucha de nuevo y marca las respuestas correctas.

1. Los maestros hablan de una familia hondureña que ha inmigrado a EE.UU. por motivos...
   ☐ políticos   ☐ económicos

2. El huracán Mitch ocurrió en el año...
   ☐ 1978   ☐ 1998

3. Después del huracán muchas personas quedaron...
   ☐ en la pobreza   ☐ en la enfermedad

4. La familia ha llegado a EE.UU. en busca de...
   ☐ sus parientes   ☐ una vida mejor

5. Julio dice que si él estuviera en la misma situación...
   ☐ se quedaría en su país   ☐ emigraría

6. Olivia dice que en EE.UU. todos pueden prosperar si...
   ☐ emigran   ☐ trabajan

7. Julio va a...
   ☐ invitar a los nuevos vecinos de Olivia a su casa   ☐ invitar a Olivia a su casa

Después de la cena, Fabio acompaña a Jennifer a su casa. Hablan del futuro y...

A veces, cuando se es inmigrante, es difícil mejorar en la vida.

Claro, pero tanto tu familia como la mía han sabido integrarse perfectamente en la vida de este país.

Sí, somos muy trabajadores, contribuimos mucho, y vivimos sencillamente, pero bien.

O sea, ... que estás satisfecha con tu vida.

Sí, pero estaría más contenta si pudiera compartirla con alguien.

Jennifer, creo que es hora de que hablemos claro.

Hace tiempo que quiero decirte...

FIN

¡En acción!

12-19 La agenda política de los partidos

Paso 1. La clase se divide en grupos de cuatro; cada grupo representa un partido político. La misión de cada partido es **(a)** escoger los *tres* asuntos prioritarios de su campaña (véase la lista); **(b)** explicar por qué son prioritarios; y **(c)** mencionar las posibles soluciones. Al final, cada equipo tiene que **(d)** escoger a un/a candidato/a para presentar la campaña electoral de su partido. Un/a secretario/a de cada grupo escribe las ideas principales.

MODELO

E1: *El empleo debe ser una de las prioridades de nuestro partido.*

E2: *Estoy de acuerdo. Hay mucho desempleo en nuestro país.*

E3: *Vamos a crear más puestos de trabajo, abriendo nuevos centros de reciclaje.*

E4: *Otra prioridad debe ser...*

ASUNTOS PRIORITARIOS

- la economía
- el empleo
- el seguro médico para todos
- la inmigración
- las minorías
- la igualdad de género

- la defensa del país
- la ayuda a los países en desarrollo
- la pobreza y el hambre en el mundo
- la cooperación con... (país/es)
- el medio ambiente
- las investigaciones científicas (medicina,...)

Paso 2. Ahora, los/las candidatos/as presentan sus agendas. Luego, todos votan por el/la mejor para la presidencia.

12-20 En busca de una vida mejor

Paso 1. Lee el siguiente artículo del periódico *El Mercurio* para saber lo que están haciendo en una ciudad argentina que busca una vida mejor.

Prohibido apurarse

La pequeña localidad de Mar de las Pampas quiere ser la primera "ciudad lenta" de América Latina.

RODRIGO LARA

¿Se imagina vivir en una ciudad sin celulares ni carteles en las calles, y donde la velocidad máxima sea de 30 kilómetros por hora? Eso es lo que pretende la ciudad argentina de Mar de las Pampas.

Este pequeño balneario, a 380 kilómetros al sur de Buenos Aires, intenta conciliar lo moderno con la calidad de vida. Sus habitantes quieren que en la ciudad no se conozcan las alarmas ni las bocinas de los autos, que no haya torres de comunicación y que la policía patrulle las calles a caballo.

"Tiene que ver con darse tiempo para vivir", dice Luis Mazzoni, la cara pública del proyecto.

Vivir sin prisa

El concepto de "ciudad lenta" es primo del de "comida lenta", donde "comer no son 30 minutos, es una hora y media".

En el caso de las "ciudades lentas", la idea es promover la calidad del espacio urbano, la restauración y protección de las zonas típicas, la ecología, una atmósfera amigable y la promoción de los productos de la región.

Palabras útiles	
apurarse	*to hurry*
lento/a	*slow*
calidad de vida	*quality of life*

Paso 2. En grupos de cuatro, **(a)** digan cuáles son, según el artículo, las características de esta "ciudad lenta". **(b)** Digan también lo que más y lo que menos les gustaría de vivir en una ciudad así. **(c)** Para concluir, hablen de los aspectos que consideren esenciales para una "vida ideal".

12-21 Historia de un inmigrante que ha triunfado

Paso 1. Lee acerca de Jesse Treviño y observa su mural.

Jesse Treviño (1946–) es pintor y muralista estadounidense de origen mexicano. Estudió en el *Art Students League* en Nueva York. Perdió el brazo derecho en la guerra de Vietnam, pero volvió a pintar, y aprendió a hacerlo con la mano izquierda. Más tarde, obtuvo su Master de la Universidad de Texas. Ahora está trabajando en una obra que se dedicará a las víctimas del ataque terrorista del 11 de septiembre.

El famoso mural de Treviño, *Spirit of Healing*, se encuentra en *Santa Rosa Children's Hospital* en San Antonio, Texas. Este mural, compuesto de 150.000 azulejos[1] cortados a mano, tiene 90 pies de altura y es el mural más grande de América del Norte.

Paso 2. Conversen acerca de:

- la descripción e interpretación del mural

- lo que más les impresiona de la vida de Jesse Treviño

- dos obstáculos o retos (*challenges*) que Uds. o personas que conocen han experimentado, y lo que hicieron para superarlos (*overcome them*)

Palabras útiles	
el ángel	
la paloma	*dove*

[1]tiles

12-22 Una vida dedicada a los demás[1]

 Paso 1. ¿Quieres conocer a una mujer extraordinaria? Observa las fotos y lee la información.

Gloria Wheeler, hondureña casada con norteamericano, ha dedicado muchos años de su vida a ayudar a las mujeres de pueblos remotos de Honduras a encontrar una vida mejor. Les ayuda a organizarse y a solicitar la asistencia de agencias de desarrollo para obtener agua potable, mejorar sus viviendas, aprender el cultivo orgánico de la tierra y críar[2] animales (gallinas, vacas, cabras[3]) que les proporcionan comida e ingresos. Gloria también les ayuda a solicitar micro-créditos para empezar sus propios negocios.

Grupo de mujeres de Las Mercedes, Honduras. Gloria se reúne con ellas frecuentemente para ayudarles con sus proyectos.

 Paso 2. Hablen de:

- dos o tres cosas que buscan estas mujeres hondureñas para tener una «vida mejor» y compárenlas con las que Uds. buscan

- dos o tres personas que Uds. conocen que ayudan a otros a encontrar una vida mejor

- dos o tres personas que han tenido gran influencia en su vida

12-23 La comunicación: algo esencial en el mundo de hoy

La clase se divide en dos grupos. El primer grupo se sienta en un círculo, y el segundo, en otro círculo alrededor del primero. Cada estudiante de un círculo se sitúa mirando a un/a estudiante del otro. Las parejas hablan durante *un minuto* del primer tema. Luego, el círculo exterior gira[4] hacia la izquierda para efectuar el cambio de parejas y cada pareja habla del siguiente tema y así, hasta hablar de todos. ¡Adelante!

1. Las personas más importantes de tu vida. Explica por qué.
   (El círculo exterior gira hacia la izquierda.)

2. Los pasatiempos y deportes que más te gustan y por qué.

3. Las comidas que más te gustan, dónde las comes y con quién.

4. De todos los trabajos que has tenido, el que te gustó más y por qué.

5. Viajes interesantes que has hecho—adónde, cuándo y con quién.

6. Un incidente interesante que ocurrió en tu vida hace unos años, o recientemente.

7. Los efectos de la tecnología en tu vida—los positivos y los negativos.

8. Las prioridades que, en tu opinión, debe tener un gobierno.

[1]others, [2]raising of, [3]goats, [4]turns

Tu mundo cultural

Inmigrantes en busca de una vida mejor

¿Dejarías a tu familia y amigos y tu país para ir en busca de una vida mejor?

Por razones diversas, no todo el mundo encuentra siempre trabajo y condiciones de vida aceptables en su país, y para muchos, la única forma de sobrevivir es emigrar. Estados Unidos han sido tradicionalmente el destino más frecuente de los emigrantes latinoamericanos, pero en las últimas décadas un elevado número de latinoamericanos está emigrando a España. En ambos casos, los emigrantes toman la decisión difícil y dolorosa de dejar su tierra, su cultura, su familia y amigos en busca de una vida mejor.

La emigración de latinoamericanos a EE.UU.

Los Ángeles, en California. Muchos latinoamericanos que emigran a Estados Unidos no están familiarizados con su lengua y su cultura. Sin embargo, la proximidad, el fácil acceso, las oportunidades de trabajo y la existencia de comunidades de sus países que ya están establecidas aquí sirven de incentivo para emigrar.

El restaurante Mi Tierra, en San Antonio, Texas. Excepto en el caso de Cuba y algún otro país, de donde emigraron principalmente por razones políticas, los latinoamericanos generalmente emigran por motivos económicos. Muchos tienen éxito y abren negocios o restaurantes que llegan a formar parte de la cultura de EE.UU. Tal es el caso del restaurante Mi Tierra, que se abrió en 1941 con tres mesas y ahora tiene capacidad para más de 500 personas.

El *Mexican Fine Arts Center Museum* de Chicago. La presencia hispana en EE.UU. y la continua llegada de nuevos inmigrantes está cambiando el paisaje demográfico, la composición étnica y la cultura de EE.UU. Este museo, situado en el barrio mexicano de Pilsen, revela la importancia que están adquiriendo los hispanos en este país. Cuenta con la colección de arte mexicano más grande de EE.UU.

El barrio mexicano de Pilsen, en Chicago. Antes, los latinoamericanos comúnmente se establecían en los estados del sudoeste americano, en Florida y en Nueva York. En la actualidad, los estados de Carolina del Norte y Carolina del Sur, Arkansas, Georgia, Tennessee, Nevada, Alabama y el medioeste son los lugares que atraen a mayor número de estos emigrantes.

La emigración de latinoamericanos a España

En el pasado, los españoles emigraron a países como México, Venezuela, Argentina y Chile en busca de fortuna o como exiliados políticos. En las últimas décadas, gracias al desarrollo económico conseguido en España y a ser miembro de la Unión Europea, el fenómeno se ha invertido[1]. La inmigración de México, República Dominicana, Colombia, Venezuela, Ecuador, Perú, Argentina y de otros países latinoamericanos es ya una realidad en España. Allí la lengua y la cultura no suponen un obstáculo para los inmigrantes, y además, tienen otros incentivos como el seguro médico para todos y un mes de vacaciones. Muchos inmigrantes, una vez regularizada su situación en España, tienen incluso la oportunidad de trabajar en otros países de la Unión Europea.

La bandera española (roja, amarilla y roja) ondea[2] junto al resto de las veinticinco banderas de los países miembros de la Unión Europea.

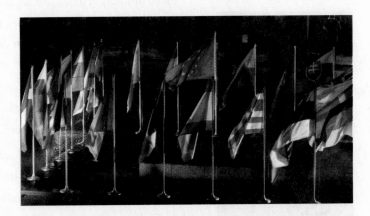

Emigrantes latinoamericanos haciendo fila en una oficina de inmigración de Madrid. La llegada de latinoamericanos a España, con su alto índice de natalidad[3], ha contribuido a mejorar la demografía española que empezaba a alcanzar niveles muy bajos. Además, como en el caso de EE.UU., los inmigrantes están contribuyendo a su economía, cambiando la composición étnica de su población e influenciando la cultura de los españoles.

¿Qué aprendiste?

1. ¿A qué lugares de EE.UU. emigraban antes los latinoamericanos y adónde lo hacen en la actualidad?
2. ¿Por qué emigran? ¿Es una decisión fácil? Explica.
3. ¿Qué incentivos ofrece EE.UU. a los inmigrantes latinoamericanos? ¿y España?
4. ¿Cuáles son los efectos de la inmigración hispanoamericana en EE.UU. y en España?

Actividad cultural

Imagínense que Uds. tuvieran que emigrar de su país por razones políticas, religiosas o económicas. Digan a qué país emigrarían, cómo, y por qué. Mencionen los incentivos que en su opinión ofrece el país de su elección, los obstáculos y la clase de trabajo que van a encontrar allí.

Contraste cultural

En grupos de cuatro, hablen de los inmigrantes de su familia. Indiquen el país de procedencia, las razones por las que emigraron, los obstáculos que encontraron y su contribución a la comunidad.

[1]reversed, [2]waves, [3]índice... birth rate

WILEY PLUS **Tu mundo en vivo**

¡Video en acción!

12.1 La contaminación: no todo está perdido

1. **Antes de ver el video**

   En tu opinión, ¿cuáles son las causas de la contaminación del aire en la Ciudad de México?

2. **Mientras ves el video** Marca los tres factores que, según el video, contribuyen al problema de la contaminación del aire.

   ___ los carros   ___ las plantas nucleares

   ___ la industria   ___ la latitud de la ciudad

   ___ la ubicación geográfica de la ciudad

3. **Míralo otra vez** Haz un círculo alrededor de la respuesta correcta.

   1. Hay alrededor de *un millón / cuatro millones* de vehículos registrados en la Ciudad de México.

   2. Hace 50 años, se podía ver hasta más de *100 / 200* kilómetros de distancia.

   3. Ahora se puede ver como máximo hasta *1.5 / 10.5* kilómetros de distancia.

   4. Cada *seis / nueve* meses, los vehículos son revisados para verificar su nivel de emisiones.

   5. Los carros con un *cero / uno* en la calcomanía[1] no pueden manejar un día de la semana.

4. **Comenta con la clase**

   a. ¿Qué medidas se están tomando en la Ciudad de México para reducir la contaminación del aire?

   b. ¿Qué medida recomienda el ecologista entrevistado?

12.2 Inmigrantes: aprende de ellos

1. **Antes de ver el video**

   a. ¿Conoces a alguien de Latinoamérica que haya dejado su país para vivir en EE.UU.? ¿Por qué se fue de su país?

   b. ¿Cuáles son algunas de las razones por las que muchos emigran?

2. **Mientras ves el video** Relaciona las fotos con lo que dice cada persona.

A   B   C   D   E

___ «Aquí tú puedes conseguir un trabajo bueno independientemente de la edad que tengas.»

___ «Me siento feliz porque mis hermanos... pudieron terminar sus carreras.»

___ «En un momento pensé que yo tenía muchas cosas que compartir.»

___ «Había bombas por todas partes. Ponían bombas en los centros comerciales.»

___ «Me fue súper difícil integrarme porque dejé a hartos[2] amigos, familia, y actividades.»

3. **Comenta con la clase**

   Comenta las razones por las que emigraron las personas entrevistadas y comparte tus impresiones.

[1]sticker, [2]muchos

¡Lectura en acción!

¡Los inmigrantes también pueden votar!

En las elecciones de noviembre de 2006, se distribuyó el siguiente aviso en California.

Paso 1.   Antes de leer el aviso, contesta las siguientes preguntas.

1. ¿Quiénes crees que pueden votar en Estados Unidos? ¿Quiénes piensas que no?

2. ¿Por qué es importante que todos los votantes cualificados puedan votar?

3. En el pasado, en Estados Unidos, ¿qué grupos de ciudadanos no tuvieron derecho al voto?

Usted puede inscribirse para votar si:

- Es ciudadano de los Estados Unidos, aún si **es ciudadano naturalizado**
- Es residente de California
- Tiene por lo menos 18 años de edad el día o antes del día de las próximas elecciones (el 7 de noviembre de 2006)
- No está encarcelado o en libertad condicional por condena de un delito grave
- No ha sido declarado discapacitado mental por una acción judicial

El último día para inscribirse para votar en las elecciones de todo el estado del 7 de noviembre de 2006 es el lunes, 23 de octubre de 2006. Su formulario tiene que estar firmado, fechado y con matasellos de esa fecha o de una fecha anterior.

Debe obtener un formulario en www.ocvote.com, en la oficina de correos, en la biblioteca local o en la oficina local de elecciones del condado con dirección en:

Registrar of Voters
1300 South Grande Ave, Bldg C
Santa Ana, CA 92705
(714) 567-7600
(714) 567-7556 Fax
De 8:00 a 5:00

Esta información oficial es del gobierno de California y de los Estados Unidos.
¡No crea la mentira de que ningún inmigrante puede votar!

Reading Strategy

Inferring meaning from a text
Making logical guesses based on the information presented in a reading in combination with your prior knowledge about a given subject are two helpful strategies when trying to "read between the lines" to infer meaning from a passage.

Paso 2.   Lee el aviso y responde a las siguientes preguntas para ver si entendiste la información más importante.

1. Según el aviso, ¿quiénes pueden inscribirse para votar? ¿Quiénes no?

2. ¿Es posible inscribirse para votar el mismo día de las elecciones? Explica.

3. ¿El formulario para inscribirse solamente se puede conseguir en Internet? Explica.

Paso 3.   Ahora, piensa en lo que sabes acerca de la importancia del voto en este país y en la controversia actual sobre la inmigración. Antes de contestar las siguientes preguntas, piensa en la información que obtuviste en el aviso.

1. ¿Quién distribuyó el aviso? ¿Qué información te ayudó a dar con la respuesta?

2. ¿Por qué piensas que se distribuyó?

Vocabulario activo y pasivo: Capítulo 12

Escena 1

La naturaleza *Nature*
la cascada/ catarata *waterfall*
la cordillera *mountain range*
el desierto *desert*
el paisaje *landscape*
la planta tropical *tropical plant*
la selva *jungle*
el volcán *volcano*

En el aeropuerto *At the airport*
la aduana *customs*
la aerolínea *airline*
el/la pasajero/a *passenger*
la puerta de embarque *boarding gate*
la tarjeta de embarque *boarding pass*
el vuelo *flight*

En el avión *On the plane*
el asiento *seat*
　de pasillo *aisle...*
　de ventanilla *window...*
el auxiliar de vuelo *flight attendant (male)*
la azafata *flight attendant (female)*
el/la piloto *pilot*

En el hotel *At the hotel*
el aire acondicionado *air conditioning*
el ascensor *elevator*
el botones *bellhop*
la calefacción *heating*
la habitación doble/ sencilla *double/ single room*
la piscina *swimming pool*
el servicio de habitación *room service*

Para la cama *For the bed*
la almohada *pillow*
la cobija *blanket*
la sábana *sheet*

Verbos y expresiones verbales *Verbs and verbal expressions*
conseguir (i, i) *to get, obtain*
hacer la maleta *to pack*
facturar el equipaje *to check the luggage/ baggage*
perder el avión *to miss the plane*
registrarse *to register*
reservar *to reserve*
sacar el pasaporte *to get a passport*
volar (ue) *to fly*

Escena 2

La ciencia y la tecnología *Science and technology*
el (carro) híbrido *hybrid (car)*
la contaminación *pollution*
la destrucción de la capa de ozono *destruction of the ozone layer*
la energía eólica (del viento) *aeolic (wind) energy*
la energía solar *solar energy*
la exploración espacial *space exploration*
el invento *invention*
la investigación *research*
el medio ambiente *environment*
la nave espacial *spaceship*
la prensa *press*
el/la radio por satélite *satellite radio*
la Tierra *Earth*
la ventaja/ la desventaja *advantage/ disadvantage*

Preposición *Preposition*
alrededor de *around*

Verbos y expresiones verbales *Verbs and verbal expressions*
comunicarse *to communicate*
diagnosticar *to diagnose*
evitar (enfermedades) *to avoid (illnesses)*
prevenir *to prevent*
prolongar la vida *to prolong life*
proteger *to protect*

Escena 3

En busca de una vida mejor *In search of a better life*
el acuerdo de paz *peace treaty*
el agua potable *potable water*
la diversidad *diversity*
el/la emigrante *emigrant*
el fin *end*
la frontera *border*
el gobierno *government*
el hambre *hunger*
el/la inmigrante *immigrant*
la oportunidad *opportunity*
el país en desarrollo *developing country*
la pobreza *poverty*
el poder *power*
el producto orgánico *organic produce*
la vida sencilla *simple life*

Verbos y expresiones verbales *Verbs and verbal expressions*
contribuir *to contribute*
cultivar *to grow (produce)*
eliminar *to eliminate*
emigrar *to emigrate*
estar satisfecho/a *to be satisfied*
inmigrar *to immigrate*
integrarse a/en *to adjust, integrate oneself*
mejorar *to improve*
prosperar *to prosper*
proveer *to provide*

Autoprueba y repaso: Capítulo 12

Escena 1
De viaje por el mundo hispano

A. Combina las palabras y expresiones de la primera columna con las que mejor les corresponden de la segunda. No se repiten respuestas.

__ 1. la naturaleza   **a.** la erupción
__ 2. la cordillera   **b.** el paisaje
__ 3. el desierto   **c.** la serpiente
__ 4. el volcán   **d.** las montañas
__ 5. la cascada   **e.** las flores
__ 6. la selva   **f.** la arena
__ 7. las plantas tropicales   **g.** el agua

B. Completa las oraciones con las palabras apropiadas del vocabulario.

1. Antes de hacer un viaje al extranjero hay que sacar los pasaportes y _____ los boletos.
2. Antes de hacer un viaje, empacamos o hacemos _____ _____.
3. Al llegar al aeropuerto, y antes de embarcar, tenemos que _____ el _____.
4. Si llegamos tarde, podemos perder ___ _____.
5. Antes de pasar por la puerta de embarque, hay que mostrarle a la empleada de la aerolínea la _____ de _____.
6. En el avión, después de sentarse en el asiento, hay que _____ el cinturón de seguridad.
7. La azafata y el auxiliar de vuelo ayudan a los _____ y sirven la comida.
8. Cuando llegamos a otro país, tenemos que pasar por la _____ antes de salir del aeropuerto.

C. Completa las oraciones con las palabras apropiadas del vocabulario perteneciente al hotel.

1. Los turistas ___ _____ al llegar al hotel.
2. Si es una persona sola, pide una habitación _____; si son dos, piden una habitación _____.
3. En los hoteles, normalmente se cambian las _____ de las camas todos los días.
4. Las camas dobles tienen dos _____ para poner la cabeza.
5. En invierno y cuando hace frío, hay una o más _____ de lana en cada cama.
6. Las habitaciones tienen _____ para cuando hace frío y _____ _____ para cuando hace calor.

7. Cuando queremos nadar, vamos a la _____ del hotel.
8. Generalmente, usamos el _____ para subir a los pisos de un hotel.

I. The conditional

D. Indica lo que harían las siguientes personas con un millón de dólares.

MODELO

Carlos / comprar una casa en San Diego

Carlos compraría una casa en San Diego.

1. nosotros / hacer un viaje a la Patagonia
2. los señores Ruiz / invertir todo el dinero
3. tú / gastar la mayor parte del dinero, ¿no?
4. yo / poner el dinero en el banco
5. Sandra / ir a Chile a esquiar
6. Conchita y Laila / donar la mayoría a los pobres

En resumen

Contesta las preguntas con oraciones completas.

1. ¿Te gusta volar? ¿Por qué sí o por qué no?
2. ¿Has ido en avión a algún lugar recientemente? ¿Adónde?
3. ¿Pasarías las vacaciones en una selva tropical? ¿Por qué sí o por qué no?
4. ¿Te gustaría ver un volcán activo de cerca? ¿Qué otras aventuras te gustaría tener?
5. ¿Qué clase de hotel prefieres cuando estás de vacaciones? ¿y qué clase de habitación?

Escena 2
La ciencia y la tecnología

E. Combina las palabras y expresiones de la primera columna con las que mejor les corresponden de la segunda.

__ 1. evitar   **a.** el viento
__ 2. prolongar   **b.** el medio ambiente
__ 3. encontrar síntomas   **c.** la prensa
__ 4. la energía eólica   **d.** prevenir
__ 5. la energía solar   **e.** diagnosticar
__ 6. la investigación   **f.** el invento
__ 7. la contaminación   **g.** la exploración
__ 8. la nave espacial   **h.** el sol
__ 9. el periódico   **i.** más tiempo

F. Di lo que ocurriría en cada una de las siguientes situaciones hipotéticas. Combina las oraciones y cambia el segundo verbo al condicional. Escribe la oración completa.

1. Si todos los países protegieran el medio ambiente,...
   preservarían el planeta para las generaciones futuras.
2. Si todos usáramos energías renovables,...
3. Si pudiéramos prevenir las enfermedades,...
4. Si hubiera una cura para el cáncer,...
5. Si fuéramos astronautas,...
6. Si hiciéramos un viaje espacial alrededor de la Tierra,...
7. Si tuviera un radio por satélite,...

a. *ver* todos los continentes y océanos del mundo.
b. *escuchar* las noticias de todo el mundo.
c. no *necesitar* tanta gasolina.
d. *preservar* el planeta para las generaciones futuras.
e. *poder* prolongar la vida.
f. menos personas *morir* de la enfermedad.
g. *ir* a la luna en una nave espacial.

En resumen

Contesta las preguntas con oraciones completas.

1. ¿Te gusta la idea de usar energía renovable? ¿Cuáles crees que usarás en el futuro?
2. ¿Cuáles de los inventos tecnológicos más recientes son ahora indispensables en tu vida?
3. ¿Cómo te informas de lo que pasa en el mundo?
4. Si en el futuro se pudiera prevenir enfermedades y prolongar la vida, ¿cuál sería una ventaja y una desventaja?
5. Si en el futuro fuera posible hacer viajes espaciales turísticos, ¿los harías? Explica por qué.

Escena 3
En busca de una vida mejor

G. Completa las oraciones con las palabras apropiadas del vocabulario.

1. Muchas personas cruzan la _____ para emigrar a otro país.
2. Emigran en busca de oportunidades de trabajo, y para

_____ su vida.
3. Algunos se _____ a la vida norteamericana, prosperan, y están _____ con su nueva vida. Para otros, es más difícil.
4. En EE.UU. hay inmigrantes de todo el mundo, y esto contribuye a ___ _____.
5. ¿Es posible la cooperación entre los _____ de las naciones del mundo?
6. Al terminar la guerra, los líderes de las naciones firman un _____ de _____.
7. Algunos gobiernos tienen mucho _____, y por eso controlan a otros países.
8. Es importante ayudar a los países en desarrollo a eliminar el _____ y la _____.

En resumen

Contesta las preguntas con oraciones completas.

1. Si fueras inmigrante, ¿qué harías primero al llegar al nuevo país? ¿Y después?
2. ¿Conoces a algún inmigrante? ¿Se ha integrado? ¿Ha prosperado? Explica.
3. ¿Están todas las personas de tu familia satisfechas con la vida que tienen? Explica.
4. Si en este momento tuvieras el poder de hacer algo por la humanidad, ¿qué harías?
5. ¿Y cuál sería un sueño que te gustaría realizar o algo que harías para mejorar tu vida?

Answers to the *Autoprueba y repaso* are found in **Apéndice 2.**

✓ Additional **Autopruebas** online.

Apéndice 1: Verbos

Regular Verbs: Simple Tenses

Infinitive Present Participle Past Participle	Indicative					Subjunctive		Imperative (commands)
	Present	Imperfect	Preterit	Future	Conditional	Present	Imperfect	
hablar *to speak* hablando hablado	hablo hablas habla hablamos habláis hablan	hablaba hablabas hablaba hablábamos hablabais hablaban	hablé hablaste habló hablamos hablasteis hablaron	hablaré hablarás hablará hablaremos hablaréis hablarán	hablaría hablarías hablaría hablaríamos hablaríais hablarían	hable hables hable hablemos habléis hablen	hablara hablaras hablara habláramos hablarais hablaran	habla tú no hables hable Ud. hablen Uds. hablemos hablad no habléis
comer *to eat* comiendo comido	como comes come comemos coméis comen	comía comías comía comíamos comíais comían	comí comiste comió comimos comisteis comieron	comeré comerás comerá comeremos comeréis comerán	comería comerías comería comeríamos comeríais comerían	coma comas coma comamos comáis coman	comiera comieras comiera comiéramos comierais comieran	come tú no comas coma Ud. coman Uds. comamos comed no comáis
vivir *to live* viviendo vivido	vivo vives vive vivimos vivís viven	vivía vivías vivía vivíamos vivíais vivían	viví viviste vivió vivimos vivisteis vivieron	viviré vivirás vivirá viviremos viviréis vivirán	viviría vivirías viviría viviríamos viviríais vivirían	viva vivas viva vivamos viváis vivan	viviera vivieras viviera viviéramos vivierais vivieran	vive tú no vivas viva Ud. vivan Uds. vivamos vivid no viváis

Regular Verbs: Perfect Tenses

Indicative								Subjunctive			
Present Perfect		Past Perfect		Future Perfect		Conditional Perfect		Present Perfect		Past Perfect	
he has ha hemos habéis han	hablado comido vivido	había habías había habíamos habíais habían	hablado comido vivido	habré habrás habrá habremos habréis habrán	hablado comido vivido	habría habrías habría habríamos habríais habrían	hablado comido vivido	haya hayas haya hayamos hayáis hayan	hablado comido vivido	hubiera hubieras hubiera hubiéramos hubierais hubieran	hablado comido vivido

Stem-changing -ar and -er Verbs: e → ie; o → ue

Infinitive / Present Participle / Past Participle	Indicative					Subjunctive		Imperative (commands)
	Present	Imperfect	Preterit	Future	Conditional	Present	Imperfect	
pensar (ie) *to think* pensando pensado	**pienso** **piensas** **piensa** pensamos pensáis **piensan**	pensaba pensabas pensaba pensábamos pensabais pensaban	pensé pensaste pensó pensamos pensasteis pensaron	pensaré pensarás pensará pensaremos pensaréis pensarán	pensaría pensarías pensaría pensaríamos pensaríais pensarían	**piense** **pienses** **piense** pensemos penséis **piensen**	pensara pensaras pensara pensáramos pensarais pensaran	**piensa** tú no **pienses** **piense** Ud. **piensen** Uds. pensemos pensad no penséis
volver (ue) *to return* volviendo vuelto (irreg.)	**vuelvo** **vuelves** **vuelve** volvemos volvéis **vuelven**	volvía volvías volvía volvíamos volvíais volvían	volví volviste volvió volvimos volvisteis volvieron	volveré volverás volverá volveremos volveréis volverán	volvería volverías volvería volveríamos volveríais volverían	**vuelva** **vuelvas** **vuelva** volvamos volváis **vuelvan**	volviera volvieras volviera volviéramos volvierais volvieran	**vuelve** tú no **vuelvas** **vuelva** Ud. **vuelvan** Uds. volvamos volved no volváis

Other verbs of this type are:

  e → ie: **atender, cerrar, despertarse, empezar, entender, nevar, pensar, perder, preferir, querer, recomendar, regar, sentarse**

  o → ue: **acordarse de, acostarse, almorzar, colgar, costar, encontrar, jugar, mostrar, poder, probar, recordar, resolver, sonar, volar, volver**

Stem-changing -ir Verbs: e → ie, i; e → i, i; o → ue, u

Infinitive / Present Participle / Past Participle	Indicative					Subjunctive		Imperative (commands)
	Present	Imperfect	Preterit	Future	Conditional	Present	Imperfect	
sentir (ie, i) *to feel, regret* **sintiendo** sentido	**siento** **sientes** **siente** sentimos sentís **sienten**	sentía sentías sentía sentíamos sentíais sentían	sentí sentiste **sintió** sentimos sentisteis **sintieron**	sentiré sentirás sentirá sentiremos sentiréis sentirán	sentiría sentirías sentiría sentiríamos sentiríais sentirían	**sienta** **sientas** **sienta** **sintamos** **sintáis** **sientan**	**sintiera** **sintieras** **sintiera** **sintiéramos** **sintierais** **sintieran**	**siente** tú no **sientas** **sienta** Ud. **sientan** Uds. **sintamos** sentid no **sintáis**
pedir (i, i) *to ask (for)* **pidiendo** pedido	**pido** **pides** **pide** pedimos pedís **piden**	pedía pedías pedía pedíamos pedíais pedían	pedí pediste **pidió** pedimos pedisteis **pidieron**	pediré pedirás pedirá pediremos pediréis pedirán	pediría pedirías pediría pediríamos pediríais pedirían	**pida** **pidas** **pida** **pidamos** **pidáis** **pidan**	**pidiera** **pidieras** **pidiera** **pidiéramos** **pidierais** **pidieran**	**pide** tú no **pidas** **pida** Ud. **pidan** Uds. **pidamos** pedid no **pidáis**
dormir (ue, u) *to sleep* **durmiendo** dormido	**duermo** **duermes** **duerme** dormimos dormís **duermen**	dormía dormías dormía dormíamos dormíais dormían	dormí dormiste **durmió** dormimos dormisteis **durmieron**	dormiré dormirás dormirá dormiremos dormiréis dormirán	dormiría dormirías dormiría dormiríamos dormiríais dormirían	**duerma** **duermas** **duerma** **durmamos** **durmáis** **duerman**	**durmiera** **durmieras** **durmiera** **durmiéramos** **durimierais** **durmieran**	**duerme** tú no **duermas** **duerma** Ud. **duerman** Uds. **durmamos** dormid no **durmáis**

Other verbs of this type are:

  e → ie, i: **divertirse, invertir, preferir, sentirse**
  e → i, i: **conseguir, despedirse de, reírse, repetir, seguir, servir, teñirse, vestirse**
  o → ue, u: **morir(se)**

Verbs with Spelling Changes

1. c → qu: tocar (model); also buscar, explicar, pescar, sacar

Infinitive Present Participle Past Participle	Indicative					Subjunctive		Imperative (commands)
	Present	Imperfect	Preterit	Future	Conditional	Present	Imperfect	
tocar *to play (musical instrument), touch* tocando tocado	toco tocas toca tocamos tocáis tocan	tocaba tocabas tocaba tocábamos tocabais tocaban	**toqué** tocaste tocó tocamos tocasteis tocaron	tocaré tocarás tocará tocaremos tocaréis tocarán	tocaría tocarías tocaría tocaríamos tocaríais tocarían	**toque** **toques** **toque** **toquemos** **toquéis** **toquen**	tocara tocaras tocara tocáramos tocarais tocaran	toca tú no **toques** **toque** Ud. **toquen** Uds. **toquemos** tocad no **toquéis**

2. z → c: abrazar; also almorzar, cruzar, empezar (ie)

| abrazar *to hug* abrazando abrazado | abrazo abrazas abraza abrazamos abrazáis abrazan | abrazaba abrazabas abrazaba abrazábamos abrazabais abrazaban | **abracé** abrazaste abrazó abrazamos abrazasteis abrazaron | abrazaré abrazarás abrazará abrazaremos abrazaréis abrazarán | abrazaría abrazarías abrazaría abrazaríamos abrazaríais abrazarían | **abrace** **abraces** **abrace** **abracemos** **abracéis** **abracen** | abrazara abrazaras abrazara abrazáramos abrazarais abrazaran | abraza tú no **abraces** **abrace** Ud. **abracen** Uds. **abracemos** abrazad no **abracéis** |

3. g → gu: pagar; also apagar, jugar (ue), llegar

| pagar *to pay (for)* pagando pagado | pago pagas paga pagamos pagáis pagan | pagaba pagabas pagaba pagábamos pagabais pagaban | **pagué** pagaste pagó pagamos pagasteis pagaron | pagaré pagarás pagará pagaremos pagaréis pagarán | pagaría pagarías pagaría pagaríamos pagaríais pagarían | **pague** **pagues** **pague** **paguemos** **paguéis** **paguen** | pagara pagaras pagara pagáramos pagarais pagaran | paga tú no **pagues** **pague** Ud. **paguen** Uds. **paguemos** pagad no **paguéis** |

4. gu → g: seguir (i, i); also conseguir

| seguir (i, i) *to follow* siguiendo seguido | sigo sigues sigue seguimos seguís siguen | seguía seguías seguía seguíamos seguíais seguían | seguí seguiste siguió seguimos seguisteis siguieron | seguiré seguirás seguirá seguiremos seguiréis seguirán | seguiría seguirías seguiría seguiríamos seguiríais seguirían | **siga** **sigas** **siga** **sigamos** **sigáis** **sigan** | siguiera siguieras siguiera siguiéramos siguierais siguieran | sigue tú no **sigas** **siga** Ud. **sigan** Uds. **sigamos** seguid no **sigáis** |

5. g → j: recoger; also escoger, proteger

Infinitive / Present Participle / Past Participle	Present	Imperfect	Preterit	Future	Conditional	Present (Subj.)	Imperfect (Subj.)	Imperative
recoger *to pick up* recogiendo recogido	recojo recoges recoge recogemos recogéis recogen	recogía recogías recogía recogíamos recogíais recogían	recogí recogiste recogió recogimos recogisteis recogieron	recogeré recogerás recogerá recogeremos recogeréis recogerán	recogería recogerías recogería recogeríamos recogeríais recogerían	recoja recojas recoja recojamos recojáis recojan	recogiera recogieras recogiera recogiéramos recogierais recogieran	recoge tú no recojas recoja Ud. recojan Uds. recojamos recoged no recojáis

6. i → y: leer; also caer, oír. Verbs with additional i → y changes: construir; also destruir

Infinitive / Present Participle / Past Participle	Present	Imperfect	Preterit	Future	Conditional	Present (Subj.)	Imperfect (Subj.)	Imperative
leer *to read* leyendo leído	leo lees lee leemos leéis leen	leía leías leía leíamos leíais leían	leí leíste leyó leímos leísteis leyeron	leeré leerás leerá leeremos leeréis leerán	leería leerías leería leeríamos leeríais leerían	lea leas lea leamos leáis lean	leyera leyeras leyera leyéramos leyerais leyeran	lee tú no leas lea Ud. lean Uds. leamos leed no leáis
construir *to construct,* *build* construyendo construido	construyo construyes construye construimos construís construyen	construía construías construía construíamos construíais construían	construí construiste construyó construimos construisteis construyeron	construiré construirás construirá construiremos construiréis construirán	construiría construirías construiría construiríamos construiríais construirían	construya construyas construya construyamos construyáis construyan	construyera construyeras construyera construyéramos construyerais construyeran	construye tú no construyas construya Ud. construyan Uds. construyamos construid no construyáis

Irregular Verbs

Infinitive Present Participle Past Participle	Indicative					Subjunctive		Imperative
	Present	Imperfect	Preterit	Future	Conditional	Present	Imperfect	
caer *to fall* cayendo caído	caigo caes cae caemos caéis caen	caía caías caía caíamos caíais caían	caí caíste cayó caímos caísteis cayeron	caeré caerás caerá caeremos caeréis caerán	caería caerías caería caeríamos caeríais caerían	caiga caigas caiga caigamos caigáis caigan	cayera cayeras cayera cayéramos cayerais cayeran	cae tú no caigas caiga Ud. caigan Uds. caigamos caed no caigáis

conocer — to know, to be acquainted with · conociendo · conocido

Present	Imperfect	Preterite	Future	Conditional	Present Subj.	Imperfect Subj.	Commands
conozco	conocía	conocí	conoceré	conocería	conozca	conociera	
conoces	conocías	conociste	conocerás	conocerías	conozcas	conocieras	conoce tú / no conozcas
conoce	conocía	conoció	conocerá	conocería	conozca	conociera	conozca Ud.
conocemos	conocíamos	conocimos	conoceremos	conoceríamos	conozcamos	conociéramos	conozcan Uds.
conocéis	conocíais	conocisteis	conoceréis	conoceríais	conozcáis	conocierais	conozcamos
conocen	conocían	conocieron	conocerán	conocerían	conozcan	conocieran	conoced / no conozcáis

dar — to give · dando · dado

Present	Imperfect	Preterite	Future	Conditional	Present Subj.	Imperfect Subj.	Commands
doy	daba	di	daré	daría	dé	diera	
das	dabas	diste	darás	darías	des	dieras	da tú / no des
da	daba	dio	dará	daría	dé	diera	dé Ud.
damos	dábamos	dimos	daremos	daríamos	demos	diéramos	den Uds.
dais	dabais	disteis	daréis	daríais	deis	dierais	demos
dan	daban	dieron	darán	darían	den	dieran	dad / no déis

decir — to say, tell · diciendo · dicho

Present	Imperfect	Preterite	Future	Conditional	Present Subj.	Imperfect Subj.	Commands
digo	decía	dije	diré	diría	diga	dijera	
dices	decías	dijiste	dirás	dirías	digas	dijeras	di tú / no digas
dice	decía	dijo	dirá	diría	diga	dijera	diga Ud.
decimos	decíamos	dijimos	diremos	diríamos	digamos	dijéramos	digan Uds.
decís	decíais	dijisteis	diréis	diríais	digáis	dijerais	digamos
dicen	decían	dijeron	dirán	dirían	digan	dijeran	decid / no digáis

estar — to be · estando · estado

Present	Imperfect	Preterite	Future	Conditional	Present Subj.	Imperfect Subj.	Commands
estoy	estaba	estuve	estaré	estaría	esté	estuviera	
estás	estabas	estuviste	estarás	estarías	estés	estuvieras	esté tú / no estés
está	estaba	estuvo	estará	estaría	esté	estuviera	esté Ud.
estamos	estábamos	estuvimos	estaremos	estaríamos	estemos	estuviéramos	estén Uds.
estáis	estabais	estuvisteis	estaréis	estaríais	estéis	estuvierais	estemos
están	estaban	estuvieron	estarán	estarían	estén	estuvieran	estad / no estéis

haber — to have · habiendo · habido

Present	Imperfect	Preterite	Future	Conditional	Present Subj.	Imperfect Subj.	Commands
he	había	hube	habré	habría	haya	hubiera	
has	habías	hubiste	habrás	habrías	hayas	hubieras	
ha	había	hubo	habrá	habría	haya	hubiera	
hemos	habíamos	hubimos	habremos	habríamos	hayamos	hubiéramos	
habéis	habíais	hubisteis	habréis	habríais	hayáis	hubierais	
han	habían	hubieron	habrán	habrían	hayan	hubieran	

hacer — to do, make · haciendo · hecho

Present	Imperfect	Preterite	Future	Conditional	Present Subj.	Imperfect Subj.	Commands
hago	hacía	hice	haré	haría	haga	hiciera	
haces	hacías	hiciste	harás	harías	hagas	hicieras	haz tú / no hagas
hace	hacía	hizo	hará	haría	haga	hiciera	haga Ud.
hacemos	hacíamos	hicimos	haremos	haríamos	hagamos	hiciéramos	hagan Uds.
hacéis	hacíais	hicisteis	haréis	haríais	hagáis	hicierais	hagamos
hacen	hacían	hicieron	harán	harían	hagan	hicieran	haced / no hagáis

ir · to go · yendo · ido

Presente	Imperfecto	Pretérito	Futuro	Condicional	Pres. subj.	Imperf. subj.	Imperativo
voy	iba	fui	iré	iría	vaya	fuera	**ve** tú
vas	ibas	fuiste	irás	irías	vayas	fueras	no vayas
va	iba	fue	irá	iría	vaya	fuera	vaya Ud.
vamos	íbamos	fuimos	iremos	iríamos	vayamos	fuéramos	vayan Uds.
vais	ibais	fuisteis	iréis	iríais	vayáis	fuerais	vayamos
van	iban	fueron	irán	irían	vayan	fueran	id
							no vayáis

oír · to hear · oyendo · oído

Presente	Imperfecto	Pretérito	Futuro	Condicional	Pres. subj.	Imperf. subj.	Imperativo
oigo	oía	oí	oiré	oiría	oiga	oyera	oye tú
oyes	oías	oíste	oirás	oirías	oigas	oyeras	no oigas
oye	oía	oyó	oirá	oiría	oiga	oyera	oiga Ud.
oímos	oíamos	oímos	oiremos	oiríamos	oigamos	oyéramos	oigan Uds.
oís	oíais	oísteis	oiréis	oiríais	oigáis	oyerais	oigamos
oyen	oían	oyeron	oirán	oirían	oigan	oyeran	oíd
							no oigáis

poder (ue) · to be able, can · podiendo · podido

Presente	Imperfecto	Pretérito	Futuro	Condicional	Pres. subj.	Imperf. subj.
puedo	podía	**pude**	**podré**	**podría**	**pueda**	pudiera
puedes	podías	**pudiste**	**podrás**	**podrías**	**puedas**	pudieras
puede	podía	**pudo**	**podrá**	**podría**	**pueda**	pudiera
podemos	podíamos	**pudimos**	**podremos**	**podríamos**	**podamos**	pudiéramos
podéis	podíais	**pudisteis**	**podréis**	**podríais**	**podáis**	pudierais
pueden	podían	**pudieron**	**podrán**	**podrían**	**puedan**	pudieran

poner · to put, place · poniendo · **puesto**

Presente	Imperfecto	Pretérito	Futuro	Condicional	Pres. subj.	Imperf. subj.	Imperativo
pongo	ponía	**puse**	**pondré**	**pondría**	**ponga**	pusiera	**pon** tú
pones	ponías	**pusiste**	**pondrás**	**pondrías**	**pongas**	pusieras	no pongas
pone	ponía	**puso**	**pondrá**	**pondría**	**ponga**	pusiera	ponga Ud.
ponemos	poníamos	**pusimos**	**pondremos**	**pondríamos**	**pongamos**	pusiéramos	pongan Uds.
ponéis	poníais	**pusisteis**	**pondréis**	**pondríais**	**pongáis**	pusierais	pongamos
ponen	ponían	**pusieron**	**pondrán**	**pondrían**	**pongan**	pusieran	poned
							no pongáis

querer (ie) · to wish, want, love · queriendo · querido

Presente	Imperfecto	Pretérito	Futuro	Condicional	Pres. subj.	Imperf. subj.	Imperativo
quiero	quería	**quise**	**querré**	**querría**	**quiera**	quisiera	quiere tú
quieres	querías	**quisiste**	**querrás**	**querrías**	**quieras**	quisieras	no quieras
quiere	quería	**quiso**	**querrá**	**querría**	**quiera**	quisiera	quiera Ud.
queremos	queríamos	**quisimos**	**querremos**	**querríamos**	**queramos**	quisiéramos	quieran Uds.
queréis	queríais	**quisisteis**	**querréis**	**querríais**	**queráis**	quisierais	queramos
quieren	querían	**quisieron**	**querrán**	**querrían**	**quieran**	quisieran	quered
							no queráis

Infinitive	Present	Imperfect	Preterite	Future	Conditional	Present Subjunctive	Imperfect Subjunctive	Commands
saber *to know* sabiendo sabido	sé sabes sabe sabemos sabéis saben	sabía sabías sabía sabíamos sabíais sabían	supe supiste supo supimos supisteis supieron	sabré sabrás sabrá sabremos sabréis sabrán	sabría sabrías sabría sabríamos sabríais sabrían	sepa sepas sepa sepamos sepáis sepan	supiera supieras supiera supiéramos supierais supieran	sabe tú, no sepas sepa Ud. sepan Uds. sepamos sabed, no sepáis
salir *to leave, go out* saliendo salido	salgo sales sale salimos salís salen	salía salías salía salíamos salíais salían	salí saliste salió salimos salisteis salieron	saldré saldrás saldrá saldremos saldréis saldrán	saldría saldrías saldría saldríamos saldríais saldrían	salga salgas salga salgamos salgáis salgan	saliera salieras saliera saliéramos salierais salieran	sal tú, no salgas salga Ud. salgan Uds. salgamos salid, no salgáis
ser *to be* siendo sido	soy eres es somos sois son	era eras era éramos erais eran	fui fuiste fue fuimos fuisteis fueron	seré serás será seremos seréis serán	sería serías sería seríamos seríais serían	sea seas sea seamos seáis sean	fuera fueras fuera fuéramos fuerais fueran	sé tú, no seas sea Ud. sean Uds. seamos sed, no seáis
tener *to have* teniendo tenido	tengo tienes tiene tenemos tenéis tienen	tenía tenías tenía teníamos teníais tenían	tuve tuviste tuvo tuvimos tuvisteis tuvieron	tendré tendrás tendrá tendremos tendréis tendrán	tendría tendrías tendría tendríamos tendríais tendrían	tenga tengas tenga tengamos tengáis tengan	tuviera tuvieras tuviera tuviéramos tuvierais tuvieran	ten tú, no tengas tenga Ud. tengan Uds. tengamos tened, no tengáis
traer *to bring* trayendo traído	traigo traes trae traemos traéis traen	traía traías traía traíamos traíais traían	traje trajiste trajo trajimos trajisteis trajeron	traeré traerás traerá traeremos traeréis traerán	traería traerías traería traeríamos traeríais traerían	traiga traigas traiga traigamos traigáis traigan	trajera trajeras trajera trajéramos trajerais trajeran	trae tú, no traigas traiga Ud. traigan Uds. traigamos traed, no traigáis

Infinitive	Present	Imperfect	Preterite	Future	Conditional	Present Subjunctive	Imperfect Subjunctive	Commands
venir *to come* **viniendo** venido (also **prevenir**)	**vengo** **vienes** **viene** venimos venís **vienen**	venía venías venía veníamos veníais venían	**vine** **viniste** **vino** **vinimos** **vinisteis** **vinieron**	**vendré** **vendrás** **vendrá** **vendremos** **vendréis** **vendrán**	**vendría** **vendrías** **vendría** **vendríamos** **vendríais** **vendrían**	**venga** **vengas** **venga** vengamos vengáis vengan	viniera vinieras viniera viniéramos vinierais vinieran	**ven** tú no **vengas** **venga** Ud. **vengan** Uds. **vengamos** venid no **vengáis**
ver *to see* viendo **visto**	**veo** ves ve vemos veis ven	**veía** **veías** **veía** **veíamos** **veíais** **veían**	**vi** viste **vio** vimos visteis vieron	veré verás verá veremos veréis verán	vería verías vería veríamos veríais verían	vea veas vea veamos veáis vean	viera vieras viera viéramos vierais vieran	ve tú no veas vea Ud. vean Uds. veamos ved no veáis

Apéndice 2

Respuestas para las Autopruebas
Autoprueba y repaso: Capítulo 1

A. 1. Cómo te, tú, Me llamo   **2.** Hola, estás, gracias, presento, Mucho gusto   **3.** qué, Bien, y tú, Hasta luego (Hasta mañana)   **4.** Buenas, Cómo, llama, y usted, le presento, Mucho gusto, Encantada

B. 1. soy, es   **2.** somos, son   **3.** eres

C. 1. Ella es modesta.   **2.** Él es inteligente.   **3.** Uds. son responsables.   **4.** Ellas son muy organizadas.   **5.** Ellos son puntuales.

D. 1. Sí, (No, no) soy extrovertido/a.   **2.** Sí, (No, no) soy sentimental.   **3.** Sí, (No, no) somos independientes.

E. 1. (*provided*)   **2.** nueve   **3.** once   **4.** treinta   **5.** quince   **6.** catorce   **7.** veinticinco   **8.** cincuenta y cinco

F. 1. Hay...   **2.** Hay... (libros). (o) Hay un libro/ Hay uno.   **3.** Hay... lápices y... bolígrafos. (o) Hay un lápiz (bolígrafo).

G. 1. Son las ocho y cuarto de la mañana. (o) Son las ocho y quince de la mañana.   **2.** Son las diez menos veinte de la mañana.   **3.** Es la una y media de la tarde. (o) Es la una y treinta de la tarde.   **4.** Son las tres y veinticinco de la tarde.   **5.** Son las doce de la noche. (o) Es medianoche.

H. 1. jueves   **2.** miércoles, viernes   **3.** los sábados

I. 1. Es el doce de febrero.   **2.** Es el primero de abril.   **3.** Es el cuatro de julio.   **4.** Es el veintitrés de noviembre.

En resumen
1. Me llamo...   **2.** (Muy) Bien, gracias. (o) Regular.   **3.** Soy de...   **4.** Es la... (y/ menos)... (o) Son las... (y/ menos)...   **5.** Hoy es...   **6.** Es el... de (mes).

Autoprueba y repaso: Capítulo 2
Escena 1

A. 1. la estatua, la plaza   **2.** el carro, el estacionamiento   **3.** la calle, la avenida   **4.** el autobús, el carro   **5.** la Facultad de Ciencias, la Facultad de Medicina   **6.** el estadio, el gimnasio

B. 1. alemán, francés   **2.** física, química   **3.** contabilidad, matemáticas   **4.** arte, música   **5.** sociología, psicología

C. 1. (*provided*)   **2.** El, Los profesores   **3.** El, Los carros   **4.** El, Los autobuses   **5.** La, Las estatuas   **6.** La, Las Facultades

D. 1. un, unos, unas   **2.** un, un, un, unos, unas   **3.** una, un, unos, unos

E. 1. A las diez de la mañana, yo estoy en la universidad.   **2.** A las doce y media de la tarde, mis amigos y yo estamos en la cafetería.   **3.** A la una y quince (cuarto) de la tarde, el profesor Rojas está en la oficina.   **4.** A las cuatro de la tarde, Paco y Pepe están en el gimnasio.   **5.** A las nueve de la noche, tú estás en casa.

En resumen
1. Sí, (No, no) hay un gimnasio en mi... Sí, (No, no) hay un teatro (una guardería infantil).   **2.** Sí, (No, no) hay un estacionamiento...   **3.** Está (cerca de, al lado de, enfrente de)...   **4.** Está...

Escena 2

F. 1. la pizarra, el borrador   **2.** la mesa, la silla   **3.** la hoja de papel, la papelera   **4.** el lápiz, la hoja de papel   **5.** el examen, la prueba   **6.** la prueba, la nota   **7.** la ventana, la puerta

G. 1. (*provided*)   **2.** azules   **3.** amarillo   **4.** roja   **5.** verde

H. 1. (*provided*)   **2.** Están contentos   **3.** Está, enfermo   **4.** están aburridos   **5.** Estamos, ocupados   **6.** está cansada

En resumen
1. Hay... ventanas. (o) No hay ventanas en la...   **2.** Sí, (No, no) hay un televisor. Sí, (No, no) hay un mapa. Hay... (*Answers may vary.*)   **3.** Están cansados. Están contentos.   **4.** Sí, (No, no) estoy siempre muy ocupado/a.   **5.** Sí, (No, no) estoy estresado/a con frecuencia.

Escena 3

I. 1. la cajera, el mesero   **2.** el enfermero, la médica   **3.** la secretaria, el recepcionista   **4.** el policía, el bombero   **5.** la mujer de negocios, el contador   **6.** la trabajadora social, la abogada

J. 1. Después de clase, voy a la cafetería Oaxaca.   **2.** Más tarde, Uds. van a la biblioteca, ¿no?   **3.** Esta tarde, Ana va al laboratorio.   **4.** A la una y cuarto, Esteban y Daniel van a la oficina de la profesora Ruiz.   **5.** Esta noche, vamos al teatro.   **6.** Mañana, vas al gimnasio, ¿no?

K. 1. (*provided*)   **2.** De dónde   **3.** Cuándo   **4.** Adónde   **5.** Cuál   **6.** Cuántos   **7.** Quién   **8.** De quién   **9.** Qué

En resumen
1. Sí, (No, no) soy mesero/a. Sí, (No, no) soy dependiente/a (cajero/a).   **2.** Sí, (No, no) hay médicos (enfermeros) en mi...   **3.** Voy los...   **4.** Voy a (al)...   **5.** Voy a casa a la/s...   **6.** Está en...   **7.** Hay... personas en mi familia.

Autoprueba y repaso: Capítulo 3

Escena 1

A. 1. padres   2. hermano   3. abuela   4. tío   5. primos
6. suegra   7. cuñada   8. sobrina   9. nieta

B. 1. (*provided*)   2. mis   3. tus   4. su   5. sus   6. nuestros, nuestra

C. 1. (*provided*)   2. desayuno, desayuna   3. estudiamos, estudian   4. trabajas, trabajo   5. llegas, llegan   6. regresa, regresamos

En resumen

1. Tengo... años.   2. Sí, (No, no) tengo abuela. Tiene... años.   3. ... y... son mis parientes favoritos. (o) Mis parientes favoritos son... y...   4. Sí, (No, no) ceno en casa con mi familia.   5. Mi... trabaja en...   6. Sí, (No, no) trabajo en...

Escena 2

D. 1. pelirroja, morena   2. alta, baja   3. joven, viejo
4. guapa, bonita   5. pequeño, grande   6. delgada, alta

E. 1. cuidar, ayudar   2. abrazar, besar   3. llorar, cuidar
4. visitar, amar   5. llamar, charlar

F. 1. rica   2. trabajadora   3. listo (inteligente)
4. simpáticos   5. viejo   6. difícil

En resumen

1. Sí, (No, no) llamo a mis...   2. Sí, a veces visito a mis... (o) Nunca visito a mis...   3. Son ordenadas (desordenadas). Son perezosas (trabajadoras). Son serias (divertidas).
4. La persona más excéntrica de mi familia es... Él/Ella es...

Escena 3

G. 1. d   2. a   3. b   4. e   5. c.

H. 1. c   2. a   3. d   4. e   5. b   6. f.

I. 1. es   2. Está, es   3. están, está   4. es, Es   5. es   6. está

En resumen

1. Sí, (No, no) soy soltero/a. Sí, (No, no) estoy enamorado/a.   2. Sí, (No, no) estoy comprometido/a. Sí, (No, no) estoy casado/a.   3. Mi familia está en...   4. Sí, las personas de mi familia son cariñosas (generosas). (o) No, las personas de mi familia no son cariñosas (generosas).   5. Sí, (No, no) están todos muy ocupados. ...está en la escuela, ...está en el trabajo,...   6. Sí, (No, no) estoy muy ocupado/a. Tengo mucho trabajo, mucha tarea,...

Autoprueba y repaso: Capítulo 4

Escena 1

A. 1. pescar, patinar   2. montar a caballo, caminar
3. nadar, bucear   4. acampar, esquiar   5. manejar, montar en bicicleta   6. jugar al vólibol, tomar el sol

B. 1. (*provided*)   2. gustan   3. gusta   4. gustan

C. 1. (*provided*)   2. me   3. le   4. nos   5. te   6. le
7. nos   8. les

D. 1. (*provided*), vive   2. bebo, bebes   3. comemos, comen   4. compartimos, comparten   5. corro, corres
6. toman, leen, toma, lee   7. deben

En resumen

1. Me gusta tomar el sol,... Me gusta acampar,... (*Answers may vary.*)   2. Sí, (No, no) monto en bicicleta. Sí, (No, no) juego al tenis. Sí, (No, no) esquío.   3. Sí, (No, no) escribo poemas. Sí, (No, no) dibujo bien. Sí, (No, no) me gusta pintar cuadros.
4. Creo que es fácil (difícil) aprender a esquiar (bucear).

Escena 2

E. 1. tocar la guitarra, cantar   2. bailar, escuchar música
3. navegar por la Red, mandar e-mails   4. salir de paseo, hacer un viaje   5. asistir a conciertos, escuchar música
6. hacer ejercicio, mirar un partido de fútbol   7. ver la televisión, navegar por la Red

F. 1. Los fines de semana, salgo de paseo.   2. Hago ejercicio.
3. Voy de compras.   4. Veo la televisión.   5. A veces, doy fiestas.   6. En la clase de español, digo «¡Hola, amigos!».
7. Leo los libros que traigo.   8. Vengo a clase con la tarea completa.   9. Durante la clase, hablo y escribo en español.
10. Luego, pongo mis libros en la mochila y salgo.

En resumen

1. Sí, (No, no) disfruto de los fines de semana. Vamos... (*Answers to follow-up question may vary.*)   2. Sí, (No, no) me gusta pasar el tiempo con la familia. Vemos la televisión... (*Answers to follow-up question may vary.*)   3. Sí, (No, no) salgo los sábados por la noche. Voy a...   4. Sí, (No, no) hago viajes con frecuencia. Voy a... con...

Escena 3

G. 1. c   2. a   3. d   4. f   5. g   6. b   7. h   8. e

H. 1. Hace fresco. Hace buen tiempo.   2. Hace frío. Nieva.
3. Hace buen tiempo. Llueve.   4. Hace (mucho) calor. Hace sol.

I. sabes, sé, sé, Conoces, Sabes, sé, conoce

J. 1. Luisa y Alberto van a esquiar.   2. Tú vas a patinar.
3. Nosotros vamos a ver un partido de fútbol en la televisión.   4. Lisa va a descansar y leer una buena novela.
5. Yo voy a navegar por la Red y luego, a tomar una siesta.

En resumen

1. Hace... Llueve... (*Answers may vary.*)   2. Me gusta... Me gusta...   3. Sí, (No, no) sé hacer surf. Sí, (No, no) conozco playa/s con olas grandes. Están en...   4. Voy a... Voy a...

Autoprueba y repaso: Capítulo 5

Escena 1

A. 1. naranja   2. la fresa   3. el limón   4. la uva   5. la sandía

B. 1. las papas, el arroz   **2.** la lechuga, el tomate   **3.** el ajo, la cebolla   **4.** la salchicha, el jamón   **5.** el pollo, el pavo   **6.** el pescado, el camarón

C. 1. (*provided*)   **2.** Ocho mil setecientos quince dólares   **3.** Seis mil quinientos treinta dólares   **4.** Novecientos ochenta dólares   **5.** Ciento noventa y cinco dólares

D. (*provided*) La, la, las, lo, Los, me, Nos, te

E. 1. Nosotros la vamos a comprar. (o) Nosotros vamos a comprarla.   **2.** Yo lo voy a traer. (o) Yo voy a traerlo.   **3.** Juan y Eva lo van a decorar. (o) Juan y Eva van a decorarlo.   **4.** Tú las vas a buscar. (o) Tú vas a buscarlas.   **5.** Sofía los va a llamar. (o) Sofía va a llamarlos.

En resumen

1. ...es mi fruta favorita. (o) Mi fruta favorita es...   **2.** Como...   **3.** Sí, (No, no) como carne. ...es mi carne favorita. (o) Mi carne favorita es...   **4.** Sí, (No, no) como pescado con frecuencia. Lo compro en...   **5.** Sí, me gusta comer... (o) No, no me gusta comer... Me gusta más... (o) ...me gusta más.

Escena 2

F. 1. f   **2.** c   **3.** h   **4.** b   **5.** a   **6.** g   **7.** d   **8.** e

G. 1. (*provided*)   **2.** Vuelven, volvemos   **3.** Almuerzan, almorzamos   **4.** Duermen, dormimos   **5.** piden, pedimos   **6.** Quieren, queremos

En resumen

1. Desayuno...   **2.** Sí, (No, no) tomo café...   **3.** Prefiero...   **4.** Sí, (No, no) pido postre. Pido...

Escena 3

H. 1. f   **2.** e   **3.** d   **4.** a   **5.** c   **6.** b

I. 1. dejar   **2.** pagar   **3.** cortar   **4.** probar   **5.** preparar   **6.** cocinar

J. 1. (*provided*)   **2.** está leyendo   **3.** estás cortando   **4.** estoy probando   **5.** están haciendo   **6.** está durmiendo   **7.** están llegando   **8.** estamos sirviendo

En resumen

1. Como...   **2.** Bebo...   **3.** Sí, (No, no) me gusta cocinar. Sé hacer... Sí, (No, no) las preparo con frecuencia.   **4.** Sí, (No, no) estoy pensando en mis comidas favoritas.   **5.** Estoy...

Autoprueba y repaso: Capítulo 6

Escena 1

A. 1. el baño   **2.** el dormitorio (el cuarto)   **3.** la sala   **4.** la cocina   **5.** la escalera   **6.** el jardín

B. 1. la ducha, la bañera   **2.** la cama, la cómoda   **3.** el lavabo, el fregadero   **4.** la estufa, el refrigerador   **5.** la luz, la lámpara   **6.** el sofá, el sillón

C. 1. (*provided*)   **2.** encima del   **3.** detrás del   **4.** cerca de   **5.** después del

D. 1. En vez de   **2.** Antes de   **3.** durante   **4.** acerca de   **5.** Después de, para

E. 1. (*provided*)   **2.** estas, ésas   **3.** este, ése   **4.** esta, ésa, aquélla   **5.** Estos, Aquéllos

En resumen

1. Sí, alguien vive conmigo. Es... (o) No, nadie vive conmigo.   **2.** Sí, estoy preparando algo para la cena. Es... (o) No, no estoy preparando nada para la cena.   **3.** ...es mi cuarto favorito porque... (o) Mi cuarto favorito es... porque...   **4.** Hay... (*Answers may vary.*)

Escena 2

F. 1. (*provided*)   **2.** el despertador   **3.** el cepillo de dientes, la pasta de dientes   **4.** el secador, la toalla   **5.** el peine   **6.** la ropa, los zapatos,...

G. 1. Me lavo el pelo.   **2.** Te afeitas.   **3.** Sandra se maquilla.   **4.** Se visten.   **5.** Pepita y Manuel se cepillan los dientes.   **6.** Nos ponemos un suéter porque hace frío.

H. 1. Linda está cepillándose los dientes. (o) Linda se está cepillando los dientes.   **2.** Estás secándote el pelo. (o) Te estás secando el pelo.   **3.** Marco y Juan están poniéndose (quitándose) los zapatos. (o) Marco y Juan se están poniendo (quitando) los zapatos.   **4.** Estamos secándonos. (o) Nos estamos secando.   **5.** Estoy peinándome. (o) Me estoy peinando.

En resumen

(*Answers may vary.*)   **1.** Me levanto a las...   **2.** (Después de levantarme,) Me...   **3.** Voy a acostarme (Me voy a acostar) a la/s...   **4.** Sí, (No, no) tengo sueño ahora. Me siento bien/ mal.   **5.** Sí, (No, no) voy a divertirme... Voy a...

Escena 3

I. 1. ordenar el cuarto   **2.** hacer las compras, hacer la cama   **3.** doblar la ropa   **4.** pasar la aspiradora   **5.** poner o quitar la mesa   **6.** planchar la ropa   **7.** lavar y secar los platos, lavar y secar la ropa   **8.** sacar la basura

J. 1. Miguel, limpia el baño, por favor.   **2.** Linda, barre el patio,...   **3.** Beatriz, haz las camas,...   **4.** Rita, pon la mesa,...   **5.** Juan, riega las plantas,...   **6.** Tina, péinate,...

K. 1. No comas...   **2.** No juegues...   **3.** No uses...   **4.** No llegues...   **5.** No salgas...   **6.** No te sientes...

En resumen

(*Answers may vary.*)   **1.** ...   **2.** Lava los platos,...   **3.** Hoy (Mañana) tengo que...

Autoprueba y repaso: Capítulo 7

Escena 1

A. 1. parque   **2.** periódico   **3.** correos   **4.** cine   **5.** peluquería   **6.** semáforo   **7.** cruzar, tren

B. 1. Vaya... **2.** Haga... **3.** Visite...; no lo visite...
4. Compre... **5.** Cruce...; no lo cruce **6.** Siéntese...
7. Pruebe... **8.** vea **9.** asista...

C. 1. Mi prima entró a todas las tiendas. **2.** Tú visitaste la iglesia de Santa Ana. **3.** Yo almorcé en un restaurante cubano. **4.** Nosotros escuchamos un concierto en el parque. **5.** Pablo caminó por la calle del Río. **6.** Yo me compré unas revistas en el quiosco. **7.** Uds. hablaron con los vagabundos del parque.

En resumen

1. Hay... **2.** Sí, (No, no) hay tiendas cerca de donde vivo. Me gusta/n más... **3.** Sí, compré algo. Compré algo para... (o) No, no compré nada. **4.** Sí, cené en un restaurante. Cené en... con... (o) No, no cené en ningún restaurante. **5.** Sí, (No, no) regresamos...

Escena 2

D. 1. f **2.** c **3.** g **4.** a **5.** h **6.** b **7.** d **8.** e

E. 1. Mi prima vio una película. **2.** Tú escribiste una tarjeta postal y la mandaste, ¿no? **3.** Nosotros asistimos a un concierto en el parque. **4.** Pablo corrió por la calle del Río. **5.** Yo cerré una cuenta en el banco y abrí otra. **6.** Uds. entraron a todas las tiendas y salieron con muchas compras, ¿no?

F. hicieron, dieron, fueron, fue, hiciste, vi, fui, volvieron, fuimos

En resumen

1. Sí, (No, no) fui al centro la semana pasada. ... (*Answers may vary.*) **2.** Sí, (No, no) fui a la oficina de correos. Sí, (No, no) compré estampillas. Sí, (No, no) mandé un paquete. **3.** Sí, (No, no) fui al banco. ... (*Answers may vary.*)

Escena 3

G. 1. suerte, llaves **2.** llenar **3.** cambiar (revisar) **4.** reparó **5.** parar **6.** máxima, autopista

H. 1. f **2.** d **3.** a **4.** c **5.** b **6.** e

I. 1. A mí, me regaló un viaje... **2.** A mis abuelos, les regaló una nueva lavadora... **3.** A ti, te regaló un reloj... **4.** A mi hermano, le regaló un televisor... **5.** A nosotros, nos regaló ¡un Porsche...!

En resumen

1. Sí, (No, no) hice un viaje en carro... Fui a... Fui con... ... (*Answers may vary.*) **2.** Sí, (No, no) les compro regalos a las personas de mi familia. Les compro... Sí, (No, no) les escribo... **3.** Sí, le regalé algo a mi... Le regalé... (o) No, no le regalé nada a nadie recientemente. **4.** Le cuento lo que pasa en mi vida a... Sí, (No, no) me cuenta cosas a mí.

Autoprueba y repaso: Capítulo 8

Escena 1

A. 1. el collar, la cadena **2.** la cartera, la billetera **3.** el cinturón, los pantalones **4.** los jeans, la camiseta **5.** la chaqueta, el suéter **6.** caro, barato

B. 1. vinieron **2.** trajeron **3.** quiso, pudo **4.** pusimos **5.** estuvieron **6.** tuvieron, dije **7.** supieron, recibimos

En resumen

1. Sí, (No, no) llevo joyas frecuentemente. (o) Nunca llevo joyas. Llevo... (*Answers may vary.*) **2.** Sí, siempre me pruebo la ropa antes de comprarla. (o) (Casi) Nunca/ A veces me pruebo la ropa antes de comprarla. **3.** Sí, (No, no) me gusta ir de compras cuando hay rebajas, porque... **4.** Normalmente, pago en efectivo (con tarjeta de crédito). **5.** Sí, (No, no) tuve que ir de compras el sábado pasado. Sí, (No, no) estuve en un centro comercial. Compré... (o) No, no compré nada. **6.** ... (*Answers may vary.*)

Escena 2

C. 1. la camisa, la corbata **2.** el traje de baño, las gafas de sol **3.** el gorro de lana, la bufanda **4.** el suéter, el abrigo **5.** la blusa, la falda **6.** el impermeable, el paraguas

D. 1. (*provided*) **2.** tantos, como **3.** tanta, como **4.** tan, como **5.** tanto, como **6.** tanto, como

E. 1. Por lo general, los anillos de oro con diamantes son más caros que los anillos de plata con turquesa. **2.** Por lo general, las sandalias de plástico son más baratas que las sandalias de cuero. **3.** Por lo general, las faldas de las chicas jóvenes son más cortas que las faldas de las señoras mayores. **4.** Por lo general, las rebajas de las tiendas de descuento son mejores que las rebajas de las tiendas por departamentos.

F. (*Answers may vary.*) **1.** La clase de... es la peor de las tres porque... **2.** La actriz... es la mejor de las tres porque... **3.** Las películas de... son las más interesantes de las tres porque... **4.** El carro... es el más divertido de los tres porque...

En resumen

(*Answers may vary.*) **1.** Llevo (puesto) el traje de baño,... **2.** Me pongo un abrigo,... **3.** Me quito... **4.** Sí, (No, no) tengo tanta ropa como mi... **5.** Estoy más (menos) a la moda que él/ella. **6.** ...es la persona de mi familia que se viste mejor de todos....

Escena 3

G. 1. apagar, prender **2.** pantalla **3.** el teclado **4.** el ratón **5.** el contestador automático **6.** los audífonos

H. 1. Nosotros les regalamos un contestador automático a los abuelos. Se lo regalamos... **2.** Mi tío le regaló una computadora portátil a su esposa. Se la regaló... **3.** Yo le regalé unos altoparlantes a mi hermano. Se los regalé... . **4.** Mi hermano me regaló un MP3 (a mí). Me lo regaló... **5.** Mis hermanas les regalaron unas pulseras de plata a sus sobrinas. Se las regalaron... **6.** Tú nos regalaste una cámara digital (a nosotros). Nos la regalaste...

I. 1. La camiseta blanca es mía y los pantalones cortos también son míos. **2.** La chaqueta negra es tuya y los pantalones largos también son tuyos. **3.** El vestido verde es suyo y las blusas blancas también son suyas. **4.** Los jeans son suyos y la ropa interior también es suya. **5.** Las camisetas amarillas son nuestras y la ropa limpia que está aquí también es nuestra.

En resumen
1. Sí, (No, no) es mía. La compré hace... (*Answers may vary*.) **2.** Sí, (No, no) me gusta comprar aparatos electrónicos. Me fascina/n... **3.** Sí, (No, no) me gustaría comprarle un televisor... a mí... porque... **4.** Sí, (No, no) tengo una cámara digital. Sí, (No, no) se la presto a mis amigos (hijos). **5.** Sí, (No, no) tomo fotos con frecuencia. Se las mando a... (o) No se las mando a nadie.

Autoprueba y repaso: Capítulo 9

Escena 1
A. 1. c **2.** b **3.** g **4.** a **5.** f **6.** h **7.** e **8.** d

B. 7, 4, 9, 2, 1, 6, 3, 8, 10, 5

C. 1. se vistieron **2.** se divirtieron **3.** se murió, se rió **4.** sirvió **5.** durmieron, se sintieron **6.** llamaron, Siguieron, se recuperaron **7.** repitieron, Prefirieron

En resumen
1. Sí, (No, no) me enfermo fácilmente. **2.** Tengo... **3.** Sí, (No, no) me gusta seguir una dieta saludable. Pedimos... **4.** Sí, (No, no) salí con mi familia (con mis amigos). Sí, (No, no) nos divertimos. ... (*Answers may vary*.)

Escena 2
D. 1. la pierna, la rodilla **2.** la boca, la lengua **3.** la oreja, el oído **4.** el dedo, la uña **5.** el pie, la mano **6.** la cara, la nariz **7.** el pulmón, el corazón **8.** el estómago, el intestino

E. 1. tenía, era **2.** vivía **3.** tenía, querían **4.** jugábamos, nos divertíamos **5.** teníamos, quería **6.** estaba, venían **7.** había, íbamos **8.** eras, tenías

En resumen
1. Sí, (No, no) hago ejercicio. Quiero tener más fuertes los músculos de los/las... **2.** ... (*Answers may vary*.) **3.** Sí, (No, no) me preocupaba por mi imagen. Quería

cambiar... **4.** Sí, (No, no) me enfermaba frecuentemente cuando era niño/a. Mis padres... (*Answers may vary*.)

Escena 3
F. 1. el paramédico, la camilla **2.** operar, la cirujana **3.** la venda, la herida **4.** las muletas, el yeso **5.** chocar, tener prisa **6.** caerse, fracturarse **7.** lastimarse, la herida **8.** gritar, ¡Socorro!

G. 1. Era, llovía **2.** Eran, se despertó. **3.** se sentía **4.** llamó, habló **5.** le dijo, estaba **6.** le preguntó, tenía **7.** le explicó, le dolía **8.** quería, tenía **9.** le contestó **10.** le dio **11.** se durmió **12.** llegó, lo llevó, llovía, hacía

En resumen
1. Sí, tuve un accidente de carro, hace... (o) No, nunca tuve un accidente de carro. **2.** Sí, (No, no) tuve una operación cuando era niño/a. Tenía... años. Estuve en... **3.** Sí, alguien de mi famila se fracturó un brazo (una pierna). Fue mi... ... (*Answers may vary*.) (o) Nadie de mi familia se fracturó un brazo (una pierna). **4.** La última vez que me enfermé, tenía... Sí, (No, no) fui al médico (a la médica). Él/Ella... (*Answers may vary*.)

Autoprueba y repaso: Capítulo 10

Escena 1
A. 1. c **2.** f **3.** i **4.** a **5.** e **6.** h **7.** d **8.** b **9.** g

B. 1. Quiere que vean... **2.** Quiere que hagan... **3.** Quiere que se acuerden... **4.** Quiere que almorcemos... **5.** Quiere que pidamos... **6.** Quiere que vayamos... **7.** Quiere que sea... **8.** Quiere que esté... **9.** Quiere que se siente...

C. 1. le pide, se case **2.** le aconsejan, salga **3.** prefieren, trabaje **4.** insiste, controlen **5.** es, se comprometan

En resumen
1. Sí, (No, no) me gusta... Sí, (No, no) quiero mudarme. **2.** Sí, (No, no) quiero que construyan más escuelas (hospitales). Sí, (No, no) quiero que les paguen más a los maestros. **3.** Sí, (No, no) hay lugares para relajarse y divertirse. Hay... **4.** Les aconsejo que... **5.** Recomiendo que (nombre de persona)...

Escena 2
D. 1. se reúne, organizar **2.** discuten, resolver **3.** aplaude **4.** atiende **5.** dona **6.** enseña **7.** emborracharse **8.** construyen

E. 1. Víctor se alegra de que ellos tengan una cita esta noche. **2.** Angelita espera que Víctor sea muy sincero. **3.** A Víctor le encanta que Angelita haga trabajos voluntarios. **4.** Angelita espera que Víctor y ella puedan comunicarse bien. **5.** Víctor siente que sus padres estén en contra de la relación. **6.** Víctor se alegra de que Angelita quiera salir con él otra vez.

En resumen

1. Sí, (No, no) hago trabajos voluntarios. ... (*Answers may vary.*)   2. Normalmente vuelvo a casa (les invito a mis amigos a ir conmigo a algún lugar). Vamos a...   3. Espero que...   4. Me alegro (Siento) que todos los miembros de mi familia no vivan en el mismo barrio.

Escena 3

F. 1. g   **2.** e   **3.** d   **4.** b   **5.** c   **6.** a   **7.** f   **8.** h

G. 1. No estoy seguro/a de que haya elecciones este mes. **2.** No creo que muchos ciudadanos participen en la manifestación.   **3.** Dudo que los reporteros sean siempre objetivos.   **4.** Es improbable que todos los ciudadanos respeten las leyes.   **5.** Es imposible que todos estén a favor de las centrales nucleares.

H. 1. Creo que rezan tres veces al día.   **2.** No creo que haya un concierto en la iglesia hoy.   **3.** Dudo que todos sean ateos.   **4.** No estoy seguro/a de que vayan una vez por semana.   **5.** Estoy seguro/a de que es antigua.

En resumen

1. Deben luchar por...   2. Estoy a favor de (en contra de) aumentar la seguridad nacional. Estoy a favor de (en contra de) aumentar los impuestos.   3. Dudo que...   4. Es probable que haya más (menos) guerras en el futuro porque...   5. Sí, espero que se puedan resolver. ... (*Answers may vary.*)

Autoprueba y repaso: Capítulo 11

Escena 1

A. 1. c   **2.** i   **3.** f   **4.** g   **5.** a   **6.** j   **7.** d (o) k   **8.** l   **9.** b   **10.** e   **11.** h   **12.** k (o) d

B. 1. ha hablado   **2.** han pedido   **3.** han enviado   **4.** he leído   **5.** hemos fotocopiado   **6.** has preparado

C. 1. han escrito   **2.** han impreso, han puesto   **3.** han dicho   **4.** ha visto   **5.** han hecho   **6.** han resuelto, han vuelto

En resumen

1. El jefe o la jefa ideal... (*Answers may vary.*)   2. Sí, (No, no) me gustaría... porque...   3. Sí (No, no) he tenido... ... (*Answers may vary.*)   4. He... (*Answers may vary.*)

Escena 2

D. 1. éxito   **2.** colegas   **3.** la entrevista   **4.** empleado/a   **5.** suerte, gana   **6.** presupuesto   **7.** deudas

E. 1. Enviaré mi...   **2.** Ella lo leerá y luego lo guardará. **3.** Mis colegas escribirán...   **4.** La jefa de personal me llamará...   **5.** Ella y yo hablaremos y luego probablemente ella me ofrecerá...

F. 1. Tú y yo tendremos...   **2.** Las máquinas harán... **3.** Muchos de los empleados podrán...   **4.** Yo sabré... **5.** Tú querrás...   **6.** Nuestro jefe vendrá...   **7.** Él siempre nos dirá...

En resumen

1. Sí, (No, no) invierto en la Bolsa. Sí, (No, no) he ganado dinero con mis inversiones.   2. Sí, (No, no) tengo muchas deudas, porque...   3. Sí, (No, no) he tenido varias entrevistas de empleo. He tenido entrevista/s con... hace... (*Answers may vary.*)   4. En el futuro, (no) trabajaré... (No) Haré...   5. (*Answers may vary.*)

Escena 3

G. 1. turno   **2.** supervisor/a   **3.** descanso   **4.** maternidad   **5.** enfermedad   **6.** aumento, beneficios, huelga   **7.** sindicato   **8.** despidos   **9.** ganas, jubila

H. 1. Por, para   **2.** Para, por, para   **3.** para, por   **4.** por, por, por

En resumen

1. (No) Me gustaría/n... (*Answers may vary.*)   2. Busca... (*Answers may vary.*)   3. Me jubilaré en... (o) Ya estoy jubilado/a.   4. Voy a... (*Answers may vary.*) 5. Estoy ahorrando dinero,...   6. Podrán... (*Answers may vary.*)

Autoprueba y repaso: Capítulo 12

Escena 1

A. 1. b   **2.** d   **3.** f   **4.** a   **5.** g   **6.** c   **7.** e

B. 1. comprar (o) conseguir   **2.** la/s maleta/s   **3.** facturar, equipaje   **4.** el avión   **5.** tarjeta, embarque **6.** abrocharse   **7.** pasajeros   **8.** aduana

C. 1. se registran   **2.** sencilla, doble   **3.** sábanas **4.** almohadas   **5.** cobijas   **6.** calefacción, aire acondicionado   **7.** piscina   **8.** ascensor

D. 1. Nosotros haríamos un viaje a la Patagonia.   **2.** Los señores Ruiz invertirían todo el dinero.   **3.** Tú gastarías la mayor parte del dinero, ¿no?   **4.** Yo pondría el dinero en el banco.   **5.** Sandra iría a Chile a esquiar.   **6.** Conchita y Laila donarían la mayoría a los pobres.

En resumen

1. Sí, (No, no) me gusta volar porque...   2. Sí, he ido en avión (a algún lugar). Fui a... (o) No, no he ido en avión (a ningún lugar).   3. Sí, (No, no) pasaría las vacaciones en una selva tropical porque...   4. Sí, (No, no) me gustaría ver un volcán activo de cerca. Me gustaría...   5. Prefiero un hotel con... y una habitación...

Escena 2

E. 1. d   **2.** i   **3.** e   **4.** a   **5.** h   **6.** f   **7.** b   **8.** g   **9.** c

F. 1. d. (*provided*)   **2.** c. Si todos usáramos energías renovables, no necesitaríamos tanta gasolina.   **3.** e. Si pudiéramos prevenir las enfermedades, podríamos prolongar la vida.   **4.** f. Si hubiera una cura para el cáncer, menos personas morirían de la enfermedad.   **5.** g. Si fuéramos astronautas, iríamos a la luna en una nave espacial.   **6.** a. Si hiciéramos un viaje espacial alrededor de la Tierra, veríamos todos los continentes y océanos del mundo. **7.** b. Si tuviera un radio por satélite, escucharía las noticias de todo el mundo.

En resumen

1. Sí, (No, no) me gusta la idea de usar energía renovable. Creo que usaré... **2.** ... (*Answers may vary.*) **3.** Me informo por el radio, la televisión, los periódicos, la Red,...
4. Una ventaja sería... y una desventaja sería... **5.** Sí, (No, no) los haría porque...

Escena 3

G. 1. frontera **2.** mejorar **3.** integran, satisfechos
4. la diversidad **5.** gobiernos **6.** acuerdo, paz **7.** poder
8. hambre, pobreza

En resumen

1. Primero,... (*Answers may vary.*) **2.** Sí, conozco a un/ una/ unos/ unas inmigrante/s. (o) No, no conozco a ningún inmigrante. Sí, (No, no) se ha integrado. Sí, (No, no) ha prosperado. ... (*Answers may vary.*) **3.** Sí, (No, no) están satisfechos con la vida que tienen. ... (*Answers may vary.*)
4. ... (*Answers may vary.*) **5.** ... (*Answers may vary.*)

En resumen

1. Primero,... (*Answers may vary.*) **2.** Sí, conozco a un/ una/

Glosario: español-inglés

Gender of nouns is indicated except for masculine nouns ending in **-o** and feminine nouns ending in **-a.** Verbs appear in the infinitive form. The number following the entries refers to the chapter in which the word or phrase first appears. The following abbreviations are used in this glossary:

adj.	adjective
adv.	adverb
conj.	conjunction
f.	feminine
form.	formal
inform.	informal
m.	masculine
n.	noun
pl.	plural
prep.	preposition
pron.	pronoun
s.	singular

A

a *prep.* at, to 2
abogado/a *m./f.* lawyer 2
abrazar to hug 3
abrigo coat 8
abril April 1
abrir to open 7
abrocharse el cinturón to fasten one's seatbelt 7
abuela grandmother 3
abuelo grandfather 3
aburrirse to get bored 11
acabar de + *infinitivo* to have just done something 10
acampar to camp 4
acción *f.* share (stock) 11
aceite *m.* oil 5
aceituna olive 5
acera sidewalk 10
acerca de *prep.* about (a topic) 6
aconsejar to advise 10
acordarse (ue) de to remember 10
acostarse (ue) to go to bed 6
acuerdo de paz peace treaty 12
acuerdo: estar de acuerdo to agree 10
adiós good-bye 1
aduana customs 12
adultos *m. pl.* adults 3
aerolínea airline 12
aeropuerto airport 12
afeitarse to shave 6
agnóstico/a agnostic 10
agosto August 1

agua *f.* (*but* **el agua**) water 5; **agua potable** potable water 12
ahorrar to save (time, money) 10
aire *m.* **acondicionado** air conditioning 12
ajo garlic 5
al + *infinitivo* upon (doing something) 6; **al lado de** beside *prep.* 2
alcalde/ alcaldesa mayor 10
alegrarse (de) to be glad/ happy (about) 10
alemán (alemana) *n. adj.* German 2
alfombra rug, carpet 6
álgebra *f.* (*but* **el álgebra**) algebra 2
algo something 6
algodón *m.* cotton 8
alguien someone 6
algún (alguno/a/os/as) any, some 10; **algún día** someday, sometime 4
allí there 2
almohada pillow 12
almorzar (ue) to have lunch 5
almuerzo lunch 5
¿Aló? Hello? 11
alquilar to rent 6; **se alquila** for rent 6
alrededor de around 12
alto stop (road sign) 7
alto/a *adj.* tall 3
altoparlantes *m. pl.* loudspeakers 8
alumno/a student 1
ama de casa *f.* (*but* **el ama...**) homemaker 2
amable kind, pleasant 5
amar to love 3
amigo/a friend 1; **mejor amigo/a** best friend 3

amistad *f.* friendship 3
amor *m.* love 3
ancianos *n. pl.* elderly 3
anexo attachment 11
anillo (de diamante) (diamond) ring 8
anoche *adv.* last night 7
anteayer *adv.* day before yesterday 7
antes de *conj.* before 6
antipático/a disagreeable, unpleasant 3
anuncio ad 8
año year 1; **Año Nuevo** New Year's 1; **año pasado** last year 7; **año que viene** next year 4
apagar to turn off 8
aparato electrónico electronic device/ equipment 8
aplaudir to applaud 10
apoyar to support 8
apoyo support 8
aprender (a) to learn (to) 4
aquí *adv.* here 2
árabe *n. adj.* Arabic 2
árbol *m.* tree 4
archivo file 11
arena sand 4
arete *m.* earring 8
arma *f.* (*but* **el arma**) weapon 10
arquitectura architecture 2
arroba @ 11
arroz *m.* rice 5
arte *m.* art 2
arveja pea 5
ascensor *m.* elevator 12
asiento seat 12; **asiento de pasillo/ de ventanilla** aisle/ window seat 12
asistir a to attend 4
aspiradora vacuum cleaner 6; **pasar la aspiradora** to vacuum 6
asunto subject 11
ataque: sufrir un ataque al corazón to have a heart attack 9
atender (ie) to look after, tend 10
atentamente truly yours 11
ateo/a atheist 10
atún *m.* tuna 5
audífonos headphones 8
aumento raise, increase (in salary, production, etc.) 11
autobús *m.* bus 2
autopista freeway 7
auxiliar de vuelo *m.* flight attendant 12
avenida avenue 2
avión *m.* airplane 12; **perder el avión** to miss the plane 12
ayer *adv.* yesterday 7
ayudar to help 3
azafata *f.* flight attendant 12
azúcar *m.* sugar 5

B

bailar to dance 4
bajar to go down 6
bajo/a short 3
banana banana 5
banco bank, bench 7
banda band 10
bañarse to take a bath 6
bañera bathtub 6
baño restroom 7; **cuarto de baño** bathroom 6
barato/a cheap, inexpensive 8
barrer to sweep 6
barrio neighborhood 10
basura garbage 6; **cubo de la basura** garbage can 6; **sacar la basura** to take out the trash 6
bebé *m./f.* baby 3
beber to drink 4
bebida drink 5
beneficio benefit 11
besar to kiss 3
biblioteca library 2
bicicleta bicycle 2
Bien. Fine. Okay. 1; **Muy bien, gracias.** Very well, thanks. 1
billetera wallet 8
biología biology 2
bistec *m.* steak 5
blusa blouse 8
boca mouth 9
boda wedding 3
boleto ticket (movie/ theater/ bus/ plane/ train) 7
bolígrafo pen 1
bolsa bag; purse, handbag 8
Bolsa stock market 11
bombero/a *m./f.* firefighter 2
bonito/a pretty 3
borrar to delete, erase 11
bosque *m.* forest 4
bota boot 8
botones *m. s.* bellhop 12
brazo arm 9
bróculi *m.* broccoli 5
bucear to snorkel 4
bueno/a good 3
bufanda scarf 8
buscar to look for 5
buzón *m.* mailbox 7

C

cabeza head 9; **tener dolor de cabeza** to have a headache 9
cadena chain 8
caerse to fall 9
café *m.* coffee 5

cafetería cafeteria 2

cajero/a *m./f.* cashier 2

cajero automático ATM machine 7

calcetín *m.* sock 8

cálculo calculus 2

calefacción *f.* heating 12

calle *f.* street 2

calor: Hace (mucho) calor. It is (very) hot. 4; **tener calor** to be hot 8

calvo/a bald 3

cama bed 6; **hacer la cama** to make the bed 6

cámara digital digital camera 8

camarón *m.* shrimp 5

cambiar to change; to exchange 7

camilla stretcher 9

caminar to walk 4

camino: Estoy en camino. I'm on my way. 7

camión *m.* truck 10; **camión de la basura** garbage truck 10

camisa shirt 8

camiseta t-shirt 8

campaña electoral electoral campaign 10

campo field, countryside 4

candidato/a candidate 10

cantar to sing 4

cara face 9

cariñoso/a affectionate 3

carne *f.* **de res** beef 5

caro/a expensive 8

carretera highway, road 7

carro car 2; **carro híbrido** hybrid car 12; **Mi carro se descompuso.** My car broke down. 7

carta letter 11; **carta de recomendación** letter of recommendation 11

cartera purse, handbag 8

cartero mailman 10

casa house 6; **en casa** at home 2

casado: estar casado/a to be married 3; **recién casados** newlyweds 3

casarse to get married 10

cascada waterfall 12

casi *adv.* almost 3

catarata waterfall 12

catedral *f.* cathedral 10

católico/a Catholic 10

catorce fourteen 1

cebolla onion 5

celular (con cámara) *m.* cell phone (with camera) 8

cena dinner 5

cenar to have dinner 3

centro downtown 7; **centro comercial** mall 8; **centro estudiantil** student center 2

cepillarse (los dientes) to brush (one's teeth) 6

cepillo de dientes toothbrush 6

cerca de *prep.* near 2

cereal *m.* cereal 5

cerebro brain 9

cereza cherry 5

cero zero 1

cerrar (ie) to close 7

cerveza beer 5

champú *m.* shampoo 6

Chao. Bye. 1

chaqueta jacket 8

charlar to chat 3

cheque *m.* check 7

chica child, girl 3

chícharo pea 5

chicle *m.* chewing gum 10

chico child, boy 3

chimenea fireplace, chimney 6

chino/a *n. adj.* Chinese 2

chocar to crash 9

chuleta de cerdo pork chop 5

cielo sky 4

cien mil one hundred thousand 5

cien one hundred 3, 5

ciencia science 12; **ciencias políticas** political science 2

ciento uno one hundred one 5

cinco five 1

cincuenta fifty 1

cine *m.* movie theater 7

cinturón *m.* belt 8

cirujano/a surgeon 9

cita appointment, date 9

ciudad *f.* city 4

ciudadano/a citizen 10

clase *f.* class 1

clima *m.* weather 4

cobija blanket 12

cobrar to cash; to charge 7

cocina kitchen 5, 6

código de área area code 11

colega *m./f.* colleague 11

colgar (ue) to hang 10

collar *m.* necklace 8

comedor *m.* dining room 6

comer to eat 4

comida food, meal 5

cómo how 2; **¿Cómo está usted?** *form.* How are you? 1; **¿Cómo estás?** *inform.* How are you? 1; **¿Cómo se llama usted?** *form.* What is your name? 1; **¿Cómo te llamas?** *inform.* What is your name? 1

cómoda dresser 6

cómodo/a comfortable 8

compartir to share 4

comprar to buy 3

compras: hacer las compras to buy groceries, run errands 6

comprometerse to get engaged 10

comprometido: estar comprometido/a to be engaged 3

computadora computer 1; **computadora portátil** laptop 8

comunicarse to communicate 12

con *prep.* with 5; **con frecuencia** *adv.* frequently 3; **Con permiso.** Excuse me (to ask permission to pass by someone or to leave). 1

congestionado: estar congestionado/a to be congested 9

conocer to know, be acquainted with 4

conseguir (i, i) to get, obtain 12

conservador/a conservative 10

construir to construct 10

consultorio médico doctor's office 9

contabilidad *f.* accounting 2

contador/a *m./f.* accountant 2

contaminación *f.* pollution 12

contar (ue) to count 5; to tell, narrate (a story or incident) 5

contestador automático *m.* answering machine 8

contestar to answer 6

contribuir to contribute 12

control remoto *m.* remote control 8

copa wine glass, goblet 5

copiar to copy 11

corazón *m.* heart 9; **sufrir un ataque al corazón** to have a heart attack 9

corbata tie 8

cordillera mountain range 12

correr to run 4

correo: oficina de correos post office 7

cortar to cut 5; **cortar el césped** to mow the lawn 6; **cortarse el pelo** to get a haircut, to cut one's hair 7

cortina curtain 6

corto/a short 8

costar (ue) to cost 5

creer (que) to believe, think (that) 4; **no creer** not to believe 10

crema cream 5

crimen *m.* crime 10

cruzar to cross 7

cuaderno notebook 1

cuadra block 7; **a una cuadra** a block away 7

cuándo when 2

¿cuánto/a? how much? 2

¿cuántos/as? How many? 1, 2

cuarenta forty 1

cuarto room 6

cuarto/a fourth 11

cuatro four 1

cuatrocientos/as four hundred 5

cubículo cubicle 11

cubo de la basura garbage can 6

cuchara spoon 5

cuchillo knife 5

cuello neck 9

cuenta account 7; bill 5

cuerpo humano the human body 9

cuidado: tener cuidado to be careful 9

cuidar(se) to take care of (oneself) 3, 9

cultivar to grow (crops) 12

cumpleaños *m. s.* birthday 1

cuñado/a brother-in-law/ sister-in-law 3

cura cure 9

currículo résumé 11

D

dar to give 4; **dar de comer** to feed 10; **dar fiestas** to give/ throw parties 4

de from, of 1; **De nada.** You're welcome. 1; **de repente** suddenly 9

debajo de *adv.* beneath, below, under 6

deber (+ *infinitivo*) should/ must/ ought to (*do something*) 4

décimo/a tenth 11

decir to say, tell 4

dedo finger 9; **dedo del pie** toe 9

dejar to leave (behind) 5; **dejar de** + *infinitivo* to stop (*doing something*) 9

delante de *prep.* in front of 2

delgado/a thin, slender 3

demasiado *adv.* too (much) 8

dentro de *adv.* within, inside (of) 6

dependiente/a *m./f.* salesclerk 2

deporte *m.* sport 4; **practicar deportes** to play, go out for sports 4

derecha: a la derecha to the right, on the right 7

derecho law 2, straight ahead 7; **derechos humanos** human rights 10

desayunar to have breakfast 3

desayuno breakfast 5

descansar to rest 4

descanso break, rest 11

desear to want, wish, desire 5

desierto desert 12

desordenado/a disorganized, messy 3

despedirse (i) (de) to say good-bye (to) 6

despertador *m.* alarm clock 6

despertarse (ie) to wake up 6

despido layoff 11

después de *prep.* after 2, 6

destrucción *f.* **de la capa de ozono** destruction of the ozone layer 12

desventaja disadvantage 12

detrás de *prep.* behind 2

deuda debt 11

devolver (ue) to return (something) 7

día *m.* day 1; **Buenos días.** Good morning. 1; **día festivo** holiday 11; **día laboral** workday 11; **todo el día** all day 3; **todos los días** every day 3

diagnosticar to diagnose 12

dibujar to draw 4

diciembre December 1

diecinueve nineteen 1

dieciocho eighteen 1

dieciséis sixteen 1

diecisiete seventeen 1

diente tooth 6; **cepillarse los dientes** to brush one's teeth 6

diez ten 1

difícil difficult 3

dinero money 5

Dios *m.* God 10

dirección *f.* address 11

discapacitado/a disabled 9

discutir to argue 10

disfrutar de to enjoy 4

diversidad *f.* diversity 12

divertido/a funny, fun 3

divertirse (ie) to have fun/ a good time 6

divorciarse to get divorced 10; **estar divorciado/a** to be divorced 3

doblar to turn 7; **doblar la ropa** to fold the clothes 6

doce twelve 1

documento document 11

doler (ue) to hurt 9

dolor *m.* pain; **tener dolor de cabeza/ estómago** to have a headache/ stomachache 9

domingo Sunday 1

donar to donate 10

dónde where 2; **¿De dónde eres?/¿De dónde es usted?** *inform./form.* Where are you from? 1

dormir (ue) to sleep 5; **dormirse (ue)** to fall asleep 6

dormitorio bedroom 6

dos mil two thousand 5

dos millones two million 5

dos two 1

doscientos mil two hundred thousand 5

doscientos/as two hundred 5

ducha shower 6

ducharse to take a shower 6

dudar to doubt 10

dueño/a owner 10

dulce *m.* sweet, candy 10

durante during 6

durazno peach 5

E

economía economy 11; economics 2

edificio building 2

efectivo: en efectivo cash 8

ejecutivo/a executive 11

ejercicio: hacer ejercicio to exercise 4

eliminar to eliminate 12

embarazada: estar embarazada to be pregnant 9

emergencia emergency 9; **sala de emergencias** emergency room 9

emigrante *m./f.* emigrant 12

emigrar to emigrate 12

empezar (ie) to begin 7

empleado/a employee 11

empleo: solicitar empleo to look for a job 11; **solicitud** *f.* **de empleo** job application 11

empresa corporation 11

en in, at 2

enamorarse to fall in love 10; **estar enamorado/a** to be in love 3

Encantado/a. I'm delighted to meet you. 1

encantar to like a lot, love 4

encima de *adv.* on top of, above 6

encontrar (ue) to find 7; **encontrarse (ue) (con)** to meet up (with) (by chance) 7

energía: energía eólica (del viento) aeolic (wind energy) 12; **energía solar** solar energy 12

enero January 1

enfermarse to get sick 9

enfermedad *f.* illness, disease 9, 12

enfermería nursing 2

enfermero/a *m./f.* nurse 2

enfrente de *adv.* opposite, facing 2

ensalada salad 5

enseñar to teach, show 10

entender (ie) to understand 5

entrada entrance 7

entrar (a/en) to enter 7

entre *prep.* between 2

entrevista interview 11

enviar to send 11

equipaje luggage, baggage 12; **facturar el equipaje** to check the luggage/ baggage 12

equipo team 4; **equipo de DVD y video** DVD/VCR player 8

equivocarse to be mistaken, make a mistake 11

escalera stairs 6

escribir to write 4

escritorio desk 1

escuchar (música) to listen to (music) 4

escuela school 2; **en la escuela** at school 2

espalda back 9

español (española) *n. adj.* Spanish 2

espejo mirror 6

espera: sala de espera waiting room 9

esperar to hope, expect 10; to wait for 7

esposa wife 3

esposo husband 3

esquiar to ski 4

esquina corner 7

estación *f.* season 4; **estación de tren** train station 7

estacionamiento parking 2

estacionar to park 7

estadio de deportes stadium 2

estadística statistics 2

estante *m.* bookcase, shelf 6

estar to be 2; **estar a favor de/ en contra de** to be in favor of/ against 10

estatua statue 2

estimado/a dear 11

estómago stomach 9; **tener dolor de estómago** to have a stomachache 9

estrella star 4

estudiante *m./f.* student 1

estudiar to study 3

estufa stove 6

evitar to avoid 12

examinar to examine 9

éxito: tener éxito to succeed, be successful 11

experiencia experience 11

explicar to explain 7

exploración *f.* **espacial** space exploration 12

extrañar to miss 10

F

fábrica factory 11

fácil easy 3

facturar el equipaje to check the luggage/ baggage 12

facultad *f.* school (of a university) 2; **Facultad de Administración de Empresas** Business School 2; **Facultad de Ciencias** School of Sciences 2; **Facultad de Derecho** Law School 2; **Facultad de Filosofía y Letras** School of Arts 2; **Facultad de Medicina** School of Medicine 2

falda skirt 8

familia family 3

febrero February 1

fecha date 1; **¿Qué fecha es hoy?** What is today's date? 1

feo/a (un poco) ugly (a little bit) 3

fiebre: tener fiebre to have a fever 9

fila: hacer fila to wait in line 7

filosofía philosophy 2

fin *m.* end 12; **fin de semana pasado** last weekend 7; **los fines de semana** on weekends 3

firmar to sign 7

física physics 2

flan *m.* caramel custard 5

flor *f.* flower 4

foto: tomar fotos to take photos 8

fotocopiadora photocopier 11

fotocopiar to photocopy 11

fracturarse to fracture 9

francés (francesa) *n. adj.* French 2

fregadero kitchen sink 6

freno brake

fresa strawberry 5

fresco: Hace fresco. It is cool. 4

frijol *m.* bean 5

frío cold 4; **Hace (mucho) frío.** It is (very) cold. 4; **tener frío** to be cold 8

frito/a fried 5

frontera border 12

fruta fruit 5

fuego fire 10

fuente *f.* fountain 7

fuera de *adv.* outside (of) 6

fuerte strong 3

fumar to smoke 9

funcionar to work (machinery) 7

G

gafas de sol sunglasses 8

galleta cookie 5

ganancia profit 11

ganar to earn 11; to win 4

ganas: tener ganas de + *infinitivo* to feel like (*doing something*) 11

garaje *m.* garage 6

garganta throat 9; **Me duele la garganta.** My throat hurts. 9

gasolinera gas station 7

gastar to spend 8

gato cat 3

gente *f.* people 7

geografía geography 2

geometría geometry 2

gerente *m./f.* **de ventas** sales manager 11

gimnasio gym 2

gobierno government 12

gordo/a (un poco) fat (a little bit) 3

gorra de béisbol baseball cap 8

gorro de lana wool cap 8

Gracias. Thanks. 1

grande large, big 3

granja farm 4

gripe: tener gripe to have the flu 9

gritar to scream, yell 9

grúa tow truck 10

guante *m.* glove 8

guapo/a good-looking 3

guardar to keep 11; **guardar (la ropa)** to put away (clothes) 6

guardería infantil child care center 2

guerra war 10

guía telefónica telephone book 11

gustar to like 4; **me gustaría** I would like/ love to 8

gusto: Mucho gusto. Pleased to meet you. 1

H

habitación *f.* room 12; **habitación doble** double room 12; **habitación sencilla** single room 12; **servicio de habitación** room service 12

hablar to speak 3

hacer to make, do 4; **hacer la maleta** to pack a suitcase 12; **hacer un viaje (al campo/ a la ciudad)** to take a trip (to the country/ city) 4

hambre *f.* hunger 12; **tener hambre** to be hungry 5

hamburguesa hamburger 5

harina flour 5

hasta *adv.* until 7; **hasta llegar a...** until you arrive at . . . 7; **Hasta luego.** See you later. 1; **Hasta mañana.** See you tomorrow. 1

hay there is, there are 1; **hay que...** one must/ should . . . 7

helado (de vainilla) (vanilla) ice cream 5

herida wound 9

herido/a wounded person 9

hermano/a brother/ sister 3

hielo ice 5

hígado liver 9

hija daughter 3

hijo son 3

historia history 2

hoja leaf 4

Hola. Hello. Hi. 1

hombre *m.* man 1

hombre/ mujer de negocios *m./f.* business executive 2

hombro shoulder 9

hora hour 1; **¿Qué hora es?** What time is it? 1

hotel hotel 12

hotelería hotel management 2

hoy *adv.* today 2

huelga: hacer huelga to strike 11

hueso bone 9

huevo (frito) (fried) egg 5

humo smoke 10

I

idioma *m.* language 1

iglesia church 7

igualdad *f.* equality 10

impermeable *m.* raincoat 8

importante important 10

imposible impossible 10

imprimir to print 11

improbable improbable 10

impuestos taxes 10

incendio fire 10

inconsciente: estar inconsciente to be unconscious 9

increíble incredible 10

informática computer science 2

ingeniería engineering 2

inglés (inglesa) *n. adj.* English 2

inmigrante *m./f.* immigrant 12

inmigrar to immigrate 12

inodoro toilet 6

insistir (en) to insist (on) 10

integrarse a/en to adjust, integrate oneself 12

intestino intestine 9

invento invention 12

inversión *f.* investment 11

invertir (ie, i) to invest 11

investigación *f.* research 12

invierno winter 4

invitar a to invite 10

inyección: poner una inyección to give a shot 9

ir to go 2; **ir a...** to go to . . . 2; **irse** to go away 6; **ir de compras** to go shopping 4; **ir en barco** to go by boat/ ship 4

isla island 4

italiano/a *n. adj.* Italian 2

izquierda left 7; **a la izquierda** to the left, on the left 7

J

jabón *m.* soap 6

jamón *m.* ham 5

japonés (japonesa) *n. adj.* Japanese 2

jardín *m.* garden 6

jeans *m. pl.* jeans 8

jefe/a de personal director of human resources 11

jefe/a boss 11

joven *adj.* young 3

jóvenes *n. m./f.* young people 3

joyas jewelry 8

joyería jewelry store 7

jubilarse to retire 11

judío/a Jewish 10

jueves *m.* Thursday 1

jugar (ue) al vólibol to play volleyball 4

jugo (de naranja) (orange) juice 5

julio July 1

junio June 1

justicia justice 10

L

labio lip 9

ladrón (ladrona) thief, robber 10

lago lake 4

lámpara lamp 6

lana wool 8

langosta lobster 5

lápiz *m.* pencil 1

largo/a long 8

lástima: es una lástima it is a shame 10

lastimarse to hurt oneself, injure oneself 9

lavabo sink (bathroom) 6

lavadora washing machine 6

lavaplatos *m. s.* dishwasher 6

lavar (los platos) to wash (the dishes) 6; **lavarse (el pelo)** to wash (one's hair) 6

leche *f.* milk 5

lechuga lettuce 5

leer to read 4

legumbre *f.* vegetable 5

lejos de *prep.* far from 2

lengua tongue 9

lentamente slowly 9

lentes *m.* glasses 8; **lentes de contacto** contact lenses 8

levantar: levantar pesas to lift weights 4; **levantarse** to get up 6

ley *f.* law 10

librería bookstore 2

libro book 1

licencia de manejar driver's license 7

limón *m.* lemon 5

limpiar to clean 3; **limpiar el polvo** to dust 6

limpio/a clean 8

línea de producción production line 11

listo/a smart 3

literatura literature 2

llamada de larga distancia long distance call 11

llamar to call 3; **Me llamo...** My name is ... 1

llanta pinchada flat tire 7

llave *f.* key 7

llegar to arrive 2

llenar el tanque to fill the tank 7

llevar to wear 8; to carry, take 7; **(no) llevarse bien con** to (not) get along well with 10

llorar to cry 3

llover (ue) to rain 4

lluvia rain 4

luchar por to fight for 10

lugar *m.* place 1; **lugar del accidente** scene/ place of the accident 9

luna moon 4

lunes *m.* Monday 1

luz *f.* light, electricity 6

M

madre *f.* mother 3

maestro/a *m./f.* teacher 2

maíz *m.* corn 5

maleta suitcase 12; **hacer la maleta** to pack a suitcase 12

malo/a bad 3

mamá mother 3

mañana morning 2; **de la mañana** in the morning 1; **mañana por la mañana** tomorrow morning 4; **todas las mañanas** every morning 3

mandar to send 4; **mandar una carta** to mail/ send a letter 7

manejar to drive 4; **licencia de manejar** driver's license 7

manifestación *f.* demonstration 10

mano *f.* hand 9

mantel *m.* tablecloth 5

mantequilla butter 5

manzana apple 5

maquillarse to put on makeup 6

mar *m./f.* sea 4

marca brand 8

marcar to dial 11; **marcar tarjeta** to punch in 11

mariscos seafood/ shellfish 5

martes *m.* Tuesday 1

marzo March 1

más more 5

matar to kill 10

matemáticas mathematics 2

mayo May 1

mayonesa mayonnaise 5

mayor older 3

media naranja soulmate 3

medianoche *f.* midnight 1

medicina medicine 2

médico/a *m./f.* doctor 2

medio ambiente *m.* environment 12

mediodía *m.* noon 1

mejor better 8; **es mejor** it is better 10; **mejor amigo/a** best friend 3

mejorar to improve 12

menor younger 3

menos less 1, 5; **menos cuarto** quarter to (hour) 1

mensaje electrónico e-mail 4

mercado market 5; **mercado en alza y en baja** bull (up) and bear (down) stock market 11

merienda afternoon snack 5

mermelada jam 5

mes *m.* month 1; **mes que viene** next month 4

mesa table 2; **poner la mesa** to set the table 6

mesero/a *m./f.* server 2

mezquita mosque 10

microondas *m. s.* microwave 6

miedo: tener miedo to be afraid 9

mientras *conj.* while 9; **mientras tanto** meanwhile 9

miércoles *m.* Wednesday 1

mil one thousand 5

millón million 5

mirar to look at, watch 4

mochila backpack 1

moda fashion 8

montaña mountain 4

montar: montar a caballo to ride horseback 4; **montar en bicicleta** to ride a bicycle 4

moreno/a dark-haired, dark-skinned 3

morir (ue, u) to die 9

mostrar (ue) to show 7

moto(cicleta) *f.* motorcycle 7

mover(se) to move (oneself) 9

muchacho/a boy/ girl 10

mucho *adv.* much, a lot 2, 4

mucho/a/os/as *adj.* much, many, a lot 2
mudarse to move (from house to house) 10
muebles *m. pl.* furniture 6
mujer *f.* woman 1; **mujer de negocios** business executive *f.* 2; **mujer policía** police woman 2
muleta crutch 9
museo museum 7
música music 2
musulmán (musulmana) *n. adj.* Muslim 10
muy very 1

N

nada nothing 6; **De nada.** You're welcome. 1
nadar to swim 4
nadie no one, not anyone, nobody 6
naranja orange 5
nariz *f.* nose 9
naturaleza nature 12
nave espacial *f.* spaceship 12
navegar por la Red to surf the Web 4
Navidad *f.* Christmas 1
necesario/a necessary 10
necesitar to need 3
negocios business 2
nevar (ie) to snow 4
nieta granddaughter 3
nieto grandson 3
nieve *f.* snow 4
niña child, girl 3
niñera nanny 3
ningún, ninguno/a no (not a single); none, not any 10
niño child, boy 3
noche *f.* night 3; **Buenas noches.** Good evening./ Good night. 1; **de la noche** in the evening 1; **todas las noches** every night 3
noticias news 7
novecientos/as nine hundred 5
noveno/a ninth 11
noventa ninety 3
novia girlfriend 3
noviembre November 1
novio boyfriend 3
nube *f.* cloud 4
nublado: Está nublado. It is cloudy. 4
nueve nine 1
nuevo/a new 3
número number 1
nunca: (casi) nunca *adv.* (almost) never 3

O

o or 1
obedecer to obey 10

obrero/a worker 11
ochenta eighty 3
ocho eight 1
ochocientos/as eight hundred 5
octavo/a eighth 11
octubre October 1
oficina office 11
oído inner ear 9
oír to hear 4
ojo eye 9
ola wave 4
olvidarse de to forget 10
once eleven 1
operar to operate 9; **operar la máquina** to operate the machine 11
oportunidad *f.* opportunity 12
oratoria speech 2
ordenar (el cuarto) to straighten up (the room) 6
oreja ear 9
organizar to organize 10
oro gold 8
otoño fall (season) 4
otro/a *adj.* other, another 5

P

paciente *m./f.* patient 9
padre *m.* father 3
padres *m. pl.* parents 3
pagar to pay for 5
país *m.* country 7; **país en desarrollo** developing country 12; **país extranjero** foreign country 7
paisaje *m.* landscape 12
pájaro bird 4
pan *m.* bread 5; **pan tostado** toast 5
pantalones *m. pl.* **cortos/ largos** shorts/ long pants 8
pantimedias panty hose 8
papa *f.* potato 5; **papas fritas** French fries 5; **puré** *m.* **de papas** mashed potatoes 5
papá *m.* father 3
paquete *m.* package 7
para *prep.* for 6; **para** + *infinitivo* in order to (*do something*) 6
parada de autobús bus stop 7
paraguas *m. s.* umbrella 8
paramédico/a paramedic 9
parar to stop 7
pareja couple 3; **mi pareja** significant other 3
¡Paren! Stop! 7
pariente *m./f.* relative 3
parque *m.* park 7
parrilla: a la parrilla grilled 5
partido party (political) 10; game 4; **partido de fútbol** soccer game 4
pasado *n.* past 7
pasajero/a passenger 12

pasaporte: sacar el pasaporte to get a passport 12

pasar: pasar por to go down; to go, pass by 7, 10; **pasar el tiempo (con la familia)** to spend time (with the family) 4; **¡Que lo pases bien!** Have a good time! 7

pasillo aisle 2, 12

pasta de dientes toothpaste 6

pastel *m.* **(de chocolate)** (chocolate) cake 5

pastelería pastry shop 7

pastilla pill 9

patinar to skate 4

pavo turkey 5

paz *f.* peace 10

peatón *m.* pedestrian 7

pecho chest 9

pedir (i) to order, ask for 5

peinarse to comb one's hair 6

peine *m.* comb 6

película film 7

peligroso/a dangerous 10

pelirrojo/a red-headed 3

pelo hair 6; **lavarse el pelo** to wash one's hair 6

pelota ball 4

peluquería hair salon 7

pensar (ie) (+ *infinitivo*) to think, plan/ intend (*to do something*) 5

peor worse 8

pequeño/a small 3

pera pear 5

perder (ie) to lose 7

Perdón. Pardon me./ Excuse me (*to get someone's attention*). 1

perezoso/a lazy 3

periódico newspaper 7

permiso por enfermedad sick leave 11; **permiso por maternidad** maternity leave 11

pero *conj.* but 1

perro dog 3

persona sin hogar homeless person 10

pescado fish (caught) 5

pescar to fish 4

pez *m.* fish (live) 4

pie *m.* foot 9

piel *f.* skin 9

pierna leg 9

pijama pajamas 8

piloto *m./f.* pilot 12

pimienta pepper (spice) 5

pimiento verde/ rojo green/ red bell pepper 5

pintar (un cuadro) to paint (a painting) 4

pintarse las uñas to have one's nails painted, to paint one's nails 7

piña pineapple 5

piscina swimming pool 12

piso floor 6; **primer piso** first floor 6; **segundo piso** second floor 6

planchar to iron 6

planta tropical tropical plant 12

plata silver 8

plato plate, dish 5

playa beach 4

plaza square, plaza 2

pobre poor 3

pobreza poverty 12

poco: un poco a little 1, 4

poder *m.* power 12; **poder (ue)** to be able 5

policía/ mujer policía *m./f.* police officer 2

pollo chicken 5

poner to put 4; **poner la mesa** to set the table 6; **poner una inyección** to give a shot 9; **ponerse (los zapatos)** to put on (one's shoes, etc.) 6

por by, through, around, alongside 6; **por fin** *adv.* finally 9

portero porter, concierge 10

portugués (portuguesa) *n. adj.* Portuguese 2

posible possible 10

postre *m.* dessert 5

practicar deportes to play, go out for sports 4

precio price 8

preferir (ie) to prefer 5

preguntar to ask 7

prejuicio prejudice 10

prender to turn on 8

prensa press 12

preocuparse to worry 9

preparar to prepare 5

presentar: Le/ Te presento a... Let me introduce you to . . . 1

presión: tomar la presión to take one's blood pressure 9

prestar to lend 7

presupuesto budget 11

prevenir (enfermedades) to prevent (illnesses) 12

primo a cousin 3

primavera spring 4

primer, primero/a first 11; **primer piso** first floor 6

prisa: tener prisa to be in a hurry 9

probable probable 10

probar (ue) to taste, try 5; **probarse** to try on 8

producto orgánico organic produce 12

profesor/a professor 1

programador/a *m./f.* programmer 2

prolongar la vida to prolong life 12

promoción *f.* promotion 11

propina tip 5

prosperar to prosper 12

proteger to protect 12

protestante *m./f.* Protestant 10

proveer to provide 12

próximo mes/ año/ verano next month/ year/ summer 4

(p)sicología psychology 2

pueblo town, people 10

puente *m.* bridge 7

puerta de embarque boarding gate 12

puesto de trabajo position, job 11

pulmón *m.* lung 9
pulsera bracelet 8
punto: en punto on the dot, sharp (time) 1
puré *m.* **de papas** mashed potatoes 5

Q

qué what 2; **¿Qué tal el clima?** What is the weather like?
4; **¿Qué tal?** How are you (doing)? 1; **¿Qué tiempo
hace?** What is the weather like? 4
quedarse to stay, remain 9; **quedar bien/ mal** to fit/ not
fit 8
quehaceres *m. pl.* **domésticos** household chores 6
quejarse to complain 9
quemarse to burn oneself, burn down 10
querer (ie) to want, wish, love 1, 5
queso cheese 5
química chemistry 2
quince fifteen 1
quinientos/as five hundred 5
quinto/a fifth 11
quiosco newsstand 7
quitar: quitar la mesa to clear the table 6; **quitarse (la
ropa)** to take off (one's clothes, etc.) 6

R

radio por satélite *m./f.* satellite radio 12
radiografía X-ray 9
rascacielos *m. s.* skyscraper 7
ratón (óptico USB) *m.* (wireless USB) mouse 8
razón: tener razón to be right 11
rebaja sale 8
recepcionista *m./f.* receptionist 2
receta prescription 9
recibir to receive 4
reciclar to recycle 6
recoger to pick up, gather 10
recomendar (ie) to recommend 10
recto straight ahead 7
recuperarse to recuperate 9
refresco soft drink, soda 5
refrigerador *m.* refrigerator 6
regalar to give (as a gift) 7
regalo gift 5
regar (ie) (las plantas) to water (the plants) 6
registrarse to register 12
regresar to return 3
Regular. Okay./ So, so. 1
reírse (i) to laugh 6
relajarse to relax 10
religión *f.* religion 2
reloj *m.* clock, watch 1
reparar to repair, to fix 7

repartidor (de periódicos) *m.* (newspaper) delivery
person 10
repente: de repente suddenly 9
repetir (i) to repeat 5
reportero/a reporter 10
reservar to reserve 12
resfriado: estar resfriado/a to have a cold 9
residencia estudiantil dormitory, residence hall 2
resolver (ue) to solve, resolve 10
responder to reply, answer 11
reunirse to meet (get together) 10
revisar (el aceite) to check (the oil) 7
revista magazine 7
rezar to pray 10
rico/a rich 3
ridículo/a ridiculous 10
riñón *m.* kidney 9
río river 4
robar to rob, steal 10
rodilla knee 9
romper(se) to break 9, 11
ropa clothing 6, 8
ropa interior underwear 8
ropero closet 6
rubio/a blond(e) 3
ruido noise 7
ruso/a *n. adj.* Russian 2

S

sábado Saturday 1
sábana sheet 12
saber to know (facts, information), to know how (skills) 4
sacar to take out 7; **sacar la basura** to take out the trash
6; **sacar sangre** to take blood 9
sal *f.* salt 5
sala living room 6; **sala de espera** waiting room 9
salchicha sausage 5
salida exit 7
salir to leave 4; **salir de paseo** to take a walk/ stroll 4
saltar to jump 10
salud *f.* health 2, 9
saludarse to greet 10
sandalia sandal 8
sandía watermelon 5
sándwich *m.* sandwich 5
satisfecho: estar satisfecho/a to be satisfied 12
secador *m.* hairdryer 6
secadora dryer 6
secar (los platos) to dry (the dishes) 6; **secarse** to dry
oneself 6
secretario/a *m./f.* secretary 2
Secretaría Registrar's Office 2
sed: tener sed to be thirsty 5
seguir (i) to continue, to follow 7

segundo/a second 11

seguridad nacional *f.* national security 10

seguro (médico) (medical) insurance 9; **(no) estar seguro/a (de)** to (not) be sure 10

seis six 1

seiscientos/as six hundred 5

selva jungle 12

semáforo traffic light 7

semana week 1; **próxima semana** next week 4; **semana pasada** last week 7; **semana que viene** next week 4

sentarse (ie) to sit down 6

sentir (ie, i) to be sorry, regret, feel 10; **sentirse (ie) mal/ bien** to feel bad, sick/ well 6

señal *f.* **de tráfico** road sign 7

señor (Sr.) Mr., sir 1

señora (Sra.) Mrs., ma'am 1

señorita (Srta.) Miss 1

separado/a separated 3

septiembre September 1

séptimo/a seventh 11

ser to be 1

serio/a serious 3

servicio de habitación room service 12

servilleta napkin 5

servir (i) to serve 5

sesenta sixty 3

setecientos/as seven hundred 5

setenta seventy 3

sexto/a sixth 11

sí yes 1

SIDA *m.* AIDS 9

siempre: (casi) siempre *adv.* (almost) always 3

siete seven 1

silla de ruedas wheelchair 9

sillón *m.* easy chair 6

simpático/a nice, likeable 3

sin *prep.* without 5

sinagoga synagogue 10

sindicato union 11

sobre *m.* envelope 11

sobre *prep.* on, above 6; about (a topic) 6

sobrino/a nephew/ niece 3

sociología sociology 2

¡Socorro! Help! 9

sofá *m.* sofa 6

sol *m.* sun 4; **Hace sol.** It is sunny. 4; **tomar el sol** to sunbathe 4

soldado/ mujer soldado *m./f.* soldier 2

solicitar empleo to look for a job 11

solicitud *f.* **de empleo** job application 11

soltero: ser soltero/a to be single 3

sombrero hat 8

sonar (ue) to ring (phone); to go off (alarm clock) 6

sopa soup 5

sótano basement 6

subir to go up 6

sucio/a dirty 8

sudadera sweatshirt 8

suegro/a father-in-law/ mother-in-law 3

sueldo salary 11

suelo floor 6

sueño: tener sueño to be sleepy 6

suerte luck 7; **¡Qué mala suerte!** What bad luck! 7; **tener suerte** to be lucky 11

suéter *m.* sweater 8

sufrir un ataque al corazón to have a heart attack 9

supervisor/a supervisor 11

T

talla size 8

taller *m.* **mecánico** auto repair shop 7

también *adv.* also 1

tampoco *adv.* not either 1

tanque: llenar el tanque to fill the tank 7

tarde *adv.* late 3; *n. f.* afternoon 1; **Buenas tardes.** Good afternoon. 1; **de la tarde** in the afternoon 1; **todas las tardes** every afternoon 3

tarjeta: tarjeta de crédito credit card 8; **tarjeta de embarque** boarding pass 12; **tarjeta postal** postcard 7

taza cup 5

té *m.* **(caliente/ helado)** (hot/ iced) tea 5

teatro theater 2

techo roof, ceiling 6

teclado keyboard 8

teléfono telephone 8; **teléfono inalámbrico** cordless phone 8

telenovela soap opera 10

televisor *m.* television 2 **de pantalla plana** flat-screen TV 8

temperatura: tomar la temperatura to take one's temperature 9

temprano *adv.* early 3

tenedor *m.* fork 5

tener to have 3; **tener que** + *infinitivo* to have to (*do something*) 6

teñirse (i) el pelo to have one's hair colored, to color one's hair 7

terapia física physical therapy 2; **terapia del lenguaje** speech therapy 2

tercer, tercero/a third 11

terminar to finish 7

termómetro thermometer 9

tía aunt 3

tío uncle 3

tiempo weather 4; **a tiempo** on time 3; **Hace buen/ mal tiempo.** The weather is nice/ bad. 4

tienda store 7; **tienda por departamentos** department store 7

Tierra Earth 12

tijeras scissors 11

toalla towel 6

tocar (la guitarra) to play (the guitar) 4
tocino bacon 5
tomar to drink, take 5
tomate *m.* tomato 5
tonto/a silly, dumb 3
tobillo ankle 9; **torcerse (ue) el tobillo** to twist/ sprain one's ankle 9
torta (de chocolate) (chocolate) cake 5
tos: tener tos to have a cough 9
trabajador/a hard-working 3
trabajador/a social *m./f.* social worker 2
trabajar to work 3
trabajo work, job 2; **puesto de trabajo** position, job 11; **trabajo social** social work 2; **trabajo de tiempo parcial/ completo** part-time/ full-time work/ job 11
traer to bring 4
tráfico traffic 7
traje *m.* suit 8; **traje de baño** bathing suit 8
tratar de + *infinitivo* to try to (*do something*) 10
trece thirteen 1
treinta y uno thirty-one 1
treinta thirty 1
tres three 1
trescientos/as three hundred 5
turno de día/ noche day/ night shift 11

U

uña finger/ toenail 7; **pintarse las uñas** to paint one's finger/ toenails 7
universidad *f.* university 2
uno one 1
usar to use 3
uva grape 5

V

valle *m.* valley 4
vaso glass 5
veces: a veces sometimes 3
vecino/a neighbor 10
veinte twenty 1
veintiuno twenty-one 1
velocidad *f.* **máxima** maximum speed 7
venda bandage 9
vendedor/a vendor 10

vender to sell 5; **se vende** for sale 5
venir to come 4
ventaja advantage 12
ventana window 2
verano summer 4
ver to see, look at 4; **ver la televisión** to watch TV 4
verdad true 10
verdura vegetable 5
vez: en vez de in place of, instead of 6; **una vez/ dos veces por semana** once/ twice per week 3
viajar to travel 4; **hacer un viaje (al campo/a la ciudad)** to take a trip (to the country/ city) 4
verano summer 4; **verano que viene** next summer 4
vestido dress 8
vestirse (i) to get dressed 6
viajar to travel 4
víctima *f.* victim 10
vida life 6; **vida diaria** daily life 6; **vida sencilla** simple life 12
viejo/a old 3
viento wind 4; **Hace viento.** It is windy. 4
viernes *m.* Friday 1; **viernes pasado** *m.* last Friday 7
vinagre *m.* vinegar 5
vino wine 5
violencia violence 10
visitar to visit 3
viudo/a widower/ widow 3
vivir to live 4
volar (ue) to fly 12
volcán *m.* volcano 12
voluntario/a volunteer 10
volver (ue) to return 5
vómitos: tener vómitos to be vomiting 9
votar to vote 10
vuelo flight 12

Y

y and 1; **y cuarto** quarter past 1; **y media** half past 1
ya *adv.* already 7
yeso cast 9

Z

zanahoria carrot 5
zapatería shoe store 7
zapato shoe 6; **zapatos de tenis** sneakers 8

Glosario: inglés-español

A

about (a topic) acerca de 6; sobre *prep.* 6
above encima de 6; sobre *adv.* 6
account cuenta 7
accountant contador/a *m./f.* 2
accounting contabilidad *f.* 2
ad anuncio 8
address dirección 11
adjust oneself integrarse a/en 12
adults adultos *m. pl.* 3
advantage ventaja 12
advise aconsejar 10
affectionate cariñoso/a 3
afraid: to be afraid tener miedo 9
after después (de) 6
afternoon tarde *f.* 1; **every afternoon** todas las tardes 3;
    Good afternoon. Buenas tardes. 1; **in the afternoon**
    de la tarde 1; **afternoon snack** merienda 5
agnostic agnóstico/a 10
agree estar de acuerdo 10
AIDS SIDA *m.* 9
air conditioning aire *m.* acondicionado 12
airline aerolínea 12
airport aeropuerto 12
alarm clock despertador *m.* 6
algebra álgebra *m.* 2
almost casi *adv.* 3
alongside por *adv.* 6
already ya *adv.* 7
also también *adv.* 1
always siempre *adv.* 3
and y 1
another otro/a 5
answer contestar 6; responder 11
answering machine contestador *m.* automático 8
any algún, alguno/a/os/as 10
applaud aplaudir 10
apple manzana 5
appointment cita 9
April abril 1
Arabic árabe *adj.* 2
architecture arquitectura 2
area code código de área 11
argue discutir 10
arm brazo 9
around alrededor de 12; por 6
arrive llegar 3
art arte *m.* 2
ask preguntar 7; **to ask for** pedir (i) 5
asleep: to fall asleep dormirse (ue) 6
at a; en *prep.* 2; **at home** en casa 2

atheist ateo/a 10
ATM machine cajero automático 7
attachment anexo 11
attend asistir a 4
August agosto 1
aunt tía 3
auto repair shop taller *m.* mecánico 7
avenue avenida 2
avoid evitar 12

B

baby bebé *m./f.* 3
back espalda 9
backpack mochila 1
bacon tocino 5
bad malo/a 3
bag bolsa 8
bald calvo/a 3
ball pelota 4
banana banana 5
band banda 10
bandage venda 9
bank banco 7
basement sótano 6
bathe, to take a bath bañarse 6
bathing suit traje *m.* de baño 8
bathroom (cuarto de) baño 6
bathtub bañera 6
be able poder (ue) 5
be in a hurry tener prisa 9
be in favor of/ against estar a favor de/ en contra de 10
be estar, ser 1, 2
beach playa 4
bean frijol *m.* 5
bed cama 6; **to go to bed** acostarse (ue) 6
bedroom dormitorio 6
beef carne de res *f.* 5
beer cerveza 5
before antes de *conj.* 6
begin empezar (ie) 7
behind detrás de 2
believe (that) creer (que) 4
bellhop botones *m.* 12
below debajo de *adv.* 6
belt cinturón *m.* 8
bench banco 7
beneath debajo de *adv.* 6
benefit beneficio 11
beside al lado de *prep.* 2
better mejor 8, 10
between entre *prep.* 2

bicycle bicicleta 2
big grande 3
bill cuenta 5
biology biología 2
bird pájaro 4
birthday cumpleaños *m.* 1
blanket cobija 12
block cuadra 7; **a block away** a una cuadra 7
blond(e) rubio/a 3
blood: to take blood sacar sangre 9; **to take one's blood pressure** tomar la presión 9
blouse blusa 8
boarding gate puerta de embarque 12
boarding pass tarjeta de embarque 12
body: human body cuerpo humano 9
bone hueso 9
book libro 1
bookcase estante *m.* 6
bookstore librería 2
boot bota 8
border frontera 12
bored: to get bored aburrirse 11
boss jefe/a 11
boy chico 3; niño 3; muchacho 10
boyfriend novio 3
bracelet pulsera 8
brain cerebro 9
brake freno 7
brand marca 8
bread pan *m.* 5
break/ rest descanso 11
break romper(se) 9, 11; fracturarse 9; **My car broke down.** Mi carro se decompuso. 7
breakfast desayuno 5; **to have breakfast** desayunar 3
bridge puente *m.* 7
bring traer 4
broccoli brócoli *m.* 5
brother hermano 3
brother-in-law cuñado 3
brush (one's teeth) cepillarse (los dientes) 6
budget presupuesto 11
building edificio 2
burn oneself, burn down quemarse 10
bus autobús *m.* 2
bus stop parada de autobús 7
business school Facultad *f.* de Administración de Empresas 2
business negocios 2; **business executive** hombre/ mujer de negocios *m./f.* 2
but pero *conj.* 1
butter mantequilla 5
buy comprar 3; **to buy groceries** hacer las compras 6
by por *prep.* 6
Bye. Chao. 1

C

cafeteria cafetería 2
cake pastel *m.* 5; **(chocolate) cake** torta (de chocolate) 5
calculus cálculo 2
call llamar 3; **long distance call** llamada de larga distancia 11
camera: digital camera cámara digital 8
camp acampar 4
campaign: electoral campaign campaña electoral 10
candidate candidato/a 10
candy dulce *f.* 10
cap: baseball cap gorra de béisbol 8; **wool cap** gorro de lana 8
car carro 2
caramel custard flan *m.* 5
care: to take care of (oneself) cuidar(se) 3, 9
careful: to be careful tener cuidado 9
carpet alfombra 6
carrot zanahoria 5
carry llevar 7, 8
cash en efectivo 8; cobrar 7
cashier cajero/a *m./f.* 2
cast yeso 9
cat gato 3
cathedral catedral *f.* 10
Catholic católico/a 10
ceiling techo 6
cell phone (with camera) celular *m.* (con cámara) 8
cereal cereal *m.* 5
chain cadena 8
chair: easy chair sillón *m.* 6
change cambiar 7
charge cobrar 7
chat charlar 3
cheap barato/a 8
check (the oil) revisar (el aceite) 7
check the luggage/ baggage facturar el equipaje 12
check cheque *m.* 7
cheese queso 5
chemistry química 2
cherry cereza 5
chest pecho 9
chewing gum chicle *m.* 10
chicken pollo 5
child niño/a 3
child care center guardería infantil 2
chimney chimenea 6
Chinese chino/a *n. adj.* 2
Christmas Navidad *f.* 1
church iglesia 7
citizen ciudadano/a 10
city ciudad *f.* 4
class clase 1
clean limpio/a 8; limpiar 3

clear the table quitar la mesa 6
clock reloj *m.* 1
close cerrar (ie) 7
closet ropero 6
clothing ropa 6, 8
cloud nube *f.* 4
cloudy: It is cloudy. Está nublado. 4
coat abrigo 8
coffee café *m.* 5
cold frío/a 4; **to be cold** tener frío 8; **to have a cold** estar resfriado/a 9; **It is (very) cold.** Hace (mucho) frío. 4
colleague colega *m./f.* 11
color one's hair, to have one's hair colored teñirse (i) el pelo 7
comb peine *m.* 6; **to comb one's hair** peinarse 6
come venir 4
comfortable cómodo/a 8
communicate comunicarse 12
complain quejarse 9
computer science informática 2
computer computadora 1
concierge portero 10
congested: to be congested estar congestionado/a 9
conservative conservador/a 10
construct construir 10
contact lenses lentes *m.* de contacto 8
continue seguir (i) 7
contribute contribuir 12
cookie galleta 5
cool: It is cool. Hace fresco. 4
copy copiar 11
corn maíz *m.* 5
corner esquina 7
corporation empresa 11
cost costar (ue) 5
cotton algodón *m.* 8
cough tos *f.*; **to have a cough** tener tos 9
count contar (ue) 5
country país *m.* 7; **foreign country** país extranjero 7
countryside campo 4
couple pareja 3
cousin primo/a 3
crash chocar 9
cream crema 5
credit card tarjeta de crédito 8
crime crimen *m.* 10
cross cruzar 7
crutch muleta 9
cry llorar 3
cubicle cubículo 11
cup taza 5
cure cura 9
curtain cortina 6
customs aduana 12
cut cortar 5

D

dance bailar 4
dangerous peligroso/a 10
dark-haired/ dark-skinned moreno/a 3
date cita 9; fecha 1; **What is today's date?** ¿Qué fecha es hoy? 1
daughter hija 3
day día *m.* 1; **all day** toda el día 3; **day before yesterday** anteayer *adv.* 7; **day shift** el turno de día 11; **every day** todos los días 3
dear estimado/a 11
debt deuda 11
December diciembre 1
delete borrar 11
Delighted to meet you. Encantado/a. 1
demonstration manifestación *f.* 10
department store tienda por departamentos 7
desert desierto 12
desire desear 5
desk escritorio 1
dessert postre *m.* 5
destruction of the ozone layer destrucción *f.* de la capa de ozono 12
developing country país *m.* en desarrollo 12
diagnose diagnosticar 12
dial marcar 11
die morir (ue, u) 9
difficult difícil 3
dining room comedor *m.* 6
dinner cena 5; **to have dinner** cenar 3
director of human resources jefe/a de personal 11
dirty sucio/a 8
disabled discapacitado/a 9
disadvantage desventaja 12
disagreeable antipático/a 3
disease enfermedad *f.* 9
dish plato 5
dishwasher lavaplatos *m.* 6
disorganized desordenado/a 3
diversity diversidad *f.* 12
divorced: to be divorced estar divorciado/a 3; **to get divorced** divorciarse 10
do hacer 4
doctor médico/a *m./f.* 2
doctor's office consultorio médico 9
document documento 11
dog perro 3
donate donar 10
dormitory/ residence hall residencia estudiantil 2
doubt dudar
downtown centro 7
draw dibujar 4
dress vestido 8; **to dress, get dressed** vestirse (i) 6
dresser cómoda 6

drink bebida 5; beber 4; tomar 5
drive manejar 4
driver's license licencia de manejar 7
dry (the dishes) secar (los platos) 6; **to dry oneself**
    secarse 6
dryer secadora 6
dumb tonto/a 3
during durante 6
dust limpiar el polvo 6
DVD/VCR player equipo de DVD y video 8

E

ear oreja 9; **inner ear** oído 9
early temprano *adv.* 3
earn ganar 11
earring arete *m.* 8
Earth Tierra 12
easy fácil 3
eat comer 4
economics economía 2
economy economía 11
egg (fried) huevo (frito) 5
eight hundred ochocientos/as 5
eight ocho 1
eighteen dieciocho 1
eighth octavo/a 11
eighty ochenta 3
elderly ancianos 3
electricity luz *f.* 6
elevator ascensor *m.* 12
eleven once 1
eliminate eliminar 12
e-mail messages mensajes *m.* electrónicos/ e-mails 4
emergency emergencia 9; **emergency room** sala de
    emergencias 9
emigrant emigrante *m./f.* 12
emigrate emigrar 12
employee empleado/a 11
end fin *m.* 12
energy: aeolic (wind) energy energía eólica (del viento) 12
engaged: to be engaged estar comprometido/a/os/as 3;
    to get engaged comprometerse 10
engineering ingeniería 2
English inglés (inglesa) *n. adj.* 2
enjoy disfrutar de 4
enter entrar (a/en) 7
entrance entrada 7
envelope sobre *m* 11
environment medio ambiente *m.* 12
equality igualdad *f.* 10
erase borrar 11
evening: Good evening./Good night. Buenas noches. 1;
    in the evening de la noche 1
examine examinar 9

exchange cambiar 7
Excuse me. Perdón.; Con permiso. 1
executive ejecutivo/a 11
exercise hacer ejercicio 4
exit salida 7
expect esperar 10
expensive caro/a 8
experience experiencia 11
explain explicar 7
eye ojo 9

F

face cara 9
facing enfrente de *adv.* 2
factory fábrica 11
fall caerse 9
fall (season) otoño 4
family familia 3
far from lejos de *prep.* 2
farm granja 4
fashion moda 8
fasten one's seatbelt abrocharse el cinturón 7
fat gordo/a 3
father papá; padre *m.* 3
father-in-law suegro 3
February febrero 1
feed dar de comer 10
feel sentir (ie, i) 10; **to feel bad, sick/well** sentirse (ie)
    mal/ bien 6; **to feel like doing something** tener
    ganas de + *infinitivo* 11
fever: to have a fever tener fiebre 9
field campo 4
fifteen quince 1
fifth quinto/a 11
fifty cincuenta 1
fight for luchar por 10
file archivo 11
fill the tank llenar el tanque 7
film película 7
finally por fin *adv.* 9
find encontrar (ue) 7
Fine. Bien. 1
finger dedo 9
fingernail uña 7
finish terminar 7
fire fuego 10; incendio 10
firefighter bombero/a *m./f.* 2
fireplace chimenea 6
first primer, primero/a 11
fish pescar 4; *n.* **(caught)** pescado 5; **(live)** pez *m.*
    (peces *pl.*) 4
fit quedar 8
five hundred quinientos/as 5
five cinco 1

fix reparar 7
flight attendant azafata 12; auxiliar *m.* de vuelo 12
flight vuelo 12
floor suelo, piso 6; **first floor** primer piso 6
flour harina 5
flower flor *f.* 4
flu: to have the flu tener gripe 9
fly volar (ue) 12
follow seguir (i) 7
food comida 5
foot pie *m.* 9
footwear calzado 8
for para *prep.* 6
foreign country país *m.* extranjero 7
forest bosque *m.* 4
forget olvidarse de 10
fork tenedor *m.* 5
forty cuarenta 1
fountain fuente *f.* 7
four hundred cuatrocientos/as 5
four cuatro 1
fourteen catorce 1
fourth cuarto/a 11
fracture fracturarse 9
freeway autopista 7
French francés (francesa) *n. adj.* 2
French fries papas fritas 5
frequently con frecuencia *adv.* 3
Friday el viernes 1; **last Friday** el viernes pasado 7
fried frito/a 5
friend amigo/a 1; **best friend** mejor amigo/a 3
friendship amistad *f.* 3
from de 1
front: in front of delante de *prep.* 2
fruit fruta 5
funny, fun divertido/a 3
furniture muebles *m.* 6

G

game partido 4; **partido de fútbol** soccer game 4
garage garaje *m.* 6
garbage can cubo de la basura 6
garbage truck camión *m.* de la basura 9
garden jardín *m.* 6
garlic ajo 5
gas station gasolinera 7
gather recoger 10
geography geografía 2
geometry geometría 2
German alemán (alemana) *n. adj.* 2
get conseguir (i, i) 12; **to get along well with** llevarse bien con 10; **to get together** reunirse 10; **to get up** levantarse 6
gift regalo 5

girl chica 3; niña 3; muchacha 10
girlfriend novia 3
give (as a gift) regalar 7
give dar 4; **to give a party** dar una fiesta 4
glad: to be glad (about) alegrarse (de) 10
glass vaso 5
glasses (eye) lentes *m.* 8
glove guante *m.* 8
go ir 2; **to go away** irse 6; **to go by boat/ ship** ir en barco 4; **to go by** pasar por 7, 10; **to go down** bajar 6; **to go down/ pass by** pasar por 10; **to go shopping** ir de compras 4; **to go to bed** acostarse (ue); **to go up** subir 6
goblet copa 5
God Dios *m.* 10
gold oro 8
good bueno/a 3
Good-bye. Adiós. 1
good-looking guapo/a 3
government gobierno 12
granddaughter nieta 3
grandfather abuelo 3
grandmother abuela 3
grandson nieto 3
grape uva 5
greet saludarse 10
grilled a la parrilla 5
grow (crops) cultivar 12
gym gimnasio 2

H

hair pelo 6; **to wash one's hair** lavarse el pelo 6
hair salon peluquería 7
haircut: to get a haircut, cut one's hair cortarse el pelo 7
hairdryer secador *m.* 6
half past (the hour) y media 1
ham jamón *m.* 5
hamburger hamburguesa 5
hand mano *f.* 9
handbag bolsa 8; cartera 8
hang colgar (ue) 10
happy: to be happy (about) alegrarse (de) 10
hard-working trabajador/a 3
hat sombrero 8
have tener 3; **to have fun/ a good time** divertirse (ie) 6; **to have just done something** acabar de + *infinitivo* 10; **to have to do something** tener que + *infinitivo* 6; **to have a headache** tener dolor de cabeza 9
head cabeza 9; **tener dolor de cabeza** to have a headache 9
headphones audífonos 8
health salud *f.* 2, 9
hear oír 4

heart corazón *m.* 9; **to have a heart attack** sufrir un ataque al corazón 9

heating calefacción *f.* 12

Hello./ Hi. Hola. 1; **Hello?** ¿Aló? 11

help ayudar 3; **Help!** ¡Socorro! 9

here aquí *adv.* 2

highway carretera 7

history historia 2

holiday día *m.* festivo 11

homeless person persona sin hogar 10

homemaker ama de casa *f.* (*but* el ama...) 2

hope esperar 10

hot: It is (very) hot. Hace (mucho) calor. 4; **to be hot** tener calor 8

hotel hotel *m.* 12; **hotel management** hotelería 2

house casa 6

household chores quehaceres *m.* domésticos 6

how cómo 2; **How are you (doing)?** ¿Qué tal?/ ¿Cómo estás? *inform.* 1; ¿Cómo está usted? *form.* 1; **How many?** ¿Cuántos/as? 1, 2; **How often?** ¿Con qué frecuencia? 3

hug abrazar 3

human humano/a; **human body** cuerpo humano 9; **human rights** derechos humanos 10

hunger hambre *m.* 12; **to be hungry** tener hambre 5

hurt doler (ue) 9; **to hurt oneself** lastimarse 9

husband esposo 3

hybrid car carro híbrido 12

I

ice cream (vanilla) el helado (de vainilla) 5

ice hielo 5

illness enfermedad *f.* 9

immigrant inmigrante *m./f.* 12

immigrate inmigrar 12

important importante 10

impossible imposible 10

improbable improbable 10

improve mejorar 12

in en 2; **in order to (do something)** para + *infinitivo* 6; **in place of** en vez de 6

increase (in salary, production, etc.) aumento 11

incredible increíble 10

inexpensive barato/a 8

injure oneself lastimarse 9

inside (of) dentro de *prep.* 6

insist (on) insistir (en) 10

instead of en vez de 6

integrate oneself integrarse a/en 12

intend (to do something) pensar (ie) (+ *infinitivo*) 5

interview entrevista 11

intestine intestino 9

introduce: Let me introduce you to... Le presento a.../ Te presento a... 1

invention invento 12

invest invertir (ie, i) 11

investment inversión *f.* 11

invite invitar a 10

iron planchar 6

island isla 4

Italian italiano/a *n. adj.* 2

J

jacket chaqueta 8

jam mermelada 5

January enero 1

Japanese japonés (japonesa) *n. adj.* 2

jeans jeans *m.* 8

jewelry store joyería 7

jewelry joyas 8

Jewish judío/a 10

job trabajo 2; puesto de trabajo 11; **job application** solicitud *f.* de empleo 11; **to look for a job** solicitar empleo 11; **part/ full-time job** trabajo de tiempo parcial/ completo 11

juice (orange) jugo (de naranja) 5

July julio 1

jump saltar 10

June junio 1

jungle selva 12

justice justicia 10

K

keep guardar 11

key llave *f.* 7

keyboard teclado 8

kidney riñón *m.* 9

kill matar 10

kind amable 5

kiss besar 3

kitchen sink fregadero 6

kitchen cocina 5, 6

knee rodilla 9

knife cuchillo 5

know saber, conocer 4; **to know how to** saber 4

L

lake lago 4

lamp lámpara 6

landscape paisaje *m.* 12

language idioma *m.* 2

laptop computadora portátil 8

large grande 3

late tarde *adv.* 3

laugh reírse (i) 6

law school Facultad *f.* de Derecho 2

law derecho 2; ley *f.* 10
lawyer abogado/a *m./f.* 2
layoff despido 11
lazy perezoso/a 3
leaf hoja 4
learn (to) aprender (a) 4
leather goods artículos de cuero 8
leave salir 4; **to leave (behind)** dejar 5
left: on/to the left a la izquierda 7
leg pierna 9
lemon limón *m.* 5
lend prestar 7
less menos 1, 5
letter carta 11; **letter of recommendation** carta de recomendación 11
lettuce lechuga 5
library biblioteca 2
life vida 6; **daily life** vida diaria 6; **simple life** vida sencilla 12
lift weights levantar pesas 4
light luz *f.* 6
like gustar 4; **like a lot** encantar 4
likeable simpático/a 3
lip labio 9
listen to (music) escuchar (música) 4
literature literatura 2
little: a little un poco 1, 4
live vivir 4
liver hígado 9
living room sala 6
lobster langosta 5
long largo/a 8
look after atender (ie) 10
look at mirar 4
look for buscar 5
lose perder (ie) 7
loudspeakers altoparlantes *m. pl.* 8
love amor *m.* 3; **to love** amar 3; querer (ie) 5; encantarle a uno/a 4; **to be in love** estar enamorado/a 3; **to fall in love** enamorarse 10
lucky: to be lucky tener suerte 11; **What bad luck!** ¡Qué mala suerte! 7
lunch almuerzo 5; **to have lunch** almorzar (ue) 5
lung pulmón *m.* 9

M

magazine revista 7
mail a letter mandar una carta 7
mail carrier cartero 10
mailbox buzón *m.* 7
make hacer 4; **to make a mistake** equivocarse 11; **to make the bed** hacer la cama 6
mall centro comercial 8
man hombre *m.* 1

many muchos/as 2
March marzo 1
market Mercado 5
marry, to get married casarse 10; **to be married** estar casado/a 3
maternity leave permiso por maternidad 11
mathematics matemáticas 2
May mayo 1
mayonnaise mayonesa 5
mayor alcalde/ alcaldesa 10
meal comida 5
meanwhile mientras tanto 9
meat carne *f.* 5
medical insurance seguro médico 9
medicine medicina 2
meet reunirse 10; **to meet up (with) (by chance)** encontrarse (ue) (com) 7
message: e-mail messages mensajes *m.* electrónicos/ e-mails 4
messy desordenado/a 3
microwave microondas *m.* 6
midnight medianoche *f.* 1
milk leche *f.* 5
million millón *m.* 5
mirror espejo 6
miss extrañar 10; **to miss the plane** perder el avión 12
Miss señorita (Srta.) 1
mistaken: to be mistaken equivocarse 11
Monday lunes *m.* 1
money dinero 5
month mes *m.* 1; **next month** mes que viene 4; próximo mes 4
moon luna 4
more más 4, 5
morning mañana; **every morning** todas las mañanas 3; **Good morning.** Buenos días. 1; **in the morning** de la mañana 1
mother mamá, madre *f.* 3
mother-in-law suegra 3
motorcycle moto(cicleta) *f.* 6
mountain range cordillera 12
mountain montaña 4
mouse (wireless USB) ratón *m.* (óptico USB) 8
mouth boca 9
move (from house to house) mudarse 10; **to move (oneself)** mover(se) 9
movie theater cine *m.* 6
mow the lawn cortar el césped 6
Mr., sir señor (Sr.) 1
Mrs., ma'am señora (Sra.) 1
much, a lot mucho *adv.* 2, 4; mucho/a *adj.* 2
museum museo 7
music música 2
Muslim musulmán (musulmana) *n. adj.* 10
must (do something) deber (+ *infinitivo*) 4; **one must/ should** hay que 7

N

nail (finger/toe) uña 7; **to have one's nails painted, to paint one's nails** pintarse las uñas 7

name: My name is . . . Me llamo... 1; **What is your name?** ¿Cómo se llama usted?/ ¿Cómo te llamas? 1

nanny niñera 3

napkin servilleta 5

narrate (a story or incident) contar (ue) 7

national security seguridad *f.* nacional 10

near cerca de *prep.* 2

necessary necesario/a 10

neck cuello 9

necklace collar *m.* 8

necktie corbata 8

need necesitar 3

neighbor vecino/a 10

neighborhood barrio 10

nephew sobrino 3

never nunca *adv.* 3

New Year's Año Nuevo 1

new nuevo/a 3

newlyweds recién casados *m.* 3

news noticias 7

newspaper delivery person repartidor/a de periódicos 10

newspaper periódico 7

newsstand quiosco 7

nice simpático/a 3

niece sobrina 3

night noche *f.* 3; **every night** todas las noches 3; **last night** anoche *adv.* 7; **night shift** turno de noche 11

nine hundred novecientos/as 5

nine nueve 1

nineteen diecinueve 1

ninety noventa 3

ninth noveno/a 11

no (not a single); none, not any ningún, ninguno/a 10

no one, not anyone, nobody nadie 6

no no 1

noise ruido 7

noon mediodía *m.* 1

nose nariz *f.* 9

not either tampoco *adv.* 1

notebook cuaderno 1

nothing nada 6

November noviembre 1

number número 1

nurse enfermero/a *m./f.* 2

nursing enfermería 2

O

obey obedecer 10

obtain conseguir (i, i) 12

October octubre 1

of de 1

office oficina 11

oil aceite *m.* 5

Okay. Regular. Bien. 1

old viejo/a 3

older mayor 3

olive aceituna 5

on sobre 6; **on the dot (time)** en punto 1

once una vez 3

one uno 1

one hundred cien 3, 5

one hundred one ciento uno 5

one hundred thousand cien mil 5

one thousand mil *m.* 5

onion cebolla 5

open abrir 7

operate operar 9; **operate the machine** operar la máquina 11

opportunity oportunidad *f.* 12

opposite enfrente de *adv.* 2

or o 1

orange naranja 5

order pedir (i) 5

organic produce producto orgánico 12

organize organizar 10

other otro/a 5

ought to (do something) deber (+ *infinitivo*) 4

outside (of) fuera (de) *adv.* 6

owner dueño/a 9

P

pack a suitcase hacer la maleta 12

package paquete *m.* 7

paint (a painting) pintar (un cuadro) 4

pajamas pijama *m.* 8

pants: long pants pantalones *m.* largos 8

panty hose pantimedias 8

paramedic paramédico/a 9

Pardon me. Perdón. 1

parents padres *m.* 3

park parque *m.* 7; estacionar 7

parking estacionamiento 2

party (political) partido 10

pass (through, by) pasar por 7

passenger pasajero/a 12

passport: to get a passport sacar el pasaporte 12

past: in the past en el pasado 7

pastry shop pastelería 7

patient paciente 9

pay for pagar 5

pea arveja, chícharo 5

peace treaty acuerdo de paz 12

peace paz *f.* 10

peach durazno 5
pear pera 5
pedestrian peatón *m.* 7
pen bolígrafo 1
pencil lápiz *m.* 1
people gente *f.* 7; pueblo 10
pepper (spice) pimienta 5; **green / red bell pepper** pimiento verde/ rojo 5
philosophy filosofía 2
phone: cordless phone teléfono inalámbrico 8
photograph, take photos tomar fotos 8
photocopier fotocopiadora 11
photocopy fotocopiar 11
physical therapy terapia física 2
physics física 2
pick up recoger 10
pill pastilla 9
pillow almohada 12
pilot piloto *m./f.* 12
pineapple piña 5
place of the accident lugar *m.* del accidente 9
plan (to do something) pensar (ie) (+ *infinitivo*) 5
plane avión *m.* 12
plate plato 5
play, go out for sports practicar deportes 4; **to play (the guitar)** tocar (la guitarra) 4; **to play volleyball** jugar (ue) al vólibol 4
pleasant amable 5
Pleased to meet you. Mucho gusto. 1
police officer policía/ mujer policía *m./f.* 2
political science ciencias políticas 2
pollution contaminación *f.* 12
poor pobre 3
pork chop chuleta de cerdo 5
porter portero 10
Portugese portugués (portuguesa) *n. adj.* 2
position (work) puesto de trabajo 11
possible posible 10
post office oficina de correos 7
postcard tarjeta postal 7
potato papa 5; **mashed potatoes** puré *m.* de papas 5
poverty pobreza 12
power poder *m.* 12
pray rezar 10
prefer preferir (ie) 5
pregnant: to be pregnant estar embarazada 9
prejudice prejuicio 10
prepare preparar 5
prescription receta 9
press prensa 12
pretty bonito/a 3
prevent (illness) prevenir (enfermedades) 12
price precio 8
print imprimir 11
probable probable 10
production line línea de producción 11

professor profesor/a 1
profit ganancia 11
programmer programador/a *m./f.* 2
prolong life prolongar la vida 12
promotion promoción *f.* 11
prosper prosperar 12
protect proteger 12
Protestant protestante *m./f. n. adj.* 10
provide proveer 12
psychology (p)sicología 2
punch in marcar tarjeta 11
purse bolsa, cartera 8
put poner 4; **to put away (clothes)** guardar (la ropa) 6; **to put on (one's shoes, etc.)** ponerse (los zapatos) 6; **to put on makeup** maquillarse 6

Q

quarter past/to (hour) y/menos cuarto 1

R

radio: satellite radio radio *m./f.* por satélite 12
rain lluvia 4; llover (ue) 4
raincoat impermeable *m.* 8
raise (in salary, production, etc.) aumento 11
read leer 4
receive e-mail messages recibir mensajes electrónicos/ e-mails 4
recommend recomendar (ie) 10
receptionist recepcionista *m./f.* 2
recuperate recuperarse 9
recycle reciclar 6
red-headed pelirrojo/a 3
refrigerator refrigerador *m.* 6
register registrarse 12
Registrar's Office Secretaría 2
regret sentir (ie, i) 10
relative pariente *m./f.* 3
relax relajarse 10
religion religión *f.* 2
remain quedarse 9
remember acordarse (ue) de 10
remote control control *m.* remoto 8
rent alquilar 6; **for rent** se alquila 6
repair reparar 7
repeat repetir (i) 5
reply responder 11
reporter reportero/a 10
research investigación *f.* 12
reserve reservar 12
resolve resolver (ue) 10
rest descanso 11; descansar 4
restroom baño 7

résumé currículo 11
retire jubilarse 11
return (something) devolver (ue) 7
return regresar 3; volver (ue) 5
rice arroz *m.* 5
rich rico/a 3
ride: to ride a bicycle montar en bicicleta 4; **to ride horseback** montar a caballo 4
ridiculous ridículo/a 10
right: human rights derechos humanos 10; **on/to the right** a la derecha 7; **to be right** tener razón 11
ring anillo 8; **diamond ring** anillo de diamante 8; **to ring (phone), go off (alarm clock)** sonar (ue) 6
river río 4
road carretera 7
road sign señal *f.* de tráfico 7
rob robar 10
robber ladrón (ladrona) 10
roof techo 6
room cuarto 6; habitación *f.* 12; **double room** habitación doble 12; **room service** servicio de habitación 12; **single room** habitación sencilla 12
rug alfombra 6
run correr 4; **to run errands** hacer las compras 6
Russian ruso/a 2

S

salad ensalada 5
salary sueldo 11
sale rebaja 8; **for sale** se vende 5
salesclerk dependiente/a *m./f.* 2
sales manager gerente *m./f.* de ventas 11
salt sal *f.* 5
sand arena 4
sandal sandalia 8
sandwich sándwich *m.* 5
satisfied: to be satisfied estar satisfecho/a 12
Saturday sábado 1
sausage salchicha
save (time, money) ahorrar 10
say good-bye (to) despedirse (i) (de) 6
say decir 4
scarf bufanda 8
scene of the accident lugar *m.* del accidente 9
school escuela 2; **at school** en la escuela 2; **(of a university)** facultad 2; **School of Arts** Facultad *f.* de Filosofía y Letras 2; **School of Medicine** Facultad de Medicina 2; **School of Sciences** Facultad de Ciencias 2
science ciencia 12
scissors tijeras 10
scream gritar 9
screen: flat screen TV televisor *m.* de pantalla plana 8
sea mar *m./f.* 4
seafood/ shellfish mariscos 5

season estación *f.* 4
seat asiento 12; **aisle/ window seat** asiento de pasillo/ ventanilla 12
second segundo/a 11; **second floor** segundo piso 6
secretary secretario/a *m./f.* 2
see ver 4; **See you later.** Hasta luego. 1; **See you tomorrow.** Hasta mañana. 1
sell vender 5
send enviar 11; **to send a letter** mandar una carta; **to send e-mail messages** mandar mensajes electrónicos/ e-mails 4
separated: to be separated estar separado/a 3
September septiembre 1
serious serio/a 3
serve servir (i) 5
server mesero/a *m./f.* 2
set the table poner la mesa 6
seven hundred setecientos/as 5
seven siete 1
seventeen diecisiete 1
seventh séptimo/a 11
seventy setenta 3
shame: It is a shame. Es una lástima. 10
shampoo champú *m.* 6
share (of stock) acción *f.* 11
share compartir 4
sharp (time) en punto 1
shave afeitarse 6
sheet sábana 12
shelf estante *m.* 6
shirt camisa 8
shoe store zapatería 7
shoe zapato 6; **ponerse (los zapatos)** to put on (one's shoes) 6
shopping: to go shopping ir de compras 4
short bajo/a 3; corto/a 8
shorts pantalones *m.* cortos 8
shot: give a shot poner una inyección 9
should (do something) deber (+ *infinitivo*) 4
shoulder hombro 9
show enseñar 10; mostrar (ue) 7
shower ducha 6; **to take a shower** ducharse 6
shrimp camarón *f.* 5
sick leave permiso por enfermedad 11
sick: to get sick enfermarse 9
sidewalk acera 9
sign firmar 7
significant other pareja 3
silly tonto/a 3
silver plata 8
simple life vida sencilla 12
sing cantar 4
single: to be single ser soltero/a 3
sink (bathroom) lavabo 6
sister hermana 3
sister-in-law cuñada 3
sit down sentarse (ie) 6

six hundred seiscientos/as 5
six seis 1
sixteen dieciséis 1
sixth sexto/a 11
sixty sesenta 3
size talla 8
skate patinar 4
ski esquiar 4
skin piel *f.* 9
skirt falda 8
sky cielo 4
skyscraper rascacielos *m. s.* 7
sleep dormir (ue) 5
sleepy: to be sleepy tener sueño 6
slender delgado/a 3
slowly lentamente 9
small pequeño/a 3
smart listo/a 3
smoke humo 10; fumar 9
snack: afternoon snack merienda 5
sneakers zapatos de tenis 8
snorkel bucear 4
snow nieve *f.* 4; nevar (ie) 4
So so. Regular. 1
soap opera telenovela 10
soap jabón *m.* 6
soccer game partido de fútbol 4
social work trabajo social 2
social worker trabajador/a social *m./f.* 2
sociology sociología 2
sock calcetín *m.* 8
sofa sofá *m.* 6
soft drink, soda refresco 5
solar energy energía solar 12
soldier soldado/ mujer soldado *m./f.* 2
solve resolver (ue) 10
some algún, alguno/a/os/as 10
someday, sometime algún día 4
someone alguien 6
something algo 6
sometimes a veces 3
son hijo 3
sorry: to be sorry sentir (ie, i) 10
soulmate media naranja 3
soup sopa 5
space exploration exploración *f.* espacial 12
spaceship nave *f.* espacial 12
Spanish español (española) *n. adj.* 2
speak hablar 3
speech oratoria 2; speech therapy terapia del lenguaje 2
speed: maximum speed velocidad *f.* máxima 7
spend gastar 8; to spend time (with the family) pasar el tiempo (con la familia) 4
spoon cuchara 5
sport deporte *m.* 4; to play, go out for sports practicar deportes 4

sprain one's ankle torcerse (ue) el tobillo 9
spring primavera 4
square, plaza plaza 1
stadium estadio de deportes 2
stairs escalera 6
star estrella 4
statistics estadística 2
statue estatua 1
stay quedarse 9
steak bistec *m.* 5
steal robar 10
stock market la Bolsa 11; bull (up) and bear (down)market el mercado en alza y en baja 11
stomach estómago 9; to have a stomachache tener dolor de estómago 9
stop parar 7; to stop doing something dejar de + *infinitivo* 9; stop (road sign) alto 7; Stop! ¡Paren! 7
store tienda 7
stove estufa 6
straight: straight ahead recto/a, derecho 7
straighten up (the room) ordenar (el cuarto) 6
strawberry fresa 5
street calle *f.* 2
stretcher camilla 9
strike hacer huelga 11
strong fuerte 3
student alumno/a, estudiante *m./f.* 1
student center centro estudiantil 2
study estudiar 3
subject asunto 11
succeed, be successful tener éxito 11
suddenly de repente 9
sugar azúcar *m.* 5
suit traje *m.* 8
suitcase maleta 12; to pack a suitcase hacer la maleta 12
summer verano 4; next summer verano que viene 4; próximo verano 4
sun sol *m.* 4; It's sunny. Hace sol. 4
sunbathe tomar el sol 4
Sunday domingo 1
sunglasses gafas de sol 8
supervisor supervisor/a 11
support apoyo 8; apoyar 8
sure: to (not) be sure (no) estar seguro/a (de)
surf the Web navegar por la Red 4
surgeon cirujano/a 9
sweater suéter *m.* 8
sweatshirt sudadera 8
sweep barrer 6
sweet dulce *n. adj.* 10
swim nadar 4
swimming pool piscina 12
synagogue sinagoga 10

T

table mesa 2

tablecloth mantel *m.* 5

take llevar 7, 8; tomar 5; **to take a trip** hacer un viaje 4; **to take off (one's clothes, etc.)** quitarse (la ropa) 6; **to take out (the trash)** sacar (la basura) 6, 7

tall alto/a 3

taste probar (ue) 5

taxes impuestos 10

tea (hot/iced) tea té *m.* (caliente/helado) 5

teach enseñar 10

teacher maestro/a *m./f.* 2

team equipo 4

telephone: telephone book guía telefónica 11; **cell phone (with camera)** celular *m.* (con cámara) 8; **cordless phone** teléfono inalámbrico 8

television televisor 2; **flat-screen TV** televisor de pantalla plana 8

tell decir 4; **to tell (a story or incident)** contar (ue) 7

temperature: to take one's temperature tomar la temperatura 9

ten diez 1

tend atender (ie) 10

tenth décimo/a 11

Thanks. Gracias. 1

theater teatro 2

there is, there are hay 1

there allí 2

thermometer termómetro 9

thief ladrón (ladrona) 10

thin delgado/a 3

think (that) creer (que) 4; **to think (to do something)** pensar (ie) (+ *infinitivo*) 5

third tercer, tercero/a 11

thirsty: to be thirsty tener sed 5

thirteen trece 1

thirty treinta 1

thirty-one treinta y uno 1

three hundred trescientos/as 5

three tres 1

throat garganta 9; **My throat hurts.** Me duele la garganta. 9

through por 6

throw parties dar fiestas 4

Thursday jueves *m.* 1

ticket (movie/ theater/ bus/ plane/ train) boleto 7

time hora 1; **on time** a tiempo 3; **What time is it?** ¿Qué hora es? 1

tip propina 5

tire: flat tire llanta pinchada 7

to a *prep.* 2

toast pan *m.* tostado 5

today hoy *adv.* 2

toe dedo del pie 9

toilet inodoro 6

tomato tomate *m.* 5

tomorrow morning mañana por la mañana 4

tongue lengua 9

too (much) demasiado *adv.* 8

tooth diente 6; **to brush one's teeth** cepillarse los dientes 6

toothbrush cepillo de dientes 6

toothpaste pasta de dientes 6

top: on top of encima de *adv.* 6

tow truck grúa 10

towel toalla 6

town pueblo 10

traffic light semáforo 7

traffic tráfico 7

train station estación *f.* de tren 7

travel viajar 4

tree árbol *m.* 4

trip: to take a trip (to the country/city) hacer un viaje (al campo/a la ciudad) 4

tropical plant planta tropical 12

true verdad

truly yours atentamente 11

try probar (ue) 5; **to try on** probarse 8; **to try to (do something)** tratar de + *infinitivo* 10

t-shirt camiseta 8

Tuesday martes *m.* 1

tuna atún *m.* 5

turkey pavo 5

turn off apagar 8

turn on prender 8

turn doblar 7

TV: flat-screen TV televisor *m.* 2; de pantalla plana 8

twelve doce 1

twenty veinte 1

twenty-one veintiuno 1

twice dos veces 3

twist one's ankle torcerse (ue) el tobillo 9

two hundred thousand doscientos mil 5

two hundred doscientos/as 5

two million dos millones 5

two thousand dos mil 5

two dos 1

U

ugly (a little bit) feo/a (un poco) 3

umbrella paraguas *m. s.* 8

uncle tío 3

unconscious: to be unconscious estar inconsciente 9

under debajo de *adv.* 6

understand entender (ie) 5

underwear ropa interior 8

union sindicato 11

university universidad *f.* 2

unpleasant antipático/a 3
until you arrive at . . . hasta llegar a... 7
upon (doing something) al + *infinitivo* 6
use usar 3

V

vacuum pasar la aspiradora 6
valley valle *m.* 4
vegetable legumbre *m.* 5; verdura 5
vendor vendedor/a 10
very muy 1
victim víctima *f.* 10
vinegar vinagre *m.* 5
violence violencia 10
visit visitar 3
volcano volcán *m.* 12
volunteer voluntario/a 10
vomiting: to be vomiting tener vómitos 9

W

wait for esperar 7
wait in line hacer fila 7
waiting room sala de espera 9
wake up despertarse (ie) 6
walk caminar 4; **to take a walk/ stroll** salir de paseo 4
wallet billetera 8
want desear 5; querer (ie) 5
war guerra 10
wash (the dishes) lavar (los platos) 6; **(one's hair)** lavarse (el pelo) 6
washing machine lavadora 6
watch reloj *m.* 1; mirar 4; **to watch TV** ver la televisión 4
water (the plants) regar (ie) (las plantas) 6
water agua *f.* (*but* el agua) 5; **potable water** agua potable 12
waterfall cascada, catarata 12
watermelon sandía 5
wave ola 4
weapon arma *f.* (*but* el arma) 10
wear llevar 8
weather clima *m.* 4; **The weather is nice/ bad.** Hace buen/ mal tiempo. 4; **What is the weather like?** ¿Qué tal el clima?/ ¿Qué tiempo hace? 4
wedding boda 3
Wednesday miércoles *m.* 1
week semana 1; **last week** semana pasada 7; **next week** próxima semana 4; semana que viene 4; **once/ twice per week** una vez/ dos veces por semana 3
weekend: last weekend fin *m.* de semana pasado 7; **on**

weekends los fines de semana 3
welcome: You're welcome. De nada. 1
well bien 1; **Very well, thanks.** Muy bien, gracias. 1
wheelchair silla de ruedas 9
when cuándo 2
where dónde 2; **Where are you from?** ¿De dónde es usted?/ ¿De dónde eres? 1
while mientras *conj.* 9
widower/ widow viudo/a 3
wife esposa 3
win ganar 4
wind viento 4; **It's windy.** Hace viento. 4
window ventana 2
wine glass copa 5
wine vino 5
winter invierno 4
wish desear 5
with con *prep.* 5
within dentro de *prep.* 6
without sin *prep.* 5
woman mujer *f.* 1
wool de lana 8
work trabajar 3; trabajo 2; **to work, function (machinery)** funcionar 7; **part-time/ full-time work/job** trabajo de tiempo parcial/ completo 11
workday día *m.* laboral 11
worker obrero/a 11
worry preocuparse 9
worse peor 8
wound herida 9
wounded person herido/a 9
write escribir 4

X

x-ray radiografía 9

Y

year año 1; **last year** año pasado 7; **next year** próximo año 4; año que viene 4
yell gritar 9
yes sí 1
yesterday ayer *adv.* 7
young joven 3
young people jóvenes *m./f.* 3
younger menor 3

Z

Index

Credits

Text Credits

Chapter 2 *Page 67:* Reprinted by permission of the University of Michigan.

Chapter 3 *Page 103:* Reprinted by permission of Lic. Alejandro Ortega, Periodista Diamo Lor Ander, Mendoza, Argentina).

Chapter 4 *Page 141:* Reprinted by permission of Peru Azule Surf Guide & Camera Report © 2006.

Chapter 5 *Page 179:* Reprinted by permission of Euroresidentes, www.euroresidentes.com

Chapter 6 *Page 213:* Reprinted by permission of El Mercurio, Santiago de Chile.

Chapter 8 *Page 289:* Reprinted by permission of Revista So! Show Off Tu Estado Ideal, Monterrey, Mexico.

Chapter 9 *Page 325:* Reprinted with permission © 2007, American Heart Association.

Realia Credits

Chapter 1 *Page 29:* Reprinted by permission of la Escuela Nacional de Artes Plásticas, www.enap.unam.mx/

Chapter 2 *Page 44:* Reprinted by permission of Centro De Enseñanza Para Extranjeros—Universidad Nacional Autónoma De México. *Page 45:* Reprinted by permission of Universidad De Salamaca Cursos Internacionales. *Page 64:* Reprinted by permission of American Airlines, Inc. © 2006. All rights reserved.

Chapter 4 *Page 119:* Reprinted by permission of Street & Smith Sports Group. *Page 127:* "Let's Dance: Merengue Stamp Image © 2005 United States Postal Service. All rights reserved. Used with Permission." *Page 135:* Reprinted by permission of Yahoo! Inc. Copyright © 2006. All rights reserved.

Chapter 5 *Page 167:* Reprinted by permission of CAFÉ IBÉRICO Company.

Chapter 7 *Page 250:* Reprinted by permission of Sistema De Transporte Colectivo, Red Metro Subway. *Page 253:* Reprinted by permission of the Gobierno del Distrito Federal, Secretaría de Turismo.

Chapter 8 *Page 275:* "These materials have been reproduced with the permission of eBay Inc." © 2006 EBAY INC. ALL RIGHTS RESERVED. *Page 285:* Used with permission of Sears Holding Sears ® is a mastered trademark of Sears Boards, LLC. *Page 285:* Reprinted by permission of Hewlett Packard Company. *Page 285:* U.S. Paten No. 6,480,304, (one button scanning) licensed from Nuance Communications, Inc. *Page 285:* Reprinted by permission of MEMCORP USA. *Page 286:* Microsoft product screen shot(s) reprinted with permission from Microsoft Corporation.

Chapter 10 *Page 363:* Intel.com, Costa Rica.

Chapter 12 *Page 424:* Reprinted by permission of El Mercurio (11 de Febrero de 2006), "Prohibido apurarse" and "Vivir sin prisa."

Every attempt has been made to contact the Delegations of Coyoacan on page 29, Mural.com page 395, and JD Edwards page 429. Any further information would be welcomed by the publisher.

Photo Credits

Chapter 1 *Page 1:* Getty Images, Inc. *Page 6:* All photos courtesy M. C. Lucas Murillo. *Page 9:* Stephen Derr/Getty Images (left), Jose Luis Pelaez/Corbis Images (center left), Michael Keller/Corbis Images (center right), Eric Robert/Corbis Sygma (right). *Page 24:* Skjold Photographs/The Image Works. *Page 26:* Corbis-Bettmann (top center), Lake County Museum/Corbis Images (center left), Chris Keller/Corbis Images (bottom), Corbis-Bettmann (center right), Corbis Images (right).

Chapter 2 *Page 33:* Purestock/Getty Images, Inc. *Page 37:* Lajusticia/Oredia/Retna (top left), Stockbyte Platinum/Getty Images, Inc. (top right), PhotoDisc, Inc./Getty Images (bottom left), Dave Nagel/Image Bank/Getty Images, Inc. (bottom right). *Page 53:* Digital Vision/Getty Images, Inc. *Page 55:* Roger Ressmeyer/Corbis Images (top left), Robyn Beck/AFP/Getty Images (top center), Michael Stravato/The Evangelist For Modern Art (top right), Dario Acosta/Retna (bottom left), Reuters/Corbis Images (bottom center), William R. Sallez/NewSport/Corbis Images (bottom right), Courtesy M. C. Lucas Murillo (bottom). *Page 59:* Courtesy Santiago Medin. *Page 64:* Creatas/Age Fotostock America, Inc. *Page 65:* Courtesy Pablo Haake.

Chapter 3 *Page 71:* Stewart Cohen/Getty Images, Inc. *Page 84:* Botero Museum, Bogotá. Art's Collection–Central Bank of Colombia. *Page 85:* Courtesy Gladys Navarro (left), PhotoDisc, Inc./Getty Images (right). *Page 92:* Courtesy M. C. Lucas Murillo. *Page 96:* Courtesy M. C. Lucas Murillo. *Page 100:* Tony Stone/Stone/Getty Images (top), Digital Vision/Getty Images (bottom). *Page 101:* Trujillo-Paumier/Getty Images.

Chapter 4 *Page 107:* Image State. *Page 117:* Gary Conner/PhotoEdit (top), Corbis Digital Stock (center), PhotoDisc/Getty Images, Inc. (bottom). *Page 118:* Courtesy Laila Dawson (top), Daniel Garcia/AFP/Getty Images (bottom). *Page 119:* Paul A. Souders/Corbis Images. *Page 126:* Courtesy M. C. Lucas Murillo (top), Javier Pierini/Age Fotostock America, Inc. (center), Super Stock/Age Fotostock America, Inc. (bottom). *Page 127:* Lawrence Manning/Corbis Images. *Page 138:* Buddy Mays/Corbis Images (top), Corbis Images (top center), Jaques Jangoux/Photo Researchers, Inc. (left), Macduff Everton/Corbis Images (bottom left), PhotoDisc, Inc./Getty Images (right), Courtesy M. C. Lucas Murillo (bottom left, bottom right). *Page 139:* Galen Rowell/Corbis Images (top), Courtesy Laila Dawson (bottom right), Wolfgang Kaehler/Corbis Images (bottom left).

Chapter 5 *Page 145:* James Balgrie/FPX/Jupiter Images Corp. *Page 149:* Viva la Vida, 1954 (print) by Kahlo, Frida (1910-54) Private Collection/ The Bridgeman Art Library Nationality/copyright status: Mexican/in copyright until 2030. *Page 151:* Top row (left to right): PhotoDisc, Inc./Getty Images, PhotoDisc, Inc./Getty Images, Corbis Stock Market, PhotoDisc, Inc./Getty Images; Center row (left to right): PhotoDisc, Inc./Getty Images, PhotoDisc, Inc./Getty Images, Fred Maroon/Photo Researchers, Inc., imagebroker/Alamy Images; Bottom row (left to right): Burke/Triolo Productions/FPX/Jupiter Images Corp., PhotoDisc, Inc./Getty Images, Corbis Stock Market, Copyright John Wiley & Sons, Inc. *Page 158:* David Frazier/The Image Works. *Page 159:* Courtesy M. C. Lucas Murillo (top). *Page 162:* Stewart Cohen/Getty Images, Inc. *Page 163:* Courtesy Laila Dawson (top left, top center, bottom left), Courtesy M. C. Lucas Murillo (top right, bottom right). *Page 167:* Courtesy M. C. Lucas Murillo (top), Batista Moon/FPX/Jupiter Images Corp. (bottom). *Page 168:* Bob Daemmrich/The Image Works (top left), Ingram/Alamy Images (bottom left), Monica Stevenson/FPX/Jupiter Images Corp. (right). *Page 169:* Corbis Images (top left) Lou Robertson/FPX/Jupiter Images Corp. (bottom left), Courtesy Teresa Kaed (top right), Dennis Gottlieb/ FPX/Jupiter Images Corp. (bottom right). *Page 171:* Courtesy M. C. Lucas Murillo. *Page 174:* All photos courtesy M. C. Lucas Murillo. *Page 176:* Courtesy Laila Dawson (top right); left (top to bottom): Corbis Images, Courtesy M. C. Lucas Murillo, Courtesy M. C. Lucas Murillo, DK Limited/Dave Murray/Corbis Images. *Page 177:* All photos courtesy M. C. Lucas Murillo.

Chapter 6 *Page 183:* Digital Vision/Getty Images, Inc. *Page 188:* Corbis Digital Stock (top left), Thaine Manske/ Corbis Images (top right), Corbis Digital Stock (bottom). *Page 194:* Jeff Greenberg/The Image Works (top), Santiago Fdez Fuentes/Age Fotostock America, Inc. (center), Courtesy M. C. Lucas Murillo (bottom). *Page 195:* Lin Alder/ Danita Delimont (top), Courtesy M. C. Lucas Murillo (bottom). *Page 202:* Courtesy Nacho Trojaola (top left), Bob Daemmrich/The Image Works (top right), Courtesy M. C. Lucas Murillo (bottom left, right). *Page 210:* All photos courtesy M. C. Lucas Murillo. *Page 211:* Courtesy M. C. Lucas Murillo.

Chapter 7 *Page 217:* David R. Frazier/Danita Delimont. *Page 223:* Courtesy M. C. Lucas Murillo. *Page 225:* Victor Englebert/Photo Researchers. *Page 229:* Greg Johnston/ Danita Delimont. *Page 230:* Wesley Bocxe/The Image Works (top), Dave G. Houser/Corbis Images (bottom). *Page 231:* Richard Elliott/Stone/Getty Images, Inc. *Page 238:* Topham/ The Image Works (left, right). *Page 239:* Nik Wheeler/ Corbis Images (top left), Digital Vision/Getty Images, Inc. (center left), Macduff Everton/The Image Works (top right), Lindsay Hebberd/Corbis Images (bottom right), Russell Gordon/Danita Delimont (bottom left). *Page 240:* SGM/Age Fotostock America, Inc. (left), Jeremy Horner/ Corbis Images (right), Reuters/Corbis Images (bottom). *Page 241:* Courtesy Laila Dawson (bottom). *Page 243:* Chad Ehlers/Stone/Getty Images. *Page 247:* Courtesy Jeanne Nakamaru. *Page 251:* Roberto Velazquez/©AP/Wide World Photos.

Chapter 8 *Page 257:* Photodisc Red/Getty Images. *Page 266:* David Buffington/Corbis Images (top left), Rob Crandall/The Image Works (top right), Nancy Richmond/The Image Works (center right), Courtesy M. C. Lucas Murillo (bottom right). *Page 267:* Courtesy Guayaberas Etc. www.guayaberashirt.com (left), Courtesy M. C. Lucas Murillo (center), George Doyle/StockByte Platinum/Getty Images, Inc. (right). *Page 271:* Jose Luis Pelaez/Corbis Images. *Page 274:* John McCombe/AFP/Getty Images, Inc. *Page 276:* Michael Goulding/Orange County Register/Corbis Images (top), Jeff Christensen/ Reuters/Corbis Images (bottom). *Page 277:* Frazer Harrison/Getty Images, Inc. (left), ©AP/Wide World Photos (right). *Page 279:* Courtesy M. C. Lucas Murillo. *Page 286:* Courtesy M. C. Lucas Murillo (top), IT Stock/Age Fotostock America, Inc. (bottom).

Chapter 9 *Page 293:* Alamy Images. *Page 302:* Reuters/ Corbis Images (top), Hugo Chang/iStockphoto (center), Sue Cunningham/Alamy Limited (bottom). *Page 307:* Courtesy M. C. Lucas Murillo. *Page 312:* Photos courtesy M. C. Lucas Murillo. *Page 313:* Courtesy M. C. Lucas Murillo (top, center, left), Courtesy Pablo Simón-Altuna (right). *Page 322:* Keith Dannemiller/Corbis Images (top left), Martin Sanmiguel/Getty Images, Inc. (top right), Courtesy Jeanne Nakamaru (center), Kevin O'Hara/Age Fotostock America (bottom). *Page 323:* Jean Phillippe Soule/Alamy Limited (top), Courtesy M. C. Lucas Murillo (center left), Courtesy M. C. Lucas Murillo (center), Henry Beeker/Age Fotostock America (top right).

Chapter 10 *Page 329:* Julie Eggers/Danita Delimont. *Page 333:* DB Michael Staudt/dpa/Landov LLC (left), George Hall/Corbis Images (top), Roger Ball/Corbis Images (right). *Page 339:* Ryan McVay/Photodisc/Getty Images, Inc. (top left), Philip Lee Harvey/Riser/Getty Images, Inc. (top center), MedioImages/Getty Images, Inc. (top right), Javier Pierini/Jupiter Images Corp. (bottom left), Thinkstock/ Index Stock Imagery (bottom center), MedioImages/Getty Images, Inc. (bottom right). *Page 342:* Jan Butchofsky/ Corbis Images (top), Rudi Von Briel/PhotoEdit (bottom). *Page 343:* Sonia Frias (left), Jeff Greenberg/Alamy Limited (right). *Page 348:* Top row (left to right): Ryan McVay/ Photodisc/Getty Images, Inc., Philip Lee Harvey/Riser/ Getty Images, Inc., MedioImages/Getty Images, Inc., Javier Pierini/Jupiter Images Corp., Thinkstock/Index Stock

Imagery, MedioImages/Getty Images, Inc., ThinkStock/Jupiter Images Corp. (bottom left), Anderson Ross/Getty Images, Inc. (bottom right). *Page 350:* Courtesy Julia Fischer (top), Courtesy Jeremy Draper (bottom). *Page 351:* Courtesy Jeanne Nakamaru (top), Courtesy Laila Dawson (bottom). *Page 353:* Juliet Ferguson/Alamy Limited (left), Courtesy Chris Hugo (right). *Page 354:* Lou Dematteis/Corbis Images. *Page 357:* P. Narayan/Age Fotostock America. *Page 358:* Susan and Neil Silverman (left), Rafael Marchante/Reuters/Corbis Images (right). *Page 360:* Cynthia Farah Haines (top, bottom). *Page 361:* Cynthia Farah Haines.

Chapter 11 *Page 367:* Masterfile. *Page 376:* Stockbyte/Getty Images, Inc. (top), Courtesy M. C. Lucas Murillo (center), Gabe Palmer/Corbis Images (bottom). *Page 386:* Pep Riog/Alamy Images. *Page 387:* Courtesy Laila Dawson. *Page 392:* Lou Dematteis/The Image Works. *Page 393:* Lou Dematteis/The Image Works (top), Superstock/Age Fotostock America (bottom).

Chapter 12 *Page 399:* Courtesy Toyo Ito and Associates, Architects. *Page 408:* Robert Frerck/Odyssey Productions (top), Courtesy Laila Dawson (right), Peter Bowater/Age Fotostock America, Inc. (bottom right), J. D. Dallet/AgeFotostock (bottom left). *Page 409:* Courtesy Laila Dawson (top), Colin Monteath/AgeFotostock (center), Lin Alder/Danita Delimont (bottom). *Page 410:* AgeFotostock (top), Roy Toft/Danita Delimont (bottom). *Page 411:* Michael and Patricia Fogden/Corbis Images (left), Michael Brinson/Iconica/Getty Images, Inc. (right). *Page 416:* Courtesy Elmundo (top), The Seattle Times (left, right). *Page 417:* Courtesy of Scaled Composites LLC (top). *Page 417:* Courtesy of Japan Agency for Marine-Earth Science and Technology (JAMSTEC) (bottom right), Richard Ellis (bottom left, center, right). *Page 418:* Jon Arnold/Danita Delimont. *Page 419:* Visum/The Image Works (top), Andoni Canela/AgeFotostock (bottom). *Page 421:* PictureNet/Alamy Images. *Page 424:* Courtesy Alfonzo Fernández. *Page 425:* Courtesy of Laila Dawson. *Page 426:* John Nordell/The Image Works (top left), Courtesy of Laila Dawson (top right), Courtesy of M. C. Lucas Murillo (bottom left, right). *Page 427:* Gerald Cerles/Getty Images, Inc. (right), ©AP/Wide World Photos (left).

Países y Gentilicios

Afganistán (el) afgano/a
Albania albanés, albanesa
Alemania alemán, alemana
Andorra andorrano/a
Angola angoleño/a
Antigua y Barbuda antiguano/a
Arabia Saudí o Arabia Saudita saudí
Argelia argelino/a
Argentina (la) argentino/a
Armenia armenio/a
Australia australiano/a
Austria austriaco/a
Azerbaiyán azerbaiyano/a

Bahamas (las) bahameño/a
Bahréin bahreiní
Bangladesh bengalí
Barbados barbadense
Bélgica belga
Belice beliceño/a
Benín beninés, beninesa
Bielorrusia bielorruso/a
Bolivia boliviano/a
Bosnia-Herzegovina bosnio/a
Botsuana bostuano/a
Brasil (el) brasileño/a
Brunéi Darussalam bruneano/a
Bulgaria búlgaro/a
Burkina Faso burkinés, burkinesa
Burundi burundés, burundesa
Bután butanés, butanesa

Cabo Verde caboverdiano/a
Camboya camboyano/a
Camerún (el) camerunés, camerunesa
Canadá (el) canadiense
Chad (el) chadiano/a
Chile chileno/a
China chino/a
Chipre chipriota
Ciudad del Vaticano vaticano/a
Colombia colombiano/a
Comoras comorense/a
Congo (el) congoleño/a
Corea del Norte norcoreano/a
Corea del Sur surcoreano/a
Costa Rica costarricense
Costa de Marfil marfileño/a
Croacia croata
Cuba cubano/a

Dinamarca danés, danesa
Dominica dominiqués/ dominiquesa

Ecuador (el) ecuatoriano/a
Egipto egipcio/a

Emiratos Árabes Unidos (los) emiratense
Eritrea eritreo/a
Eslovaquia eslovaco/a
Eslovenia esloveno/a
España español/a
Estados Unidos de América (los) estadounidense
Estonia estonio/a
Etiopía etíope

Filipinas filipino/a
Finlandia finlandés, finlandesa
Francia francés, francesa
Fiyi fiyiano/a

Gabón (el) gabonés, gabonesa
Gambia gambiano/a
Georgia georgiano/a
Ghana ghanés, ghanesa
Granada granadino/a
Grecia griego/a
Guatemala guatemalteco/a
Guinea guineano/a
Guinea-Bissáu guineano/a
Guinea Ecuatorial (la) guineano,
   ecuatoguineano/a
Guyana guyanés, guyanesa

Haití haitiano/a
Honduras hondureño/a
Hungría húngaro/a

India (la) indio/a
Indonesia indonesio/a
Irán iraní
Iraq iraquí
Irlanda irlandés, irlandesa
Islandia islandés, islandesa
Islas Cook (las) cookiano/a
Islas Marshall (las) marshalés, marshalesa
Islas Salomón (las) salomonense
Israel israelí
Italia italiano/a

Jamaica jamaicano/a
Japón (el) japonés, japonesa
Jordania jordano/a

Kazajstán kazako/a
Kenia keniata
Kirguistán kirguís
Kiribati kiribatiano/a
Kuwait kuwaití

Laos laosiano/a
Lesotho lesothense
Letonia letón, letona